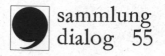

sammlung
dialog 55

EPOCHEN DEUTSCHER KULTUR
VON 1870 BIS ZUR GEGENWART

BAND 2

RICHARD HAMANN / JOST HERMAND

NATURALISMUS

Mit 44 Abbildungen

NYMPHENBURGER VERLAGSHANDLUNG

2. Auflage 1973

© 1972 Nymphenburger Verlagshandlung GmbH, München
Lizenzausgabe für die Bundesrepublik Deutschland, Österreich und die Schweiz
des im Akademie-Verlag GmbH, Berlin, erstmals 1959 unter dem Haupttitel
„Deutsche Kunst und Kultur von der Gründerzeit bis zum Expressionismus"
erschienenen Bandes „Naturalismus"
Druck: Passavia Passau
Umschlaggestaltung, unter Verwendung einer Radierung von Käthe Kollwitz:
Ingeborg Geith & Willem Weijers
ISBN 3-485-03055-4 · Printed in Germany

INHALTSVERZEICHNIS

VORWORT

Der Begriff „Naturalismus" ist nicht so eindeutig, als daß man ihn undiskutiert hinnehmen könnte. So spricht man von einem Naturalismus des frühen 15. Jahrhunderts, einem barocken Naturalismus und einem Sturm-und-Drang-Naturalismus, obwohl es sich dabei um stilistisch recht verschiedenartige Gebilde handelt. Naturalismus ist also kein genau umrissener Begriff wie Rokoko, Romantik oder Biedermeier, deren künstlerische Ausprägung etwas Einmaliges hat, sondern bezieht sich auf ein Dahinterstehendes, das in einen außerkünstlerischen Bereich gehört und daher wiederholt auftreten kann. Man stößt mit diesem Begriff notwendigerweise auf eine revolutionäre Grundsubstanz, die sich einer formal-ästhetischen Betrachtungsweise weitgehend entzieht, da in allen naturalistischen Epochen ein Aktivismus zum Durchbruch kommt, für den die Kunst nur das Mittel einer weiterreichenden gesellschaftlichen und politischen Umwälzung ist. Man sollte deshalb mit diesem Terminus weniger die ästhetischen oder stilistischen Phänomene als die revolutionären Grundantriebe umschreiben, die sich in all diesen Epochen mit der elementaren Gewalt des Neuen und Zukunftsweisenden gegen jede Form der künstlerischen Begrenzung gewendet haben. Der Naturalismus läßt sich daher nicht mit dem Realismus vergleichen, der meist etwas Kompaktes und Abgerundetes hat, da ihm eine weltanschaulich erfüllte Situation zugrunde liegt, was sich sowohl im frühbürgerlichen Realismus der Dürer-Zeit als auch im spätbürgerlichen Realismus des 19. Jahrhunderts zeigt. Bewußte Naturalismen entstehen überall da, wo man in fortschrittlich gesinnten Kreisen hinter der Stagnation einer künstlerischen Entwicklung die ideologische Endphase einer bestimmten Gesellschaftsschicht wittert, der man die Formlosigkeit der unbeschränkten Wahrheit entgegenzusetzen versucht. Alle Spielarten dieser Kunstrichtung, so unterschiedlich sie auch sein mögen, wenden sich darum gegen den akademischen Klassizismus oder Manierismus der unmittelbaren Vergangenheit. Die Naturalisten des frühen 15. Jahrhunderts parodieren die zum Prunkstil verfeinerte Spätgotik, der frühe Rembrandt und Brouwer persiflieren den Manierismus des späten 16. Jahrhunderts, die Stürmer und Dränger des 18. Jahrhunderts berufen sich auf die heilige „Natur" des Rousseau, um die preziös pointierte Formkultur des Rokoko zu überwinden.

Der Naturalismus entwickelt also keine stilbildenden Funktionen, sondern beschränkt sich darauf, die vorangegangene Epoche von ihrer Kehrseite aufzurollen, was oft zu grotesken Zerrbildern der bisherigen Ideale führt. Genaugenommen ist er nur ein Impuls, ein Fanal, ein Realismus in Angriffsstellung, der die Formlosigkeit des bloß Natürlichen über alle ästhetischen Wertfragen stellt. Diese Beschränkung gibt ihm seine Intensität, aber auch seine Enge, weil sich eine solche Forcierung der künstlerischen Kräfte stets nur wenige Jahre aufrechterhalten läßt. In den meisten Fällen deckt sich die naturalistische Antriebskraft mit dem Anfangsstadium einer neuen Epoche, in der eine aufstrebende Gesellschaftsschicht ihre Ansprüche geltend zu machen versucht, und verliert sich später in einen Realismus, der sich wieder auf die Formkräfte der Tradition besinnt und auch weltanschaulich eine neue Totalität erringt. Rembrandt hat ihn ebenso durchschritten wie Goethe. Beide hatten das Glück, daß ihr Lebenslauf der historisch-stilistischen Entwicklung parallel verlief. Sie sind daher in ihren Reifejahren zu einer Synthese gelangt, die alle Naturalismen bewußt vermeidet, um nicht in den Verdacht des bloß Revoluzzerhaften zu kommen. Gerade an ihnen zeigt sich, wie die formauflösenden Tendenzen einer künstlerischen Rebellion immer wieder von einem ebenso starken Gestaltungswillen abgefangen werden müssen, um nicht ins Unkünstlerische oder Plakathafte abzugleiten, was sich bei vielen Stürmern und Drängern beobachten läßt, die sich nicht über ihre Anfänge hinwegsetzen konnten. Goethes abschätzige Bemerkungen über Maler Müller sind ein beredtes Zeichen dafür. Man tut dem Naturalismus darum einen schlechten Dienst, wenn man seine revolutionären Elemente verabsolutiert und zu einem zeitlosen Stil erhebt. Es ist seinem ganzen Wesen nach eine Durchgangsstation, eine Wendemarke, deren Aufgabe lediglich darin besteht, das Stagnierende oder Erstarrte bewußt formalistischer Epochen auseinanderzusprengen und an ihre Stelle das Postulat der ungeschminkten Wahrheit zu setzen.

Wenn man den Begriff Naturalismus so umfassend versteht, muß man die einzelnen Ausprägungen dieser Stilhaltung notwendig mit einem bestimmten Attribut versehen. Die hier gemeinte Spielart läßt sich am besten als „proletarischer Naturalismus" oder als „Naturalismus der achtziger Jahre" kennzeichnen, da in diesem Jahrzehnt die Existenz und der Kampf der Arbeiterklasse und die sozialistische Gedankenwelt von Marx und Engels in das Bewußtsein des Bürgertums eindrangen und in Kunst und Wissenschaft ihre unübersehbaren Spuren hinterließen. Eine solche Signatur soll kein peinlich wirkendes Dekaden-Denken heraufbeschwören, das man formalistisch auslegen könnte, sondern dient lediglich der Fixierung der historischen Ansatzpunkte, aus denen sich später die verschiedensten Verästelungen ergeben haben. Die Gesamtanlage dieses Buches beruht also nicht auf einem Querschnitt durch die achtziger Jahre, stellt keine generelle Zusammenfassung dar, sondern ergibt sich aus der geistigen Korrespondenz jener künstlerischen, wissenschaftlichen und politischen Tendenzen, die mit den Begriffen Naturalismus, Positivismus und Sozialismus umschrieben werden. Mit dem Schlagwort „Naturalismus" wird daher eine ganz bestimmte Gruppe innerhalb der geistigen Welt jener Jahre herausgehoben, die in Kunst und Leben eine neue Haltung vertritt und dadurch einen stilbestimmenden Charakter bekommt. Aus diesem Grunde wird die weiterlebende Tradition nur dort herangezogen, wo sie sich den neuen Kräften entgegenzustellen versucht. Daß trotz dieser Beschränkung manchmal allgemein vom „Geist der achtziger Jahre" die Rede ist, hängt mit der rein künstlerischen Ausrichtung des Begriffs Naturalismus zusammen, der sich nicht wie andere Stilbegriffe auch auf die wissenschaftlichen Leistungen und das Lebensgefühl dieser Jahre anwenden läßt, während Begriffe wie Impressionismus oder Expressionismus einen viel weiteren Aktionsradius haben.

Wie in allen anderen naturalistischen Strömungen wird auch in diesen Jahren vornehmlich gegen die eben abgelaufene Epoche Front gemacht. Aus der Perspektive der achtziger Jahre wirkte die Zeit nach dem Deutsch-Französischen Krieg von 1870—1871, die man gemeinhin als „Gründerzeit" bezeichnet, wie eine kaum zu überbietende Manifestation einer mit feudalen Elementen durchsetzten bürgerlichen Gesellschaftsschicht, die einem schrankenlosen Machtrausch und überschwänglichen Prunkbedürfnis verfallen war. Wohin man blickte, sah man Renaissancismus und Klassizismus, anekdotisch überhöhte Genremalerei und Salonstaffage, als sei die gesamte Natur mit der Tünche einer alles verbrämenden Ideologie übermalt. Überall waren festliche Kulissen zu sehen, aber keine Wahrheit, keine „Realität". Bei einer solchen Stagnation mußte es notwendig zu einem dialektischen Umschlag kommen, da sich selbst die wirklich großen Züge der Gründerzeit immer mehr ins Verlogene und Fassadenhafte verwandelten.

Das Ergebnis dieser „Verschwörung" gegen den Geist der siebziger Jahre hat ein recht verschiedenartiges Aussehen. Im Gegensatz zu vielen anderen Naturalismen, die auf einer brutalen Einseitigkeit beruhen, kann man in der Kunst dieser Epoche zwischen drei Tendenzen unterscheiden: der mechanistisch eingestellten Sachlichkeit, der Parodie und der politischen Aktion.

Die erste Gruppe sind die strengen „Objektivisten", deren Kampf gegen die stilistische Überhöhung der gründerzeitlichen Kunst lediglich darin besteht, daß sie in der Behandlung ihrer Themen bis an die Grenze des Photographischen gehen. Sie stützen sich dabei auf die Forderung der naturgegebenen Wahrheit, der das positivistische Prinzip von Ursache und Wirkung zugrunde liegt, um auf diese Weise eine Bildwürdigkeit der bisher von den Regeln der Ästhetik verachteten Alltäglichkeit zu erreichen. Auf dem Gebiet der Malerei gehören zu dieser Gruppe vor allem Max Liebermann und Fritz von Uhde, denen sich gegen Ende der achtziger Jahre eine Unzahl von kleineren Meistern angeschlossen hat, während man im Bereich der Literatur die Vertreter des „konsequenten" Naturalismus zu dieser Richtung rechnen muß.

Auf der anderen Seite stehen die „Protestler", die bloßen Neinsager, die den lautlosen Aufstand der Objektivisten verschmähen und sich in einer „Proletmanier" gefallen, die bis ins Zynische und Überhebliche geht. Ihre Parteinahme für das Proletariat ist oft nur ein Mittel, um Skandale zu erregen, den herrschenden Salonidealismus zu brüskieren oder sich einen Namen zu machen, selbst wenn dadurch die „gute Sache" in Verruf gebracht wird. Sie sind mehr anti-bürgerlich als pro-proletarisch und wollen mit der Schilderung von Hinterhöfen und Kneipen nicht das Elend des vierten Standes, sondern ihre eigene Schnoddrigkeit dokumentieren, wodurch es neben echten Parodien und Satiren auch zu recht fragwürdigen „pamphletistischen" Gebilden kommt, in denen das Verkommene rein um seiner selbst willen dargestellt wird.

Eine echte Wirkung erreicht dieser Protest nur da, wo das Soziale so überzeugend mit der geschilderten Realität verbunden ist, daß eine aus dem Milieu heraus zu verstehende Aggression erwächst, die sich sowohl von der bewußten Proletmanier als auch von der reinen Sachlichkeit unterscheidet. Man denke an Hauptmanns „Weber" (1892) oder an die frühen Graphiken von Käthe Kollwitz, in denen eine Synthese gelungen ist, die das Durchgangshafte bereits hinter sich läßt und den naturalistischen Impuls auf die Ebene des sozialen Realismus verschiebt.

Um es auf eine begriffliche Formel zu bringen, kann man den naturalistischen Protest der achtziger Jahre demnach in drei verschiedene Gruppen zergliedern: den Objektivismus, den Pamphletismus und den Aktivismus, deren stilistische Ausprägung sich mit den Adjektiven sachlich-mechanistisch, zynisch-antibürgerlich und aggressiv-proproletarisch umschreiben läßt. Daß diese Gliederung im folgenden nicht eingehalten wird, so sehr sie sich als Einteilungsprinzip anbieten würde, hängt mit methodischen Erwägungen zusammen. Die geistige Problematik dieser Jahre soll im folgenden nicht entwicklungsgeschichtlich dargestellt werden, da man bei einer solchen Betrachtungsweise auch die Auswirkungen der geschilderten Tendenzen beschreiben müßte, was weit über den Rahmen der hier behandelten Zeit hinausgehen würde, sondern als eine idealtypische Einheit erscheinen, die alle zum Naturalismus gehörenden Strömungen in sich aufzunehmen versucht. Statt einer historischen Gliederung, die sich wie ein roter Faden durch das Ganze zieht, soll man stets die Gesamtheit der Situation überschauen, wodurch die einzelnen Strömungen nur wie ein fluktuierendes Auf und Ab erscheinen. Es sollte daher kein Vorwurf sein, wenn alle Kapitel immer wieder dieselben Probleme umkreisen.

Berlin, im Dezember 1956   Jost Hermand

VORWORT ZUR AUSGABE VON 1972
IN DER NYMPHENBURGER VERLAGSHANDLUNG

Was in der Mitte der fünfziger Jahre noch fast undenkbar erschien, ist heute endlich Realität geworden: eine intensive Auseinandersetzung mit dem lange verpönten Naturalismus. Um so dankbarer bin ich jenen, die diesen Band schon bei seinem ersten Erscheinen, als man sich im Zeichen des Existentiellen, Absurden und Abstrakten gegen jeden Bezug auf die unmittelbare Realität energisch verwahrte und auch vor ideologischen Diffamierungen nicht zurückschreckte, in ausführlichen Rezensionen wohlwollend besprochen haben. Und zwar waren das Günter Bandmann, Erik Forssman, G. F. Hartlaub, Edgar Kirsch, Helmut Kreuzer, Hans Mayer, George L. Mosse und Jean Royer, deren aufmunternde Worte mich damals in der Weiterführung dieser Reihe wesentlich bestärkt haben.

Leider konnten ihre Anregungen in dieser Paperback-Ausgabe nicht ausführlich berücksichtigt werden, da die Technik der Wiedergabe nur ein Minimum an textlichen Veränderungen erlaubt. Daher möchte ich wenigstens an dieser Stelle auf einige Punkte hinweisen, bei denen sich eventuell Mißverständnisse ergeben könnten. Erstens: Mit dem Begriff „achtziger Jahre" soll in diesem Buch kein mechanisches Dekadendenken heraufbeschworen werden. Dieser Begriff wurde nur darum gewählt, weil das Wort „Naturalismus" einen rein kunstspezifischen Charakter hat und sich für die wissenschaftlichen Leistungen oder das Lebensgefühl einer Epoche unbrauchbar erweist. Man kann zwar von expressionistischen oder impressionistischen, aber nicht von naturalistischen Stimmungen oder Erkenntnisweisen sprechen. Daher ist ein Begriff wie „die achtziger Jahre" manchmal nicht zu umgehen, um das Gemeinsame der hier gemeinten Richtungen herauszustellen. Zweitens: Ähnlichen Mißverständnissen sind Begriffe wie „Proletmanier", „Vermassung", „Entfremdung" usw. ausgesetzt. Da viele dieser Termini seit den achtziger Jahren einen erheblichen Begriffswandel durchgemacht haben, empfahl es sich, sie entweder in Anführungsstriche zu setzen oder mit zeithistorischen Erläuterungen zu versehen. Drittens: Zur Einbeziehung der Taineschen Milieutheorie, die manchen etwas fehl am Platze erschien, läßt sich folgendes bemerken. Daß dieses Konzept auch seine reaktionäre Seite hat, da es sich aus der romantischen Organismusvorstellung entwickelte, soll nicht bestritten werden. Daß jedoch in dieser Theorie, jedenfalls wie sie von den Naturalisten und Positivisten der späten achtziger und frühen neunziger Jahre aufgefaßt wurde, auch eine revolutionäre Spitze steckt, läßt sich ebenfalls nicht bestreiten. Wenn der König eines Staates nicht mehr als der „Allmächtige", sondern als das Produkt eines bestimmten Milieus erscheint, oder wenn die Kunst nicht mehr als göttliche Begnadung, sondern als Ausfluß bestimmter nationaler, klimatischer, gesellschaftlicher und ökonomischer Voraussetzungen beschrieben wird, so steckte in diesen Punkten für die damalige Zeit sehr wohl eine revolutionäre Tendenz. Wie archaisch hatte die Gründerzeit in diesen Dingen gedacht!

Was der heutigen Naturalismus-Forschung noch fehlt, ist eine wesentlich breitere Erfassung des Materials, eine ausführlichere Untersuchung ihrer Beziehungen zur jungen Sozialdemokratie und eine wirkungsgeschichtliche Studie über das Verhältnis des Naturalismus zur Neuen Sachlichkeit, zur proletarischen Literatur der späten zwanziger Jahre, zum epischen Theater und zu den Pop- und Dokumentationstendenzen des letzten Jahrzehnts, um diesen imponierenden Strang einer wahren Literatur des „wissenschaftlichen Zeitalters" endlich in seiner ganzen Tragweite zu erkennen. Nützliche Ansätze dazu liefern folgende Studien und Materialsammlungen: „Literarische Manifeste des Naturalismus. 1880–1892" (1962) von Erich Ruprecht, „Naturalismus und episches Drama" (1966) von Reinhold Grimm, „Das Drama des Naturalismus" (1968) von Sigfried Hoefert, „Die Boheme" (1968) von Helmut Kreuzer, „Deutscher Naturalismus" (1968) von Ursula Münchow und „Arno Holz im literarischen Leben des ausgehenden 19. Jahrhunderts" (1971) von Helmut Scheuer. Was ich selbst über den Naturalismus in den letzten Jahren geschrieben habe, erscheint in meinem Sammelband „Der Schein des schönen Lebens. Studien zur Jahrhundertwende" (1972).

Madison, im September 1971   Jost Hermand

ABRECHNUNG
MIT DER GRÜNDERZEIT

DAS „JÜNGSTE" DEUTSCHLAND

Keine Rebellion ohne das Pathos und die Überheblichkeit der Jugend. Die jungen Revolutionäre von 1880 verwandten daher als Ausdruck ihrer Gesinnung nicht das Schlagwort „Naturalismus", das ihnen später wie eine Schmutzfahne angehängt wurde, sondern den Begriff „Das jüngste Deutschland". Man berief sich auf Heine und Börne, gründete ein literarisches Revoluzzertum und gefiel sich im Abschlachten aller spezifisch „reaktionär" eingestellten Talente. War man auch in der Form nicht so geistreich wie die herbeizitierten Vorbilder, so doch im Ton noch burschikoser und schnoddriger. Das Aktuelle sollte wieder im Mittelpunkt stehen, die großen Zeitprobleme, denen die offizielle Kunst bisher mit genialischer Verachtung aus dem Wege gegangen war, um die Erhabenheit ihrer Ziele nicht mit der Prosa des alltäglichen Lebens zu vermengen. Darum wurde alles, was den Anschein des „Klassischen" hatte, selbst Größen wie Goethe und Schiller, mit einer Hemdsärmeligkeit angerempelt, die ohnegleichen ist. Die Hauptzielscheibe dieser Kritik waren natürlich die siebziger Jahre, die „Gründerzeit", deren idealistisches Epigonentum als Rückfall in einen abgelebten und völlig entleerten Klassizismus verurteilt wurde. Man spürte, bewußt oder unbewußt, daß hier Formen des absolutistischen Herrscherkultes, Stilmittel des „ancien régime", wiedererstanden waren, deren neureiche Monumentalität nicht über den restaurativen Grundzug dieser Kunst hinwegtäuschen konnte. Der Kult der Wilhelminiden in großen Freskenzyklen, die imitierte Fürstlichkeit der Mietshäuser, der gesellschaftlich exklusive Charakter von Bayreuth: all das befriedigte nur ein Publikum, das darin ein Äquivalent seines Reichtums erblickte, ohne sich in lange Erörterungen über den künstlerischen Gehalt dieser Dinge einzulassen, ließ jedoch die literarisch angeregte und nach neuen Ausdrucksformen suchende Jugend unbefriedigt.

Die tonangebende Schicht war ein durch die Gründerzeit in den Sattel gehobener Geld- und Berufsadel, der Wagner, Makart und Hamerling in einem Atem nannte, für Defreggers Tiroler und Gebhardts biblische Szenen schwärmte und die Kunst nur insoweit gelten ließ, als sie sein Bedürfnis nach Ausstattung und Festlichkeit befriedigte. Der Hausrat der Eltern und Großeltern, die stilvollen Biedermeiermöbel und die altmeisterlich gemalten Familienporträts wanderten auf den Speicher und wichen einer renaissancehaften Talmikultur, die sich nur bei wirklichen Sammlern durch die „Erlesenheit" der zusammengestückten Teile auszeichnete. Ansonsten sah man Makartsträuße,

geschmacklose Stukkaturen, schwere Portieren und gerahmte „Iphigenien":
überall derselbe Salon, der durch seine aufgeräumte Leere die vornehme Un-
wohnlichkeit eines fürstlichen Gemaches vortäuschen sollte. Gegen den Geschmack einer solchen sich in ihrer Machtstellung etablierenden Gesellschaft
vorzugehen, schien etwas Ungeheuerliches, da der Sieg über Frankreich, die
errungene Einheit des Reiches, der Milliardenreichtum der Kriegsbeute und
der damit verbundene wirtschaftliche Aufschwung das Unfehlbarkeitsbewußt-
sein der herrschenden Kreise bis ins Maßlose gesteigert hatten. Fast das gesamte Bürgertum lebte in dem Bemühen, es den oberen Zehntausend nach-
zutun, um sich damit den Schein der Ranggleichheit zu geben. Wenn es zu
einem Salon nicht reichte, hatte man wenigstens eine „gute Stube", die ebenfalls
nur dem Besucher, nur dem Eingeladenen offenstand und die übrige Zeit in
unwohnlicher Dunkelheit lag. Es ist daher begreiflich, daß sich die Lektüre
dieser Schichten außer einem Blättern in angestaubten Klassikerausgaben
selten über das übliche Salonniveau erhob. Wer sich nicht mit der „Gartenlaube"
begnügte, las in Scheffels „Ekkehard" (1855), berauschte sich an Dahns „Kampf
um Rom" (1876) oder griff nach Heyse und Ebers und zählte damit schon zu
den gebildeten Lesern, die sich auch an einer gesellschaftlichen Konversation
beteiligen konnten.

Eine Rebellion gegen diese Form der Salonkultur konnte nur dann einen durchschlagenden Erfolg haben, wenn sie von ungewöhnlichem Kaliber war.
Typisch revolutionär begann man jedoch nicht mit Werken oder Taten, sondern
mit einer Flut von programmatischen Manifesten, Zeitschriftengründungen
und Leitartikeln, die etwas bewußt „Gründeutsches" haben. 1882 erschienen
die „Kritischen Waffengänge" der Gebrüder Hart, 1884 die Lyrik-Anthologie
„Moderne Dichtercharaktere" von Wilhelm Arent mit Vorworten von Hermann
Conradi und Karl Henckell, 1885 die Zeitschrift „Die Gesellschaft" von Michael
Georg Conrad und die „Berliner Monatshefte für Literatur, Kritik und
Theater" von Heinrich Hart, 1886 „Die Revolution der Literatur" von Karl
Bleibtreu, 1887 das „Magazin für die Literatur des Auslands" ebenfalls von
Bleibtreu, 1889 „Der Kampf um die neue Dichtung" von Edgar Steiger, 1890
die Zeitschrift „Die freie Bühne": Schriften, in denen rücksichtslos mit allem
abgerechnet wird, was der Gründerzeit als Norm des Schönen und Formvollendeten galt. Im „Buch der Zeit" (1885) von Arno Holz verfallen nur die
kleineren Geister wie Lingg, Wolff, Dahn und Baumbach dem Henker (I, 122),
während Talente wie Geibel noch relativ ungeschoren bleiben. Bleibtreu jedoch
fordert in seiner „Revolution der Literatur" (1886) eine „rücksichtslose
Brutalität" (S. 5) in künstlerischen Dingen und holt so weit aus, daß selbst
Goethe noch unter die Geköpften fällt. So werden der „Wilhelm Meister"
und die „Wahlverwandtschaften" als „ästhetische Salonthee-Romane" abgetan
(S. 3) und der alte Herr, der „Geheimrat" Goethe, regelrecht beim Kragen
gepackt, weil er die genialen Entwürfe seiner Jugend im Stich gelassen habe,

um sich im Alter nur noch mit naturwissenschaftlichem Allotria zu beschäftigen. Die Monumentalität Hebbels wird von Bleibtreu als eine „krankhafte Mißgeburt aus Lenz und Grabbe" bezeichnet (S. 4). Heyse erscheint als inhaltsloser Formkünstler, dem es bloß an einer „glatten, künstlerischen Meißelung" gelegen sei (S. 25), während Voß unter den „Salon-Promethiden" (S. 29) rangiert und Conrad Ferdinand Meyer den Titel „farbenprächtiger Effektmaler" verliehen bekommt (S. 19). Daneben findet sich das übliche Palaver über die ägyptischen Romane von Ebers und die „Gotentreue" bei Dahn, dessen „Kampf um Rom" (1876) mit den Begriffen „theatralisch" und „ballettartig" abgetan wird (S. 21). Diese Urteile sind zwar oberflächlich, grob und hingeschmiert, geben aber einen guten Eindruck davon, was man an der Kunst der Gründerzeit als unecht empfand: die Formvollendung auf Kosten der inneren Wahrheit. Man witterte plötzlich hinter dem übertriebenen Heroenkult und den historisch-mythologischen Szenerien der siebziger Jahre etwas Verlogenes und Epigonenhaftes, das mit der ideologischen Verbrämungssucht dieser Kunst zusammenhängt. Der versepische Schwung, das Pathos, der Farbenrausch und die Freude an effektvollen Konfrontationen gerieten daher schnell in Mißkredit, während die bisher verpönte Welt der Industrieanlagen und des großstädtischen Proletariats immer stärker in den Vordergrund trat, da man in diesen Äußerungen des Lebens die wahren Zeitprobleme erblickte, die man in den Werken der Gründerzeit bewußt ausgeschaltet hatte, um nicht an die ökonomischen Voraussetzungen seiner „feudalen" Überheblichkeit erinnert zu werden. Man erkannte sehr deutlich, daß Hamerlings Verse nur ein opernhafter Wortprunk und seine exotischen Hintergründe bloß eine trivialromantische Kulisse sind, die keinerlei gesellschaftliche Bezogenheiten enthalten. Auch Wagner galt in den jüngstdeutschen Kreisen nicht mehr als der geniale Erneuerer der Opernbühne, als Schöpfer unsterblicher Musikdramen, die etwas völlig Einmaliges darstellen, sondern wurde oft als raffinierter Sensationsheld, Effekthascher und inhaltsloser Pathetiker bezeichnet. Selbst Makart, der in den siebziger Jahren eine wahrhaft fürstliche Anerkennung genoß, wird nicht mehr als zweiter Tizian gefeiert, sondern als ein brillanter, wenn auch etwas geschmackloser Kolorist eingestuft. Weniger kritisiert wurden allerdings Komponisten wie Bruckner oder Maler wie Böcklin, Feuerbach und Marées, die verborgenen Größen der Gründerzeit, die sich nicht wie Bruch und Rheinberger oder Lenbach, Makart und Grützner dem offiziellen Geschmack angepaßt hatten, weil sie mehr wollten als romantisch-überhöhte Orchesterstücke oder repräsentative Porträts und festliche Dekorationen, die aber gerade in ihrem „Mehrwollen", ihrem Streben nach dem Unbedingten, nach der höchsten malerischen und kompositionellen Vollendung, die ins Stilvolle gesteigerten Künstler ebenderselben Gründerzeit sind. Erst August Halm und Julius Meier-Graefe haben im Rahmen der stilkünstlerischen Bestrebungen nach der Jahrhundertwende, in denen sich eine deutliche Bezogenheit zu den Tendenzen der siebziger Jahre verrät, ihre volle Größe erkannt. Die jungen Revolutionäre von 1880 waren jedoch mit diesen Werken selten vertraut. Sie hatten lediglich die Tagesgrößen vor Augen, die Salonhelden, die sich mit einem gefälligen „Highlife-Idealismus" begnügten und den großen Stil der Gründerzeit ins Genießerische und rein Dekorative verflachten. Ihr Kampf galt den Götzen, nicht den heimlichen Göttern. Ab und zu trifft ein zufälliger Seitenhieb auch Böcklin, so bei Konrad Alberti in seiner Schrift „Der moderne Realismus in der deutschen Literatur" (1889), wo Böcklin als „vertrockneter Philister" und „unwahrer Phantast" hingestellt wird, da sich auf seinen Bildern keine unmittelbar sinnliche Anschauung der Natur zeige (S. 6). Aber solche Äußerungen sind keine ernstzunehmende Kritik, sondern dienen Alberti nur zur Unterstützung seiner eigenen Thesen.

Daß sich diese künstlerische Rebellion so kraß vollzieht, über den Rahmen einer bloßen Literaturfehde weit hinausgreift und in einen hemmungslosen „Pamphletismus" ausartet, hängt mit der verspäteten Situation dieser „Moderne" zusammen. Staaten wie England und Frankreich hatten durch ihre politische Integration, den Vorsprung ihrer wirtschaftlichen Entwicklung und das kulturell blühende Leben ihrer Hauptstädte schon in den vierziger und fünfziger Jahren des 19. Jahrhunderts eine „realistische" Literatur entwickelt, die sich mit den Problemen der Industrialisierung, der gesellschaftlichen Umschichtung und der sozialen Frage lebhaft auseinandersetzte, was sich mit einer Unzahl von Beispielen belegen ließe, in denen eine ungewöhnliche Kenntnis der soziologischen Verhaltensweisen zum Ausdruck kommt. In Deutschland war dieser Vorgang durch die langanhaltende Restaurationsepoche und die damit verbundene wirtschaftliche Rückständigkeit verzögert worden. Selbst die Achtundvierziger-Revolution und die wirtschaftlichen Ansätze in den fünfziger Jahren haben den biedermeierlichen Lebensgeist, der an der feudalen Struktur des „alten" Europa festzuhalten versuchte, nicht restlos beseitigen können. Daher fehlt das, was Dickens für London und Balzac für die Pariser Gesellschaft geworden sind: Darsteller großen Stils, denen die erzählerische Zusammenschau eines ganzen gesellschaftlichen Gefüges gelingt. Der deutsche Realismus, und zwar das Biedermeier und der Stimmungsrealismus der fünfziger Jahre, hat weder diese Aktualität noch diese Weltoffenheit. Er ist partikular wie bei Gotthelf, lyrisch wie bei Storm oder versponnen wie bei Raabe. Jeder Dichter verwaltet nur seine eigene, seine „poetische" Provinz, verliebt sich in die intimen Reize seiner landschaftlichen Geborgenheit und bleibt relativ unpolitisch. Begabungen gleichen, wenn nicht größeren Ranges haben daher oft etwas Provinzielles und erheben sich nicht zu der epischen Breite einer „Comédie humaine". Von Kellers „Grünem Heinrich" (1854) bis zu Raabes „Abu Telfan" (1868), von Spitzwegs „Armem Poeten" (1837) bis zu Schwinds „Hochzeitsreise" (1862) zieht sich eine ununterbrochene Kette von Bildern, Romanen und Erzählungen, die sich in humorvoll-idyllischer oder resignierender

Weise über die kleinen und großen Unbilden des Lebens hinwegtrösten, ohne sich auf eine Diskussion der durch die Veränderung der Gesellschaft gegebenen Probleme einzulassen. Daß Stifters „Nachsommer" und Flauberts „Madame Bovary" im gleichen Jahr erschienen sind, nämlich 1857, wirft ein bezeichnendes Schlaglicht auf diese Situation: hier das Festhalten am goethezeitlichen Idealismus in der adligen Idylle, dort die unbarmherzige Schilderung vom physischen und moralischen Abgleiten einer durchschnittlichen Bürgersfrau; hier ein bewußtes Verleugnen aller modernen Problematik, eine Flucht in die gemüthaften Bindungen von Haus und Familie, dort die kühle Sachlichkeit eines Analytikers, der die innere Leere und moralische Verlogenheit des aufsteigenden Bürgertums bloßzulegen versucht. Selbst Keller, der die restaurativen Rückhalte verwirft und sich auf eine rein bürgerliche Ethik stützt, erschöpft sich in ein paar genialen Einzelleistungen und begründet keine literarische Kultur. Es fehlt der Rahmen, das gesellschaftliche Milieu, die zentrierende Kraft einer Hauptstadt, ohne die der bürgerliche Realismus notwendig etwas Idyllisches und Kleinstädtisches behält. Darum sind Werke von einer erregenden Aktualität wie die Romane Flauberts oder der Gebrüder Goncourt, die Satiren Daumiers, Darwins Abstammungslehre (1859), die Milieutheorie von Hippolyte Taine (1865), Lombrosos „Genio e follia" (1864), die Gesellschaftsschilderungen Turgenjews und Dostojewskis „Schuld und Sühne" (1866), die einen ganz neuen Horizont aufreißen, im Deutschland der fünfziger und sechziger Jahre kaum denkbar. Weite Kreise klammern sich noch an den goethezeitlichen Idealismus und verhindern so eine zeitgemäße, wahrhaft „realistische" Literatur. Selbst die ausländischen Werke erreichen nur eine kleine Leserzahl. Ihre Rezeption wird sowohl durch den politischen Chauvinismus als auch durch den gründerzeitlichen Pseudoidealismus verhindert, der die immer stärker heraufziehende Problematik theatralisch übertönt, den bürgerlich-idyllischen Stimmungsrealismus der fünfziger und sechziger Jahre beiseiteschiebt und an seine Stelle einen dekorativen Klassizismus setzt, der die kleineren Geister erdrückt und die wirklichen Größen in die innere Emigration zwingt. Eine Kunst von Kentauren entsteht: halb Realismus, halb Theater-Barock, eine realistische Monumentalkunst, die sich ein ganzes Jahrzehnt behaupten konnte, weil sie von der Woge der nationalen Hochstimmung getragen wurde. Daß in diesen Jahren Tausende von Fabriken gebaut werden, Bahnhöfe und Mietskasernen entstehen, daß zwischen Arm und Reich mit einem Male ein unübersehbarer Riß entsteht, findet in dieser Kunst, die stets etwas staatlich Privilegiertes hat, keinen Niederschlag. Überall herrschen Festlichkeit, Lebensfreude, Siegerehrung und Venuskult, nirgends findet man eine Schilderung der „realen" Verhältnisse. Diese Einstellung zur Kunst und zum Leben steigert sich gegen Ende der siebziger Jahre, wo das Salonhafte langsam das Übergewicht bekommt, zu offener Heuchelei und führt schließlich zu einer gesellschaftlichen Exklusivität, die einen ausgesprochen hermetischen Charakter hat. In bewußter

Negierung alles „Häßlichen" und „Untermenschlichen" schließt man die niederen Klassen aus dem Bereich der gehobenen Festlichkeit aus. Wissenschaft, Kunst und Religion: alles wird zur Salonstaffage, zum Bildungsprivileg, zum Ausweis einer inneren „Erwähltheit" und erhält dadurch den Charakter einer klassengebundenen Ideologie. Nur so ist es zu verstehen, daß sich das Problem der sozialen Frage zu Beginn der achtziger Jahre mit der Vehemenz eines verdrängten Komplexes ans Licht der Öffentlichkeit drängt, daß man die ausländischen Anregungen mit einer Erregtheit ergreift, die etwas Nervöses und Zuspätgekommenes hat, wodurch man den naturalistischen Impuls oft nach der „pamphletistischen" Seite hin übersteigert.

SACHLICHKEIT UND PROLETMANIER

Erstes Merkmal dieser künstlerischen Revolte ist die „Entidealisierung" der dargestellten Szenerie. In der Gründerzeit war es beliebt, jedes Thema vor den Hintergrund einer literarischen, historischen oder festlich-dekorativen Kulisse zu stellen, die sich hinter den überdimensional gesehenen Figuren wie ein szenisches Tableau entfaltet. Böcklins „Ruggiero und Angelika" (1879) ragen in den Himmel wie ein übermenschliches Gigantenpaar, Nietzsches „Zarathustra" (1883) strahlt vor der Helle des Wüstensandes wie ein kultstiftender Prophet, der sich mit den göttlichen Attributen eines Adlers und einer Schlange umgibt, Wagners „Tristan" (1859) reckt sich in die sinnlose Weite des Meeres, als gelte es, mit den Armen von einer Insel zur andern zu reichen. Das realistische Detail wird bei diesen Werken völlig negiert. Sage und Mythos erleben eine Renovatio, die man im Bereich des Bürgerlichen kaum noch für möglich gehalten hätte. Überall bevorzugt man das Großräumige und Erhabene: den heroischen Charakter kahler Felsenwände, die geheimnisvolle Stille einsamer Inseln, die Unendlichkeit von Landschaft, Himmel und Meer. Böcklin und Feuerbach malen mit Vorliebe in der Campagna, jener seit alters mit dem Stempel des Heroischen versehenen Landschaft, deren Tempelreste und flötenspielende Schäfer diesen Gefilden den Reiz eines zeitlosen Arkadien geben. Auch Conrad Ferdinand Meyer wählt zum Schauplatz seiner Novellen meist das schicksalheischende Rom oder das bergige Graubünden, malt seine Hintergründe wie auf einer idealen Bühnendekoration. Besonders die historischen Stoffe erliegen dieser Vorliebe für die Dekoration. Man denke an das „Meininger Hoftheater", an die altgermanischen Lebensbilder bei Freytag und Dahn, die ägyptischen Stoffe bei Ebers, die mittelalterlichen Motive Scheffels und seiner Nachahmer, an Jordans „Nibelunge" (1868—1874) und Linggs „Völkerwanderung" (1868), in denen sich der Hintergrund stets zu einer effektvollen Kulisse erhebt. Für die stilistische Geschlossenheit der Gründerzeit ist es bezeichnend, daß selbst die Themen aus dem gegenwärtigen Leben dem Sog dieser Dekorationssucht verfallen. Ein gutes Beispiel dieser Tendenz ist das Versepos „Tannhäuser in Rom" (1875) von Eduard Grisebach, in dem ein eleganter Weltenbummler und eine erholungsuchende Dame zu den Gottheiten Mars und Venus erhoben werden. Auch Spielhagen und Heyse, deren Themen wesentlich einfacher geartet sind, verzichten selten auf die bedeutungssteigernde Wirkung solcher Kulissen. Bei Spielhagen ist es das Adelsmilieu, das seinen Romanen eine gewisse Patina verleiht, während Heyse Italien bevorzugt, um seine Novellen in ein „malerisches" Milieu zu versetzen. Man lese, wie er schon in der „L'Arrabiata" (1855) die Gestalt eines armen Fischermädchens durch die weite Szenerie des Meeres wie bei Böcklin zu einer wirkungsvollen Silhouette erhöht:

> „Eh' sich der Weg oben zwischen Mauern zurückzog, stand sie einen Augenblick still, wie um Atem zu schöpfen, und sah sich um. Die Marine lag zu ihren Füßen, ringsum türmte sich der schroffe Fels, das Meer blaute in seltener Pracht — es war wohl ein Anblick, des Stehenbleibens wert" (Ital. Novellen, Stuttgart 1924, I, 13).

Bezeichnend ist, daß Heyse den Anblick des Meeres nicht beschreibt, sondern sich mit dem Stichwort „Marine" begnügt, was die dargestellte Szenerie in eine gemalte Vedute verwandelt. Solche unverbindlichen, wenn auch „stilvollen" Bezeichnungen trifft man in den siebziger Jahren allenthalben. Es scheint so, als habe man sich gegen den gängigen Realismus verschworen, um seinen Gestalten ein monumentales, ja übermenschliches Ansehen zu geben. In allen Schichten des Daseins, und zwar von der Mythologie über die Historie bis zum Genre, begegnet man daher Heroen und Heroinen, deren Leben sich inmitten dekorativer Kulissen abspielt, als sei die Kunst ein Phänomen, das den Gegebenheiten der Stunde ausweichen könne.

Bei einer solchen ideologischen Überhöhung des alltäglichen Lebens mußte es notwendig zu einer Protesthaltung derjenigen Kreise kommen, die an dieser festlichen Genußkultur keinen Anteil hatten. Diese Schicht setzte sich vor allem aus der in der Sozialdemokratie zusammengefaßten Arbeiterklasse und einigen versprengten bürgerlichen Intellektuellen zusammen, die sich im Gegensatz zu ihrer eigenen Klasse zu einer gesellschaftlichen Umorientierung bekannten. Die künstlerische Anregung zu dieser „Revolution" schöpften die bürgerlichen Parteigänger des Sozialismus weniger aus den Schriften von Marx und Engels, als aus der französischen, skandinavischen und russischen Literatur. Von Tolstoi übernahm man den Bekennermut, von Ibsen die Gesellschaftskritik, von Zola die Schärfe der naturalistischen Milieuschilderung. Während sich bei Ibsen alle Konflikte noch im Rahmen der bürgerlichen Welt vollziehen, erweitert sich das Weltbild bei Zola schon bis in die entlegensten Winkel, erscheint das Milieu der Kneipen, Bordelle, Markthallen und Vorstadtstraßen, das selbst dem bürgerlichen Realismus der fünfziger und sechziger Jahre noch unbekannt war. Wohl gab es Kaufmannsromane oder Handwerkernovellen, aber selbst dort hatte man nicht auf den „poetischen" Reiz dieser Stände verzichtet. Bei der Schilderung kleinbürgerlicher Beschränktheit oder ländlicher Armut war man meist ins Idyllische oder Sentimentale ausgewichen wie Waldmüller und Fendi in ihren Bildern aus dem Vorstadtleben oder Gotthelf in seinem Roman „Käthi, die Großmutter" (1847). Selbst die „Düsseldorfer", Genremaler wie Karl Hübner oder Wilhelm Heine, deren Bildinhalte durchaus etwas Revolutionäres haben, man denke an das Bild „Die schlesischen Weber" (1844) von Hübner, blieben weitgehend im Rührenden und Anekdotischen befangen. Das erste Buch von Zola, das alle bürgerlichen Kritiker und revolutionären Elemente aufhorchen ließ, war der Roman „L'Assomoir" (1877), in dem der bis zum Delirium tremens gehende Verfall einer Pariser Arbeiterfamilie dargestellt wird. Hier wurde zum ersten Mal das Leben einer Klasse gestaltet, die bisher gar nicht bildwürdig war, deren Alltag als die gemeinste „Prosa" dem Wesen der Poesie geradezu entgegengesetzt schien. Der Roman „Nana" (1879) tat ein Übriges, dem Interesse an Zola etwas Sensationelles zu geben. Für alle jungen Naturalisten, soweit sie sich nicht von der nationalen Hochstimmung der Gründerzeit verblenden ließen wie die Gebrüder Hart, wurde daher Paris zum Mittelpunkt der neuen Bewegung. Theophil Zolling schrieb seine „Reise um die Pariser Welt" (1881), Michael Georg Conrad veröffentlichte seine „Madame Lutetia" (1883), Liebermann weilte gerade in diesem entscheidenden Augenblick seines Lebens in Paris und ließ sich von Bastien-Lepage und ähnlichen Naturalisten beeinflussen. Auch die theoretischen Grundlagen des Naturalismus wurden in diesen Jahren gelegt. Zola veröffentlichte 1880 das Werk über den „Roman expérimental", 1881 die Schrift „Le naturalisme au théâtre", die sich sofort über ganz Europa verbreiteten. Den endgültigen Durchbruch brachte sein Roman „Germinal" (1885). Dieses Buch wirkte auf die deutschen Zola-Adepten wie eine Offenbarung, wie eine Bibel der Wahrheit, deren „proletarischer" Charakter der Kunst eine ganz neue Wendung gab. Der Rührigste dieser Apostel war Conrad, der noch im selben Jahre in München die Zeitschrift „Die Gesellschaft" gründete, um ein kämpferisches Organ seiner Zola-Verehrung zu haben. Überall sah man im Leben plötzlich den Leidensweg des Proletariats, die Erniedrigung des Menschen durch die moderne Lohnsklaverei und die langsame Verhäßlichung der Welt durch den um sich greifenden Kapitalismus, der ehemals bäuerliche Gebiete mit Fördertürmen und Hochöfen überzog und aus idyllischen Vorstädten einen rußgeschwärzten Gürtel von Fabrikanlagen machte. „Germinal" öffnete all denen die Augen, die bisher mit ihrer revolutionären Grundstimmung nichts anzufangen wußten. Erst jetzt erkannte man das Rußgeschwärzte und Erniedrigende der heimischen Arbeitersiedlungen, sah, daß die Stube der Maheus, in der neun Personen hausen, keine literarische Fiktion, sondern eine alltägliche Erscheinung war. Die Schachtanlagen, die Kneipe des Rasseneur, die Schießbuden, der alte Abstellplatz, wo sich des Nachts die jungen Liebespaare zwischen leeren Fässern und zusammengestürzten Baracken aneinanderdrängen, wurden zu wahren Paradigmata. Die Salonstaffage und das historische Dekor waren damit endgültig antiquiert. Von den künstlerischen Cliquen, die sich für ein paar Jahre als das moralische Gewissen ihrer Zeit fühlten, wurde nur noch das akzeptiert, worin ein unmittelbarer Bezug zur gegenwärtigen Situation zum Ausdruck kam.

In der Malerei zeigt sich diese Wendung zum Proletarischen vor allem in der rigorosen Versachlichung des überkommenen Genrebildes. Auch hier läßt sich das Neue am besten durch einen Vergleich erschließen. Das Charakteristische der gründerzeitlichen Genrebilder ist die novellistisch-zugespitzte Pointe, die selbst dem geringsten Motiv den Anschein des Dramatischen und Ungewöhnlichen verleiht. Anstatt der festlich-heroischen Monumentalkunst dieser Jahre auf dem Gebiet des Genre ein Spiegelbild des alltäglichen Lebens gegenüberzustellen, erlag man sogar auf diesem Sektor der Kunst dem historischen, ethnographischen oder literarischen Dekor. Man denke an das Schlachtengenre eines Anton von Werner oder Faber du Faur, die oberbayrischen und tirolischen Motive bei Defregger, Wopfner und Kotschenreuther oder das Grütznersche Klostergenre, in denen die Vorliebe für das Novellistische wahre Triumphe feiert. Die Beliebtheit von Munkácsy, Knaus und Vautier, die sich auf dem Gebiet des allgemeinen Dorf- und Kindergenre hervortaten, erreichte fast die eines Makart oder Lenbach. Gerade hier, wo man sich auf das Schlichte, Einfache und Natürliche hätte beschränken können, gebärdete man sich unausstehlich „dekorativ". Überall trifft man auf das Bemühen, selbst der schmucklosen Alltäglichkeit den Anstrich des Besonderen und Herausgeputzten zu geben, um auch dem Genrebild die gründerzeitliche Pose der „Würde und Bedeutsamkeit" zu verleihen.

Die naturalistische Versachlichung des Genrebildes besteht vor allem in der radikalen Beseitigung aller historischen oder dekorativ-festlichen Elemente, die man als eine unzulässige Verbrämung der dargestellten Begebenheiten empfindet. Man drängt daher auf eine konsequente Entkostümierung, um auf den Kern der Dinge vorzustoßen, der etwas über die ökonomischen und sozialen Verhältnisse der geschilderten Situationen verrät. Die entscheidenden Befreier aus dieser novellistischen Umklammerung waren Max Liebermann und Fritz von Uhde, denen sich später eine Unzahl von kleineren Malern angeschlossen hat, so daß man wirklich von einer zeittypischen Gruppe sprechen kann. Liebermann und Uhde setzten als erste an die Stelle der effektvollen Staffagemalerei à la Munkácsy die objektive Sachlichkeit des alltäglichen Lebens, die sich von der raffinierten Verzuckerung des gründerzeitlichen Rokokogenre ebenso distanziert wie von der familiären Gemütlichkeit des Biedermeiers. Ihre Bilder aus Holland sind trotz ihres genremäßigen Charakters keine Anekdoten, keine Lebensbilder, die zu teilnehmendem Wohnen einladen, sondern Werktagsbilder, auf denen ein rein mechanischer Arbeitsprozeß dargestellt wird. Liebermanns „Flachsscheuer in Laren" (1887) läßt sich nicht auf dem Wege der „Einfühlung" begreifen, da hier die menschliche Anteilnahme auf ein Minimum reduziert worden ist. Man soll nicht mitfühlen, sich in die Stimmung der dargestellten Personen versetzen, sondern begreifen, daß der Mensch nur noch ein Teil der ihn übergreifenden Sachbezüge ist. Anstatt die Person zu bewerten, ihr Seelenleben zum Ausdruck zu bringen, stellt

Liebermann das Gesetz der Arbeit in den Mittelpunkt, wodurch die zwischenmenschlichen Beziehungen bis zum Unpersönlichen versachlicht werden. Hinter diesem Objektivismus tritt selbst das Interesse am Ethnographischen zurück, das bei allen früheren Genrebildern von besonderer Bedeutsamkeit war. Nicht die Trachten interessieren, die Schürzen und weißen Spitzenhäubchen, sondern die Darstellung des einfachen, unpathetischen Lebens. Ein bezeichnendes Beispiel für diesen neuen Genretyp sind Liebermanns „Konservenmacherinnen" (1880). Hintergrund dieses Bildes ist keine gekachelte Mauer, keine „holländische" Kulisse, sondern eine schlichte Scheunenwand, die in ihrer Alltäglichkeit das zu dieser Arbeit gehörige Milieu charakterisiert. Liebermann sieht hier im Bereich der deutschen Malerei die Welt des Bauern zum erstenmal nicht mit den Augen eines Anekdotensammlers, sondern beschreibt sie mit naturgegebener Objektivität, indem er den Blickwinkel auf den Sektor ihrer alltäglichen Sorgen beschränkt, anstatt sie wie Leibl in ein Schema monumentalgesehener Konfrontationen einzuspannen. Er übertrifft darin sogar Millet und Courbet, deren bäuerliche Motive in ihrer urtümlichen Statuarik etwas Pathetisches oder Feierliches haben, die selbst der geringsten Figur den Rang einer biblischen Gestalt verleihen. Die Bauern Millets „arbeiten" nicht, sondern lassen sich mit der Geste des Arbeitens malen, wodurch die gute Absicht oft in der Pose erstickt. Eher mit Liebermann zu vergleichen ist Bastien-Lepage, dessen Bilder „Kartoffelernte" (1879) und „Mädchen mit Kuh" (1881) einen entscheidenden Einfluß auf seine Laren-Motive ausgeübt haben. Eine ähnliche Versachlichung des Genrebildes zeigt sich bei Malern wie Hans Herrmann, Gotthardt Kuehl, Carlos Grethe, Friedrich Kallmorgen und Hermann Pleuer, die im Verlauf der achtziger Jahre ebenfalls zu einer spezifisch naturalistischen Stilhaltung vorgestoßen sind. Anstatt in eine historische Ferne oder angedeutete Unverbindlichkeit, ein Germanien der Vergangenheit oder ein Italien der Sehnsucht, auszuweichen, für das man die fertigen Rezepte einfach übernehmen konnte, ging man mit seinen Staffeleien auf Gemüsemärkte, in Werkstätten, Fabrikhallen, Waisenhäuser und Altersheime, um der bisher übersehenen „Realität" möglichst nah auf den Leib zu rücken. Grethe und Kallmorgen malten im Hamburger Hafen, Kuehl stellte Szenen aus den Waisenhäusern in Danzig und Lübeck dar, Baluschek und Pleuer wurden als Bahnhofsmaler berühmt. Wie neu diese Art der Wirklichkeitsschilderung war, zeigt sich an den zahlreichen offiziellen und inoffiziellen Protesten, mit denen man dieser Richtung entgegentrat. Als Hermann Helferich 1887 in der Zeitschrift „Die Kunst für Alle", die durch und durch salonidealistisch eingestellt war, eine schüchterne Würdigung Liebermanns abdrucken ließ, ging das nur, indem sich die Redaktion in einer beigefügten Note öffentlich von diesen Äußerungen distanzierte und sich auch weiterhin auf Erfolgsmatadoren wie Knaus und Vautier berief. Pamphletistische Züge finden sich in der Malerei dieser Zeit erst zu Beginn der neunziger Jahre, wo das Prinzip der Naturnachahmung immer stärker in den

Hintergrund tritt. Man denke an die Frühwerke von Slevogt und Corinth, auf denen die Welt der gründerzeitlichen Heroen erbarmungslos ins Ordinäre und Gemeine herabgezerrt wird. Was bei diesen Darstellungen noch als naturalistischer Protest gedeutet werden kann und was schon impressionistische Frechheit ist, läßt sich wie bei den Simplicissimus-Karikaturen nur von Fall zu Fall entscheiden, da die Grenzen hier bereits recht verschwommen sind. Noch komplizierter ist die Situation bei Baluschek und Zille, die ebenfalls erst in den neunziger Jahren beginnen und es von vornherein verschmähen, sich auf eine bestimmte Stilrichtung festzulegen. Sie gehen zwar vom Naturalismus aus, überwinden jedoch seine mechanistische Sachlichkeit und dringen durch die Hereinnahme aggressiver Elemente zu einem sozialen Realismus vor, der sich sowohl von der nüchternen Art eines Liebermann als auch von der kraftgenialischen Ausdrucksweise des frühen Corinth unterscheidet, obwohl auch sie immer wieder „pamphletistischen" Auswüchsen verfallen sind.

In der Literatur äußert sich das Neue der naturalistischen Bewegung von Anfang an in einer bewußten Bevorzugung des Niederen und Gemeingesetzlichen, während die von Liebermann erstrebte Sachlichkeit nur von der kleinen Gruppe der „konsequenten" Naturalisten verwirklicht wurde. Man zog es vor, das Antiideale der proletarischen Existenz zu betonen, das Verkommene und Zerlumpte, dem man bisher mit aller Entschiedenheit aus dem Wege gegangen war, anstatt sich um eine genau analysierende Milieuschilderung zu bemühen, die auch die gesellschaftlichen und ökonomischen Hintergründe der geschilderten Situationen einzubeziehen versucht. Auf diese Weise entsteht bei den literarischen Cliquen eine „Proletmanier", die nicht selten etwas Übertriebenes und Renommiersüchtiges hat. So schreibt Hermann Conradi, einer der temperamentvollsten Rebellen aber unklarsten Köpfe dieser Jahre, in seinem Roman „Adam Mensch" (1889):

> „Man gewöhne sich bitte daran, allenthalben als das Selbstverständlichste von der Welt nur Dreck, Moder, Schweiß, Staub, Kot, Schleim und andere Parfums ... zu erwarten" (S. 37).

Die Bildwürdigkeit der bisher verachteten Gesellschaftsschichten erscheint daher in den Werken der frühnaturalistischen Protestler nicht als „Realität", sondern enthält oft zynische oder bewußt übertriebene Elemente. Selbst aristokratische Anarchisten wie John Henry Mackay berauschen sich plötzlich an Schilderungen aus dem Londoner East End, geben Milieustudien aus Spelunken und Hinterhäusern, stellen Slums und Hafenstraßen dar, in denen das schlechtweg Verkommene herrscht. Besonders sein Roman „Die Anarchisten" (1891) ist ein Musterbeispiel jener modischen Proletmanier, die den literarischen Skandal höher stellt als die sozialistische Idee. Ähnliches läßt sich von den „Sozialisten" (1887) Peter Hilles oder dem Zyklus „Was die Isar rauscht" (1887) von Michael Georg Conrad sagen, in denen die weltanschauliche Haltung relativ unentschieden bleibt, was sich künstlerisch in einer mangelnden

Folgerichtigkeit äußert. Etwas überzeugender wirken die Romane von Max Kretzer, angefangen mit „Die beiden Genossen" (1880) bis zum „Meister Timpe" (1888), deren Milieustudien bereits Ansätze zu einer gesellschaftskritischen Durchdringung verraten. In diesen Werken, mit denen die Gattung des „Berliner Romans" begründet wird, erscheint zum ersten Mal die Welt der Laubenkolonien, der Hinterhöfe, der Kneipen, Destillen und Bordelle, jenes „Milljöh", das später durch Zille zu einem Allgemeinbegriff wurde. Die Hauptthemen dieser Romane sind das Schlafstellenelend, die um sich greifende Schwindsucht, die Delirien der betrunkenen Arbeiter, der Kampf der unkontrollierten Strichmädchen mit der Polizei: all das, was bisher hinter den Kulissen lag und jetzt unter dem Motto „So ist das Leben" als alltägliche Gemeinheit, als antiidealer Grundzug der Wirklichkeit ans Licht der Öffentlichkeit gezerrt wird. Man sieht in ungelüftete Absteigequartiere, halbverfallene Treppenhäuser, Stiegen und Hinterhöfe, in denen das Großstadtelend so penetrant geworden ist, daß man angesichts des aufgestauten Schmutzes fast hoffnungslos wird. Die hochgestimmten Willensentscheidungen der Gründerzeit, die sich stets auf einer adligen oder fürstlichen Ebene vollzogen, gehen in dieser Atmosphäre in einem Strudel von Geld und Sexus unter, der alle freiheitlichen Handlungen des Menschen mit naturgesetzlicher Gewalt beiseiteschiebt. Die Welt schrumpft so auf den Gegensatz von Vorderhaus und Hinterhaus zusammen, als den Orten, wo die eigentlichen Entscheidungen des Lebens ausgetragen werden, da sich der Mensch hier nicht über die Kleinheit seiner Existenz und die Erbärmlichkeit seines alltäglichen Lebens hinwegtäuschen kann, sondern durch die kahlen Häuserwände und feuchten Treppenhäuser ständig an die Kehrseite des Daseins erinnert wird. So spielt die „Papierne Passion" (1890) von Holz und Schlaf in einem Küchenmilieu, das nur den Ausblick auf einen düsteren Hinterhof gestattet. Die Romane von Kretzer und Bleibtreus „Größenwahn" (1887) führen mit Vorliebe in jene Stampen, die sich in den Kellergeschossen der großen Mietskasernen befinden. In Conradis „Adam Mensch" (1889) und in der Studie „Krumme Windgasse 20" (1890) von Holz blickt man in stickige Junggesellen- und Studentenbuden, die wie der Speicher eines Trödelladens wirken. Überall will man mit diesen Schilderungen einen Blick hinter die elegante Fassade der gründerzeitlichen Salonkultur werfen, um die Literatur aus jener Verlogenheit zu befreien, in die sie durch die Dekorationssucht eines Schack oder Hamerling geraten war.

Durch diese „Entidealisierung" der dargestellten Szenerie, die sich sowohl bei den strengen Objektivisten als auch bei den aggressiven Zynikern findet, wird das theatralische In-Szene-Setzen der künstlerischen Motive selbst in den Augen des Bürgertums erheblich diskreditiert. Die Wagnerschen Bühnenbilder, mehr Ausdruck der gründerzeitlichen Monumentalität als Sinnbild des romantischen Gesamtkunstwerks, die opernhaften Klischees bei Heyse und Dahn, die Maréesschen „Hesperiden" (1884) vor ihrer magischen Waldkulisse:

überall stieß man auf die Neigung, die dargestellten Vorgänge ins Heroische, Unbegreifliche und Übermenschliche zu heben, gewahrte man eine „Größe", die etwas Kulissenhaftes und Fragwürdiges hat. Um diese Übersteigerung, deren ideologische Hintergründe sich jetzt auf der politischen Bühne zeigten, weltanschaulich ad absurdum zu führen, griff man zu einer Entidealisierung, die alle künstlerischen „Revolutionen" des 19. Jahrhunderts weit in den Schatten stellt. Die Maler versuchten es mit einer ans Photographische streifenden Sachlichkeit, während die Literaten ihren Protest gegen die gründerzeitliche und salonidealistische Staffagekunst zu einem Pamphletismus steigerten, der nur in einigen Fällen die Schärfe eines sozialen Realismus erreicht. Statt der religiösen Kulissenmalerei Gebhardts, die wie eine Illustration effektvoller Passionsspiele wirkt, oder der Historienbilder Pilotys, deren Gestalten mit der dekorativen Überladenheit eines historischen Festzuges auftreten, erscheint jetzt ein Milieu, das je nach der gesellschaftlichen Einstellung des betreffenden Künstlers einen zynischen, analytischen oder aggressiven Grundzug enthält. Daß die zynische oder mechanische Ausdrucksweise überwiegen, ist bei der bürgerlichen Herkunft der naturalistischen Künstler nicht verwunderlich. Man gebärdet sich zwar „revolutionär", schüttet aber im Überschwang des persönlichen Engagements das Kind oft mit dem Bade aus oder bläht Nebendinge zu Hauptsachen auf, da man sich nicht genügend mit den gesellschaftlichen oder ökonomischen Hintergründen der behandelten Probleme beschäftigt. Die Rebellion bleibt daher meist auf halbem Wege stecken, ohne auf den Kern der Dinge zu stoßen. Anstatt den proletarischen Klassenkampf zum künstlerischen Thema zu erheben, begnügt man sich mit der mechanischen Materialisation der gegebenen Tatsächlichkeit oder weicht in den Bereich des Lumpenproletariats aus, das sich parasitisch auf dem Boden des Kapitalismus angesiedelt hat wie die Familie Heinecke in Sudermanns „Ehre" (1889). Aus Naturalisten werden auf diese Weise „Dekadenzjünger, Fäulnispiraten und Verfallsschnüffler", wie Franz Mehring in seinen „Ästhetischen Streifzügen" (1892) schreibt (II, 108), oder scheinbar teilnahmslose Objektivisten, hinter deren Darstellungsart man eine artistische Spezialisierung vermuten könnte. Dennoch haben beide Richtungen dieser Kunst ihre innere Berechtigung, da sie auf dem Wege des Protestes oder der Versachlichung wesentlich zu einem Abbau der gründerzeitlichen Ideenwelt beigetragen haben. Man sollte sich daher bei der Beurteilung des „Naturalismus" nicht am Maßstab des sozialen Realismus orientieren, der bereits über ganz andere Erkenntnismöglichkeiten verfügt, sondern sich immer wieder die historische Situation dieser Epoche vor Augen halten. Derselbe Mehring, der sich so häufig gegen die künstlerischen Ziele des Naturalismus gewandt hat, war daher als Zeitgenosse dieser Richtung einsichtig genug, trotz aller Verfehltheiten die Notwendigkeit einer solchen Bewegung zu betonen, die auch ihm als „Durchgangsphase" unvermeidlich erschien:

„Es ist ein Verdienst des heutigen Naturalismus, daß er den Mut und die Wahrheitsliebe gehabt hat, das Vergehende zu schildern, wie es ist. Und dies Verdienst kann ihm auch nicht geschmälert werden durch die Auswüchse und Übertreibungen, die jede Rebellion in ihren Anfängen mit sich bringt" (II, 108).

ORDINÄRE TYPEN

Konsequenterweise ist mit dieser Entwürdigung des Schauplatzes zum „Milljöh" auch eine Herabsetzung des Menschen verbunden. Aus den gründerzeitlichen Heroen, deren Auftreten sich wie in Meyers „Jürg Jenatsch" (1874), Wagners „Siegfried" (1876) oder Makarts „Einzug Karls V. in Antwerpen" (1878) unter historischem oder mythologischem Gepränge vollzieht, werden jetzt Arbeiter, Proletarier, Deklassierte, die in der Ungeschminktheit ihres alltäglichen Aufzuges erscheinen. Bildbestimmend und handlungstragend ist nicht mehr der an die Rampe tretende Übermensch, sondern die bisher nur als Randerscheinung gewürdigte Welt der niederen Stände, die man aus ihrer peripheren Dienerfunktion befreit und zum Maßstab eines Lebens macht, das auf die bürgerlichen Rangvorstellungen verzichtet und dafür das Signum einer unverschuldeten Verkommenheit trägt. Das Ergebnis dieser Umschichtung ist, daß aus den komischen Nebenfiguren, die bisher die Heldentaten ihres „Herrn" mit redensartlicher Beschränktheit kommentierten, nun die Hauptpersonen werden, deren Schicksal in demselben Auf und Ab von steigender und fallender Handlung gegeben wird wie das eines Hamlet oder eines Ödipus Rex. Im Mittelpunkt des Geschehens steht nicht mehr der Fürst oder der Heros, ja nicht einmal mehr der begüterte Bürgerssohn, der reisende Künstler oder der zu einem angesehenen Kaufmann emporgestiegene Kommis, jene Helden des bürgerlichen Realismus der fünfziger und sechziger Jahre, sondern der in seiner Menschenwürde völlig entehrte Prolet, der im Rahmen seiner ökonomischen Gebundenheit dahinvegetiert. Anstatt die wahren Träger der neuen Gedankenwelt darzustellen, gleitet man immer wieder ins Lumpenproletariat hinab, da man mehr den ästhetischen Affront gegen die Gründerzeit als die politische Agitation im Auge hat. Vor allem auf seiten der naturalistischen Protestler entsteht in den achtziger Jahren ein Verkommenheits-Realismus, der die Theorie von der Fallhöhe des dramatischen Helden in die literarische Rumpelkammer wirft und sein Interesse mit brutaler Direktheit auf die Armen und Entrechteten, die Säufer und Verbrecher richtet. Asoziale Elemente, Strolche und Zuhälter werden nicht mehr als Karikaturen oder wohlausgefeilte Charakterstudien dargestellt, als Chargen, mit denen man eine Nebenhandlung belebt oder die eine Folie für den allesbeherrschenden Helden abgeben, sondern als Mittelpunktsfiguren, deren Probleme man zu künstlerisch bedeutungsvollen Fragen macht. So werden Gestalten wie der „Bahnwärter Thiel" (1887), der „Meister Ölze" (1892) oder der „Fuhrmann Henschel"

(1898) zu Symbolen der menschlichen Existenz erhoben, ohne daß man irgend etwas von ihrem milieugebundenen Dasein abstrahiert. Dieselbe Vorliebe am Ordinären und Gemeingesetzlichen herrscht in Kretzers Roman „Die Verkommenen" (1884), der wie ein allgültiges Trauerspiel der Hinterhöfe, wie eine Schicksalstragödie der Entarteten, Vertierten und Kranken wirkt. Sogar Säuferfamilien wie die Krauses in „Vor Sonnenaufgang" (1889), die Hauptmann den Ehrentitel eines „Schnapsbudenrhapsoden" einbrachten, werden nicht mehr als abschreckendes Beispiel geschildert, sondern als vererbter Zustand, der etwas Heilloses und Unabänderliches hat. Anstatt das Obszöne innerhalb der familiären Verderbtheit in einen Botenbericht oder eine Teichoskopie zu kleiden, wird es in aller Offenheit auf die Bühne gezerrt: nicht nur, daß die Mutter ein Verhältnis mit dem Dorfdepp hat, der sich morgens mit den Schuhen in der Hand aus dem Hause schleicht, sondern auch, daß der betrunken hereintorkelnde Vater sich an seiner jüngsten Tochter vergreift, deren degenerierte Schwester gerade ein totgeborenes Kind zur Welt gebracht hat. Wie weit die Deutlichkeit im Ordinären hier geht, mag eine Stelle aus dem zweiten Akt beweisen, wo die „Heimkehr" des Vaters beschrieben wird:

> „In dem ein wenig helleren Morgenlicht erkennt man die sehr schäbige Bekleidung des etwa fünfzigjährigen Mannes, die um nichts besser ist, als die des allergeringsten Landarbeiters. Er ist im bloßen Kopf, sein graues, spärliches Haar ungekämmt und struppig. Das schmutzige Hemd steht bis auf den Nabel herab weit offen; an einem einzigen gestickten Hosenträger hängt die ehemals gelbe, jetzt schmutzig glänzende, an den Knöcheln zugebundene Lederhose; die nackten Füße stecken in einem Paar gestickter Schlafschuhe, deren Stickerei noch sehr neu zu sein scheint. Jacke und Weste trägt der Bauer nicht, die Hemdärmel sind nicht zugeknöpft. Nachdem er den Geldbeutel glücklich herausgebracht hat, setzt er ihn mit der rechten mehrmals auf die Handfläche der linken Hand, so daß das Geld darin laut klimpert und klingt, dabei fixiert er seine Tochter mit laszivem Blick.
>
> Dohie hä! 's Gald iis mei-nee! hä? Mech'st a poar Toalerla?
>
> Helene: Ach, gro-ßer Gott!
>
> Sie versucht mehrmals vergebens, ihn mitzuziehen. Bei einem dieser Versuche umarmt er sie mit der Plumpheit eines Gorillas und macht einige unzüchtige Griffe. Helene stößt unterdrückte Hilfeschreie aus.
>
> Gl-eich läßt du l-os! Laß l-oß! bitte, Papa, ach! Sie weint, schreit dann plötzlich in äußerster Angst, Abscheu und Wut:
>
> Tier, Schwein!
>
> Sie stößt ihn von sich. Der Bauer fällt langhin auf die Erde" (I, 41/42).

Eine solche Kraßheit erschreckte selbst die fortgeschrittensten Realisten, vor allem die Literaten der Conrad-Clique, die zwar auch eine Schilderung der gesellschaftlichen Mißstände angestrebt hatten, aber nicht mit diesem ordinären Beigeschmack, der wie eine Ablehnung aller ästhetischen Regeln wirkte. So schreibt Konrad Alberti in der „Gesellschaft" (1890):

> „Um nun auf dieses Fricassée von Unsinn, Kinderei und Verrücktheit die Aufmerksamkeit des Publikums zu lenken, durchsetzte es Herr Hauptmann mit einem Gemisch von Rohheiten, Brutalitäten, Gemeinheiten, Schmutzereien, wie es bisher in Deutschland unerhört gewesen war. Der Kot wurde in Kübeln auf die Bühne getragen, das Theater zur Mistgrube gemacht" (S. 1111).

Aber Hauptmann ließ sich in seinen dichterischen Intentionen nicht beirren, zumal sich die Herausgeber der „Freien Bühne", Brahm und Schlenther, auf seine Seite stellten und auch ausländische Stücke mit einer ähnlichen Kraßheit der Motive auf die Bretter brachten wie Tolstois „Die Macht der Finsternis" (1887), wo inmitten von Trunkenheit und Kuppelei ein neugeborenes Kind unter einem Brett zerquetscht wird. Vor allem in der Anzahl der Säufertypen legte er sich keinerlei Beschränkungen auf: angefangen mit den in ihrer Verzweiflung zur Flasche greifenden Webern, über den ständig betrunkenen Crampton bis zum Maurer Mattern im „Hannele" (1893), bei dem der Suff fast etwas Teuflisches bekommt.

Da es sich beim „Ordinären", jedenfalls was das 19. Jahrhundert betrifft, um eine terra incognita handelte, bekam man bald Geschmack an solchen Typen, besonders auf pamphletistischer Seite, wo man stets dazu neigte, das Niedere um seiner selbst willen darzustellen. In allen Vorstädten entdeckte man plötzlich eine Galerie von Gezeichneten und Verkommenen, deren Existenz man wie eine künstlerische Sensation empfand, anstatt sich Gedanken über die dahinterstehenden Probleme zu machen. Man höre, wie Richard Muther in den neunziger Jahren ein Straßenbild aus Sheffield beschreibt, dessen Anblick ihn mehr „berauscht" als der anschließende Besuch im Ruskin-Museum:

> „Da schreiten zwanzig alte Männer — mit großen Plakaten, die eine Whiskymarke anpreisen, auf dem Rücken — wie in skurrilem Leichenzug daher. Dort schleppt sich auf Krücken ein junger Mensch, dem die Maschine beide Beine wegriß. Ein anderer, kraftlos, krank, verhungert, ist auf dem Pflaster niedergesunken, ohne daß einer der Vorübergehenden sich um ihn schert. In den Auslagen der Geschäfte sieht man Krücken und hölzerne Beine, Bruchbänder und gläserne Augen. Sonst gibt es in den Läden nur die billigste, allerschlechteste Ware: grobe, baumwollene Hemden und bleierne Uhren; Schuhbänder und Kinderklappern; blechernes Küchengerät und abscheuliche Schlipse; Margarine, amerikanisches Büchsenfleisch und verschimmelte Fische; Schokolade, die wie Teer, Wurst, die wie Seife aussieht; Backwerk, das mit Gips verzuckert und mit Safran gefärbt ist. Arbeiterfrauen, ein kleines Kind an der Hand, ein zweites im Arm tragend, ein drittes im Leib, machen

stumpfsinnig-gleichgültig ihre Einkäufe und kehren mit dem erworbenen Gift in ihr erbärmliches Heim zurück, wo außer der Familie noch die Wanzen hausen. Und wenn es Abend wird, kommen die noch Ärmeren, die Verkommenen aus ihren Höhlen heraus. Drehorgeln erklingen. Um einen Neger mit Zylinder, der eine Stiefelwichse, eine Salbe anpreist, hat sich ein dicker Knäuel gebildet. Ein Mädchen mit Klumpfuß, dem der Hunger, die Verwahrlosung aus den Augen starrt, karessiert an der Straßenecke mit einem halbwüchsigen Buben, dem Pulver oder eine ätzende Säure das Gesicht zerfetzte. Ein Zeitungsjunge, das eine Auge verbunden, hat sich auf seine Zeitungen gestellt. Denn er friert, er zittert, der arme Bursche, mit seinen nackten Füßen auf dem kalten Pflaster. Doch plötzlich wird er lebendig, schreit, wütet und rauft sich. Ein anderer verkrüppelter, kleiner Kerl hat ihm den Penny geraubt, den ein Betrunkener ihm zuwarf" (Studien, Berlin 1925, S. 650/651).

Schilderungen dieser Art begegnet man in der Malerei und Dichtung dieser Jahre allenthalben. Die Welt der Vorstadtstraßen und Hinterhöfe übte eine solche Faszinationskraft aus, daß die gesellschaftlichen Probleme immer wieder durch das „Ordinäre" überwuchert wurden. Besonders die jungen Autoren verfielen der Manie, nur noch Pennbrüder und Tippelschicksen darzustellen, ohne damit eine soziale Fragestellung zu verknüpfen oder sich die Aufgabe zu setzen, die Bildwürdigkeit bisher unterdrückter Schichten anzustreben. So schrieb Wolfgang Kirchbach einen Roman „Das Leben auf der Walze" (1892), der wie Hans Ostwalds „Vagabonden" (1900) oder „Die Tippelschickse" (1901) unter „Schuckern" und „duften Kunden" spielt und das Niedere und Verkommene zum Selbstzweck erhebt. Selbst Zille und Baluschek, die aus ihrer politischen Gesinnung nie ein Hehl gemacht haben, sind in ihren Themen manchmal bewußt „ordinär": Zille meist nach der humorvollen Seite, wenn auch mit unüberhörbaren sozialen Obertönen, Baluschek mehr plakathaft, indem er aus erschöpften Dirnen und Bierleichen tendenziöse Monumentalfiguren macht. Man fragt sich bei ihren Bildern oft nach der Übereinstimmung der gesellschaftlichen Pointe und der künstlerischen Mittel, die eigentlich nur bei Käthe Kollwitz in vorbildlicher Weise verbunden sind. „Naturalismus" wird in diesen Werken, vor allem bei den rein pamphletistischen Erzeugnissen, nicht als das Natürliche, Freiheitliche und Zukunftsweisende empfunden, sondern als das schlechtweg Verkommene und Zerlumpte, das im Sumpf der eigenen Gebundenheit versackt. Anstatt den kämpfenden Arbeiter, den zäh ringenden Bauern oder die unverbrauchte Landschaft in den Mittelpunkt zu stellen, beschränkt man sich auf die Schilderung von Bordellen, Kneipen und Leihgeschäften. Man denke an die Novellensammlungen „Schlechte Gesellschaft" (1885) von Bleibtreu und „Brutalitäten" (1886) von Conradi, in denen die Berührung mit den niederen Gesellschaftsschichten wie ein literarischer Kitzel empfunden wird. Überall stößt man auf die von Zola übernommene „Bête humaine", die sich je nach Situation in einen Sinnlichkeitsteufel, einen Saufbruder oder einen Lumpenproletarier verwandelt. Anstatt die menschlichen Verhaltungsweisen auf ihre sozialen Antriebe hin zu überprüfen und sie demgemäß zu beurteilen, begnügt man sich meist mit einem anti-idealistischen Protest. So schreibt Liliencron am 29. Oktober 1888 an seinen Verleger Hermann Friedrichs:

> „Alle sind für mich die größten Schufte (ich selbst an der Tête), die nur darauf ausgehen zu betrügen. Das Menschenvieh ist so angelegt von Hause aus ... Bestien können ja garnicht anders" (Briefe, Berlin 1910, I, 181).

Aus diesem Grunde werden nicht nur die Kommerzienräte als „Schurken" dargestellt, sondern auch die Handwerker, Kleinbürger und Proletarier, da man in allen Menschen die Verkörperung desselben egoistischen Triebes erblickt. Die Mutter Wolffen zum Beispiel legt Fallen, klaut Holz und stiehlt einen Biberpelz. Zilles Dirnen schröpfen ihre Galane mit gewerblicher Pfiffigkeit, während ihre Zuhälter als ein arbeitsscheues und kleptomanes Gesindel geschildert werden, das von Zechprellereien und Erpressungen lebt. Die Bordellmütter sind meist von einer Gewinnsucht besessen, die sich in nichts von der Raffgier der kapitalistischen Kreise unterscheidet. Sogar die Arbeiter treten in der Mehrzahl als eine randalierende, rauchende und saufende Masse auf, die selbst vor ihrer eigenen Klasse keine Achtung mehr hat.

Gegen die vulgäre Unverwüstlichkeit solcher „Typen" war das übersteigerte Menschenideal der Gründerzeit natürlich nicht gewachsen. Es brach in sich zusammen wie eine haltlose Attrappe oder verflüchtigte sich in einen völlig entleerten Salonidealismus, wie er auf den Bildern von Friedrich August von Kaulbach oder in den Romanen von Fritz Mauthner und Heinz Tovote erscheint. Der in seiner Betrunkenheit unübertrefflich charakterisierte Krause, der bauernschlaue Wulkow oder der starrköpfige Meister Timpe wogen literarisch einfach schwerer als die verstammelnden Nibelungen, die professoralen Helden und salonfähigen Idealfiguren der siebziger Jahre. An die Stelle der schönheitssüchtigen Helden Heyses, die von der Triebfeder ihrer „idealen" Sinnlichkeit gesteuert werden, treten daher Corinths „Othello" (1884), der wie ein Negerboxer aussieht, oder der „Meister Ölze" (1892) von Schlaf, der sich im Bett herumwälzt und auf offener Bühne seine Kompressen erneuert. Im Bereich der weiblichen Gestalten vollzieht sich diese „Entidealisierung" vornehmlich auf physiologischem Gebiet. Feuerbachs Renaissanceschönheiten mit ihrer eleganten Grazie und venushaften Figur, die von einem ewigen Jungborn durchflutet wird, werden jetzt durch Liebermanns „Gänserupferinnen" (1872) und „Konservenmacherinnen" (1880) verdrängt, deren Bewegungen etwas frühzeitig Gealtertes und Abgerackertes haben, da ihnen die tägliche Mühsal in den Knochen steckt. Heyses edle Italienerinnen, deren Schönheit wie gemeißelt erscheint, treten zurück hinter einer Rose Bernd oder einer

Hanne Schäl, deren Körperformen von kompakter Bäuerlichkeit sind. Arme Geschöpfe gab es natürlich auch in der Gründerzeit, aber selbst sie bewegten sich mit angeborener Grazie und haben nicht das Schwerfällige der Hauptmannschen Mädchengestalten, den breiten Gang und die zähen Gemütsempfindungen. Bei Heyse wird eine Ärmste der Armen meist so geschildert:

> „Eine schlanke Mädchengestalt ward oben sichtbar, die eilig die Steine hinabschritt und mit einem Tuch winkte. Sie trug ein Bündelchen unterm Arm, und ihr Aufzug war dürftig genug. Doch hatte sie eine fast vornehme, nur etwas wilde Art, den Kopf in den Nacken zu werfen, und die schwarze Flechte, die sie von vorn über die Stirn umschlungen trug, stand ihr wie ein Diadem" (Ital. Novellen, Stuttgart 1924, I, 6).

Wie anders lautet ein solches Signalement bei Hauptmann. Von der Guste in „Vor Sonnenaufgang" heißt es: „Eine ziemlich dicke Magd, bloßes Mieder, nackte Arme und Waden, die bloßen Füße in Holzpantinen" (I, 44). Heyse gestattet selbst den armen Weibern ein ungewöhnliches Schicksal: Sie bilden sich ein, die „Kaiserin von Spinetta" zu sein oder werden zu einer „Frau Marchesa". Hauptmann vermeidet diese ideologische Überhöhung. Bei ihm hat eine gewöhnliche Frau auch ein „gewöhnliches" Schicksal. Das Weib ist nicht mehr die Belohnung einer heldischen Tat wie bei Böcklin oder Nietzsche, sondern ein Opfer der Gesellschaft, das im rücksichtslosen Kampf ums Dasein den Kürzeren zieht. Wie weit diese Entwertung des Weiblichen geht, zeigt sich auf den Kneipen- und Hinterhofstudien von Zille, auf denen es von schlampigen Frauenzimmern und gewöhnlichen Strichmädchen nur so wimmelt. „Freude" spendende Mädchen werden nicht als antike Hetären verkleidet wie auf Feuerbachs „Gastmahl" (1873), deren theatralische Überhöhung einem sich selbst täuschenden Schmuckbedürfnis entspringt, sondern treten ungeniert und frech als Dirnen auf. Derselbe Vorgang zeigt sich auf den Aktbildern der achtziger Jahre. Anstatt ihre Modelle zu Göttinnen der Liebe zu erheben wie Feuerbach auf seinem „Parisurteil" (1870), zu Idealfiguren, die in ihrer körperlichen Makellosigkeit etwas Gestelltes und Unwirkliches haben, geben die Naturalisten ihre Malmädchen so, wie sie sind: vulgär, müde und vom langen Stehen etwas zusammengesackt. Neben einer Nereide von Böcklin, einer weiblichen Allegorie von Makart oder einer Venus von Feuerbach wirken die Aktmodelle des frühen Corinth wie bloße Nuditäten. Diese Mädchen und Frauen haben nicht den Anschein idealischer Nacktheit, sondern sind ausgezogen, posieren mit ihrem Körper und verkaufen seine relative Ebenmäßigkeit für eine stundenweise Bezahlung. An die Stelle der idealen Szenerie, der kostbaren Teppiche und Fächerpalmen, tritt darum das Atelier, wo mit dieser Form von Nacktheit „gearbeitet" wird. Aber selbst dann, wenn man thematisch „erhabene" Szenen malt, wird der weibliche Körper verhäßlicht oder physiologisch entwertet. Anstatt seine naturgegebenen Formen ins ästhetisch Vollendete zu erheben, wird er durch das Fleischliche seiner Erscheinung, die hängenden Brüste und lüsternen Physiognomien, ins Groteske depraviert. Wohl den schärfsten Protest gegen das gründerzeitliche Heroinenideal bildet Slevogts „Danaë" (1895): Hier wird nicht das göttliche Mysterium dargestellt, das Zeus an einer Königstochter vollzieht, sondern ein aufgewühltes Bett und eine erschöpfte Dirne, deren Vermieterin den von oben kommenden Goldregen in ihre Schürze sammelt. Auch auf den mythologischen Historien von Corinth herrscht das Ausgezogene, das Sich-Preisgeben, die Lust am Entblößen, selbst wenn es sich um Göttinnen, um biblische Gestalten oder Figuren der Heldensage handelt. Diese Entwicklung führt dann über den Naturalismus hinaus und erlebt ihren Höhepunkt im Nacktkultus der neunziger Jahre, wo sich das Ordinäre langsam verflüchtigt und das Nackte zum impressionistisch-stimulierenden Genußmittel wird.

Wie umfassend diese Protesthaltung ist, zeigt die Darstellung von Kindern. In der Gründerzeit werden sie fast ausnahmslos als Putten, Engel oder Amoretten dargestellt, unterstützen die Festlichkeit des Bildes, indem sie wie ein Kranz seliger Genien die Hauptfiguren umflattern, sich girlandenartig miteinander verknüpfen und mit ihren niedlichen Körpern ein Spruchband der Freude bilden. Auf Feuerbachs „Gastmahl" tragen sie leuchtende Blumenkränze herbei, auf dem „Parisurteil" lösen sie der Venus die Sandale vom Fuß, bei Thoma fliegen sie wie ein Reigen von Schmetterlingen durch die Luft oder helfen der Flora beim Blumenstreuen. Selbst dort, wo sie einmal nicht in molliger Nacktheit erscheinen, wo sie angezogen sind, sitzen sie singend an einem Wasserfall wie auf Feuerbachs „Ricordo di Tivoli" (1867) oder artig in ihrem Kämmerlein wie auf Thomas „Geschwistern" (1873). In den achtziger Jahren jedoch erscheinen sie genau so ordinär wie ihre erwachsenen Vorbilder, als charakteristisch geschilderte Typen, denen gerade das Idealtypische fehlt, das dem kindlichen Wesen von Natur aus zu eigen ist. Sie haben ihr allegorisches Tun, ihr Kränzebinden und Reigentanzen abgelegt, auf ihre mythologische Überhöhung verzichtet und stehen als kleine Individualitäten, schmuddlig wie sie sind, inmitten einer unaufgeräumten „Kinderstube", wie auf einem für diese Zeit besonders typischen Bild von Fritz von Uhde (1889). Selbst der junge Christus erscheint nicht mehr als göttlicher Knabe, sondern als wirkliches Kind wie bei Liebermann (1879), wo er als zwölfjähriger Junge mitten in dem Durcheinander einer Sakristei steht und die Pharisäer in der Gestalt alter, filziger Männer um ihn herum auf der Erde hocken. Unvergleichlich ordinärer erscheinen die Kinder natürlich dann, wenn es sich um Großstadtrangen handelt, die ohne einen rechten Vater in die Welt gesetzt sind und nun als anonyme Masse die Hinterhöfe bevölkern, ein Thema, das bei Zille in Hunderten von Variationen wiederkehrt. Auf anderen Bildern sind es Dorflümmel, rotznäsig, mit stieren Gesichtern, die jeden Durchreisenden mit einer unverschämten Genauigkeit anstarren. Selbst auf mythologischen Bildern erscheinen sie nicht mehr in lieblicher Nacktheit, als Schmuck des Daseins, sondern als ausgezogene Gören wie auf dem Diogenesbild von Corinth (1892), wo vor allem das Häßliche ihrer in die Höhe geschossenen Körper, das Ordinäre in der Haltung und die Frechheit der einzelnen Gesichter betont wird. Gerade hier, wo dem Rührenden und Sentimentalen ein weites Feld eröffnet wäre, man denke an Hauptmanns „Hannele" (1893), ist die Schilderung des Gewöhnlichen und Vulgären oft besonders kraß. Nicht nur, daß man kranke Kinder darstellt, die bloß noch Tage oder Monate zu leben haben, oder „Kinder der Straße", die mit ihren dreizehn oder vierzehn Jahren schon so weit verdorben sind, daß sie sich in die Erotik der Hinterhöfe verlieren, sondern auch jugendliche Verbrecher, kindliche Mörder, mit denen man auf die sozial-pathologische Struktur dieser Gesellschaft hinweisen will.

KARIKATUR DES GRÜNDERS

Konfrontiert werden diese „ordinären Typen" meist mit einer Schar rücksichts-
loser und protzenhaft auftretender Spekulanten, die nur an das eigene Höher-
kommen denken. Anstatt den finanziellen Liberalismus der siebziger Jahre im
Sinne einer gesellschaftlichen Regeneration zu benutzen, hatte sich die Großbourgeoisie auf die Seite der feudalen Mächte gestellt und dadurch einen
Staat aufgebaut, der im Gesetz von „Rang und Würde" seine höchste Bekrönung erlebt. Reich zu werden hieß für das aufsteigende Bürgertum: am
gesellschaftlichen Aufschwung teilzunehmen, etwas zu „bedeuten", Feste zu
geben und eingeladen zu werden. Dieser Ehrgeiz war so übermächtig, daß man
in der Wahl, ihn zu befriedigen, nicht gerade rücksichtsvoll vorging. Von allen
Seiten strömte man nach Berlin, dem Babel des Geldes, stürzte sich in das
Getümmel der Börse und versuchte sein Glück im Lottospiel von Hausse und
Baisse. Die zeitgenössische Literatur zeigt daher mit Vorliebe nicht die wirklichen Gründer, deren Wagemut oft etwas Faszinierendes hatte, sondern die
„Parvenüs", die ihre niedere Herkunft unter der gekauften oder gemieteten
Eleganz eines Galafracks verbargen. Gerade jene Herren waren es, die sich
gegen ihre Untergebenen mit der ganzen Härte ihres neuen Ranges benahmen,
um nicht an ihre eigene Herkunft erinnert zu werden. Man wollte sich nicht in
seiner Standesgemäßheit beeinträchtigen lassen, fand ältere Verpflichtungen
mit einer Geldsumme ab und empfing Verwandte nur in den Hinterstuben.
Selbst der biedere Anton Wohlfahrt, der Held von Freytags „Soll und Haben"
(1855), verläßt sein geliebtes Breslau und zieht in Albertis Roman „Schröter &
Co" (1893) mit seiner Produktenhandlung nach Berlin, um sich zu vergrößern
und an der hauptstädtischen Betriebsamkeit und wirtschaftlichen Expansion
teilzuhaben. Er, der seine bürgerliche Redlichkeit über alles stellte, wird zu
einem Parvenü, einem Emporkömmling, der sich sogar mit seinem alten
Freunde, dem Baron Fink überwirft, um die eigene Vergangenheit wie etwas
Abgelebtes hinter sich zu lassen. Er steht vor der Wahl: „Spekulant oder
Krämer" und entscheidet sich trotz seiner charakterlichen Beharrlichkeit für
das erstere, für den Weg eines Gründers (2. Aufl., S. 79). Alberti schreibt in
einem Nachwort, daß er in bewußter Anknüpfung an Freytag habe darstellen
wollen, „wie sich die Verhältnisse im deutschen Kaufmannsstande im Laufe des
letzten Generationswechsels geändert haben, wie der Großkaufmann mit gesellschaftlicher Notwendigkeit von der Bahn der nüchternen Arbeit in den
Hohlweg der Spekulation" geraten sei (S. 422).

Vorbildlich für einen solchen Lebensweg ist Max Kretzers „Der Mann ohne Gewissen" (1905), die Geschichte eines Gründers, der als Provinzler nach Berlin kommt, die mitgebrachte Braut verstößt, mit ihren Spargroschen seine Anfangsgeschäfte betreibt und schließlich die zweifelhafte Würde eines Banquiers erringt. Sein „Aufstieg" ist nicht nur eine Satire auf die wirtschaftliche Rücksichtslosigkeit jener Spekulanten, sondern zugleich eine Karikatur auf das gründerzeitliche Heldenideal, eine Parodie auf Nietzsches Idee des Übermenschen, denn dieser „Eroberer", dieser „Napoleon der Nullte" (Berlin 1910, S. 119) benutzt den in seinem Sinne verstandenen Nietzsche immer dann als Helfershelfer, als Komplizen, wenn es gilt, über unangenehme Situationen wie die Abschiedsszene mit der Braut mit forciert männlicher Härte hinwegzukommen. Nietzsche ist ihm das, was den „Sozialaristokraten" (1896) bei Holz ihr „Nitschke" ist, eine Phrasensammlung, mit der man seine eigenen Skrupel beschwichtigen kann:

> „Die Ausnahmemenschen kommen darüber hinweg, die großen Eroberer, die immer nur den Zweck sehen und niemals die Mittel dazu. Wer die Schlacht gewinnen will, muß über Leichen reiten. Alles kommt auf die Tat an. Schon die Natur gab dem Stärkeren das Recht, seine Kräfte auszunutzen" (S. 18).

Dieser „Übermensch" drängt sich nun unter dem Motto „Kämpfe, lebe, genieße!" (S. 75) in die große Welt der Gesellschaft, da seine Brutalität im Geschäftsverkehr rasch einen reichen Mann aus ihm gemacht hat. Mit einer seine Herkunft nicht verleugnenden Dreistigkeit und Beredsamkeit bewirbt er sich um eine der „höheren" Töchter, die er schließlich auch heiraten darf, da sein Reichtum alle gesellschaftlichen Mängel überdeckt. Auf die Achtung dieser „Gesellschaft" gestützt, gründet er eine Bodenbaugenossenschaft, die halb Berlin umgestalten will, und festigt die Solidität dieses gigantischen Unternehmens, indem er einen verarmten Grafen besticht, seinen Namen dafür herzugeben. Seine Brutalität wird noch dadurch charakterisiert, daß er an der Wiege seines einzigen Kindes, eines verkrüppelten Knaben, ständig in Tränen gerät, während er die Kinder der Bauarbeiter, die an einer Epidemie leiden, teilnahmslos verrecken läßt. Das Ganze endet in einem großen Bankkrach, der Tausende von kleinen Sparern um ihre letzten Pfennige bringt, den „Mann ohne Gewissen" aber zum Selbstmord zwingt.

Wo ein solcher „Gründer" auch auftaucht, immer ist er der Rücksichtslose, der Mann mit der lächelnden Visage und den Raubtierzähnen, die „blonde Bestie" im Frack. Die aus Idee und Traum geborene Gestalt des Übermenschen wird in die Realität des gesellschaftlichen Lebens übersetzt, stellt sich am Arm einer bezaubernden Gattin seinen Gästen, treibt mit ihnen Konversation über Theater und Kunst und zieht sich dann mit seinen Mitaktionären unauffällig in seinen Arbeitsraum zurück, um mit ihnen die „wirklichen" Probleme des Lebens zu debattieren, den Kursstand an der Börse oder die Nichtbeachtung der Arbeiterresolutionen. Dargestellt etwa in Konrad Albertis Roman „Wer ist der Stärkere?" (1888), wo der Emporkömmling Semisch seinen Salon mit Professoren, Offizieren und Kommerzienräten füllt, sogar den prominenten Geheimrat Lassarius, wohl eine Parodie auf den immer reaktionärer werdenden Virchow, unter seinen Gästen hat, und sich dann der versammelten Gesellschaft wie ein Monarch in Zivil präsentiert. Während sich die Damen über die Neuigkeiten der Pariser Mode unterhalten, berät er in seinem Spielzimmer mit einem Konsortium neureicher Banquiers das „Geschäftliche". Wiederum ist ein abgetakelter Graf dabei, der seinen ehrwürdigen Namen für irgendein zweifelhaftes Unternehmen mißbrauchen läßt und damit den hemmungslosen Spekulanten den Rücken stärkt. Semisch beruft sich wie der Mann ohne Gewissen auf den Kampf ums Dasein. Wer sich im Strudel der gesellschaftlichen Machenschaften als der „Stärkere" behaupten wolle, sei notwendig zur rücksichtslosen Anwendung aller seiner Fähigkeiten gezwungen. Er überredet daher die Mitaktionäre zu einer Herabsetzung der Löhne, selbst wenn man damit die Gefahr eines Streiks heraufbeschwören würde. Über die Not unter den Arbeitern geht er mit dem üblichen Zynismus hinweg:

> „Bedenken Sie, meine Herren, ein Sieg würde einen Gewinn von Hunderttausenden für uns bedeuten. Daß darum vielleicht ein paar Pfändungen unter den Arbeitern mehr stattfinden werden, kann unsere Entschlüsse nicht beeinflussen. Sentimentalität, meine Herren, ist eine Ware, die sich nur zum Export eignet, — wir können nichts mit ihr anfangen" (I, 119).

Die letzten Bedenken gegen die Brutalität eines solchen Vorgehens beseitigt er mit einem noch rücksichtsloseren Sarkasmus:

> „Die Leute essen in ihren Destillen Lachs und Kaviar. Eine Berliner Arbeiterfamilie kann bei den jetzigen Sätzen für ihre Ansprüche luxuriös leben! Die Leute schwelgen! Das Gesindel versäuft und verspielt nur alles!" (I, 118)

Da es wirklich zu einer ernsten Auseinandersetzung kommt, zu einem langanhaltenden Streik, kauft er die Presse, besticht die Arbeiterführer und erweist sich damit auch in einer scheinbar hoffnungslosen Situation als der gesellschaftlich Stärkere, als ein Übermensch von Gnaden des Geldes.

Ähnliche Verhältnisse herrschen „Im Schlaraffenland" (1900) von Heinrich Mann, der sich im Untertitel „Ein Roman unter feinen Leuten" nennt. Wieder handelt es sich um Börsianer und Feudaljobber, die mit „kaiserlicher Brutalität" über die Nacken ihrer Zeitgenossen schreiten. Man bringt apokryphe Nachrichten in die Presse, vernichtet Tausende von Existenzen und geht selbst aus Niederlagen wie ein Triumphator hervor. Zu Hause ergibt man sich den lesensten Genüssen, schwelgt in Champagner und verschleudert das eben gewonnene Geld in Bakkarat und Roulette. „Gutes Essen, feine Weine.

Witze, Kunst und Vergnügen, es ist alles da. Man langt eben zu, wie im Schlaraffenland" (Berlin 1955, I, 93).

Das Ergebnis dieser Machenschaften, dieser Rücksichtslosigkeit im Großen und im Detail, ist eine Parvenükultur, die ihre inneren Skrupel mit dem Anschein einer fürstlich-feudalen Repräsentation übertönt. In der Gründerzeit hatte dieser Lebensstil trotz mancher künstlerischen Entgleisungen einen unleugbar großartigen Anstrich, man denke an die „Hofhaltung" eines Lenbach oder Heyse, während in den achtziger Jahren der anspruchsvolle Aristokratismus langsam zu einer genüßlichen Salonkultur verflacht, die nur noch auf das Ideal der Standesgemäßheit bedacht ist, ohne sich um die geistige Würde der errungenen Position zu kümmern. An die Stelle der großen, führenden Persönlichkeiten, deren Idealismus etwas Herrscherliches, ja Aufbauendes hatte, tritt ein inhaltsloser Prunk, dem der geltende Komment höher steht als ein ins Übermenschliche tendierendes Wollen. Um in den Salons der achtziger Jahre einen Rang einzunehmen, mußte man nicht etwas sein, sondern etwas darstellen. Nicht selten fand man daher in den Tageszeitungen folgende Annonce: „Reiche Leute werden in die vornehme Gesellschaft eingeführt resp. für diese ausgebildet von alter Aristokratenfamilie."

Das Repräsentative war nicht der Geist, sondern das Kapital und die mit ihm verbundene gesellschaftliche Reputation. Man las Schriftsteller wie Mauthner, Lindau und Tovote, hing sich Bilder in den Salon wie die verlogenen Märchenidyllen eines Thumann, die abgefeimt lächelnden Madonnen eines Sichel, die Porträts von Friedrich August von Kaulbach oder die religiösen Szenerien des über alles geschätzten Adalbert von Keller, der die Ehre hatte, der künstlerische Adjutant Kaiser Wilhelms II. zu sein, wenn dieser die jährlichen Gemäldeausstellungen besuchte. Der Sinn dieser künstlerischen Ambitionen war nicht der Ehrgeiz, seinen eigenen Geschmack zu manifestieren, sich als Persönlichkeit zur Geltung zu bringen, sondern den „guten Ton" der Gesellschaft zu treffen. Darum überließ man die Ausstaffierung der repräsentativen Salons lieber den in Fragen der Mode bewanderten Dekorateuren als der Eigenwilligkeit eines freischaffenden Malers, dessen künstlerische Launen einen gesellschaftlich „unmöglich" machen konnten. Ein charakteristisches Bild dieser Salonkultur entwirft Paul Lindau in seinem Roman „Der Zug nach dem Westen" (1886), vor allem dort, wo er die Gemächer der reichen Wilprechts beschreibt und sich bemüht, den Schleier der bürgerlichen Verlogenheit wenigstens etwas zu lüften:

> Die Räumlichkeiten des Hauses waren von wahrhaft fürstlicher Pracht…
> geräuschvolle Anerkennung … mischte sich jedoch ein gewisses
> nicht eingestandenen Neides. Es war ja ganz wunderbar — aber
> ch ein bißchen nach Tapezierer! Die Farbenzusammenstellung
> iß einen seltenen Geschmack. Freilich, heutzutage sei es kein
> guten Geschmack zu haben; man brauche nur die Hände

in den Schoß zu legen und dem Architekten und Dekorateur nicht ins Handwerk zu pfuschen — die besorgten ja alles! Man sei eigentlich nicht bei den Wirten, sondern bei den Baumeistern zu Gast" (S. 3).

Überall, wo es nicht an dem leidigen Gelde mangelte, wohnte man in einer Fürstlichkeit frei Haus, ohne einen einzigen Gedanken an das Arrangement dieser Dinge zu verschwenden. Man sammelte keine Bilder von verkannten Außenseitern, sondern kaufte nur diejenigen Gemälde, die von den führenden Zeitungen besprochen wurden und mit denen man gesellschaftlich renommieren konnte. Der Wert eines Bildes als Kunstwerk sank dabei auf das Niveau der Perserteppiche und echten Möbel herab, denn man würdigte das betreffende Gemälde nicht in seinem Eigensein, sondern ordnete es der Gesamtszenerie unter. Man lese eine Salonschilderung aus dem Roman „Schröter & Co" von Konrad Alberti:

> „Crefeld und Lyon hatten ihre feinsten Sammete für den Bezug der Möbel hergegeben, Teheran seine prächtigsten Webereien zur Verkleidung der Türen geliehen, Smyrna verwandelte den knarrenden Parkettboden in eine schmiegsame Moosdecke, die Aufstellungen der Blattpflanzen beschämten fast das Palmenhaus des botanischen Gartens. Von den Wänden schauten die Gestalten Thumanns und Sichels auf die marmornen Träume Begas' und Eberleins nieder" (a. a. O., S. 91).

Aber so sieht es nicht nur bei dem jüdischen Banquier Blumenreich aus, der hier unter Verkennung der wahren Gegensätze allein um rassischer Vorurteile willen zum Hauptschuldigen der betrügerischen Spekulationen gemacht wird, sondern in den Salons fast aller Parvenüs. Ein gutes Beispiel für diesen Lebensstil bietet wiederum der Roman „Im Schlaraffenland" von Heinrich Mann. Im Mittelpunkt steht der reiche Banquier Türkheimer, dessen Gattin sich die kostspielige Marotte eines literarischen Zirkels leistet, um aus den Gesellschaftsabenden kein meeting von Langweilern zu machen. Sie lanciert junge Dichter, gefällt sich in der Rolle einer mütterlichen und zugleich liebenden Padrona und weiß das eine mit dem anderen auf eine recht genüßliche Art zu verquicken. Was bei diesen Abenden „herauskommt", ist ihr im Grunde vollkommen gleichgültig. Das Interesse für Kunst war in diesen Kreisen mehr ein Zeichen des Reichtums als der Kennerschaft. Man hing sich Bilder auf, wie man prominente Gäste zu Tische bat: Beides entsprang keinem existentiellen Interesse, sondern einem dekorativen Schmuckbedürfnis, einem gesellschaftlichen Kalkül. Blumenreichs, Türkheimers und Konsorten umgaben sich daher mit Kunst, wie sie sich mit Geist umgaben, mit Professoren oder Diplomaten, selbst wenn ihnen die Bürde dieser Verpflichtungen etwas lästig fiel. Für die eigene Bequemlichkeit hatte man die schmucklosen Hinterstuben, in denen man sich von den gesellschaftlichen Strapazen erholen konnte. Wiederum bietet Paul Lindau hier eine charakteristische Beobachtung. Der Emporkömmling Gustav Ehricke, der als kleiner Holzhändler in Berlin-O angefangen hat,

kann es sich nach einigen geschickten Transaktionen leisten, eine Tiergarten-
villa zu beziehen, die seinem neuen gesellschaftlichen Renommé entspricht.
Nach den zeremoniösen Unterhaltungen im Salon ist er jedes Mal froh, wenn
er sich in die kleinbürgerliche Gemütlichkeit seiner Hinterstube zurückziehen
kann:

> „Es war der einzige Raum, der von den Künstlern bei der neuen
> Einrichtung der Wohnung verschont geblieben war. Er war froh, der
> ewigen Spät- und Frührenaissance und dem Rokoko der Vorderzimmer
> einmal entrinnen und sich hierher in die biedere Alltäglichkeit flüchten zu
> können" (a. a. O., S. 160).

An solchen Stellen spürt man, daß das Großbürgertum unter der Verlogenheit
seiner gesellschaftlichen Situation geradezu litt, wie schwer es ihm fiel, sich in
die neue Rolle hineinzufinden und aus der anfänglichen Last eine echte Würde
zu machen. Selbst zu Hause konnte man sich nicht gehen lassen, da man
sich den Bedienten gegenüber nur in der Maske einer Respektsperson
zeigen durfte. Noblesse oblige! Überall war man gezwungen, sich in Szene zu
setzen, mußte man einen Rang einnehmen oder eine Stellung repräsentieren.
Man trug diese Bürde nur, weil man sich davon den erhofften und auch
wirklich erreichten gesellschaftlichen Aufstieg versprach. Daher war nichts
verpönter, als nach unten zu sehen, sich seiner Herkunft zu erinnern oder
an das Problem der sozialen Frage gemahnt zu werden. Man hatte es geschafft und ergab sich diesem Gefühl mit einer bornierten Kurzsichtigkeit,
die fast an die geistige Haltung des Adels vor der französischen Revolution
erinnert.

Das gesellschaftliche Ideal der nach Geist und Würde strebenden Gründerzeit
weicht daher einer salonbedingten Nivellierung, deren Ideal nicht mehr das
wagemutige Genie, sondern der couponschneidende Nichtstuer ist. Der Parvenü
geht nicht ins Theater, um sich bestimmte Werke anzusehen, sondern weil
er eine Loge hat; er fährt in einer gemieteten Equipage, weil es gegen den
gesellschaftlichen Komment verstoßen würde, zu Fuß zu gehen; er protzt mit
ein paar eingelernten französischen Brocken, läßt sich die Theaterroben im
Worthschen Atelier in der Rue de la Paix machen, hält sich Reitpferde oder
fährt in der Eisenbahn 1. Klasse, um ganz „entre nous" zu sein. Vorbild für
diesen Lebensstil ist nicht das, was man selber gern möchte, sondern was dem
allgemeinen Chic entspricht, was „man" tut. Man kann nicht in einer Villa am
Stadtrand wohnen, wenn der Baron Hinz und der Kommerzienrat Kunz einen
herrschaftlichen Palast in der Tiergartenstraße haben. Noch der Kurfürsten-
damm ist ein Reflex dieser auf das Ideal der Standesgemäßheit pochenden
Gesellschaftsschicht, deren Gesichtskreis selten über die Räumlichkeiten der
Bel-étage hinausging. Die „Reichen" sind keine Ausnahmemenschen mehr wie
in der Gründerzeit, die ihren Seltenheitswert zur Geltung bringen wollen, sondern eine zur Masse angewachsene Schicht. Die Zahl der Millionäre wurde für

Gesamteuropa auf etwa 100000 geschätzt. In England gab es allein tausend Privatleute, deren Vermögen die Fünfmillionengrenze überstieg. Der kulturschöpferische Elan des Bürgertums verlor sich im Getriebe der Vielen, wich einer gesellschaftlichen Trägheit, die sich nur ihrem Geldbeutel verpflichtet fühlte. Der ins Stilvolle tendierende Wille der Gründerzeit verflacht so zu einer inhaltslosen Genußkultur, die sich auf das überkommene Erbe verläßt. Man lebt von der angekurbelten Macht des Geldes, zieht seine Zinsen aus dem Geschäft der Väter und verbringt seine Tage mit einer Stipvisite in der Börse, irgendeiner „Verpflichtung" und einer geruhsamen Siesta innerhalb der eigenen Wände. Bezeichnend für diesen Zustand ist eine Glosse von Th. Th. Heine aus dem „Simplicissimus", auf der das prinzenhaft gekleidete Söhnchen seinen zeitungslesenden Vater fragt: „Papa, was willst du eigentlich 'mal werden?" (5. Dezember 1896).

Selbst die „Festlichkeit" der Gründerzeit verliert in diesen Jahren ihren Zug ins Rauschhafte und Übermenschliche. Statt großartiger Künstlerfeste, die von ein paar Festheroen inszeniert werden, gibt es nur die auf den Salon beschränkten Festivitäten. Das Einmalige wird auch hier zum Alltäglichen, zu einer Angelegenheit der Mode, der sich niemand entziehen kann, der in der Gesellschaft einen Rang einnehmen will. Wer es sich leisten konnte, gab im Laufe des Winters alle vierzehn Tage einen solchen Ball, auf dem es an nichts fehlen durfte, wenn man sich nicht seinen Ruf als Ehrenmann verscherzen wollte. Die schlechter situierten, aber doch an ihrer Standesgemäßheit festhaltenden Bürgerlichen sparten sich das Brot vom Munde ab, um wenigstens einmal im Jahr mit dem Anschein eines reichen Gastgebers aufzutreten. Rang war Verpflichtung, und man stürzte sich lieber in Schulden, als den Eindruck eines Deklassierten zu erwecken, eines gesellschaftlich Minderwertigen, der sich nicht revanchieren kann. Jede Einladung mußte mit demselben Aufwand erwidert werden, sich an dieselben Zeremonien halten, die dem gesellschaftlichen Leben etwas Ehrwürdiges, ja Kultisches verleihen sollten. Ein besonderes Augenmerk warf man auf die Rangfolge der Besucher, um bei der Tischordnung keine Fehler zu machen, indem man die Frau eines Botschafters neben einen einfachen Gesandtschaftsrat setzte, was fast die Satisfaktionsfähigkeit herausgefordert hätte. Um der Feierlichkeit dieser Abende eine gewisse „publicity" zu geben, bestach man irgendeinen Journalisten, im Gesellschaftsteil seiner Zeitung über die lukullischen Intimitäten zu berichten, die Ballroben zu beschreiben und die Rangklasse der einzelnen Teilnehmer ins rechte Licht zu rücken.

Inszeniert wurde ein solches Fest, indem man Karten verschickte, die Zusagen erwartete und dann an die Dekoration der vorderen Salons heranging. Für die Küche und zum Servieren wurde zusätzliches Personal eingestellt, der Portier zur herrschaftlichen Attrappe ausstaffiert und auf der Treppe ein paar begrüßende Lohndiener postiert. Wieder gibt eine Stelle aus dem Roman „Der

Zug nach dem Westen" von Paul Lindau wohl die treffendste Schilderung, da hier ein wirklicher „Kenner" spricht:

> „Zur Feier des Abends waren die mächtigen Gaslaternen ... zu beiden Seiten der Haustür angezündet. An dieser hatte sich der vierschrötige Portier aufgepflanzt in glänzender Livree, mit den violett-seidenen Strümpfen eines Kirchenfürsten, langer gleichfarbiger Schoßweste und staubgelbem, schweren Frack mit violetten Aufschlägen; Kragen und Dreimaster mit breiten Goldborten besetzt. Er stand regungslos da, würdig, die rasierten Lippen fest zusammengekniffen, mit ausdruckslosem Gesicht. Vollkommen überflüssig, aber vornehm in der Wirkung. Es fehlte ihm nur die Hellebarde, und man hätte ihn für einen Schweizer beim Empfange eines Herzogs oder Botschafters halten können" (S. 1).

Noch deutlicher wird diese gemietete Fürstlichkeit im Treppenhaus, das man wie sein eigenes behandelt, selbst wenn man es mit anderen Mietern teilen muß:

> „In knappen Abständen von drei oder vier Stufen standen auf beiden Seiten der Treppe Diener in der Wilprechtschen Hauslivree, kerzengrade, in soldatischer Straffheit, gleichmäßig einen jeden Vorübergehenden mit einer tiefen Neigung des Kopfes begrüßend. Trotz der Wilprecht- schen Hauslivree wurden einige derselben von Kundigen, die bei ähn- lichen Anlässen dieselben Lohndiener in ihre Livreen gesteckt hatten, mit leichtem Lächeln erkannt" (S. 3).

Eine solche Stelle ist so aufschlußreich, daß man fast auf den Kommentar verzichten könnte. Ungewollt oder nicht tut Lindau hier einen Blick hinter die Kulissen, der an Genauigkeit viele der naturalistischen Satiren weit über- trifft. Die Wilprechts sind reich genug, einen verschwenderischen Ball zu geben, aber sie engagieren die dazu nötigen Diener erst im Augenblick der Ver- wendung, wodurch nicht nur der Reichtum, sondern auch die angemaßte Würde etwas Geliehenes und Zwielichtiges bekommen. Man täuscht mit ein- gestandenem Zynismus etwas vor, was man gar nicht besitzt, was „vollkommen überflüssig, aber vornehm in der Wirkung" ist, weil man das eigene Tun nur als die Repräsentation eines standesgemäßen Lebens betrachtet, ohne nach dem Sinn der dahinterstehenden Würde zu fragen. Der Inhalt solcher Feste be- schränkt sich deshalb auf ein gesellschaftliches „Nichts", auf ein paar Konzert- etüden und ein kleines Tänzchen. Alles andere verschlingen die Zeremonien oder der von Ohr zu Ohr geflüsterte Klatsch, der sich zum Ventil der unter- drückten Instinkte macht. Sinn dieser Zusammenkünfte ist wie der Konzert- besuch oder das Promenieren in den Badeorten die Absicht: zu sehen und gesehen zu werden, den Reichtum des Mannes in einer möglichst auffälligen Form zur Schau zu tragen. Man will sich in den Genuß seines „Ansehens" setzen, sich bewundern lassen und eine möglichst große Zahl von Verehrern in den eigenen Salon hinüberziehen. Alberti schildert dieses „Sich-Zeigen" in seinem Roman „Wer ist der Stärkere?" anläßlich eines üppigen Diners:

„Das war ein Drängen und Wogen auf den Marmortreppen und in den Sälen . . . Wie schillerten die bunten Atlasstoffe, die Perlen in den goldigen Strahlen des Glühlichts, dem weißblauen blendenden Glanze der Bogenlampen, die heut zum ersten Mal diese Räume durchleuchten, wie rauschte und knisterte die Seide, wie klapperten die Fächer, wie funkelten die Augen, wie blitzten die weißen Nacken, wie leuchteten die vollen Arme, wie nickten und schwankten die Straußenfedern, wie warfen die Diamanten vielfarbige Lichttropfen umher, wie schauten die alten Gobelins, die hohen dunklen eichenen Stühle und Buffets, das ernste Holzgetäfel verwundert herab auf dieses sinnverwirrende, schwirrende Treiben!" (a. a. O., I, 91).

Das Verbindende dieser Gründerexistenzen ist also das „Renommieren", der Sekt und die Austern in allen Lebenslagen, die man seinen Gästen mit der Bemerkung anbietet, daß sie eigentlich das einzige seien, was man täglich essen könne. Selbst die zu Geld gekommenen Bauern, die Familie Krause in „Vor Sonnenaufgang" (1889) hat nichts Eiligeres zu tun, als den jungen Loth an einen überladenen Mittagstisch zu nötigen, der von Kaviar, Austern und Sekt nur so strotzt. Loth, der bescheiden gesteht, daß es die ersten Austern sind, die er esse, wird nur ungläubig angesehen. „In dar Saisong, mein'n Se woll?" fragt Frau Krause erstaunt, die sich mit vollem Mund schon wieder über die nächste hermacht (I, 31). Der Ingenieur Hoffmann, der in diese Familie aus Geldgründen hineingeheiratet hat, um das nötige Kapital für seine betrügerischen Manipulationen zu haben, ist schon zu intellektuell, um diesen Reichtum noch naiv genießen zu können. Er muß seine inneren Skrupel immer wieder in der Likörflasche ertränken, während seine Schwiegermutter in protziger Bauerneitelkeit mit allen neuangeschafften Sachen renommiert:

„Sahn Se, doas Buffett kust't mich zwehundert Toaler, a Transpurt ni gerechnet; na, d'r Beron Klinkow koan's au ne andersch honn" (I, 30).

Ähnliche Verhältnisse herrschen in Kretzers Roman „Der Millionenbauer" (1891), dessen Hauptheld wie sein Vorgänger Krause zu unerwartetem Reichtum kommt. Auch Max Halbes soziales Trauerspiel „Ein Emporkömmling" (1889) dreht sich um einen zum Großbauern emporsteigenden Tagelöhner, der sich mit unerbittlicher Rücksichtslosigkeit gegen alle diejenigen wendet, die ihn in seiner neuen Würde nicht ernst nehmen wollen.

Daß dieser Gründergeist selbst die Schicht der Handwerker angesteckt hat, zeigt der „Meister Ölze" (1892) von Schlaf. Trotz der wuchernden Milieuschilderung ist dieses Drama nicht nur ein Zustandsbild im Armeleute-Realismus, sondern in der Gestalt des alten Ölze ein deutlicher Protest gegen den Amoralismus des wirtschaftlichen Aufstiegs. Wie der Mann ohne Gewissen ist auch dieser Handwerksmeister eine Deformation des gründerzeitlichen Heros, ein Übermensch des Ordinären, der weder moralische Bedenken noch religiöse Vorurteile kennt und den Vater seiner Stiefschwester vergiftet hat, um sich in den Besitz ihres ansehnlichen Erbes zu setzen. Nicht einmal der Tod kann ihn in seiner Haltung erschüttern. So bringt er es fertig, in Anwesenheit dieser Schwester, die nur auf ein reuiges Geständnis lauert, seine „Gründermoral" an seinen Sohn weiterzugeben:

> „Laß dich nur e'mal nich' dumm machen, heerste? S' Fell muß mer'r iwwer de Ohren zieh'n, der dumm'n Bande, da kömmt mer am weit'sten. ... Un' denn, denn mußte — ehrgeiz'g mußte sin'. Siehste, die Bande hier, das ganze schmierige Volk: die missen e'mal unter Dir steh'n! Nich' mit'm Hintern sollste se anzuseh'n brauchen; denn sollste mal seh'n, mei Sohn, wie se komm'n; denn kriechen se Dir sonstwo 'nein, wenn de se nur recht veracht'st!" (3. Aufl., S. 53).

Immer wieder stützt man sich in seinen geschäftlichen Machenschaften auf das „Recht des Stärkeren". Gewinn und Erfolg stehen höher als eine saubere Geschäftsmoral, die sich auch im Kaufmännischen an die Regeln des gesellschaftlichen Anstandes hält. Der Mann ohne Gewissen beruft sich auf Nietzsche, Semisch auf Darwin, aber in Wirklichkeit steht jeweils das egoistische Interesse dahinter, der Profit, die kaufmännische Bilanz. So sagt der Spekulant Urban in Kretzers „Meister Timpe" (1888) zu seinem Buchhalter:

> „Meine Interessen wahrnehmen, rücksichtslos als Kaufmann sich zeigen, Zahlenmensch durch und durch werden, immer denken: Erst mein Chef, dann ich!" (Berlin 1927, S. 92).

Zum Gesetz dieser Welt wird eine in den Konkurrenzkampf umgeschlagene Brutalität, die sich nur auf die Ellbogen des einzelnen stützt. Selbst die Mutter Wolffen sieht ihre einzige Rettung darin, sich mit allen Mitteln „hochzukämpfen", da mit der ehrlichen Arbeit kein Geld mehr zu verdienen sei. Auch sie beruft sich auf den Erfolg, teilt jenen Plebejer-Darwinismus, dem jedes Mittel recht ist: angefangen mit den kleinen Diebereien im „Biberpelz" (1893) und fortgesetzt mit den schon ins Große tendierenden Spekulationen im „Roten Hahn" (1901), durch die nicht nur die Reichen, sondern auch die Armen geschädigt werden. Die Moral, die sich dahinter verbirgt, zeigt sich am deutlichsten da, wo sie ihren stoffeligen Mann zum Holzdiebstahl aufhetzen will:

Wolffen: Mit dem bissel arbeiten wirschte weit komm'.

Julius: Ick kann doch nich stehlen. Ick soll woll — all rinfallen.

Wolffen: Hier hat kee Mensch von stehl'n geredt. Wer halt nich wagt, der gewinnt ooch nich. Und wenn de erscht reich bist, Julian, und kannst in der Eklipage sitzen, da fragt dich kee Mensch nich, wo de's her hast (I, 472).

In einer solchen Welt, in der alle ethischen Bindungen zu finanziellen Relationen werden, kann sich nur der auf einen gesellschaftlichen Rang berufen, der über das nötige Kapital verfügt. Nietzsches Idee einer Herren- und einer Sklavenmoral wird durch diese Übertragung ins Geldliche und rein Kaufmännische zu einer heuchlerischen Spekulanten-Ideologie, zumal man die geistige Konzeption dieser Moral, die auf dem Prinzip der inneren Erwähltheit beruht, immer stärker in den Hintergrund drängt. So gesehen, sind alle vom Naturalismus angeprangerten Börsianer Karikaturen auf die Unmöglichkeit des gründerzeitlichen Heldenideals auf der gesellschaftlich-ökonomischen Ebene, das heißt der Nachweis für die Gefährlichkeit der Idee eines Übermenschen in einer von sozialen Problemen bedrohten Gesellschaft, in der eine „heroische" Einstellung dieser Art notwendig zu einer wirtschaftlichen Rücksichtslosigkeit entartet.

ENTLARVUNG DES GENIALEN

Die Entthronung der gründerzeitlichen Heroen vollzieht sich jedoch nicht nur im Bereich des Kaufmännischen, sondern greift auch auf das Künstlerische und Wissenschaftliche über. Anstatt sich für den Sonderfall, den Ausnahmemenschen zu interessieren, beschäftigt man sich mit dem Durchschnittstyp, dessen Fähigkeiten man je nach seiner Klassenzugehörigkeit oder nach „race, temps ou milieu" relativiert. Mit dieser Herabsetzung des Menschen auf die Ebene der ihn umgebenden Umstände und der damit verbundenen „Niedrigkeit" seiner Existenz, die in ihren Äußerungen nicht frei, sondern abhängig ist, werden alle diejenigen Anlagen entwertet, die man mit den Gesetzen der Vererbung, der Psychophysik oder der Soziologie nicht erfassen kann. Der einzelne verliert dadurch seine wesenhaft geistige Struktur und wird zu einem Komplex von Bedingtheiten, die weitgehend in seiner physiologischen Natur begründet sind. So behandelt etwa Wilhelm Bölsche, einer der naturwissenschaftlichen Popularisatoren jener Zeit, in seinem zweibändigen Roman „Die Mittagsgöttin" (1891) das Wesen des Spiritismus, den er, gerade weil er über das Bedingte hinausgeht und in einen Bereich des Dämonischen und Ungewöhnlichen vordringt, als abgefeimten Betrug bezeichnet. Aber dieser positivistischen Entwertung fallen nicht nur die okkulten Phänomene zum Opfer, sondern auch die Inspiration und die Ekstase, die man als Sinnestäuschung, bewußte Charlatanerie oder hysterisch-neurotische Manifestationen entlarvt. Selbst der wirklich begabte, der schöpferische Mensch unterliegt dieser Kritik und muß sich von den Naturwissenschaftlern ähnliche Angriffe gefallen lassen wie die literarischen Größen der Gründerzeit von den Pamphletisten des jüngsten Deutschlands. Die Leugnung der individuellen Talentiertheit erstreckt sich sogar auf den Moment der Intuition, durch den man sich früher in den Augen der normalen Menschen als ein „Dichter" legitimierte, man denke an das Sinnbild der Muse oder den himmelwärts gerichteten Blick, die fast etwas Ikonographisches hatten. In der Mehrzahl der Fälle wird die „göttliche" Idee jetzt auf einen genau zu beschreibenden physiologischen Zustand zurückgeführt, meist auf einen verstärkten Blutandrang im Gehirn, einen krankhaften Geisteszustand oder eine sexuelle Verwirrung. Von allen Seiten holt man Stimulantien und Requisiten herbei, um die schöpferische Geistestätigkeit auf eine mechanische Funktionalität zurückzuführen und so in ihrem einzelmenschlichen Rang zu entthronen. Schiller, der Hauptfeind dieses Antiidealismus, verdankt seine Einfälle plötzlich dem Geruch fauler

Äpfel oder der Angewohnheit, seine Füße in eine Schüssel kaltes Wasser zu stellen, um dadurch eine Blutstauung im Gehirn herbeizuführen. Auf diese Weise gerät sogar das Genie, in dem Nietzsche die höchste Erfüllung der menschlichen Gattung gesehen hatte, in den Verdacht, seine Leistungen nur bestimmten physiologischen Konstellationen zu verdanken. Man sieht in ihm nicht mehr den „Boten aus der Welt des Übersinnlichen" (Carlyle), den geistigen Heros, dem man zu unbedingtem Gefolge verpflichtet ist, sondern einen bedenklichen Grenzfall, einen betrügerischen Hochstapler, dessen Machtverlangen für das Glück der Masse etwas Gefährliches hat, da es stets mit dem Anspruch des Unbedingten und der Unduldsamkeit der eigenen Größe auftritt. Formulierungen wie „Genie ist Nervenkrankheit" von Lasègue oder „Genie und Irrsinn" von Lombroso drangen weit über ihren wissenschaftlichen Ort hinaus und wurden zu geflügelten Worten des Vulgärbewußtseins. Vor allem Lombroso, dessen „Genio e follia" 1887 in deutscher Übersetzung erschien, geht in der naturwissenschaftlichen Erklärung des Genialen so weit, selbst die schöpferische Begeisterung als etwas Anormales zu bezeichnen. In einer umfangreichen Anekdotensammlung, die allerdings weniger auf wissenschaftlichen Beobachtungen als auf Briefstellen und Memoiren beruht, weiß er jedem Genie etwas Pathologisches anzuhängen: angefangen mit leichten Gesichtsverzerrungen, Appetitlosigkeit oder Blässe der Gesichtsfarbe bis hin zu Krummhals, Epilepsie und Paralyse. Selbst Goethe, für die Gründerzeit das Idealbild des gesunden Menschen schlechthin, hat plötzlich unter momentanen Geistesstörungen und Halluzinationen zu leiden. Aus dem „Olympier" wird hier zum ersten Mal der nervöse und gefährdete Goethe, dessen dichterische „confessio" eine Serie überwundener Krankheiten ist. Spiegelbilder seines Seins sind nicht mehr der strahlende und siegesgewisse Egmont, der beharrliche Wilhelm Meister oder der in ständiger Metamorphose nach oben strebende Faust, sondern Werther, Weislingen, Clavigo, Orest und Tasso, weitgehend neurotische Helden, deren Liebesverlangen etwas Hektisches oder manisch Depressives hat. So gesehen, lassen sich alle künstlerischen Leistungen als der Ausdruck einer neuropathischen Veranlagung oder einer akuten Degenerationspsychose erklären. Im Gefolge Lombrosos entsteht daher in den achtziger Jahren eine psychiatrische Schule, die sich vorwiegend im Aufstöbern von Krankheitsfällen oder erotischen Abnormitäten gefällt. Der Hauptvertreter dieser Richtung ist Paul Möbius, dessen „Pathographien" über „Rousseau" (1889), „Goethe" (1898), „Schopenhauer" (1899) und „Nietzsche" (1902) man unter das gemeinsame Motto stellen könnte:

> „Der Mangel an Harmonie, die ungleichmäßige Entwicklung der einzelnen Fähigkeiten ist das Merkmal der großen Talente und Genies überhaupt; sie sind in diesem Sinne samt und sonders pathologisch und Ergebnisse der Entartung" (Über das Pathologische bei Nietzsche, Wiesbaden 1902, S. 29).

In jeder Abweichung von der allgemeinmenschlichen Norm sieht Möbius eine innere Affinität zum Pathologischen. Aus diesem Grunde lesen sich seine Biographien wie statistische Krankenberichte, die sich bloß in der Form von klinischen Protokollen unterscheiden. Möbius schreibt, daß aus Schopenhauer nur darum ein Pessimist geworden sei, weil eine „krankhafte, lebensfeindliche Stimmung" und eine „partielle Hyperplasie des Gehirns" seinem Leben eine einseitige Richtung gegeben habe (Werke, Leipzig 1903, IV, 9). Bei Rousseau stehen die geschlechtlichen Verirrungen und ein unbestimmtes Blasenleiden im Vordergrund, die ihn als neuropathische Natur, als Entarteten, schließlich einer „als combinatorischen Verfolgungswahn zu bezeichnenden Form der Paranoia" unterworfen hätten (I, 2). Die Studie über Nietzsche schließt mit dem lapidaren Satz: „Seid mißtrauisch, denn dieser Mann ist ein Gehirnkranker." Ähnliche Gedanken äußert Otto Hinrichsen in seinem Buch „Zur Psychologie und Psychopathologie des Dichters" (1911), der als später Nachfahr Lombrosos seine Künstlertheorie rein auf der pathologisch-hysterischen Reizbarkeit der genial-veranlagten Psyche aufbaut.

Ihren für den Geist der achtziger Jahre prägnantesten Ausdruck finden diese Gedanken in dem Buch „Entartung" (1892) von Max Nordau, in dem alle modernen Künstler zu „vertierten Idioten" erniedrigt werden. So spricht Nordau von den Maeterlinckschen Quatschköpfen, dem Gefasel Nietzsches, bezeichnet Wagner als Dekadenten, als „heruntergekommenen Pilzling auf dem Dünger der Romantik" (S. 301), beobachtet an Mallarmé „zugespitzte Ohrmuscheln, wie sie bei Verbrechern und Wahnsinnigen besonders häufig vorkommen" (S. 204) und nennt schließlich Verlaine, das Musterbeispiel jenes gefährdeten und zutiefst pathologischen Künstlertums, einen „Faselhans", der „wegen eines Sittlichkeitsverbrechens im Zuchthause gesessen hat" (S. 200). Auf diese Weise wird aus der genialen „Begnadigung" eine unter erotischem Vorzeichen stehende Krankheitserscheinung, zu deren Verständnis man Krafft-Ebings „Psychopathia Sexualis" (1886) oder Molls „Konträre Sexualempfindungen" (1891) gelesen haben muß, um sie in ihren höchst zweifelhaften Motiven durchschauen zu lernen. Hier wird schon das angedeutet, was Sigmund Freud später zum Hauptthema der Psychoanalyse erhoben hat: die Entlarvung aller geistigen Manifestationen als Produkte einer unbefriedigten Libido, die sich durch irgendwelche Ersatzbefriedigungen über ihren körperlichen Mangelzustand hinwegzutäuschen versucht. So schreibt Josef Sadger eine Pathographie über „Heinrich von Kleist" (1909), in der in Verbindung mit dem Onanie-Problem das Dichten zu einer notwendigen Sublimation des unterdrückten Eros herabgewürdigt wird, wodurch der Dichter nur den Rang eines Komplex-Reaktors behält. Anstatt die schöpferische „Leistung" zu werten und dabei von der individuellen Eigenart des jeweiligen Künstlers abzusehen, entlarvt man das Geschaffene schon in statu nascendi, indem man das Phänomen des Genialen in einen unmittelbaren Bezug zu Wahnsinn, Verbrechen und erotischen

Verirrungen setzt und damit in einem naturwissenschaftlichen Sinne zu „motivieren" glaubt.

Neben diesen Entartungsthesen steht jene Theorie, die für das Geniale eine besondere Entwicklung der menschlichen Großhirnrinde verantwortlich macht, es also rein physiologisch bewertet und damit ebenso entlarvt wie die pathologische Erklärungsart. Schon Eduard von Hartmann beschreibt in seinem Buch „Das Unbewußte vom Standpunkt der Physiologie und Deszendenztheorie" (1877) die Fähigkeiten des genialen Menschen als eine „Übung erworbener Gehirndispositionen" (S. 137). Er stellt wie die Jünger der Lombroso-Schule nicht die Tat, nicht die persönliche Leistung in den Vordergrund, sondern die auf dem Wege der Chromosomenspaltung ererbte Maximalveranlagung. Selbst die Abstraktionsfähigkeit des schöpferischen Menschen, seine Begabung, aus der Masse der ungeordneten Dinge poetische Bilder oder philosophische Begriffe zu abstrahieren, wird als die „erworbene Fähigkeit zu abgekürzter Ideenassoziation" bezeichnet (S. 139), wodurch Hartmann den Akt des Schöpferischen auf das Niveau einer gehirnlichen Funktionalität erniedrigt. Ganz ähnlich äußert sich später Konrad Alberti in seiner Schrift „Der moderne Realismus in der deutschen Literatur" (1889), wo dieser Gedanke in das literarische Streitgespräch gebracht wird:

> „Genie, Talent, das hat uns bereits die moderne Naturwissenschaft gelehrt, ist nichts Überirdisches, Geheimnisvolles, Unerklärliches, vom Himmel auf die Erde Niedergeflogenes, wie die frühere Zeit annahm. Talent, Genie ist nichts anderes, als die normale, gesunde, entwicklungsfähige Ausbildung der Gehirnzentren" (S. 5).

Das Produkt dieser Hirnrinden-Genialität, die Kunst, ist für Alberti keine metaphysische „Gabe", sondern ein „ausschließlich von Menschen erdachtes und erzeugtes Ding, und zwar wie Politik, Technik, Sprache, Wissenschaft, Religion eine in der natürlichen Organisation des Geistes, also im Bau des Gehirnes bedingte Sache" (S. 10). Sie wird nicht geschaffen, sondern ist das Endresultat eines gehirnlichen Prozesses, das Ergebnis einer in dieser Richtung veranlagten Disposition. Alberti zieht daraus die etwas simple Schlußfolgerung:

> „Wir wären alle Genies, wenn unsere Großhirnrinden gesund und kräftig gebaut und stetig gleichmäßig geübt wären" (S. 6).

Das Wichtige ist also nicht der Moment der Inspiration, die eigentliche Genialität, sondern die „Übung" der erworbenen Anlagen, der verwendete Fleiß, der sich von vornherein auf ein Menschenmögliches bezieht. Anstatt auf eine außermenschliche Begnadung zu hoffen, soll sich der Künstler auf das geistige Training seiner ererbten Dispositionen beschränken, um keiner „angemaßten" Genialität zu verfallen. Wie weit diese Entwürdigung des selbsttätigen Denkens geht, zeigt sich bei Theodor Ziehen, der die menschliche Logik aus dem Verlauf der einzelnen Gehirnbahnen erklärt und damit alles sinnvolle Denken auf einen Gehirnschematismus zurückführt. Ähnlich entlarvend ist es, wenn Carl Lange in seinem Buch „Sinnesgenüsse und Kunstgenuß" (1903) für jedes ästhetische Gefühl, jede Form der künstlerischen Begeisterung eine gestaute Blutfülle in den Adern verantwortlich macht.

Diese physiologischen Erklärungsarten werden noch durch die aus dem Darwinismus abgeleiteten entwicklungsgeschichtlichen Konsequenzen ergänzt. Dort, wo sich keine Krankheitsfälle nachweisen ließen, wo man das Geniale nicht zum Glied einer zwangsläufigen Degeneration erniedrigen konnte, erklärte man es als den „notwendigen" Kulminationspunkt irgendeiner historischen Entwicklungslinie. Aus dem Künstler wird so ein unschöpferischer Registrator, der alle Leistungen seiner Vorgänger summiert und zu einer neuen Einheit verschmilzt. So bezeichnet etwa Karl Bleibtreu in seinen „Paradoxen der konventionellen Lügen" (1885) das Genie als das „Hauptglied einer Entwicklungskette", als den Ausdruck einer bestimmten historischen Situation, in der es nur so und nicht anders reagieren konnte (4. Aufl., S. 84). Darwins Abstammungslehre und Taines Milieutheorie werden hier zu einer Synthese vereint, die das Dasein von Ausnahmemenschen unmöglich macht, indem sie alle Kulturäußerungen als Produkt eines notwendigen und absolut feststehenden Ablaufes erklärt. Durch eine solche Determination der kulturellen Entwicklung werden sowohl die Außenseiter als auch die Wunderkinder aus dem Gang der Geschichte verbannt, da für das Unberechenbare schließlich kein Spielraum mehr bleibt. Auf eine vergröbernde Formel gebracht, läßt sich die naturalistisch-positivistische Anschauung des Genialen folgendermaßen zusammenfassen: Jedes „normale" Genie ist eine darwinistische Entwicklungsform oder ein Produkt seines Fleißes, jedes unnormale eine pathologische Ausnahmeerscheinung.

Hand in Hand mit dieser naturwissenschaftlichen Erklärung des Genialen geht eine Entwürdigung der großen Männer in den Geisteswissenschaften. Im Mittelpunkt des Interesses steht nicht mehr die „heroische Biographie", die sich auf das Einmalige einer schöpferischen Persönlichkeit konzentriert, sondern eine genaue Erforschung der überindividuellen Ursachen einer bestimmten geistigen oder künstlerischen Leistung. Den gründerzeitlichen Biographen war es nur um eine „starke Silhouette" gegangen. Sie wollten das Charakterbild eines großen Außenseiters darstellen, der seine Zeit weit überragt. So wird in Justis „Velazquez und sein Jahrhundert" (1888) gerade das Genialische eines bisher Verkannten betont, der wie ein verborgener König durch die Geschichte geschritten war. Auch Treitschke hatte sich unter dem Motto „Große Männer machen die Geschichte" vorwiegend um die Charakteristik seiner „Helden" bemüht, deren Biographie er in seiner „Deutschen Geschichte im 19. Jahrhundert" (ab 1879) jeweils an den Anfang seiner Kapitel stellte. Derselbe Ehrgeiz beseelte Herman Grimm in seinem „Leben Michelangelos" (1860—1863), seinem „Leben Raffaels" (1872) und in seinem „Goethe" (1876), denen er fast eine denkmalhafte Verehrung zuteil werden läßt. Ihren Höhepunkt erlebte diese Geschichtsauffassung bei Nietzsche, der sich so stark von den genialen Ausnahmemenschen angezogen fühlte, daß er die konstitutive Kraft der historischen Begleitumstände völlig übersah.

Eine solche Übersteigerung des Genialen mußte notwendig zu Protesten führen. Dieser Umschlag vollzieht sich in den achtziger Jahren mit geradezu dialektischer Konsequenz, und so verwandelt sich das, was man bisher nur als geschichtliche Beiläufigkeit gewertet hatte, plötzlich zur entscheidenden Voraussetzung aller politischen, geistigen oder künstlerischen Phänomene. Für die überzeugten Positivisten ist nicht das Genie das stempelprägende Element einer Zeit, sondern die im Verborgenen wirkende Macht des Ökonomischen, wobei es gleichgültig bleibt, ob sie den handelnden Personen bewußt oder unbewußt war. Vor allem Karl Lamprecht, der große Antipode Treitschkes, hat den historischen Ablauf stets als eine vom Wirtschaftlichen bedingte Summation aller in einer Epoche wirkenden Kräfte und Ideen aufgefaßt, wodurch aus Helden und Herrschern, in denen die Gründerzeit die entscheidenden Lenker des völkischen Schicksals gesehen hatte, die Vollzugsorgane der auch sie beherrschenden Massenphänomene werden.

Fast dieselben Vorgänge lassen sich in der Literatur- und Kunstwissenschaft beobachten. Sogar hier stellt man das Unpersönliche und scheinbar Belanglose höher als das im Augenblick der Inspiration geschaffene Werk, wodurch das Irrationale und Eigenschöpferische immer stärker in den Hintergrund treten. Die Konsequenzen dieser Methode werden manchmal so forciert, daß schließlich jede Form der Originalität in den Verdacht einer betrügerischen Hochstapelei gerät. Viele Positivisten fanden eine boshafte Genugtuung darin, das spezifisch Künstlerische als eine Wiedergabe anempfundener Gefühle oder übernommener Gedanken zu „entwerten". Selbst bedeutende Künstler werden daher wie Schuldenmacher mißhandelt. So wird aus Goethe dem Olympier Goethe der Sammler, der Belesene, der seine Stoffe aus der ganzen Weltliteratur zusammengetragen hat und eigentlich nur der künstlerische Verwerter dieses Reichtums ist. Ähnliches hat man mit anderen „Klassikern" versucht, man denke an die fünf Bände umfassende Arbeit von Paul Albrecht über „Lessings Plagiate" (1891). Was sich in der Psychiatrie als Vorliebe für erotische Anomalien äußert, zeigt sich in der Literaturwissenschaft als philologische Freude am Aufstöbern bisher übersehener literarischer Motive. Hier wie dort will man eine Erklärung, einen „Beleg" für die geniale Aussageform, da man nicht das eigentlich Schöpferische im Auge hat, sondern die jeweiligen Abhängigkeiten, was sich besonders bei Erich Schmidt und seinen Schülern nachweisen läßt. So sagt Otto Pniower in positivistischer Übertreibung Schererscher Gedankengänge:

> „Vor dem Richterstuhl des Literarhistorikers gibt es streng genommen überhaupt keine Originalität. Ja, auf den äußersten Ursprung verfolgt, ist die dichterische Produktion nur eine Reproduktion. Sie gibt Er-

fahrenes, Beobachtetes, Erlebtes, oft auch nur Gelesenes wieder" (Die neue Literaturgeschichte, Freie Bühne 1890, S. 291).

Das Ergebnis der allgemeinen Entheroisierung ist also auch auf geisteswissenschaftlichem Gebiet ein Zurückführen des Inspirierten und Außergewöhnlichen auf das Normale, wodurch die „geniale" Persönlichkeit ihre seit Jahrhunderten respektierte Würde verliert und sich in ein mechanisches Vollzugsorgan verwandelt. Da sich dieser Vorgang weitgehend mit revolutionärer Vehemenz vollzieht, artet er wie alle naturalistischen Erscheinungen oft in einen Pamphletismus aus, der ohne jede weltanschauliche Verbindlichkeit ist. Anstatt die künstlerischen oder historischen Erscheinungen auf strukturelle oder soziologische Ursachen zurückzuführen, begnügt man sich mit vordergründigen Ähnlichkeiten und Analogien, hinter denen eine völlige Perspektivelosigkeit steht. Das Aufsuchen von Abhängigkeiten, das methodisch durchaus zu rechtfertigen wäre, erweist sich daher in den meisten Fällen als eine bloße „Motivriecherei", mit der man alles und nichts beweisen kann, weil die Wissenschaft so ihren aufschließenden und damit interpretierenden Charakter verliert.

DAS NEUE KÜNSTLERBILD

Es wäre falsch, in dieser Entwertung des Genialen nur eine Revolte der Zweitrangigen, einen Sklavenaufstand der Schlechtweggekommenen zu sehen, denn wieviel positive Elemente sich hinter dieser „Entheroisierung" verbergen, zeigt die vergleichende Analyse einiger Selbstbildnisse. In den siebziger Jahren wird das Genialische der schöpferischen Persönlichkeit so überbetont, daß man es in dieser Pose, die oft bis ins Anmaßende und Überhebliche geht, erst „verfremden" muß, um zu einer wirklichen Denkehrung zu gelangen. Die Selbsteinschätzung des Künstlertums ist gegenüber dem bürgerlichen Realismus der fünfziger und sechziger Jahre — man denke an den bescheidenen, ja kärglichen Lebensstil eines Keller oder Menzel — so weit gestiegen, daß man sich als Staffage seines Ruhmes Paläste baut und Parks anlegen läßt. Für Makart, Lenbach oder Heyse ist das Künstlertum nicht nur eine Aufgabe, sondern auch eine Rolle, zu der die nötigen Dekorationen und eine bedeutungssteigernde Szenerie gehören. Man ist nicht nur Maler, Dichter oder Komponist, sondern auch Gastgeber, Kunstpapst und Mäzen und fühlt sich eigentlich niemandem verpflichtet, nicht einmal sich selbst oder seiner „Berufung", die bloß ein Teil dieses rauschhaften und fürstlichen Künstlertums ist. Künstler zu sein, bedeutet eine übertragene, fast eine symbolische Rolle, die sich in nichts von der Rolle eines Feldherrn, eines Staatsmannes, ja eines Halbgottes oder Übermenschen unterscheidet. Nur so ist es zu verstehen, daß Makart geradezu vergöttert wurde, Heyse in München residierte wie noch kein Dichter vor ihm und Lenbach mit allen Fürstlichkeiten wie mit seinesgleichen verkehrte.

Auf ihren mit Pathos geladenen Selbstbildnissen erscheinen die Gründergrößen daher in bildfüllender Monumentalität, in einem theatralischen Kostüm und einer bewußt idealischen Szenerie. Die Figur ist nicht Teil eines Ganzen, keiner Arbeit untergeordnet oder durch eine flüchtige Bewegung entwertet, sondern wird in absoluter Ruhe gegeben. Meist beherrscht sie das Bild durch eine nahbildlich gesehene Frontalität oder durch eine ins Profil gerückte Halbfigur, die sich in Szene gesetzt hat und bis in die Ewigkeit in derselben Pose verharren möchte. Das Ziel dieser Bestrebungen ist eine Verewigung, die fast ans Kultische grenzt. Überall spürt man den Anspruch, einen Ehrenplatz zu bekommen und bewundert zu werden. Daher fehlt alles, was von der großen Gestalt ablenken könnte, oder es sind nur solche Requisiten gegeben, die das Außergewöhnliche der jeweiligen Persönlichkeit noch erhöhen: Lenbach malt sich mit Faunsbart, der die Größe seiner Figur ins Dämonische steigert, Thoma mit einer an Dürer erinnernden Feierlichkeit, mit schwarzem Rock und einem alten, Leder gebundenen Buch, die ihm fast etwas Priesterliches geben, Marées mit Stock und Hut, eingewinkelt in die ideale Szenerie eines Waldes und mit einer gesetzgeberischen Härte im Gesicht, Feuerbach mit der Arroganz seiner bewußten Schönheit, einer locker gebundenen Halsschleife und einer lässig gehaltenen Zigarette.

Sogar Böcklin, der sich auf seinem „Selbstbildnis mit fiedelndem Tod" (1872) mit Pinsel und Palette darstellt, also als arbeitenden Maler, gleicht eher einem ins Mythische erhobenen Halbgott, der sich auch vor dem Angesicht der Ewigkeit behaupten könnte, als einer momentanen Ausdrucksstudie. Trotz der Künstlerjacke und der handwerklichen Attribute wirkt der Dargestellte wie ein zeitloses Monument, vor allem durch das Geballte seiner körperlichen Erscheinung und den zu einer einzigen Fläche zusammengezogenen Hintergrund. Böcklin interessiert nicht das Charakteristische einer in allen Details genau gesehenen Physiognomie, sondern das Denkmal dieser Gestalt, die Mythisierung seiner eigenen Persönlichkeit, die mit den Mächten des Jenseits in einem so vertrauten Verhältnis steht, daß sie sogar den Tod unterjocht hat. Der Knochenmann erscheint nicht als Bedrohung vor der vollendeten Tat, sondern als Inspirator, als Mephisto, der dem faustischen Verlangen nach Größe und Wunscherfüllung die geeigneten Hilfsmittel liefert. Daher ist der Blick des schaffenden Künstlers nicht auf ein bestimmtes Objekt gerichtet, sondern schweift in die Ferne, als gewahre er dort die ihm vom Diener seiner Wünsche verheißene Vision.

Wie völlig anders wirkt eine ähnliche Szene bei Corinth (1896). Der Tod erscheint hier nicht als Knochenmann, als belebte Magie, sondern hängt als anatomisches Schaustück an einem Eisenträger, wodurch die mythische Größe, die mit Fiedel und Bogen umzugehen verstand, zu einem bloßen Skelett zusammenschrumpft. Der Künstler selbst, unbeteiligt an dem wohl immer dahängenden Gerippe, hat zwar keinen Pinsel in der Hand, und doch spürt man an dem ganzen Milieu, der dargestellten Werkstatt, daß hier „gearbeitet" wird und man daher solcher Requisiten gar nicht bedarf. Anstatt den Hintergrund in ein stimmungsvolles Dunkel zu hüllen wie bei Böcklin, sieht man eine in ihrer Sachlichkeit rein zweckbestimmte Glasfläche, durch die man auf rauchende Schornsteine und das Häusermeer einer Großstadt blickt. Der Sich-Darstellende will damit zeigen, daß er sein Atelier auf dem Boden einer Mietskaserne aufgeschlagen hat, weil er hier besser arbeiten kann, günstigere Lichtverhältnisse hat als in einem überladenen Stadtpalast. Entscheidend sind nicht die inspirierende Stimmung, die Festlichkeit und Kostbarkeit der herumstehenden Dinge, ohne die ein Gründeratelier vom Schlage eines Makart oder Grützner gar nicht zu denken wäre, sondern die Sachlichkeit des Raumes, das schattenfreie Licht und die anatomischen Modelle, an denen man die Richtigkeit seiner Darstellungen nachprüfen kann. Corinth verzichtet auf alles, was irgendwie genialisch wirken könnte: auf die Malerjoppe, die Halsschleife oder die nachlässig gerauchte Zigarette. Er gibt sich in Hemdsärmeln, mit vulgär gebundenem Schlips, und selbst das wirkt nicht genialisch, stellt keine Pose dar, sondern ist von ordinärer Alltäglichkeit. Anstatt das Gesicht durch eine elegante Künstlermähne oder einen mächtigen Bart noch einmal extra in Szene zu setzen, wird es so gegeben, wie es ist: bartlos, mit einer leichten Glatze, einem ausladenden Doppelkinn und einer durch zu viel Bier aufgeschwemmten Gesichtshaut, also bewußt derb und ohne die Pose des Monumentalen. Manches sieht aus wie eine bewußte Karikatur: so die Simplfransen, der feiste Stiernacken, das Renommieren mit der rein physischen Kraft, und doch steckt in der Unbeirrbarkeit der Augen, der enormen Willensanspannung dieses Gesichtes etwas, das nicht zu entwerten ist und trotz der gemimten Fuhrmannsvisage auf den geistigen Rang des Dargestellten verweist.

Neben solchen Protesten müßten eigentlich die Selbstdarstellungen der strengen Objektivisten stehen, doch diese „entäußern" sich so sehr an die sie umgebenden Dinge, daß sie das malende Ich fast übersehen. Maler wie Kuehl, Kallmorgen, Skarbina oder Hans Herrmann sind viel zu nüchtern, um ein Interesse an gewichtigen Selbstbildnissen zu haben. Die Porträtauffassung der achtziger Jahre läßt sich daher nur als Reflex des Naturalismus auf den Geist der Folgezeit beschreiben, und zwar bei denjenigen Malern, die sich im Verlauf der neunziger Jahre der impressionistischen Subjektivierung zugewandt haben. Am deutlichsten läßt sich dieser Vorgang bei Max Liebermann verfolgen. Alles, was bei Corinth noch an die siebziger Jahre erinnert, nämlich die imponierende Leibesfülle, die pompöse wenn auch vulgäre „Haltung", wird bei ihm in ein Momentangeschehen aufgelöst. Nicht die Atelierpose steht im Vordergrund, das Gereckte und Aufgebaute der Haltung, sondern das Unwillkürliche und Transitorische, das unter dem Signum der zeitlichen Bedingtheit steht. Das Verbindende aller Liebermannschen Selbstbildnisse ist trotz ihrer Kühle und Distanz eine ins Schaffen vertiefte Unrast, die sich unablässig um dieselben Motive bemüht, mit Pinsel und Palette „arbeitet", ohne sich auf den Moment der Inspiration zu verlassen. Der Blick hat oft etwas Aufgestörtes und Unwilliges, da er sich ungern von seiner Aufgabe löst und den Prozeß des kritischen Bespiegelns nur im Vorübergehen vollzieht. Auf manchen dieser Bilder sieht man ihn in Augenblicken der Erschöpfung, mit einer Zigarette in der Hand, um sich von der nervlichen Beanspruchung des Malens zu erholen. Auch hier nicht das Geringste an Pose. Alles hat seine Funktion, ist Teil eines unermüdlichen Malerlebens, das sich nicht auf seinen übermenschlichen Anspruch, sondern auf seine Leistung stützt. Statt den Hintergrund mit einer idealen Szenerie zu verbrämen, sieht man Farbtuben und Skizzenmappen, Leisten und fertige Rahmen: Hinweise auf das „Metier", das Handwerkliche dieser Art von Künstlertum, das sich lieber mit seinen eigenen Werken und den noch zu leistenden Aufgaben umgibt als mit der erborgten Fürstlichkeit früherer Jahrhunderte. Liebermann trägt kein zeitloses Künstlerkostüm, keine kostbare Draperie, sondern hat einen weißen Kittel an, der ihn gegen Staub und Ölflecken schützt, was die Sachlichkeit der Atmosphäre wesentlich erhöht. Bei solchen Bildern spürt man, daß man einem Maler gegenübersteht, der nüchterne Aufsätze geschrieben hat und kein „Vermächtnis" (1882) wie Feuerbach, der nicht mit der Unduldsamkeit eines künstlerischen Despoten aufgetreten ist, sondern bei aller Kritik eine wirkliche Leistung stets hochgeschätzt hat, wie die Genauigkeit eines Degas oder die Graphiken des ebenso sachlichen und unermüdlichen Menzel. „Leistung" war für ihn nur das, wo zugleich das Handwerkliche bis zu äußerster Vollendung gemeistert war. Er stellte sich daher von vornherein auf das ihm Erreichbare ein und quälte sich nicht mit Dingen, die ihm von Natur aus versagt waren, versuchte nicht, dem Schicksal etwas abzutrotzen wie Marées, der sich jahrelang um das vielfigurige Stationenbild bemühte, obwohl er bei besserer Erkenntnis seiner Fähigkeiten vielleicht ein genialer Porträtist geworden wäre.

Bei anderen Malern der neunziger Jahre, die sich wie Liebermann langsam vom Naturalismus abwenden und in den Sog des Impressionismus geraten, zeigt sich das Transitorische nicht nur in der vom Dargestellten ausgeübten Bewegung, sondern äußert sich auch im Stil. Dazu einige Beispiele. So stellt sich Slevogt auf seinem „Selbstbildnis als Jäger" (1907) nicht als triumphierenden Schützen dar, der seinen Fuß imperatorisch auf die erlegte Beute setzt, sondern beim Laden des Gewehrs, also einem Augenblick, der an sich ohne Bildwürdigkeit ist und daher auch dieses Porträt im Sinne der naturalistischen Sachlichkeit „entheroisiert". Ähnliche Züge lassen sich auf den Selbstbildnissen von Emil Pottner beobachten, der sich mit Vorliebe in einem abgetragenen Jackett, einem Rollkragenpullover und einer Schlackenkappe dargestellt hat. Trotz dieser Requisiten enthalten seine Porträts keine pamphletistischen Elemente, die den Eindruck einer revoluzzerhaften Pose erwecken, sondern sind von einer solchen Anspruchslosigkeit, daß sich der abgebildete Künstler in einen „malenden Arbeiter" verwandelt.

Ihren Höhepunkt erlebt diese Form des Selbstbildnisses bei Käthe Kollwitz, bei der alle Anklänge an eine bewußte Proletmanier verschwinden. Der leidende Ernst ihres Gesichtes wirkt so urtypisch, daß er zur fleischgewordenen Verkörperung eines allgemeinen Willens wurde. Als Frau eines Kassenarztes in Berlin-NO und als Mutter erlebte sie die seelische und materielle Not der sie umgebenden Arbeiterfrauen in einer solchen Intensität, daß ihre Züge alles Persönliche verloren und ein Antlitz entstand, das in seiner schlichten Größe etwas Beispielhaftes hat.

DER BOHEMIEN

Neben dieser objektiven Darstellung des Künstlers, die den Schaffenden soweit der zu leistenden Aufgabe unterordnet, daß er nur noch als malender Arbeiter erscheint, herrscht die zynische, die aus ihm einen blasierten Bohemien macht, der seine Untätigkeit hinter ein paar schnoddrigen Redensarten oder der Maske eines verpfuschten Lebens verbirgt. Trotz der äußeren Verschiedenheit haben beide Typen etwas Gemeinsames, da sie in ähnlicher Weise unter dem Gesetz der menschlichen Gebundenheit stehen: der eine als werktreuer Arbeiter, der seine Leistung der unermüdlichen Übung seiner Talente verdankt, der andere als Bohemien, dem diese Ausdauer fehlt. Beide sind durch ihre Veranlagung determiniert und erreichen nichts, was über ihre Fähigkeiten hinausgeht. Die physischen Kräfte des einen äußern sich als Fleiß, die des anderen als sexuelle Zügellosigkeit, die ebenfalls nur eine Form pervertierter Betätigungskraft ist. Man hat den naturalistischen Bohemientyp daher mit Recht als einen „gelangweilten Erotiker" bezeichnet, dessen künstlerische Dispositionen kein genügendes Training erfahren haben. Darüber hinaus ist er wie die ordinäre Type und der skrupellose Gründer eine Karikatur auf die von Nietzsche propagierte Idee des Übermenschen, das heißt ein Sinnbild für den Umschlag des Heroischen ins Vulgäre. Anstatt das hemmungslose Treiben des einzelnen an die Vorstellung einer „Fernstenliebe" zu knüpfen, die alle, wenn auch noch so selbstherrlichen Taten sub specie aeternitatis rechtfertigt und mit der Nietzsche sogar den Caesarenwahn legitimiert, wird das Sich-Ausleben der eigenen Instinkte jetzt zum Selbstzweck erhoben.

Durch diese Verschiebung der menschlichen und gesellschaftlichen Akzente bekommt der Prozeß der „Entheroisierung" auch auf diesem Gebiet eine unleugbar politische Note, da es sich hier um einen Sündenfall handelt, der etwas geistig Bewußtes und Tendenziöses hat, zumal er mit der Raffiniertheit eines Frondeurs und nicht mit der naiven Brutalität eines Emporkömmlings geschieht. Das Motto der naturalistischen Bohemiens ist deshalb nicht der Ruf „Proletarier aller Länder vereinigt euch", sondern jenes berühmte „épater la bourgeoisie", das der Welt der Besitzenden zwar einen gewissen Schock versetzte, sie jedoch nicht ernsthaft gefährdete, da die kämpferische Einstellung dieser „Klassenkrieger" auf einer rein persönlichen Eitelkeit oder Renommiersucht beruhte. Die weltanschaulichen und politischen Äußerungen dieser Literatengruppe sind oft so emphatisch-genial und doch so unklar, daß sie manchmal fast einen pubertären Charakter haben. So trug man sich zwar in betonter Schludrigkeit, um seine Sympathie mit dem vierten Stand herauszustreichen, vergaß aber nicht, sich eine attraktive Künstlermähne stehenzulassen oder sich eine auffallende Halsschleife umzubinden, um sich auch äußerlich als ein Outsider zu dokumentieren. Die Spitze dieser „Bummler-Rebellion" richtet sich daher weniger gegen das kapitalistische „Arbeitenmüssen" als gegen die bürgerlichen Konventionen und Sittenbegriffe, die man in ihrer Gleichförmigkeit wie einen obrigkeitlichen Zwang empfand. Aus denselben Gründen „verbrüderte" man sich eher mit dem herumstreunenden Lumpenproletariat als mit der klassenbewußten Sozialdemokratie, da man in den Forderungen dieser Partei fälschlicherweise eine anti-individualistische „Gleichheit" witterte, der man mit allen Mitteln auszuweichen versuchte. Man war lieber ein zweitrangiger Akteur auf einer Schmierenbühne, weil man hier mit dem Air eines „romantischen" Vaganten posieren konnte, als Agitator einer bestimmten Weltanschauung, um sich auf diese Weise seine anarchistische „Freiheit" zu wahren, die in Wirklichkeit meist aus einer nihilistischen Ichsucht bestand. Um diesen Typ vom Hintergrund der gründerzeitlichen Künstlerboheme abzuheben, die etwas bewußt Lebemännisches und Überlegenes hatte, da ihr ein nationaler Machtrausch zugrunde lag, vergleiche man Grisebachs „Tannhäuser in Rom" (1875) mit dem Journalisten Victor in Peter Hilles „Sozialisten" (1887). Bei Grisebach unterliegt ein eleganter Globetrotter den verführerischen Reizen einer auf Erden wandelnden Venus, genießt ihre Liebe wie ein ins Mythische gesteigerter Halbgott und kehrt dann heim ins „Reich", um für seinen Kaiser zu streiten, während Hilles Victor sich in der Rolle eines verkommenen und bewußt schludrigen Anarchisten gefällt, ohne daraus irgendwelche weltanschaulichen Konsequenzen zu ziehen. Sowohl das Nationale als auch das Soziale liegen außerhalb seines geistigen Horizonts. Wichtig ist für ihn lediglich der zur Schau getragene Affront gegen die bürgerliche Gesellschaft, den er mit heuchlerischer Selbstverleugnung bis an die Grenze des Ertragbaren treibt, um die Garantie zu haben, auch wirklich „aufzufallen". Zu greifbaren Ergebnissen führen solche Proteste nur in den seltensten Fällen. Man rebelliert, aber man verkommt dabei, weil man die sozial gemeinte Rebellion immer wieder ins Ästhetische verschiebt. An die Stelle der gründerzeitlichen Künstlerheroen, die sich mit angemaßter Würde über ihre Mitwelt erhoben, tritt daher der Übermensch als Rüpel, der Säufer oder das verkommene Subjekt, der nicht mehr nach dem Genialen und Außergewöhnlichen strebt, sondern sich mit dem Polizeiwidrigen, dem Randalieren und Renommieren begnügt. „Man machte Schulden, verführte Mädchen und besoff sich, alles zum Ruhme Zarathustras", schreibt der Naturalist Leo Berg in seinem Buch „Der Übermensch in der modernen Literatur" (1897), in dem eine ganze Galerie solcher Bohemiens geschildert wird (S. 216). Das künstlerische Vorbild dieser genialischen Lebensführung war das Schicksal von Verlaine, das immer dann herhalten muß, wenn man für seine alkoholischen Exzesse oder erotischen

Perversionen eine Rechtfertigung braucht. Kaum daß man die „Gefährdung" der künstlerischen Existenz erkannt hatte, als man sie schon zum Aushängeschild des eigenen Versagens mißbrauchte, den Mythos vom kranken Künstler erfand, um einen Grund für das Sich-Gehenlassen zu haben, denn mit einer von Krankheit und Wahnsinn bedrohten Künstlernatur ließ sich schließlich auch das künstlerische Nichtstun entschuldigen. Ein solches Säuferschicksal zeigt Hauptmanns „Kollege Crampton" (1892), wo die „Trunkenheit" zum regulären Suff entartet, anstatt wie in Goethes Hafisliedern zum Symbol der dichterischen Begeisterung erhoben zu werden. Crampton sitzt nicht in einer Schenke, sondern in einer ordinären Kneipe, hat sich ein nasses Handtuch um den Kopf gewickelt und spielt mit heruntergekommenen Existenzen einen lauten und gewöhnlichen Skat. Statt der Heiterkeit einer „gehobenen" Stimmung, der Freude am gemeinsamen Zechen und seligen Genießen, herrscht das Gemeine: das jämmerliche Erbrechen, die Schnapsnase und der Fuselgeruch, also die realen Begleitumstände, die sonst hinter die Kulissen fielen, während vorn nur die Festlichkeit des Rausches dargestellt wurde. Wichtig ist, daß zu dieser Säuferpose auch ein Publikum gehört, das man „anflegeln" kann, um es in seiner ehrsamen Bürgerlichkeit zu schockieren. Peter Hille zum Beispiel verdutzte seine Zuhörer stets durch eine zur Schau getragene Bedürfnislosigkeit, ging mit seiner Proletmanier geradezu hausieren, ließ sich alles schenken, hatte nie eine Wohnung und steigerte diese Haltung schließlich bis zu einem vollendeten Snobismus. Ähnliches findet sich bei Conradi, dessen „Lieder eines Sünders" (1887) sich die Pose des Übermenschlichen geben, aber nebenher mit einem deutlichen Bordellgeruch kokettieren. Was bei Conradi als die dekadente Haltung einer verschleppten Pubertät erscheint, die bloß an die literarische Brauchbarkeit ihrer „Untaten" denkt, ist bei anderen der Komplex, mit etwas Krankhaftem, Anormalem oder Perversem aufzufallen. Man weiß, daß man auf der Stufenleiter des Genialen vom Übermenschen zum Heros des Nachtlebens gesunken ist, und entschuldigt das eine mit dem anderen. Das Ergebnis dieser gemimten Schludrigkeit ist der Übermensch in der Gosse, der seine Unfähigkeit zu Arbeit und Leistung, seinen Mangel an Genialität durch die hemmungslose Befriedigung seiner Instinkte kompensiert und sich dabei soweit entnervt, daß er zu völliger Willenlosigkeit „verstumpfsinnt". Das Leben in Kneipen und Bordellen, das Zügellose der eigenen Begierden wird so zu einem Surrogat des Schöpferischen, zu einem Ersatz für das Ausbleiben von Inspiration und Genialität, zur letzten Legitimation eines künstlerischen Außenseitertums.

Die Peripathie solcher Lebensläufe vollzieht sich nicht nach dem Gesetz von Freiheit und Notwendigkeit, ist kein erlebtes Schicksal, sondern ein halb bewußtes, halb unbewußtes Versacken in der selbstgeschaffenen Misere, ein willenloses Geschobenwerden von Instinkten und Begierden, denen man sich mit dem Gefühl der absoluten Determiniertheit unterwirft. Statt Heroen, die den Neid der Götter herausfordern, begegnet man Neurasthenikern, die ihre eigene Veranlagung wie ein unentrinnbares Schicksal auf sich nehmen. Aus dem Schicksalsdrama wird daher die Vererbungstragödie, man denke an das Leben des jungen Oswald in Ibsens „Gespenstern" (1881), das von vornherein vom Wahnsinn gezeichnet ist. Aber selbst die gesunden, die „normalen" Menschen, die keiner krankhaften Anlage unterliegen, werden mit Vorliebe als schwache und in ihren Entscheidungen unfreie Menschen geschildert. Auch hier herrschen nicht die heroischen Momente, sondern die schwachen Stunden, nicht die großen Entscheidungen, sondern die schlechten Gewohnheiten. Alles, was zur Beeinträchtigung des menschlichen Willens beiträgt, sei es nun nervliche Überreizung oder sexuelle Perversion, wird nicht als Beiläufigkeit erwähnt, die man lieber verschwiegen hätte, sondern zum Hauptproblem der behandelten Charaktere gemacht. An die Stelle der idealen Künstlergestalten, der historischen Fürstlichkeiten oder literarischen Idealfiguren treten Schwächlinge wie jener Johannes Vockerat in Hauptmanns „Einsame Menschen" (1891), der nicht den Mut findet, sich von seiner Frau zu lösen, und lieber in den Tod geht, als eine echte Entscheidung zu treffen, oder der willenlose Wilhelm Scholz im „Friedensfest" (1890), der vor demselben Problem steht, sich aber aus noch größerer Schwäche zu einer Ehe mit einem dummen Backfisch hergibt. Statt eines wirklichen Schicksals, das sich in seinen Entschlüssen erfüllt, statt der großen Versuchungen bei Meyer oder der Katastrophen Nietzsches, wird die Handlung meist durch irgendwelche Zufälle oder augenblickliche Launen weitergetrieben, wobei die personale Schwäche hinter der Maske eines vom Leben Gehetzten und Getriebenen verschwindet. Das Ende solcher Lebensläufe ist wie in Arne Garborgs „Müden Seelen" (1890) selten ein Zugrundegehen an großen Problemen, an einem tragischen Gegeneinander von Wollen und Schuld, sondern besteht meist in einem Ersticken an der Schwüle der untätigen, aber dennoch bis aufs äußerste gereizten Empfindungen, was zu einem allmählichen Hinsiechen führt. Der Haupttyp eines solchen Stimmungsmenschen und überreizten Kaffeehausliteraten ist Conradis „Adam Mensch" (1889), den der Autor in einem Exkurs selbst kommentiert:

> „Unberechenbar in seinen Stimmungen, in seinen Neigungen und Launen; zersplittert in seinen Kräften; unbeständig, flackernd in ‚erotischen Fragen‘, in der ‚Leidenschaft‘ satt und unbefriedigt zugleich; müde, todmüde und begeisterungsfähig wie ein Jüngling, der soeben mannbar geworden ist; unklar und wechselnd in seinen Bestrebungen; radikal in seinen Anschauungen; und wieder über alles borniert, einseitig, engherzig, intolerant, besonders hinsichtlich mancher gesellschaftlichen Formen und Gewohnheiten, auf sich neugierig, über sich erstaunt und seiner selbst überdrüssig" (S. 20).

Diese Charakteristik könnte man noch um den Satz verlängern, den Johannes Schlaf diesem Buche widmete: „Und dieser allerdings ungewöhnliche Mensch verfaulenzt nun ziel- und planlos seine Tage und Nächte in Cafés, raucht Virginia-Zigaretten, philosophiert und trinkt Absynth" (Freie Bühne 1890, S. 70). Damit ist über den Inhalt eigentlich alles gesagt, denn das „Ungewöhnliche" an diesem Adam Mensch besteht nur in seinem für einen Bohemien unerläßlichen Absynthgenuß und der Schärfe seines sexuellen Zynismus, der das Erotische nicht als Pikanterie, sondern als physiologische Notwendigkeit behandelt und damit die romantische oder impressionistische Ironie weit übertrifft. Für Dr. Adam Mensch ist wie für Jarmann, sein literarisches Vorbild in Hans Jaegers „Christiania-Bohème" (1885), das Erotische das letzte und ausschließliche Betätigungsfeld des genialen Menschen und sein künstlerisches Virtuosentum nur noch ein Schwanken zwischen Raffiniertheit und Brutalität. Es ist ein „Proletarier des Geistes" (S. 41), der mit Glacéhandschuhen in den Dreck steigt, um sich gegen die „soziale Lüge und Aussichtslosigkeit seiner Lage durch physische Ausschweifungen abzustumpfen" (S. 207). Wie Heinrich Spalding in Conradis Roman „Phrasen" (1887) wirkt er wie ein „Gespaltener", dessen Erkenntnisbereich sich bloß auf Alkohol, Nikotin und Weiber erstreckt, der in völliger Dekadenz zwischen Rausch und Erkenntnis sinnlos hin und her schwankt, ohne ein Ziel seines Lebens zu finden. Er hat das „Märchen vom freien Willen, von persönlicher Schuld und persönlicher Verantwortung" (S. 235) beiseitegeschoben und sich dem Zufall überantwortet, diesem launenhaften Impresario des Lebens, weil er fühlt, daß die „domina natura", die Hexe Anima, doch überall das letzte Wort behält (S. 299). Das Gefühl der Sinnlosigkeit, der gähnenden Langeweile bleibt hier nicht im Literarischen hängen, wird nicht als Marionettenbewußtsein aufgefaßt wie bei Lenau oder Büchner, sondern erscheint in poesieloser Desillusionierung als naturwissenschaftliche Gesetzmäßigkeit, als Geschobenwerden durch Muskelkontraktionen und physiologische Reize. Es heißt dort an einer Stelle:

> „Es war beinahe, als ob nur die vasomotorischen Nerven diesen Reflex auslösten, und der Wille nicht einmal die Freiheit mehr besaß, unfrei zu sein" (S. 303).

Mit einer solchen Determiniertheit, ja muskulären Motivation läßt sich sogar ein absoluter Amoralismus begründen. Conradi kleidet das in die zynische Schlußbemerkung:

> „Er gab sich eben so, wie es gerade seiner Stimmung entsprach. Reagierte ein anderer darauf, so mochte der das hübsch selber verantworten" (S. 438).

Weniger stimmungsgebunden, aber ein „genialerer" Bohemien ist Bierbaums „Stilpe" (1897). Unter der Devise „Nicht arbeiten, aber angenehm verbummeln" wird hier wiederum der Lebenslauf eines Kaffeehausliteraten gegeben: angefangen mit den erotischen Erfahrungen der Jugend, dem ersten Bordellbesuch, über die studentischen Saufgelage und Orgien, die literarischen Versuche bis hin zum Ekel am Leben überhaupt, wobei der Alkohol den Eros noch überdauert. Der Führer zu diesem Lebensstil, diesem hemmungslosen Sich-

Ausleben ist diesmal nicht Nietzsche, sondern Murgers „Bohème" (1851), die Stilpe wie eine moderne Bibel verehrt. Mamsell Musette ist für ihn „die famoseste Mädchenfigur in der Weltliteratur" und der Musettismus die „einzige und eigentliche Künstlerreligion" auf der Welt (S. 173/74). Zelebriert wird diese Religion in einem von Stilpe gegründeten „Literarischen Bordell" (S. 376), einem Tingeltangel, wo man sich zum Ziel gesetzt hat, „den Übermenschen auf dem Brettl" zu gebären, das „Unanständige zum einzig Anständigen" zu krönen (S. 359), und wo die Chansonette als neue „Neuberin, als die moderne Muse" auftritt (S. 358). Aber selbst das Theater im Bordell mit seinen Logen, die in Wirklichkeit Liebeskojen sind, kann einen Bohemien wie Stilpe nicht befriedigen, da er hier nicht die Hauptfigur „mimt", sondern zu einem Verwaltungsdirektor herabgewürdigt wird. Er geht zu einem zweitrangigen Kabarett, spielt dort auf offener Bühne seinen Lebensüberdruß und erhängt sich Abend für Abend unter dem rasenden Beifall des Publikums, bis er sich vor den verdutzten Zuschauern auf dieselbe Weise aus dem Leben entfernt. Als Grund seiner Leiden hatte er vorher noch vor sich hingebrummelt:

> „Es gibt kein Getränk mehr, das mich umbringen könnte, drum muß ick mir selber umbringen" (S. 397).

Das führt in seinem Zynismus natürlich weit über Murgers gemütvoll-melancholische Bohemewelt hinaus. Mimi und Musette, Marcel und Rodolphe sind zwar leichtsinnige Geschöpfe, aber im Grunde doch ein harmloses Künstlervölkchen, das sich amüsieren will, das sich wie richtige Liebesleute streitet und wieder versöhnt und in einer Flasche Champagner die Bekrönung seines Lebens erblickt. Gegen diese Idyllik wirkt Bierbaums „Stilpe" wie ein hoffnungsloses Versacken in Erotik und Suff, ein Hinabtauchen in die Bereiche des Untermenschlichen, wo alle gemüthaften Bindungen zu einer bloßen Farce werden und nur noch der bacchische Priapus regiert.

VENUS VULGIVAGA

Der eigentliche Mittelpunkt dieser „Boheme", das Zentrum aller Orgien, ist jedoch nicht der männliche Held, sondern die Dirne, das Weib als Geschlechtswesen, als Massenerscheinung. In bewußt naiver Verkennung der sozialen Situation hält man sich auch hier an ein völlig falsches Idol. Anstatt sich für die Frauenemanzipation einzusetzen, frönen weite Kreise der naturalistischen Bewegung einer Hurenromantik, die ebenso unecht wirkt wie die zur Schau getragene Proletmanier. Man sympathisiert mit den Prostituierten, um mit seiner eigenen Verworfenheit zu renommieren, will sein Hingezogensein zum Proletarischen damit dokumentieren, daß man mit dem Abhub der Gesellschaft fraternisiert. Während man in der Gründerzeit die angebeteten Frauen zu göttlichen Heroinen erhob, fühlte man sich jetzt zu dem geschlechtlichen Proletariat der Dirnen hingezogen und brachte das zu Papier, was die „Ehrenmänner" verschwiegen. Wenn Kneipen geschildert werden, sei es bei Zille oder in den Romanen von Conrad und Alberti, fehlen selten jene blassen und übernächtigten Gestalten, jene „lockeren Dämchen in den schreienden seidenen Taillen, mit den turmhohen federumwallten Hüten", die in den „freiesten Haltungen" herumsitzen, mit „weit gespreizten Schenkeln" und die „Ellenbogen auf den Tisch gestemmt", nach ihren Kunden ausschauen oder sich über die intimsten Einzelheiten ihres Gewerbes unterhalten, wie es Alberti in seinem Roman „Wer ist der Stärkere?" (1888) beschreibt (I, 140). An ihrer Seite „fläzt" sich eine anonyme Menge beutelustiger Lebemänner, die nur auf das Ermatten der erotischen Faszination des jeweiligen Kunden warten, die Erschöpfung seines Geldbeutels abpassen oder ihn in irgendwelche Ehrenhändel verwickeln, um dann mit denselben Rechten und Pflichten die Stelle ihres Vorgängers einzunehmen. Natürlich will auch eine Dirne „erobert" sein, möchte etwas Seelenflitter genießen, aber in Wirklichkeit ist das Ganze ein einfacher und rein geschäftlicher Vorgang, der in seiner Sachlichkeit auch durch Alkohol oder die Eleganz einer Straußenboa nicht übertüncht werden kann. Das Ende solcher Szenen artet meist in eine üble Schlägerei aus, da sich beim Anblick eines gefüllten Portemonnaies sofort die größten Eifersuchtstragödien entspinnen. Was in der höheren Gesellschaft mit Geld ausgehandelt wird, muß hier durch rein physische Kraft erkämpft werden:

> „Mit einem Male warf sich mit einem lauten Aufschrei die Angreiferin auf die andere, riß ihr den Hut vom Kopfe, wühlte in ihren Haaren,

zerfleischte mit den Nägeln ihre Wangen. Die andere vor Zorn und Schmerz laut aufschreiend, wehrte sich mit den Fäusten und drängte sie zurück — plötzlich stieß sie an den Tisch; er fiel; Teller, Flaschen, Gläser, Tassen, alles lag in Scherben durcheinander; die beiden stürzten zu Boden, mitten in ... die Bier-, Kaffee- und Cognacreste ... Dort kugelten sie sich umher, wütend ineinander verstrickt, beißend, kratzend, blutend, sich an den Haaren reißend, mit Händen und Füßen um sich schlagend ... Plötzlich erschien der robuste Wirt, packte je eine mit nerviger Hand fest am Kragen, schleppte sie zur Tür und warf sie mit grobem Fluch auf's Straßenpflaster" (a. a. O., I, 149).

Daß solche Zustände nicht nur einer individuellen Neigung entspringen, sondern auch ihre eminent soziale Seite haben, wurde von den tonangebenden Kreisen einfach negiert. Wenn man schon das Wort „sozial" für diese Zustände gebrauchte, dann mit einer unverblümt ideologischen Spitze. Man höre, mit welcher Arroganz sich bei Alberti ein Offizier über das Dirnenproblem äußert:

„Auch jene Weiber unterliegen einem höheren sozialen Gesetze und dienen höheren sozialen Zwecken ... Vor dem Geist der Natur sind wir alle nur Soldaten auf bestimmten Posten" (I, 142).

Man fühlte, daß diese Geschöpfe etwas Untergeordnetes und Ordinäres waren, aber man konnte sie trotz der moralischen Heuchelei nicht entbehren, da man aus Geldgründen meist eine ungeliebte Frau geheiratet hatte, mit deren Vermögen man jetzt die offiziellen Häuser besuchte oder sich eine Maitresse „aushielt", was fast dem standesgemäßen Komment entsprach.

Auf naturalistischer Seite begegnete man dieser „doppelten Moral" mit einer Dirnenpoesie, die sich mit revolutionärer Deutlichkeit gegen die „ehrbaren" Konventionen der bürgerlichen Gesellschaft richtet. Bleibtreu, der münchnerisch Deutschtümelnde, nennt es in seinem Roman „Größenwahn" (1887) eine „Kunst unter dem Sternzeichen der literarischen Kellnerin" (III, 17). So kann man es auch nennen, in Wirklichkeit ist es ein Dirnenkult, der alles Erotische in das Getriebe der rein physiologischen Vorgänge zerrt. Wilhelm Arent „schmiert" Gedichte „A la Makart" und „A la Gabriel Max", Conradi schreibt jenes berühmte „Seitdem die Dirne mich geküßt", deren programmatische Sinnlichkeit etwas Triefendes hat. Hans Ostwald sammelt „Lieder aus dem Rinnstein" (1903), in denen das „Mädchen für Geld" triumphiert. Selbst Holz versucht sich in Liedern von der Biermamsell, posiert mit seinen Dirnennächten wie ein zweifelhafter Bohemien:

„Zu den drei Nymphen"

„Apage, blonder Satan, laß mich los!
Ich weiß, dies ist das Haus ‚Zu den drei Nymphen',
Doch setze dich nicht gleich mir auf den Schoß
und kokettiere nicht mit deinen Strümpfen!

Durch dein Gelächter zischt die rote Lust,
die Goldgier grub sich tief in deine Züge,
und luftgepolstert thront auf deiner Brust
die gummifabrizierte Doppellüge.

Was dir an Locken baumelt um die Stirn,
ist mühsam nur gestutzt mit Papilloten,
und dein vertracktes kleines Weibsgehirn
ist bis zum Platzen vollgepfropft mit Zoten ..." (I, 112)

Motive dieser Art finden sich eigentlich in allen künstlerischen Äußerungen jener Jahre. Conradi „dichtet" einen „Karneval der Armen" (1886) mit der fast schon konventionellen Handlung, daß eine hübsche Tochter ihre verhungernden Eltern durch den Verkauf ihres Leibes ernährt. Der Titelheld des „Adam Mensch" (1889) hat seine Emmy, die er einem Handlungskommis in einem Nachtcafé abgeflegelt hat; der Maler Rother in Bleibtreus „Größenwahn" (1887) begnügt sich mit der Dirne Mary, um das Gift einer unerwiderten Liebe durch das Gegengift der Wollust zu paralysieren. Else Jerusalem schreibt ihren Roman „Der heilige Skarabäus" (1909), der wie eine Zolasche Studie über den Bordellbetrieb wirkt. Corinth malt seine Haremsbilder, seine „Versuchungen des Hl. Antonius", auf denen es von sich prostituierenden, sich verkaufenden und darbietenden Weibern nur so wimmelt, wo der Venuskult der Gründerzeit auf eine ebenso fleischliche Art entwürdigt wird wie auf den orientalischen Pikanterien des Salonmalers Bredt. Ihren schärfsten Ausdruck findet dieser Dirnenkult in den Reden von Herman Eek in Hans Jaegers „Christiania-Bohème" (1885), der auf dem Weg über die Arbeitervereine eine gesellschaftliche Anerkennung der Prostituierten erzwingen will, um so das auf Familie und Ehe ruhende Gebäude der bürgerlichen Gesellschaft auseinanderzusprengen. Mit Vorliebe werden daher Situationen geschildert, in denen eine bürgerliche Ehe durch das unberechenbare Eingreifen einer Dirne zerbricht. So in dem Drama „Die neuen Menschen" (1887) von Hermann Bahr oder in der Novelle „Albert Schnells Untergang" (1895) von John Henry Mackay, in der sich ein armer Dorfschullehrer solange mit einer Prostituierten ruiniert, bis er dem Delirium tremens verfällt. Stets zerbricht der männliche Idealismus an der physischen Überlegenheit des Weibes, geraten ehrsame Bürgerliche in die Fallstricke der Natur wie der um das Höchste ringende Maler Rother in Bleibtreus „Größenwahn" oder sein später Nachfahr der „Professor Unrat" (1905) von Heinrich Mann, der wegen einer Tingeltangeldame alle moralischen Normen seines bisherigen Lebens vergißt und schließlich im Gefängnis landet. Aus der gründerzeitlichen Heroine wird in diesen Werken ein naturalistischer Sinnlichkeitsteufel, man denke an die „Drei Weiber" (1886) von Kretzer oder an Felix Holländers „Magdalena Dornis" (1892), die nur noch Eva, nur noch Verführung und Physis ist und wie die „Germinie Lacerteux" (1864) der Gebrüder Goncourt fast in das Gebiet der Nymphomanie gehört. An die Stelle der gründerzeitlichen Übermenschen, die ihre Weiber wie eine feile Kriegsbeute genießen, treten jetzt lüsterne Sklaven und entnervte Schwächlinge, die zu allem bereit sind, sobald man ihnen die ungestörte Fortsetzung ihrer Lust gewährt. Das Künstlertum hat im erotischen Strudel dieser Lebensläufe nur noch die Funktion, dem offenkundigen Sexualismus einen gewissen Charm zu geben.

Daß dieser Einbruch des Dirnenmilieus in die Kunst nicht ohne Widerspruch blieb, braucht kaum erwähnt zu werden. Aber je mehr man sich auf bürgerlicher Seite gegen die zunehmende Sexualisierung wehrte, um so hartnäckiger wurden die naturalistischen Literaten in der Verteidigung des einmal Errungenen, da sich das Anstößige zugleich als ein literarisches Experimentierfeld erwies, auf dem sich alle Erkenntnisse der modernen Psychologie und Physiologie verwerten ließen. „Liebe" ist nicht mehr der Inbegriff der Poesie wie bei Goethe, das unstillbare Sehnen der Romantik oder das olympische Behagen an der schönen Sinnlichkeit wie in der Gründerzeit, sondern etwas rein Sexuelles, die „Berührung zweier Schleimhäute" wie der Theologiekandidat Wüstenhäuser in Holzens Studie „Krumme Windgasse 20" mit studentischer Kühnheit behauptet (Freie Bühne 1890, S. 359). Man sagt daher nicht Liebe, sondern Wollust oder Zuchtwahl, oder man verwendet rein medizinisch-fachliche Ausdrücke, die man aus Mantegazzas „Physiologie der Liebe" (1873) entlehnt, um auf die enge Verbindung von Literatur und Naturwissenschaft hinzuweisen. Wie weit diese „Kühnheit" geht, zeigt das „Drama im Mutterleibe" (1886) von Hermann Conradi:

„Hui! Pfui! Stille davon."

„Zum Teufel! Seien Sie doch nicht so zartselig."

„Übrigens originell. Und die neue Todesart im Drama?"

„Höchst einfach und naturgemäß. Nachdem Bruder und Schwester, Zwillingskinder im Mutterleibe, in längeren Dialogen darüber einig geworden, daß es draußen in der Welt sehr schnöde hergehe, daß sie nach weltlichen Gesetzen sich nie kriegen können, da die alten guten Zeiten, wo Bruder und Schwester sich anstandslos heiraten durften, vorbei sind, beschließen sie zu sterben und —"

„Würgen sich gegenseitig?"

„Bewahre, falsch geraten. Das wäre nichts Neues. Nein. — Essen sich an einem gewissen — Kuchen tot."

„Bravo! Sie alter Zyniker. Sie Hyperschmutznaturalist"

(Faschingsbrevier 1886, S. 135).

Mit diesem Zynismus in Sprache und Inhalt will man denen zum Durchbruch verhelfen, die bisher zu arm dazu waren, sich hinter dem Tugendpanzer einer doppelten Moral zu verbergen. Aus der himmlischen „Liebe" wird deshalb „die unverwischbare Allgewalt der Geschlechtssympathie", wie es Bleibtreu nennt (I, 203), die alle Gesellschaftsschranken überspült und den „Parfum-

Brodem des englischen High-Life", die Münchener Kneipen und die Berliner Salons unter das „Gebot der Sinnlichkeit" zwingt (I, 115). Die Hervorkehrung des Gemein-Gesetzlichen soll die „Ähnlichkeit" aller Menschen beweisen, ihre Bruderschaft in Fragen des Eros. Hermann Conradi, wohl der hervorstechendste Rebell dieser Bewegung, der wegen Verbreitung „unzüchtiger" Schriften in den Realisten-Prozeß von 1890 verwickelt wurde, fordert daher in seinem Aufsatz „Das sexuelle Moment in der Literatur", daß dem Künstler „in puncto Motivwahl alles erlaubt" sei, um ihn nicht auf die vordergründige Verlogenheit der höheren Gesellschaft zu beschränken (II, 11). Man gab sich der Hoffnung hin, im Erotischen das Essentielle des menschlichen Daseins entdeckt zu haben, das, wo sich der Mensch am wahrsten und echtesten zeigt, wo er nur seinem körperlichen Ich gegenübersteht, ohne sich durch eine Maske in den Bereich des Idealen erheben zu können. Daß man dadurch in das Getriebe eines entmenschten Geschlechterkampfes geriet, der jede Form des individuellen Lebens zerstört, wurde im Rausch der Entdeckung meist übersehen. Was man schließlich erreichte, war nicht die im Psychologischen liegende persönliche Wahrheit, sondern ein sexueller Automatismus, der alle Menschen zu Marionetten desselben Grundtriebes macht.

Vorbild sind auch hier die Ausländer, vor allem die Romane Zolas, die gerade wegen ihrer Offenheit in erotischen Dingen für „naturalistisch" galten. „Nana" (1880), aber auch Strindbergs „Fräulein Julie" (1888), wo die Abhängigkeit vom Trieb bis zum sinnlosen Getriebensein gesteigert ist, werden zu Modellfällen, nach denen man seine eigenen Romane oder Novellen konzipiert. Conradi schreibt seine „Brutalitäten" (1886), eine Sammlung erotischer Skizzen, in denen das Sexuelle als Naturgesetz in aller Offenheit und Gemeinheit dargestellt wird. Michael Georg Conrad schildert das Milieu der Münchener Halbwelt, das Leben der Malweiber und Modelle. Stilpe fordert den Nackttanz, die „Emanzipation vom Trikot" (S. 377), in Bleibtreus „Größenwahn" malt ein heruntergekommener Künstler ein Bild unter dem Titel „General Hoche stirbt in Folge geschlechtlicher Excesse" (I, 206), bei Conrad modelliert ein junger Bildhauer einen Gerichtsarzt, der gerade an einer Prostituierten die wöchentliche Untersuchung vornimmt. Überall werden Grenzsituationen dargestellt, daher die Vorliebe für die Pubertätserotik wie in Wedekinds „Frühlings Erwachen" (1891) oder in Max Halbes „Jugend" (1893) oder die Neigung, das Liebesverlangen des Alters darzustellen, das man in seiner tragischen Situation ins Gemeine und Menschenunwürdige zerrt, wie bei Fèvre Duprèz, der die Brautnacht eines sechzigjährigen Witwers und einer dreiundfünfzigjährigen Witwe mit allen realistischen Details beschreibt.

Auch das Perverse wird in dieser Zeit zum ersten Mal zu einem darstellungswürdigen Gegenstand. Homosexualität oder Nymphomanie sind plötzlich keine Schande mehr, keine Verbrechen, sondern Krankheitserscheinungen, für die man dieselbe klinische Besorgtheit fordert wie für andere Sanatoriumsfälle. Der Verzicht auf die ethische Bewertung dieser Phänomene geht so weit, daß man fast von einer Rechtfertigung des Perversen sprechen kann, zumal führende Psychiater wie Krafft-Ebing in seiner "Psychopathia sexualis" (1886) und Moll in seinen „Konträren Sexualempfindungen" (1891) sich vorwiegend mit diesen Problemen beschäftigt haben. Masochismus, Sodomie und Exhibition werden zum ersten Mal psychisch und nicht nur als Verbrechen gewertet und bei den anhängenden Prozessen mildernde Umstände für die damit Befallenen beantragt. Man verlangt die Aufhebung der primitiven Be- und Verurteilung solcher Fälle, die mehr in das Gebiet des Psychiaters als des Richters gehören, und bezichtigt die Justiz einer ungerechten Grausamkeit, wenn sie das Heikle dieser Probleme bloß nach den Paragraphen des Gesetzes und nicht nach der seelischen Verfassung des Angeklagten behandelt.

Ihren literarischen Niederschlag findet diese Vorliebe für das Perverse in Hermann Bahrs Roman „Die gute Schule" (1890), der Geschichte einer Liebe, die mit allen erotischen Abnormitäten beladen ist. Thema ist nicht der Konflikt des Eroberns und der gescheiterten Erfüllung, sondern ein Herabgleiten infolge physiologischer Verderbtheit. Was bei Zola die Degeneration einer ganzen Familie ist, wird hier an einer einzigen Gestalt gezeigt: das Absinken eines normalen Menschen in stufenweiser Peripathie bis zu völliger Perversion. Das Erotische, das dem Helden anfänglich zur Stillung seiner hamletisch-künstlerischen Unruhe dient, ermüdet mit der Zeit, muß wieder angeregt, neu gesteigert werden und führt schließlich zur absoluten Erniedrigung des Menschen unter den Trieb. Die Abhängigkeit vom Sexus wird so groß, daß der „Held" in der Endphase seiner sadistischen Leidenschaft zu sexuellen Stimulantien, zur Hundepeitsche greift und sich an den eiternden Striemen auf der Haut seiner Geliebten befriedigt. Trotz der tyrannischen Flagellation ist der Sieger in diesem Geschlechterkampf nicht der Mann, der sich auf die Weiberverachtung Nietzsches beruft, sondern Fifi, seine Maitresse, die von der angebeteten Göttin bis zum geifernden Radaumädel, zur Venus Vulgivaga herabsinkt. Am Anfang erträgt sie alle Demütigungen mit weiblicher Geduld, am Ende jedoch erhebt sie sich wie ein Phönix aus ihrer eigenen Schmach und triumphiert mit grausamer Rache über den Herrn ihrer Qual, der zu einem hemmungslosen Sklaven seiner Begierden geworden ist. Plötzlich ist sie nur noch Dirne, Geschlechtswesen ohne Geist, das sich einem vagabundierenden Neger ebenso bedenkenlos hingibt wie einem malenden Bohemien, die Männer in ihrer eingeborenen Schwäche nimmt und zu einem Aufgeben ihres Heroismus, ihrer maskulinen Stärke, ihrer geistigen Überlegenheit und künstlerischen Ideale zwingt.

Ebenso gespickt mit pornographischen Vulgarismen ist Hermann Bahrs Tragödie „Die Mutter" (1891), in der ein junger Lebemann, der zutiefst dekadente Edi, von seiner lesbisch-veranlagten und zugleich inzesthaft-lüsternen

Mutter und einer plumpen, schwammigen Dirne, namens Terka, zugrunde gerichtet wird. Auch hier erscheint das Weib nur als Venus vulgivaga, als fleischgewordene Verkörperung des Sexus triumphans, deren Geschlechtsgier die flackernde Sinnlichkeit des Mannes bei weitem unterlegen ist. Über dem ganzen Stück, dessen Requisiten fast nur aus Betten, Sophas und Schlafröcken bestehen, liegt daher eine schwüle Boudoirluft, die an muffige Absteige-quartiere erinnert. Auch in Albertis Roman „Die Alten und die Jungen" (1890) wird ein junger Bohemien geschildert, der seinen unbefriedigten Ehr-geiz mit „sadistischen" Ausschweifungen zu kompensieren versucht und sich dabei so „entnervt", daß er sich schließlich von einer Dirne willenlos erniedrigen läßt. Immer wieder sind es die halbwüchsigen Dichter und Studenten, die einem solchen Schicksal verfallen, da sie ihren an Conradi und Bleibtreu geschulten „Größenwahn" nur auf der via sexualis befriedigen können, wobei sie zwangs-läufig bei den Huren landen. Ihr Protest gegen die erstarrten Ehrbegriffe der bürgerlichen Gesellschaft äußert sich weniger in politischen Aktionen als in pubertären Rauschzuständen, die von den „erfahreneren" Weibern bedenkenlos ausgenutzt werden. Aus diesem Grunde spricht Oskar Mysing in seinem Roman „Überreif" (1892) von dem „berauschenden, zerfressenden, alles überwältigen-den Einfluß der Frau, welche die Nerven des Mannes zerstört, sein Gehirn abnutzt und sein Leben allmählich zerreibt" (S. 192). Es wird daher zu einer verbreiteten Pose, seinen einzigen Daseinszweck darin zu sehen, sich mit ordinären Weibern zu ruinieren und die daraus resultierenden Erlebnisse mit einer Unzahl von pamphletistischen Elementen auszustatten, um wenigstens auf diese Weise in der Sicht des verdutzten Bürgertums als „Revolutionär" zu erscheinen.

Endgültiger Sieger im Kampf zwischen Idealismus und Realismus, gründer-zeitlichem Heroenkult und proletarischer Milieuschilderung ist also die bis ins Psychiatrische gehende Offenheit der „naturalistischen" Darstellungsweise, die vor keinem Gegenstand zurückschreckt und mit revolutionärer Brutalität der angemaßten Würde die Maske vom Gesicht reißt, um an ihre Stelle ein Porträt der „Wirklichkeit" zu setzen, das den Menschen nicht mehr mit einer Scheinwelt, einer Welt des Übermenschlichen konfrontiert, in der alles nur Szenerie und bloße Idealität ist, sondern ihm einen Spiegel der Verkommenheit vorhält, in dem er wie in einem Vexierbild auch seine eigene Person, sein eigenes Handeln erkennen soll.

KAMPF GEGEN KONVENTION
UND AUTORITÄT

OBRIGKEIT UND UNTERTAN

Für die jungen Revolutionäre von 1880 war der Staat der Gründerzeit nicht das lang erhoffte deutsche „Reich", um das man ein ganzes Jahrhundert gekämpft und geredet hatte, sondern ein reaktionäres Machtinstrument, das trotz seiner nationalen Ausprägung weniger vom Volk als von einer preußischen Junkeraristokratie regiert wurde. Wohl gab es ein allgemeines, geheimes und direktes Wahlrecht, aber was nützte das gegen einen Kanzler, der in seiner geistigen Haltung noch aus der feudalen Welt des „alten Europas" stammte und sich zeitweilig ernsthaft mit dem Gedanken trug, die parlamentarische Kontrolle des Reichstages wieder aufzuheben. Durch seinen genialen Zugriff war zwar die Einheit des Reiches zustande gekommen, aber sie hatte nur wenige Hoffnungen der Männer von 1848 erfüllt und ließ die Forderungen der Arbeiterbewegung völlig unberücksichtigt. Ihr Ergebnis war keine durchgreifende Demokratisierung des Lebens, sondern eine monarchische Ordnung mit Kanzler-Regiment, die alle staatlichen Schlüsselstellungen an die privilegierten Stände verteilte. Dem bürgerlichen Liberalismus, soweit er nicht durch den Fehlschlag der Paulskirchenbewegung gebrochen war oder sich in seiner „geistigen" Provinz getröstet hatte, blieb daher nur das Feld der wirtschaftlichen Spekulation, wo er seine bisher unterdrückten Komplexe mit ungeahnter Rücksichtslosigkeit frei werden ließ, während sich die Arbeiterklasse zur Sozialdemokratischen Partei formierte, um ihre Forderungen durchzusetzen. Beiden Bevölkerungsschichten stand der gründerzeitliche Staat anfangs etwas hilflos gegenüber, da er in seinen obersten Spitzen, zumal in Preußen, noch vorwiegend junkerhaft-agrarisch dachte. Zwischen Staat und Bürgertum wurde diese Kluft jedoch schon nach wenigen Jahren ideologisch überbrückt, da sich beide bald zu einer gemeinsamen Front gegen den Sozialismus verbünden mußten. Daß die Ausbeutung der arbeitenden Klasse dadurch ein offizielles Ansehen erhielt, rief die Empörung derjenigen Kreise hervor, die im neu entstandenen Reich keinen Klassenstaat, sondern ein freiheitlich-republikanisches Gebilde erhofft hatten. Da diese Demokratisierung ausblieb, sahen die Naturalisten und extrem liberalen Kreise im Bismarckschen Staat nur den Beschützer der kapitalistischen Ausbeutung, der sich mit allen polizeilichen und jurisdiktionellen Organen auf die Seite der Privilegierten stellte, und nicht das „Heilige Reich", dessen glänzende Fassade von den kurzsichtigen Nationalisten begeistert gefeiert wurde. Ein Teil der fortschrittlich gesinnten Literatenkreise ging daher zur Sozialdemokratie über und befürwortete das Postulat einer

klassenlosen Gesellschaft, wie es der junge Volkswirtschaftler Loth in Hauptmanns „Vor Sonnenaufgang" (1889) verkündet, während sich das kapitalistisch
eingestellte Bürgertum trotz seiner skeptischen Äußerungen immer mehr mit
dem imperialistisch-militanten Charakter der neuen Staatsgesinnung versöhnte.
Man muß daher bei der Kritik an den obrigkeitlichen Organen zwischen drei
Arten unterscheiden: der bürgerlichen, der proletarischen und der naturalistischen. Die bürgerliche Kritik, die von einer liberalistischen Gesinnung
getragen wird, beruht weitgehend auf dem steigenden Selbstbewußtsein der
kapitalistischen Kreise und richtet sich ironisch gegen den Landadel und die
Junkerbürokratie, deren gesellschaftliche Verhaltensweisen als überlebt angeprangert werden. Sie ist nur bedingt revolutionär, da sie trotz aller oppo-
nierenden Elemente einen staatsverbundenen Charakter behält. Die Kritik
der Sozialdemokraten zieht dagegen den politischen Wert des Bismarckschen
Reiches überhaupt in Frage, da es die numerische Überlegenheit der Arbeiterklasse einfach übergeht. Die Naturalisten schließlich sind weder rein bürgerlich,
noch rein proletarisch, sondern pendeln zwischen beiden Klassen hin und her
und vertreten teils liberalistische, teils sozialistische Ideen. Die revolutionäre
Gesinnung dieser Kreise reicht daher selten zu politischen Aktionen, sondern
erschöpft sich in der Satire oder Karikatur. Man denke an Witzblätter wie den
„Simplicissimus", den „Wahren Jakob" oder „Das Narrenschiff", an ein Drama
wie Gerhart Hauptmanns „Biberpelz" (1893), eine Lyriksammlung wie das
„Buch der Zeit" (1885) von Holz oder an die gesellschaftskritischen Romane
von Conrad und Alberti. Wie die Jungdeutschen von 1835, wie Heine, Gutzkow, Laube, Börne und Weerth, huldigte man einer literarischen Revolution, die
trotz ihrer „staatsgefährdenden" Elemente im letzten etwas Unverbindliches
behält. Die Hauptzielscheibe der naturalistischen Kritik sind jene Berufsgruppen, in denen das Obrigkeitliche am reinsten zum Ausdruck kommt: der
Monarch, der Kanzler, der Offizier, der Richter, der Korpsstudent, der Oberlehrer und der Gendarm, weil diese Typen auf Grund ihrer Machtvollkommenheit eine „Haltung" entwickelten, die jeden nichtaristokratischen oder nicht-
beamteten Staatsbürger zu einem bloßen Untertan erniedrigte. Wie sehr man
sich auf liberaler, proletarischer oder naturalistischer Seite gegen diesen Kastengeist empörte, beweisen die zeitgenössischen Kriminalstatistiken. Franz von
Lißt, einer der führenden Rechtswissenschaftler jener Jahre, erklärte 1899
in seiner Rede über „Das Verbrechen als sozial-pathologische Erscheinung",
daß sich die Zahl der Majestätsverbrechen und Obrigkeitsdelikte in den Jahren
nach 1885 verdoppelt habe und weiterhin im Ansteigen sei. Vergehen gegen
Seine Majestät den Kaiser oder gegen die einzelnen Landesfürsten waren fast
an der Tagesordnung und wurden von der loyalen Presse jeweils zu kleinen
Sensatiönchen aufgebauscht. Überall witterte man Landesverräter und un-
dankbare Subjekte und machte im puncto Ehre selbst die geringfügigsten
Anlässe zu wahren Staatsverbrechen. Th. Th. Heine, wohl der treffsicherste

und pointenreichste Zeichner des „Simplicissimus", hat einen solchen Prozeß, bei dem der Angeklagte zu einem unscheinbaren Hündchen zusammenschrumpft und die Richter wie gewaltige Tintenfässer auf ihren Stühlen sitzen, in seiner Glosse „Vor Gericht" karikiert.

Das Plädoyer des Staatsanwalts: „Meine hohen Herren! Durch die Zeugenaussagen ist bewiesen, daß der Angeklagte den Wagen, in dem die allerhöchsten Herrschaften auszufahren geruhten, unter lautem Gebell überfallen und umzustürzen versucht hat. Es ist ferner erwiesen, daß er den ihn verhaftenden Gendarmen durch Aufheben des linken Hinterfußes in roher und gemeiner Weise beschimpft hat. Das erstere Verbrechen zeugt um so mehr von schnödem Undank und verworfener Gesinnung, als es an demselben Tage geschah, da unser allergnädigster Landesfürst die Hundesteuer bedeutend zu ermäßigen die Gnade hatte. Ich beantrage daher, wegen eines Verbrechens der Majestätsbeleidigung in idealer Konkurrenz mit einem Verbrechen des Widerstandes gegen die Staatsgewalt den Angeklagten mit 6 Monaten Vivisektion zu bestrafen" (28. November 1896).

Mit dem „greisen" Kaiser war man außer ein paar irregeleiteten Pistolenschüssen noch gnädig verfahren. Friedrich III. hatte zu kurz regiert, um ein satirisches Objekt zu werden. Die Hauptzielscheibe der revolutionären Literaten wurde deshalb Wilhelm II., und das um so mehr, als er das angebetete Ideal aller reichstreuen Beamten war, die ihre Machtstellung mit dem gleichen Schnurrbart herausstrichen, der fast zu einem obrigkeitlichen Abzeichen wurde. Es kam daher nicht nur zu Verweigerungen der Ehrerbietung, zu offenen Majestätsbeleidigungen, sondern auch zu Satiren auf jene Speichellecker, die sich an „Kaisers Geburtstag" mit Vivat und Fahnenschwingen gar nicht genug tun konnten und deren Stammtische nur unter dem Motto „Heil Dir im Siegerkranz" standen. Bruno Paul karikiert diese Kriecherei vor Kaiserrang und Königsehr' in seiner Glosse „Pietät":

„Was tut denn der Schuh da unter dem Glas, Herr Bürgermeister?"

„Das ist mir eine teure Reliquie. Da hat mir doch unsere allerhöchste kgl. Hoheit allergnädigst aus Versehen auf den Stiefel zu spucken geruht, bei höchstdero letztem Besuch in unserer Stadt" (Simplicissimus, 27. März 1897).

Neben solchen aktuellen Handgreiflichkeiten, über die man sich in dem Buch „Wilhelm II. in der Karikatur" (1928) von Friedrich Wendel informieren kann, stehen auch grundsätzliche Zweifel an der Legitimität der monarchischen Würde. So weist Max Nordau in seinen „Konventionellen Lügen der Kulturmenschheit" (1883) auf die durchaus zweifelhafte Herkunft derjenigen Kaiser- und Königsgeschlechter hin, die sich trotz der historischen Forschung immer noch mit der antiquierten Würde des Gottesgnadentums brüsten, obwohl sie durch die geschichtlichen Quellen längst eines Besseren oder Schlechteren belehrt sein sollten. Die Habsburger sind für ihn die Nachkommen eines „besoldeten Klopffechters oder Polizeimeisters im Dienste verschiedener Herren", die Bourbonen stammen „vom rebellischen Großgrundbesitzer Hugo Capet oder nach der nicht unglaublichen Volkstradition vom Pariser Metzgerknecht Robert Le Fort" ab, bei den Romanows wisse man nicht, „wer der Vater eines Sohnes der Kaiserin Katharina II. gewesen sei, denn dafür dürfte selbst die Methode des scharfsinnigsten Historikers nicht ausreichen", und aus den Hohenzollern werden die Nachkommen kleiner Burggrafen, die wenigstens „tüchtige Beamte" waren (S. 88). Das Wesen der von Gott verliehenen Legitimität ist also in allen Fällen die Macht, der äußere Erfolg, und Nordau folgert daraus mit revolutionärer und fast zynischer Konsequenz:

> „... ein beliebiger Sozialdemokrat, wenn es ihm gelänge, sich durch eine Umwälzung an die Spitze des deutschen Reichs zu stellen, (wäre) Staatsoberhaupt von Gottes Gnaden und zur Herrschaft ebenso berechtigt, persönlich ebenso geheiligt, im Besitze einer ebenso legitimen Autorität wie gegenwärtig der deutsche Kaiser" (S. 92).

Nächst den Monarchen ist es der Adel, der bei dieser Satire den Kopf hinhalten muß. Er galt im bestehenden Rangsystem als der höchste und eindeutig privilegierte Stand, bevorzugt, weil er sich, wie Beaumarchais sagt, die Mühe gegeben hatte, „geboren" zu werden. Die Minister und hohen Beamten, die Theaterdirektoren und Gardeoffiziere wurden fast ausschließlich von dieser Rangklasse bestritten, die sich in ihrer aristokratischen Herkunft mit den regierenden Monarchen wesensverwandt fühlte. Reichgewordenen Gründerspekulanten, auf deren Einfluß man nicht verzichten konnte, verlieh man daher das Adelsprädikat, um sie aufzusaugen und damit als konkurrierende Gesellschaftsschicht auszuschalten. Aber das waren Ausnahmen. Im Prinzip galt nur derjenige Adel, der mit genealogischer Großspurigkeit auftreten konnte. Er war der Rang, der damit ausgezeichnet wurde, des „Königs Rock" zu tragen, bei dem sich die Offizierspatente vom Vater auf den Sohn vererbten, während man der Geldaristokratie eigentlich nur Töchter zubilligte, mit deren Mitgift man seine Spielschulden beglich oder sein Wappenschild neu „vergoldete". Besonders bevorzugt waren die Offiziersstellen bei den „Deutzer Kürassieren", weil der Kaiser bei festlichen Anlässen eine im ähnlichen Stil entworfene Galauniform trug.

Als Adliger unterlag man der Pflicht, nur seiner „Ehre" zu leben, einen Rang zu repräsentieren und sich dementsprechend einzurichten. Durch diese Bedingungen war man zwar etwas beengt, da man sich vor Mesalliancen und Spielschulden zu hüten hatte, konnte jedoch bei genauer Einhaltung des standesgemäßen Ehrenkodex auf eine gesellschaftliche Verehrung rechnen, die bei vielen Bürgerlichen bis zu primitiver Selbsterniedrigung ging. Als Freiherr, Graf oder Baron war man kein bloßer Herr, sondern ein über die Masse der

Unadligen erhobener Vertreter eines aristokratischen, fast legitimistischen Ranges, der selbst von einem Portier als solcher gewertet wurde, wie in der Simplicissimus-Glosse „Unfrei und Edel" von Thöny:

„Ist das rote Zimmer frei?"

„Bedaure, Herr Graf, ist leider besetzt."

„Wer ist drin?"

„Zwei Herren und ein Baron" (27. März 1897).

Diese Tendenz zur Absonderung zeigt sich sogar in der Sprache der adligen Offiziere, jenem akzentuierten „Näseln", womit man seiner Stimme etwas Arrogantes und Befehlendes geben wollte. An die Stelle der soldatischen Sachlichkeit tritt eine bornierte Schärfe, die jeden Mitunterredenden zum bloßen Befehlsempfänger macht. Aber man konnte sich diese Arroganz erlauben, denn man war der erste Stand im Staate und wurde auch von allen so behandelt. Bezeichnend für diese Zustände ist wiederum eine satirische Glosse aus dem „Simplicissimus" von Edler:

Schutzmann: „Wer hat denn den Mann so schrecklich zugerichtet?" — „Überfahren von einem Wagen, der wie rasend fuhr."

Schutzmann: „Welche Nummer? Den Kerl werd ick mir mal ordentlich koofen."

„Die Nummer weiß ich nicht, ein Lieutenant saß drin."

Schutzmann: „Ja, da muß so ein alter Mann besser Obacht jeben" (13. März 1897).

Ein Offizier war durch seine Epauletten, sein schneidiges Auftreten von vornherein der Held des Tages, der gerngesehene Gast aller Salons und der Wunschtraum der zu reiner Gesellschaftlichkeit erzogenen Mädchenherzen. So sagt die hübsche Magda in Albertis Roman „Schröter & Co" (1893) zu einem bürgerlichen Bewerber:

„Ein Civilist kann ja unter Umständen auch eine sehr angenehme Stellung haben — aber ein aktiver Offizier — das ist doch gewissermaßen ein Mensch zweiter Potenz" (2. Aufl. S. 244).

In jedem Offizier sah man einen Halbgott in Uniform, den Vertreter eines Ranges, der sich selbst legitimiert. Daher wurden diese Offiziere nicht nach ihrem Können ausgesucht, sondern nach ihrer Herkunft, nach der von ihrem Vater erlernten Fähigkeit, etwas „darzustellen" und einen Rang zu repräsentieren, worunter man außer dem Näseln, eine gewisse Courschneiderei im Verkehr mit Damen, die genaue Kenntnis des standesgemäßen Ehrenkodex und ein Vertrautsein mit genealogischen Verhältnissen verstand. Wissenschaft und Kunst waren für einen Offizier etwas Sekundäres, Untergeordnetes, Bürgerliches. Ein Portepée galt als standesgemäße Ehre, ein Diplom als die Frucht spießigen Fleißes. Bei gesellschaftlichen Anlässen wurde daher der geringste Leutnant höher eingestuft als ein Universitätsprofessor. Er war es, der die Dame des Hauses zu Tisch führen durfte oder der an der Spitze der Tafel saß. Überall wurde mit seinem Titel geprunkt oder seine „Haltung" herausgestrichen. So erzählt Zille, der gegen diese Renommiersucht mit der Offenheit seiner urwüchsigen Veranlagung rebellierte, in seinen „Erinnerungen":

> „In einer vornehmen Gesellschaft — in einer Villa in Tempelhof —, wo man mit mir protzen wollte, wurden die Gäste vorgestellt:
> Herr Lieutenant —!
> Frau Major —!
> Herr Kommerzienrat —!
> und noch eine Masse andre lange Titel:
> Herr Major —!
> Frau Rittmeister —!
> Zille! sagte ich. Hundsgemeiner!
> Da war's vorbei mit dem Titelfimmel . . ."
> (Zille-Buch, Berlin 1929, S. 433)

Wissenschaftler und Künstler wurden durch diesen Offizierskult völlig in den Hintergrund gedrängt, da sich ihre Werke in nichts mit den soldatischen Heldentaten, dem Parademarsch der Rekruten, der guten Haltung zu Pferde oder der kaltblütigen Sicherheit im Duell vergleichen ließen, Leistungen, an denen man nicht zu „arbeiten" brauchte, sondern die Ausdruck einer selbstbewußten Mannestugend waren. Man wollte in erster Linie Junker sein, kein Bildungsmensch, verstand etwas von Pferden und Weibern, aber hatte nicht den Ehrgeiz, „gelehrt" zu wirken. Nichts war schlimmer für einen Offizier, als in den Verdacht zu kommen, „Verse zu schmieren", was man als kindische Reimerei den bürgerlichen Tintenklecksern überließ. So sagt in dem Roman „Wer ist der Stärkere?" von Alberti der Leutnant Beo von Histropp zu seinem Regimentskameraden Robert von Führinghausen:

> „Ein preußischer Lieutenant muß alles können, was er will, alles gut durchführen, was er anfängt, also, wenn er überhaupt dichtet, auch gute Verse machen — aber," und hier wurde Beo ernster, „ich begreife nicht, wie ein Lieutenant überhaupt auf den Gedanken kommen kann zu dichten — als höchstens am Geburtstag Sr. Majestät ein Festlied oder einen Prolog für die Feier in der Kaserne . . . Degen und Feder vertragen sich nun einmal nicht in einer Stube, und wessen Amt es ist, mit Blut zu schreiben, der soll sich die Finger nicht mit Tinte beschmutzen" (I, 8).

Denselben Hochmut karikiert Bruno Paul im „Simplicissimus", indem er einen Offizier in Zivil, den man für einen berühmten Dichter hält, indigniert näseln läßt: „Civil einfach ekelhaft. In Uniform wird einem nie passieren, daß man für einen Künstler gehalten wird" (1900, Nr. 22). Mit ähnlicher Schärfe witzelt Dirney über einen Leutnant, der auf die Frage, ob ihm der Polarforscher Nansen imponiere, antwortet: „Eh, ganz superber Kerl — Civil macht sich" (31. Oktober 1896).

Dieser Geist des Hochmuts läßt sich auch bei den Korpsstudenten beobachten, die sich von den normalen Burschenschaften oder landsmännischen Verbindungen durch ihre gesellschaftliche Arroganz unterschieden, mit ihren Duellen und Trinkproben renommierten und auf ihren studentischen Ehrenkodex soviel hielten wie der Adel auf seine Abstammung. Was für den Offizier die Orden sind, nämlich Auszeichnungen auf dem Felde der Ehre, waren für den Korpsstudenten seine Schmisse, die nicht selten künstlich zu „respektabler" Größe erweitert wurden. So galt es als ehrenvoll, nicht nur die üblichen Mensuren durchzusetzen, sondern sich den Ruf eines wahren Totschlägers zu erwerben. Der Sieger in einem Duell bekam selbst beim Todesfall seines Gegners höchstens zwei Jahre Festungshaft, von denen auf dem Gnadenwege meist die Hälfte erlassen wurde, denn nach den geltenden Anschauungen lag hier kein eigentliches Verbrechen vor, sondern nur eine Ehrenschuld. Während auf jeden anderen Mord Zuchthaus oder Todesstrafe stand, sprach man hier von Notwehr, von der speziellen Ehre des Studenten, die nur durch eine standesgemäße Satisfaktion wiederherzustellen sei. Dabei war der Anlaß dieser Duelle meist eine provozierte Anrempelei, ein in Wirklichkeit völlig unehrenhaftes Vorgehen, das nur durch den Rang der Beteiligten zu einem wirklichen Delikt gesteigert wurde. Ein solches Benehmen gab natürlich der naturalistischen Kritik große Blößen, und so beschäftigen sich schon die ersten Hefte der „Freien Bühne" mit dem gesellschaftlich geduldeten Verbrechertum der Korpsstudenten, finden sich im „Simplicissimus" fast in jeder Nummer Satiren auf den „ewigen Studenten", der nicht von seinen Raufhändeln und Trinkgelagen lassen kann, nennt der junge Loth bei Hauptmann „das Couleurwesen auf den Universitäten, das Saufen und Pauken" eine der „Durchschnittskindereien unserer Tage" (I, 18), höhnt Bierbaums Stilpe auf die „Fuchsensklaverei und Burschentyrannis" und fordert eine studentische Boheme (S. 219). Ihren Höhepunkt erreicht diese Studentensatire in der Milieustudie „Krumme Windgasse 20" (1890) von Holz und Schlaf, in der ein versoffener Theologiestudent sich im Bett räkelt, seinen Fuchs empfängt, sich vor dessen Augen die Hosen hochzieht und schließlich zwischen Aschenresten und Visitenkarten nach seiner Pomade sucht. Selbstverständlich spricht man nicht von theologischen Problemen, sondern unterhält sich in einem unüberbietbar sexuellen Zynismus über die filia hospitalis, protzt mit seiner Ehre und männlichen Überlegenheit, ohne sich seines Maulheldentums bewußt zu werden. Die Arroganz hat hier schon so viele seelische Schichten überlagert, daß alle gemüthaften Bezüge, wie Innerlichkeit und Herzlichkeit, hinter einer konventionellen Maske verschwinden.

Den höchsten Rang innerhalb des Korpswesens hatten die „Bonner Preußen" inne, zu denen sogar Mitglieder der Königs- und Kaiserhäuser gehörten. Wie bei den Offizieren sorgte ein weitgespanntes Konnexionswesen für die spätere Karriere, denn auch hier entschieden nicht Leistung oder Fleiß, sondern die Herkunft, das Auftreten und die gesellschaftliche Eleganz. Man wußte, daß man durch einen der Senioren eine einflußreiche Stellung erhalten würde, und betrachtete die Universität daher als gesellschaftlichen Tummelplatz, als Feld der Ehre, wo es nicht Seminare, sondern Mensuren durchzustehen gab. Für einen Korpsstudenten galt das Kollegschwänzen fast als standesgemäß, da das wissenschaftliche Bemühen mit dem Odium der Stubenhockerei und der Bürgerlichkeit behaftet war. Mußte man am Schluß ein Examen ablegen, ließ man sich das Nötige durch einen Repetitor „einpauken" und erledigte die Prüfungen wie eine kleine Ehrenschuld, deren Höhe man lieber verschwieg.

Neben den feudal-aristokratischen Kreisen wurden vor allem diejenigen Schichten persifliert, deren gesetzliche Machtstellung sich aus ihrer beruflichen Situation ergab. Das waren in erster Linie die Lehrer, denen man seine Kinder ausliefern mußte. Man wollte keine philologischen Pedanten mehr hinter den Kathedern sehen, die sich in brutaler Weise auf ihr Züchtigungsrecht verließen, sondern verlangte eine Schulreform, die das auf dem System von Fleiß und Strafe aufgebaute Primat der alten Sprachen beseitigt und an seine Stelle eine vernünftig gehandhabte Beschäftigung mit lebendigen Dingen, mit Sport und Realwissenschaften setzt. So schreibt Wilhelm Bölsche unter dem Titel „Naturwissenschaftlicher Unterricht in den Schulen" einen Essay, der sich mit dem Problem eines an der Wirklichkeit orientierten „Lebensunterrichts" befaßt (Freie Bühne 1893, S. 33). Mit schlecht verhehltem Ressentiment werden alle diejenigen Lehrer karikiert, die sich an das Prinzip des „Nürnberger Trichters" anzuklammern versuchen und darüber die Kompliziertheit der jugendlichen Psyche vergessen. Man denke an den „Professor Unrat" (1905) von Heinrich Mann, der sich nichtzulösende Aufsatzthemen ausdenkt wie über die dritte Bitte der 10. Szene des ersten Aktes in Schillers „Jungfrau von Orleans", und die aufsässigen Schüler der Reihe nach ins „Kabuff" steckt, um sie mundtot zu machen. Ähnlich scharf gezeichnet ist der Schuldirektor Wulicke in den „Buddenbrooks" (1901) von Thomas Mann, der in der Schule einen Staat im Staate sieht, in dem sich jeder Schüler der „preußischen Dienststrammheit" zu unterwerfen hat. Schon die Sextaner sollen sich in seiner „Anstalt" als Beamte fühlen und ihre Versetzung wie ein staatliches Avancement betrachten. Holz und Schlaf gestalten eine solche Lehrersatire in ihrer Prosaskizze „Der erste Schultag", dem zweiten Stück der berühmt gewordenen Sammlung „Papa Hamlet" (1889). Die Hauptfigur dieser streng naturalistischen Studie ist der Rektor Borchert, der seinen Schülern wie ein kleiner, aber dämonischer Tyrann gegenübersteht.

„Das Schweinszeug war seine Klasse. Sie anders zu titulieren, war ihm noch nie eingefallen. Die einzelnen Individuen hießen Knubbels" (S. 103).

Noch verstärkt werden diese satirischen Züge in Wedekinds „Frühlings Erwachen" (1891), wo die Lehrer, die Magistri Knüppeldick, Hungergurt, Knochenbruch und Fliegentod fast etwas Symbolisches und Groteskes bekommen. Wesentlich realistischer wirkt Hauptmanns „Kollege Crampton" (1892), in dem die Drillanstalt einer staatlichen Malakademie unter die Lupe genommen wird. Die Hauptspitze der Kritik richtet sich hier gegen den staatlichen Akademismus, den auch Liebermann jahrzehntelang angegriffen hat. Wie unschöpferisch ein solcher Betrieb ist, der sogar die Kunst auf eine staatliche Weise reglementieren will, zeigt sich an Crampton selbst, der als geistig überlegener, wenn auch malerisch mittelmäßig begabter Außenseiter aus seiner Stellung herausgedrängt wird und seinem letzten Schüler nur noch den höhnischen Rat geben kann, auf sein Talent zu verzichten und sich lieber der staatlichen Bevormundung zu fügen:

„Es ist geradezu unnötig, daß ein Akademiker Talent hat. Was sollen wir mit dem Talent anfangen?! Das Betragen, das Betragen, lieber Strähler, der Respekt, die Ehrfurcht vor dem Lehrer" (I, 394).

Wesentlich schärfer als die Lehrersatire ist die Kritik an den staatlichen Richtern. Macht war in diesem Beruf nicht bloß ein Teil der Würde, ein gesellschaftliches Aushängeschild wie der Professorentitel der Oberlehrer, sondern ein realer Faktor, der für alle diejenigen gefährlich wurde, deren Anschauungen dieser klassenmäßig gebundenen Justiz zuwiderliefen. Man braucht nur an die Urteilssprechung während der Sozialistengesetze zu denken, wo man wegen geringfügiger Äußerungen bis zu drei oder vier Jahren ins Gefängnis wandern konnte. Eine Gerechtigkeit, deren Symbol die Themis mit den verbundenen Augen ist, sucht man in diesen Jahren vergebens, denn Richter wurde man wiederum nicht auf Grund seines Könnens, sondern aus Klassenzugehörigkeit, meist durch die Konnexionen eines Korps oder einer Verbindung. Nur so ist es zu verstehen, daß „standesgemäße" Verbrechen wie das Duell oder die Ausnutzung der kontrollierten Prostitution geduldet wurden, während man gegen proletarische Straßendirnen und Majestätsverbrecher mit aller Schärfe des Gesetzes vorging. Hinter einer solchen Gesinnung steht nicht nur die doppelte Moral des damaligen Bürgertums, die Heuchelei der gutsituierten Familien, die für den mannbaren Sohn ein gefügiges Dienstmädchen einstellten, um ihn vor „Ausschweifungen" zu bewahren, sondern auch eine eminent politische Note, da sich die staatliche Rechtssprechung auf diese Weise zum Hüter einer bestimmten Standesehre macht und damit zu einer reaktionären Klassenjustiz erstarrt. Trotz der überall anzutreffenden Ausnahmen sahen die Richter jener Jahre den Sinn ihrer Tätigkeit nicht in einer unparteiischen Urteilsfindung, sondern in der Bewahrung der bürgerlichen Ordnung und des privatkapitalistischen Eigentums, selbst wenn dieses auf Grund unehrlicher oder höchst zweifelhafter Spekulationen erworben war. Daher erschienen im „Simplicissimus" immer wieder Satiren auf die Ungerechtigkeit der damaligen Justizbeamten, die sich als Vertreter des Staates zu derselben Überheblichkeit hinreißen ließen wie die Offiziere und Korpsstudenten, nur daß ihre Arroganz einen weit „gefährlicheren" Oberton hat. So schreibt Th. Th. Heine am 23. Januar 1897:

> Gefängnisarzt: „Er ist wieder vollkommen gesund. Die Hinrichtung kann morgen stattfinden."

Eine ähnliche Lust an der Grausamkeit karikiert er unter dem Titel „Wegen Preßvergehen":

> Gefängniswärter: „Sie beschweren sich, daß Sie den Abort reinigen müssen? Wenn Sie erst mal ein paar Monate in Untersuchungshaft sitzen, werden Sie froh sein, daß Sie diese kleine geistige Anregung haben" (1901, Nr. 16).

Die treffendste und auch künstlerisch bedeutsamste Satire gegen die Borniertheit der Justiz, gegen ihr Schnüffeln nach politisch verdächtigen Subjekten und ihre völlige Blindheit in Fragen des realen Lebens ist Hauptmanns „Biberpelz" (1893). Hier wird ein adliger Landrat in seiner heute kaum noch verständlichen Überheblichkeit und feudalen Arroganz geschildert, der alle „Untertanen" seines Kreises wie die Knechte auf seinem Gut behandelt. Sein politischer Ehrgeiz, irgendeinen Sozialisten zu finden und ans Messer zu liefern, macht ihn so nervös, daß er selbst die harmlose Biberpelzaffaire nicht durchschaut. Immer wieder hat er nur jenen Dr. Fleischer im Auge, der für „liberale" Zeitungen schreibt und daher in seinen Augen etwas Staatsgefährdendes hat. Um endlich Indizien gegen diesen Mann in die Hand zu bekommen, paktiert er sogar mit üblen Denunzianten und verstrickt sich so in eine höchst zweifelhafte Meineidaffaire. Alle anderen „Fälle" sind für ihn bloße Lappalien, selbst wenn es sich um ein Fuder Brennholz oder um einen kostbaren Biberpelz handelt. Wer gegen diese Amtsführung aufmuckt, wird mit näselndem Befehlston zurechtgewiesen. Nur der alte Rentier Krüger, der eigentlich Betroffene, läßt sich seine Meinung nicht verbieten und fährt ihm einmal recht deutlich in die Parade:

> „Sie wollen sich aufspielen, weiter nichts. Als ob Sie der König selber wären" (I, 491).

Aber eine solche Invektive kann einen Herrn von Wehrhahn eher schmeicheln als beleidigen, und er antwortet im Brustton der Überzeugung:

> „Hier bin ich auch König!"

Als preußischer Amtsvorsteher ist er von dem Glauben beseelt, der verlängerte Arm des Königs zu sein, stützt sich auf das Ansehen und die Würde Sr. Kaiserlichen und Königlichen Majestät, als gelte es, die Ehrwürdigkeit dieser Person in einer möglichst genauen Kopie zu repräsentieren. Wehrhahn vergleicht deshalb seine Haltung ständig mit dem in der Amtsstube aufgehängten Bild Kaiser Wilhelms II., reckt sich oder streicht sich den Schnurrbart in die

Höhe, um wieder ganz in seiner „Rolle" zu sein. Er fühlt sich wie ein König en miniature, selbst wenn es sich um Kleinigkeiten handelt, um eine Protokollaufnahme oder eine Eintragung ins Standesamtsregister, da er in jeder seiner Handlungen eine Verkörperung der Legitimität und der nationalen Ehre erblickt.

Was alle diese Adligen, Offiziere und Richter verbindet, ist das Gefühl der „Autorität", das Bewußtsein, einen gesellschaftlichen Rang zu repräsentieren, hinter dem sich eine klassenbewußte Machtgemeinschaft verbirgt. Man fühlte sich als Angehöriger einer Gesellschaftsschicht, die das Problem von Herrschaft und Dienst zu ihren Gunsten entschieden hatte und sah sich daher „berechtigt", das Glück der Macht mit verblüffender Selbstverständlichkeit als ein standesgemäßes Privilegium zu betrachten. Das menschliche Dasein steht deshalb in diesen Jahren immer noch unter der Alternative von Obrigkeit und Untertan, als gebe es weder das Problem der sozialen Frage noch die unveräußerliche Idee von der persönlichen Freiheit des einzelnen. Trotz der Milderung der staatlichen Willkür und der Aufweichung der Standesgegensätze, die sich seit den Tagen des Absolutismus vollzogen hatte, blieb der einzelne, vor allem dann, wenn er eine den bevorzugten Klassen widersprechende Meinung vertrat, auch weiterhin den persönlichen Launen eines Richters, der Anrempelei eines Korpsstudenten oder der Arroganz eines Offiziers ausgesetzt und wurde so, bitter genug, an seine Rolle als „Untertan" erinnert, der nur ein Instrument in der Hand der Obrigkeit ist.

STAAT UND RELIGION

Die Kritik an den christlichen Dogmen ist so alt wie das Christentum selbst. In der Spätantike sind es die Kämpfe der einzelnen Sekten, im Mittelalter die Angriffe der Mystiker und Ketzerbewegungen, später das „experimentum sui medietatis" der Renaissance, schließlich der barocke Materialismus und der aufgeklärte Spinozismus. Diese latente Unterströmung, dieses unausrottbare „Heidentum", ergießt sich dann ins achtzehnte Jahrhundert, findet sich wieder in den Reimarus-Fragmenten, dem liberalen Deismus, den antiklerikalen Äußerungen Goethes und gehört seitdem zum Repertoire aller nachhinkenden Aufklärer, man denke an Gutzkow und David Friedrich Strauß, die sich unter Berufung auf Reimarus für eine historisch-kritische Entwertung der christlichen Heilswahrheit eingesetzt haben. Wesentlich radikaler in seinen Äußerungen ist Ludwig Feuerbach, der das Schlagwort von der „welthistorischen Heuchelei" erfand und in jeder Religion eine Hypostase bestimmter menschlicher Wunschbilder sah, etwa in den Houris des mohammedanischen Paradieses ein Produkt der erotischen Phantasie, eine Art himmlischen Harem. Diese Anschauungen blieben zwar nicht ohne Wirkung — besonders Feuerbach wurde im Zeitalter des bürgerlichen Realismus zu einem kleinen, aber bedeutungsvollen Apostel des Atheismus —, erlebten jedoch ihre literarische Breitenwirkung erst in den achtziger Jahren, vor allem durch das allmähliche Bekanntwerden der darwinistischen Abstammungslehre und der mit ihr verbundenen Konsequenzen. Durch die Erkenntnis von der Selektion der Arten wurde nicht nur das Wunder der Genesis, die Schöpfungsgeschichte, hinfällig, sondern die Metaphysik überhaupt „aus der Welt" geschafft, da man selbst für den geheimnisvollen Übergang von einer Art zur anderen im Gesetz der Mutation eine biologische und damit „vernünftige" Erklärungsform gefunden zu haben glaubte. Nahm man noch die Prinzipien der Vererbung, den Mendelismus, zu Hilfe, konnte man auch den Fluch der Sünde beseitigen und jede Tat oder Untat aus einem absoluten Determiniertsein erklären.

Damit schien der Kreislauf einer innerweltlichen Erklärung aller „Lebensrätsel" eigentlich geschlossen. Unter dem Titel „Das Ende der Religion" verkündete Heinrich Hart in der „Freien Bühne":

> „Die Kultur kann nichts Besseres tun, als beide Atavismen, Ekstase und Religion, zu den Akten der Entwicklungsgeschichte legen" (1891, S. 11).

Die jungen Revolutionäre hingen sich also Darwin- und Haeckelbilder an die Wände, wie jener Johannes Vockerat in den „Einsamen Menschen" (1891), der die „Bürgerlichkeit" seines Elternhauses überwinden will, oder träumten wie der Nationalökonom Loth vom Aufbau eines irdischen Paradieses, das die Rolle der göttlichen Gerechtigkeit übernehmen soll. Das Christentum galt plötzlich als etwas Antiquiertes, Verstaubtes und Vorgestriges, das man am liebsten mit einem Schlage aus der Welt geschafft hätte, um den Menschen auf seine Situation im Hier und Jetzt zu konzentrieren. Überall wurden Stimmen laut, die auf die Unbrauchbarkeit der christlichen Religion hinwiesen, ihre Sinnlosigkeit innerhalb der modernen Welt, die von ganz anderen Gesetzen regiert werde als den Dogmen eines Glaubens, der noch an die mythische Gebundenheit des Menschen erinnere. Arno Holz spottet in bewußter Holprigkeit über „des Mittelalters frommen Köhlerglauben", über „Sankt Peters kahlgeschorene Schmutzkohorte" und weist ironisch auf die Unbrauchbarkeit, ja das Unmoderne aller christlichen Schriften hin:

„Auch sag ich, nützlicher als alle Bibeln
sind momentan uns unsre Volksschulfibeln!" (I, XII).

Man war in Glaubenssachen ein Sansculotte geworden, gefiel sich darin, vom albernen Kreuzbild oder vom Vizegott im Vatikan zu sprechen. Heinrich Spalding, der Held von Conradis Roman „Phrasen" (1887), stößt das Kruzifix über der Kommode einer Dirne mit der Bemerkung um: „Es verneint sich selbst!" (S. 376). Andere machen sich über die menschliche Gebrechlichkeit der Pfaffen lustig oder parodieren das Heilsgeschehen als eine Angelegenheit für Kinder und Narren wie in der „Papiernen Passion" (1890) von Holz und Schlaf, wo ein alter Invalide, der olle Kopelke, aus einer Zeitung das „Leiden Christi" schneidet, während die Mutter Abendroth Puffer backt, der Student Röder Operettenmelodien pfeift und ein Schlosser seine Frau verhaut. Kopelke ist kein ehrwürdiger Bildschnitzer, der sich mit ganzer Seele an eine bestimmte Aufgabe hingibt, sondern eine ordinäre Type, ein Tagedieb, der eine Zeitung zusammenknifft und seinen Spaß daran hat, wenn der Trick gelingt und aus einem zusammengefalteten Etwas plötzlich eine heilige Szenerie entsteht:

„Is'n janz hibschet Kunststickchen un paßt allens janz jenau!" (Freie Bühne 1890, S. 288)

Selbst Christus, vor dessen weltgeschichtlicher „Wirkung" man einen gewissen Respekt behielt, wird in dem Roman „Die Mittagsgöttin" (1891) von Wilhelm Bölsche zum „mächtigen Gehirn am Jordanstrande" oder zum „großen Psychologen von Nazareth" erniedrigt, dessen vorausschauende Genialität nur ein Reflex seiner überdimensionalen Großhirnrinde gewesen sei (2. Aufl. I, 128, 135). Noch einen Schritt weiter geht Arthur Drews, der in seinem Buch „Die Christusmythe" (1909) den historischen Jesus im Gegensatz zur liberalen Theologie gänzlich eliminiert und damit der christlichen Religion ihr Fundament entzieht.

Aber was bedeutete diese literarische „Abschaffung" des Christentums, diese Leugnung aller religiösen Phänomene angesichts der machtvollen Hierarchie der Kirche, die durch die erneute Bindung von Thron und Altar, durch das „Gottesgnadentum" wieder an repräsentativer Würde gewonnen hatte. Selbst wenn man Atheist zu sein glaubte, blieb man doch Staatsbürger und war als solcher ständig von religiösen Gebräuchen und Einrichtungen umgeben, war durch Taufe, Firmung, Ehe und Tod in einen religiösen Zyklus eingespannt, der sich nur schwer durchbrechen ließ. Aus dem freireligiösen Idealismus eines David Friedrich Strauß, aus der von ihm erhofften „Religion der Zukunft" war zwar ein „Freidenkerbund" entstanden, aber er umfaßte kaum tausend Mitglieder, da man als „Atheist" der gesellschaftlichen Ächtung verfiel. Das Christentum blieb nach wie vor eine Macht, die im Leben jedes einzelnen ihre unübersehbaren Spuren hinterließ. An dieser Geltung der Kirche hat selbst der „Kulturkampf" nichts geändert, der mehr eine staatliche Wachstumsschwierigkeit als eine wirkliche Krise war. Auf die Dauer gesehen bilden daher Staat und Kirche in wilhelminischer Zeit ein ideologisches Ganzes und sind von allen Kritikern so betrachtet worden. Obrigkeit und Religion galten allgemein als ein Pakt gleichgearteter Mächte, den man mit den Mitteln der zeitgenössischen Religionssoziologie als ein zweckgebundenes Junktim zu entlarven suchte. So schreibt Ernst Troeltsch in seiner Schrift „Die Religion im deutschen Staate", in der er sich mit der Klassenbedingtheit des wilhelminischen Christentums auseinandersetzt:

> „Die beiden konfessionellen Parteien (das Zentrum und die Konservativen) sind Kräfte der Autorität, des realen Machtsinnes, dem dynastischen Monarchismus, dem militärischen Gehorsamsgeiste und der metaphysischen Verklärung des Beamtentums innerlich verwandt. Sie sind es gerade im Zusammenhang mit ihren religiösen Ideen. So ist es natürlich, daß der von Bismarck geschaffene Staat heute auf sie in erster Linie sich stützt" (Schriften, Tübingen 1912 I, 84).

Auf Grund dieser Überlegungen kam man zu der Einsicht, im Christentum nicht mehr das zeitlose Weiterleben eines einmal in die Welt gesetzten Glaubenssatzes zu sehen, sondern ein relatives und höchst wandelbares Phänomen, das sich allen staatlichen Veränderungen mit geradezu charakterloser Geschmeidigkeit angepaßt hatte. Jede kirchliche Ausprägung, jede Religion als Institution wurde auf ihre „zeitbedingten" Faktoren geprüft und so in ihrer religiösen Verbindlichkeit relativiert. Hatte die Aufklärung ihren Deismus, die Restaurationsepoche ihr Nazarenertum gehabt, so mußte der Kapitalismus notwendig eine kapitalistische Religion haben, was sich durch Beispiele wie das Nebeneinander von wirtschaftlichem Imperialismus und christlicher Mission belegen ließ.

In den Satiren der Zeit erscheint deshalb die christliche Religion nicht als reiner Spiritualismus, sondern als Spiegelbild der staatlich-kapitalistischen Machtvollkommenheit. Gott ist der „Allmächtige", der die Welt in dieser und in keiner anderen Form geschaffen hat, der als höchster Richter über Wohl und

Wehe der Einzelmenschen entscheidet und seinen Machtbereich mit der Befehlsgewalt eines Diktators beherrscht. Seinen Hofstaat bilden die englischen Heerscharen, die ihn wie ein offizielles Gefolge umgeben und bei allen feierlichen Anlässen die schuldigen Referenzen erweisen. Diese Engel sind keine geläuterten Seelen, die sich in trauter Brüderlichkeit begegnen, sondern wirken ebenso vergesellschaftet wie ihre irdischen „Leidensgenossen", nur daß sich der Grad ihrer himmlischen Rangklasse in der Länge der Flügel und nicht in der Unterschiedlichkeit ihrer Kleider zeigt. Das Jenseits ist also eine Hypostase der menschlichen Verhältnisse, Gott ein himmlischer Kaiser, der wie ein irdischer Monarch sein „Reich" ständig zu erweitern sucht.

Bei einer solchen Parallelität der Verhältnisse ließ sich die bestehende Gesellschaftsordnung natürlich als ein Gebot Gottes legitimieren, gab es doch auch im Himmel eine deutliche Abstufung der einzelnen Ränge, die durch ein wohlerwogenes System gefestigt war. Ernst Troeltsch spricht daher von einer „Staatsreligion, die mehr konservativ als christlich ist" (II, 79). Er schreibt:

> „So beruht bis zum Tage die gefühlsmäßige Stellung der Herrenklasse in ihren eigenen Augen und in denen ihrer Untergebenen auf jenen patriarchalischen Gefühlen der Ergebung in die irdische Autorität, die von Gott zur Ordnung der weltlichen Dinge bestellt ist" (II, 78).

Auch das viel propagierte Schlagwort „Die Religion ist in Gefahr" wird von Troeltsch in ähnlicher Weise „entlarvt":

> „Die Gemeinden haben einen Anspruch darauf, gegen sich selbst geschützt zu werden, wie mit unübertrefflicher Charakteristik einmal eines der Häupter des preußischen Oberkirchenrates erklärte. Die so gegen sich selbst geschützten Gemeinden sind die Grundlage einer staatserhaltenden, nationalen, d. h. im Grunde die alten Machtverhältnisse konservierenden Politik. Hier hängt eines am anderen" (II, 79).

Unter diesem Gesichtspunkt ist auch die oft zitierte Phrase Kaiser Wilhelms „Die Religion muß dem Volke erhalten bleiben!" kein philanthropischer Dilettantismus, sondern hat eine eminent politische Note. Solange das Volk den gesellschaftlichen Zustand noch als einen „gottgewollten" betrachtete, hatte der Staat von der Aggressivität der sozialdemokratischen Ideen nichts zu befürchten, dargestellt etwa in Kretzers „Meisters Timpe" (1888), der als bankrotter Handwerksmeister seine unverschuldete Not wie eine göttliche Fügung auf sich nimmt, mit zittrigen Händen „Es lebe der Kaiser" an die Wand schreibt und dazu „Ein feste Burg ist unser Gott" singt, während draußen schon die Pfändungskarren stehen.

Eine solche Religion mußte dem Volke allerdings erhalten bleiben, denn mit ihr ließ sich jede Form der sozialen Ungleichheit als eine göttliche Notwendigkeit legitimieren. Als Tröstung der Allzu-Armen wies man entweder auf das Beispiel des Dulders Hiob hin, der seinen Glauben auch in langanhaltender Armut bewährt, oder auf das Paradies, das einmal „alle" Seelen umfassen wird. Wieviel Zynismus, wieviel offener Hohn in diesen Beteuerungen steckt, zeigen die „religiösen" Gemälde und Öldrucke, mit denen man seinen Salon ideologisch verbrämte. Der Inhalt dieser Bilder gleicht weder der blassen Linienkunst der Nazarener, die in ihrer Hilflosigkeit etwas treuherzig Bescheidenes hat, noch dem zarten Lyrismus der Düsseldorfer, sondern wirkt wie ein geschickt arrangierter Kulissenzauber, der schon im voraus auf die Farbe der Tapete und der seitlich herabfallenden Portieren abgestimmt ist. Nicht die nahbildlich gesehene Einzelfigur steht im Vordergrund wie auf den religiösen Bildern der Gründerzeit, den Werken Böcklins, Thomas oder Gebhardts, sondern das Drum und Dran der Szene, die Kriegsknechte und die Wundergläubigen, das Milieu, was auch diese Bilder ganz in die achtziger Jahre verweist. So sieht man auf der „Grablegung" (1888) von Bruno Piglhein zuerst die effektvolle Felskulisse, bevor man den Zug der Träger und trauernden Frauen erkennt. Adalbert von Kellers „Auferweckung" (1881) wirkt mehr durch die demimondaine Palastarchitektur, das Marmorpostament und die Gartenszenerie als durch das biblische Wunder, das sich inmitten dieser geschmackvoll arrangierten Kulisse vollzieht. Jairus' Töchterlein erwacht nicht mit dem verzückten Blick einer Gläubigen, sondern starrt mit den verschleierten Augen einer unverstandenen Frau schwermütig ins Leere, als suche sie dort das Phantom eines entschwundenen Liebhabers. Um die religiöse Heuchelei noch zu erhöhen, wird die Zartheit ihres nackten Oberkörpers in unberührter Keuschheit wiedergegeben und die übrigen Glieder mit andeutenden Laken umhüllt. Noch auf der 1906 gemalten „Stigmatisation im Kloster" starren die feisten Mönche mehr auf den enthüllten Busen des in effektvoller Pose dasitzenden Mediums als auf die blutende Handfläche. Das „Christliche" ist hier nur ein Stimmungsreiz, um mit eingestandenem Zynismus irgendwelche Erotica oder Pikanterien auf eine höchst perverse Art salonfähig zu machen. Warum sonst das Nackte auf all diesen Bildern, das bei Keller bis zu der Paradoxie „heiliger Akte" geht, die er als Märtyrerinnen am Kreuz bezeichnet, obwohl der elegante Kurvenreichtum dieser Leiber eher an die Verwendung von Taille und Schnürbrust als an einen tugendhaften Lebenswandel denken läßt.

Auf naturalistischer Seite wurde diese Form der religiösen Ideologie, dieses gesellschaftliche Mitmachen natürlich schärfstens persifliert. Max Nordau spricht in seinen „Konventionellen Lügen der Kulturmenschheit" (1883) von der „Heuchelei der gehobenen Schichten" (S. 67) und dem Salon-Fetischismus des durchschnittlichen Bürgertums. Bruno Paul und Th. Th. Heine parodieren die doppelte Moral der christlichen Tugendapostel, die es nicht lassen können, auch im Boudoir ihrer Maitressen ein Christusbild aufzuhängen. Hans Land erregt sich über die Scheinheiligkeit der bürgerlichen Spekulanten, die lieber ein Magdalenenstift gründen oder aus gesellschaftlichen Gründen große Summen für den Bau einer Votivkirche ausgeben, als sich mit ihren Arbeitern in

Lohnverhandlungen einzulassen. Bekannt ist jenes Beispiel aus Hauptmanns „Vor Sonnenaufgang", wo eine solche Scheinheiligkeit in Form des Tischgebetes karikiert wird, das zwar allen Beteiligten peinlich ist, aber dem Sekt und den Austern eine göttliche Legitimation erteilen soll:

> „Frau Krause im Begriff sich zu setzen, erinnert sich, daß das Tischgebet noch nicht gesprochen ist, und faltet mechanisch, doch ohne ihrer Bosheit im übrigen Herr zu sein, die Hände.
> Frau Spiller (die bezahlte Anstandsdame) spricht das Tischgebet:
>> Komm, Herr Jesu, sei unser Gast.
>> Segne, was du uns bescheret hast.
>> Amen.
> Alle setzen sich mit Geräusch. Mit dem Zulangen und Zureichen, das einige Zeit in Anspruch nimmt, kommt man über die peinliche Situation hinweg.
> Hoffmann, zu Loth:
>> Lieber Freund, du bedienst dich wohl?! Austern?" (I, 31)

Eine ähnliche Situation wird in Hauptmanns „Friedensfest" dargestellt, wo man die Stimmungswerte der christlichen „Weihnacht" herbeibemüht, um den endgültigen Auseinanderfall einer schon lange gespaltenen Familie zu verhüten, aber das Unechte und Sentimentale, die religiöse Stimmungsmache, die aufgebrachten Gemüter so erregt, daß es zu einer offenen Entladung kommt. Anfangs nehmen sich alle noch leidlich zusammen, als jedoch im Nebenzimmer plötzlich die „Lieblichkeit" eines Weihnachtsliedes ertönt, mit dem die zur Versöhnung drängende Mutter Frieden stiften will, ist der Gang des Schicksals nicht mehr aufzuhalten.

> „Alle blicken einander erschrocken an.
> Idas Stimme:
>> Ihr Kinderlein kommet,
>> O kommet doch all!
>> Zur Krippe her kommet
>> In Bethlehems Stall,
>> Und seht, was in dieser usw.
> Frau Scholz, bei Beginn des Gesanges: Ach, wie schön! Einen Augenblick lauscht sie hingegeben, dann bricht sie in Schluchzen aus.
> Robert ... macht ... ein Gesicht, wie: na nu hört's auf, lächelt ... ironisch und schüttelt mehrmals den Kopf ...
> Auguste, halb und halb gerührt, platzt nun laut heraus. Wilhelm hat bisher, ein Spiel widersprechender Empfindungen, an die Tafel gelehnt — auf der Platte nervös Klavier spielend — gestanden; nun steigt ihm die Röte der Entrüstung ins Gesicht ..." (I, 157)

Das Ganze endet, wie es bei der Unerträglichkeit einer solchen Situation kommen muß: die Älteren versuchen ihre Würde zu wahren, doch die Jüngeren treiben es durch zynische Zwischenbemerkungen wie „Kinderkomödie" oder „Rührszene" bis zu Schlaganfall und Enterbung.

Wesentlich schärfer verfährt diese Satire, wenn sie über das Familiäre und Gesellschaftliche hinausgeht und sich die Gestalt des Geistlichen zur Zielscheibe nimmt. Man will mit dieser Berufssatire keine Personen treffen, sondern die innige Verbundenheit der geistlichen Würdenträger mit dem gehobenen Bürgertum entlarven, die auf einer Gemeinsamkeit ihrer ideologischen Vorstellungen beruht. Von Ausnahmen wie Paul Goehre und den Mitgliedern der christlich-sozialen Bewegung einmal abgesehen, die sich als Pfarrer zu Anwälten der Armen und Entrechteten machten, fühlte sich die Mehrzahl der Geistlichen als integrierender Bestandteil der „höheren" Gesellschaft, als Hüter der staatlichen Ordnung, über die sie mit seelsorgerischem Blick zu wachen hatten. In Max Kretzers Roman „Das Gesicht Christi" (1897) ist es gerade ein hochmütiger Konsistorialrat, der den wiederkehrenden Heiland mit amtlicher Borniertheit verdammt und als ein staatsgefährdendes Element bezeichnet. Anstatt sich auf die Seite des vierten Standes zu stellen, wo der eigentliche Ort für Mitleid und Nächstenliebe gewesen wäre, gefiel sich der überwiegende Teil der Geistlichkeit in einer Kurzsichtigkeit, deren Gottvertrauen etwas Borniertes hat. So weilt in Hauptmanns „Webern" (1892) der auf seine Unfehlbarkeit eingebildete Pastor Kittelhaus gerade bei den reichen Dreißigers zu Gast, als draußen der allgemeine Aufstand losbricht, und steht so schon durch seine augenblickliche Situation, seine gesellschaftliche Stellung auf der Unternehmerseite, deren Reichtum ihm ein selbstverständliches Merkmal göttlicher Gnade ist. Rang bedeutet für ihn Ordnung, und wer sich gegen diese Ordnung empört, ist für ihn nicht würdig, weiterhin das Wort Gottes zu predigen oder zu vernehmen. Selbst seine sozial gesinnten Brüder im Amt werden von ihm erbittert verurteilt:

> „Nein, nein, da möchte man wirklich fast sagen: Schuster, bleib bei deinem Leisten! Seelsorger, werde kein Wanstsorger! Predige dein reines Gotteswort, und im übrigen laß den sorgen, der den Vögeln ihr Bett und ihr Futter bereitet hat und die Lilie auf dem Felde nicht läßt verderben" (I, 350).

Der junge Theologiekandidat Weinhold, der die demonstrierenden Arbeiter in Schutz nehmen will, wird von dem aufgebrachten Dreißiger mit Zustimmung des Pastors Kittelhaus aus dem Hause gejagt, bloß weil er in der Unerfahrenheit seiner neunzehn Jahre zu stammeln gewagt hatte:

> „Es sind eben hungrige, unwissende Menschen. Sie geben halt ihre Unzufriedenheit kund, wie sie's verstehen" (I, 352).

Gabriele Reuter karikiert die ideologische Verbundenheit von Geistlichkeit und Bourgeoisie vor allem in ihrem Roman „Aus guter Familie" (1895). Das Objekt ihrer Kritik ist der salbungsvolle Pastor Kandler, der bei einer jungen

Konfirmandin einen Band Freiligrath-Gedichte konfisziert und dann eine Tischrede hält unter dem Motto „Alles ist euer — ihr aber seid Christi":

> „Besitzet, als besäßet ihr nicht — genießet, als genösset ihr nicht! — Auch der Tanz — auch das Theater sind erlaubt, aber der Tanz geschehe in Ehren, das Vergnügen an der Kunst beschränke sich auf die reine, gottgeweihte Kunst. Bildung ist nicht zu verachten — doch hüte dich, mein Kind, vor der modernen Wissenschaft, die zum Unglauben führt... Liebe — Liebe — Liebe sei dein ganzes Leben — aber die Liebe bleibe frei von Selbstsucht... Du darfst nach Glück verlangen — du darfst auch glücklich sein — aber in berechtigter Weise . . . denn du bist Christi Nachfolgerin, und Christus starb am Kreuz! Nur wer das Irdische ganz überwunden hat, wird durch die dornenumsäumte Pforte eingehen zur ewigen Freude — zur Hochzeit des Lammes" (3. Aufl. S. 16).

Ihre blasphemische Bekrönung erlebt diese Pfarrersatire in Hermann Conradis Faschingsulk „Warum Pastor Hüpfebein heiraten mußte" (1886). Die Biographie eines protestantischen Pfarrers wird hier mit folgendem Satz eingeleitet:

> „Theophron mußte die Ehre, eines schönen Tages resp. einer schönen Nacht aus dem Schoße der Frau Kantor Hannchen Hüpfebein, geborenen Wurstig, an das sogenannte 'Licht der Welt' gekrochen zu sein, mit noch weiteren sieben Menschenkindern teilen." Kurz darauf sagt der alte Hüpfebein: „Phronchen muß Pastor werden, Hannchen! Der Junge ist viel zu dumm, um sich nicht bis zum Pastorat wacker durchzufressen" (III, 191/192).

Und dieser Kümmerling wächst nun zu einem keuschen Joseph heran, der seine versteckte Lüsternheit in einem Bordell befriedigt, sich dabei eine Krankheit holt und so seine Karriere gefährdet. Diese Gelegenheit benutzt der örtliche Superintendent, ihm seine ältliche Tochter zuzuschanzen, heilfroh, sie durch dieses Druckmittel noch an den Mann zu bringen. Wie harmlos wirkt neben dieser Gehässigkeit Hartlebens impressionistisch-pikante und graziöse Erzählung „Vom gastfreien Pastor" (1895), der bei einer Kirchentagung in einem Bordell übernachtet, ohne sich dieser „Ehre" bewußt zu werden.

Was in der Literatur die persönliche Frechheit, die pietätlose Darstellung von geistlichen Würdenträgern ist, erscheint in der Malerei als „Entidealisierung" der durch eine jahrtausendalte Tradition geheiligten christlichen Ikonographie. Mit derselben Realistik und unreligiösen Rücksichtslosigkeit wie in Hauptmanns „Emanuel Quint" (1910) und in Kretzers „Gesicht Christi" (1897) wird allem Göttlichen die ehrwürdige Maske abgerissen und damit das Heilsgeschehen zu einem alltäglichen Vorgang trivialisiert. Statt der gründerzeitlichen Vergottung des Menschen, der Steigerung seiner Person ins Geniale oder Übermenschliche, wird das Heilige jetzt so weit „vermenschlicht", daß jede Betonung seiner Göttlichkeit zu einer lächerlichen Pose würde. Man denke an den „Zwölfjährigen Christus im Tempel" (1879) von Liebermann, dem alle Zeichen einer „gottbegnadeten" Erwähltheit fehlen, der als ärmlich gekleidetes Kind mitten unter Modellproletariern und altem Gerümpel steht. Als dieses Bild 1880 auf der Münchener Ausstellung erschien, hatte das Publikum „seinen" Skandal und der bayrische Landtag einen Grund für eine heftige Debatte, so empörend fand man die „Häßlichkeit" dieses relativ hübschen Knaben, der „durch seine Modellwahrheit, seine Alltäglichkeit jedes religiöse Gefühl verletze", wie es in den zeitgenössischen Kritiken heißt. Das Bild mußte aus der Ausstellung entfernt werden, wirkte aber auf die junge Generation wie ein Fanal und zog bald eine ganze Serie ähnlich gearteter Darstellungen hinter sich her. Ein berühmtes Beispiel dieser Gattung ist der „Verlorene Sohn" (1896) von Slevogt, der die geheiligte Form des mittelalterlichen Tryptichons durch die Peinlichkeit seines realistischen Ausdrucks persifliert. Anstatt die reuige Wiederkehr des „Verlorenen" in den Mittelpunkt zu stellen, der sein Unrecht einsieht und sich wieder in den „geistlichen" Schutz seines Vaters begibt, sieht man einen zerlumpten Bettler, den der Hunger zur Krippe treibt, der auf die väterliche Gutmütigkeit spekuliert und diese in seinem Sinne ausnutzen will. Das vorsichtige Öffnen der Tür, die schüchterne Handbewegung entspringen keiner seelischen Ergriffenheit, sind nicht die Gesten seines Inneren, sondern haben etwas Eingelerntes, Berechnendes, wirken wie die Theatralik eines geschickten Bettlers, der sich auf den Nerv des Mitleids versteht.

Ihren Höhepunkt erreicht diese Form der „Entidealisierung" bei Corinth, bei dem immer wieder der geschundene, abgestorbene und zu keiner Auferstehung mehr fähige Leib Christi dargestellt wird. Jesus ist hier nicht mehr der Segenspendende, Wundertätige oder Triumphierende wie bei Gebhardt oder Thoma, sondern ein Opfer der Gesellschaft, ein in den Schmutz Gezogener, ein Schindluder, das man einer Meute vorwirft. Schon die frühe „Pieta" (1889) zeigt ihn als häßlichen und mantegnesk verkürzten Leichnam, in einem Milieu, das wie eine Morgue aussieht. Rechts steht eine Waschschüssel, die eben noch der Leichenwäsche gedient hat, links kniet Maria Magdalena, die wie eine neuzeitliche Lagerhure, aber nicht wie eine biblische Gestalt aussieht. Auf der „Kreuzabnahme" von 1895 fällt besonders der in einer Sträflingsjacke steckende Johannes auf, der mit weitaufgerissenen und schielenden Augen den Corpus Christi beglotzt, ohne sich seiner unverschämten Aufdringlichkeit bewußt zu sein. Ähnlich „entheiligt" wirkt die „Kreuzabnahme" von 1906, auf der sich Maria mit entfleischten Fingern am Auge kratzt, während Joseph von Arimathia und seine Leute in ungeschminkter Deutlichkeit den Leichnam vom Kreuze zerren und ihm die Nägel aus den Füßen reißen. Der bewachende Landsknecht mit seinen Pumphosen und dem über den Kopf gestülpten Kochtopf erinnert eher an eine Schießbudenfigur als an einen römischen Legionär. Noch krasser ist das „Martyrium" von 1907, wo Christus von seinen Henkersknechten gerade ans Kreuz genagelt wird und der rein physische Schmerz sein Gesicht zu einer teuflischen Grimasse verzerrt.

Im Mittelpunkt dieser Malerei steht also nicht mehr der Salon-Christus Adalbert von Kellers, der sich mit schmeichlerischer Inbrunst der sündigen Maria Magdalena widmet oder die schönen Ehebrecherinnen tröstet, sondern der proletarische Gott, der am Kreuze hängt, dieselben Qualen erduldet wie die beiden Schächer und schließlich in ein Grab gelegt wird wie jeder andere Mensch. Wie weit man den Corpus Christi entwürdigt, zeigt sich in Kretzers Roman „Das Gesicht Christi", wo ein Fabrikant eine Arbeiterin vergewaltigen will und in seiner sexuellen Erregung so blind ist, daß er für einen Augenblick den nackten Leichnam Christi für den Körper des mit allen Sinnen begehrten Weibes hält, in seiner Konfrontation von Wollust und Tod fast ein barockes Motiv. Ähnlich übersteigert in ihrer Motivik ist Corinths „Salome" (1899), die wie ein offener Protest auf die unheilige und antireligiöse Erotik der höheren Gesellschaft wirkt. Links steht ein schnauzbärtiger Henker, der sich in muskulöser Nacktheit darbietet und seiner „Herrin" den Kopf des Täufers auf einer Silberschüssel überreichen läßt, von rechts kommt die Prinzessin, die mit einem ringgeschmückten Finger an das linke Augenlid des Geköpften tippt, ohne daß man in ihren von Schminke verklebten Augen irgendeine innere Beteiligung spürt. Alles an dieser Salome ist Maske, gesellschaftliche Erstarrung, nur der leicht herunterhängende Busen verlangt nach einer Berührung mit dem Toten und wiegt sich leise über seinem Gesicht. Die Szene wird vervollständigt durch eine aufgetürmte und blumengeschmückte Coiffure, zwei scherzende Dienerinnen und einen knieenden Sklaven, die das Ganze zum Stimmungsbild einer höchst morbiden und religiös perversen Gesellschaft erweitern.

Neben dieser im Grunde nihilistischen Parodie auf den Salonidealismus der Hautevolée gibt es noch eine zweite Form der „Entidealisierung", die zwar ebenso radikal eingestellt ist und doch einen völlig anderen Charakter hat. Sie wird durch diejenigen Kreise vertreten, die in Christus einen legitimen Anwalt der Armen und Entrechteten sahen und seine „ehrfurchtgebietende" Gestalt darum in ein spezifisch „proletarisches" Milieu versetzten. Das zynisch gemeinte Schlagwort vom „Christentum der Armen", die Phrase von der Religion als „Seelenwärmer" und die gönnerhafte Vertröstung auf die ausgleichende Gerechtigkeit des Jenseits erhalten durch diese Verschiebung der Akzente plötzlich eine revolutionäre Spitze. An die Stelle des unverbindlich lächelnden Salonchristus, dessen Aufgabe vornehmlich darin bestand, dem aufgehäuften Reichtum eine ideologische Verbrämung zu geben, tritt bei den Vertretern dieser Richtung der „soziale Christus". Wie in den Büchern von Troeltsch, Kautsky und Kalthoff, so unterschiedlich deren Tendenzen auch sind, wird das Christentum weitgehend als eine soziale Bewegung interpretiert, deren Verbreitung sich nur aus den antiken Sklavenverhältnissen erklären läßt. Es werden daher gerade jene Kreise als hartherzig und unchristlich angeprangert, die in eleganten Villen wohnen und sich durch eine verbreitete Spendentätigkeit und ein heuchlerisches Almosengeben ein besonders „christliches" Ansehen zu geben versuchen, obwohl sie es peinlich vermeiden, sich mit der sozialen Frage einzulassen. Ein bezeichnendes Symptom für diese Rebellion gegen die verlogene Gläubigkeit der „oberen Zehntausend" ist ein Buch wie „Christus und die Armen" (1895) von Rudolf Heinrich Greinz, in dem die Botschaft Christi ganz eindeutig als ein „soziales Evangelium" bezeichnet wird:

> „Christus ist der erbittertste Gegner und Verächter alles prunkenden Reichtums, der liebevolle Vater und Freund jeder verlassenen Armut. Und wenn er heute wiederkäme, er würde alle die aufgedonnerten parfümierten Herren und Damen aus seinen Kirchen jagen wie damals das Geschmeiß aus dem Tempel zu Jerusalem. Der Reichtum hat sich aus Christus ein Ideal gebildet, das ein Zerrbild der großen übermenschlichen Gestalt ist, die durch die Evangelien schreitet. Der Gekreuzigte ist kein dienender Lakai, kein beschönigender Hofphilosoph der obersten Zehntausend, er ist ein Heiland der Armen und Gedrückten, denen er sein soziales Evangelium gepredigt hat, und die gerade in unseren Tagen nach der Verwirklichung desselben streben" (S. 6).

Am deutlichsten zeigt sich diese Einstellung in der Malerei. Bei Fritz von Uhde etwa, dessen Hauptwerke fast alle in die achtziger Jahre fallen, erscheint Christus nicht als entwürdigter Leichnam, sondern als tätiger Helfer, als Heiland der Armen, der sich zu denjenigen hingezogen fühlt, die wie er auf dieser Welt nur leiden, weil sie in ihrer Armut den Mächten der Unterdrückung und Gewalt schutzlos preisgegeben sind. Aus dem Tugendheld der höheren Töchter wird so ein Arbeiterapostel, der als tröstender Heiland in eine Armenschule kommt oder als strampelndes Kind im Schoße einer Proletariermadonna sitzt. Auch Maria ist keine Salonheldin mehr, keine modische Schönheit mit seelenvoll umflorten Augen und interessanter Blässe wie auf den Bildern von Sichel, die sich in nichts von den Salonporträts von Friedrich August von Kaulbach oder Gabriel Max unterscheiden, sondern wirkt wie ein einfaches Mädchen aus dem Volke, das gerade um seiner Armut willen von Gott ausgezeichnet wurde, den Erlöser dieser Welt zu gebären. Meist steht sie als Verlassene am Wegesrand, hilflos wie ein verstoßenes Dienstmädchen, das nicht weiß, wo sie ihr uneheliches Kind gebären soll, watet in ihrem Leid durch die Öde einer Winternacht oder hockt im Winkel einer halbverfallenen Scheune. Ein Rest an Peinlichkeit bleibt natürlich auch hier, da diese Art von Entidealisierung leicht ins Sentimentale und allzu Gewollte umschlagen kann. Bei Uhde stoßen zwei Weltanschauungen aufeinander, die eigentlich unvereinbar sind und nur mit Mühe zu einer Kongruenz gebracht werden können. Wie in Hauptmanns „Hannele" ist das Heikle der religiösen Situation selten ganz bezwungen, schwankt der künstlerische Stil zwischen Märchen und Satire unsicher hin und her und verliert so an inhaltlicher Bedeutsamkeit. Hauptmann versucht diese Leere, diesen Mangel an Aussage, durch symbolistische Elemente zu überwinden, blendet Traumszenen ein, welche zwar die Transparenz der einzelnen Szenen verstärken, das Stück als Ganzes jedoch ins Unverbindliche und Geschmacklose abgleiten lassen. Man höre eine Stelle aus dem zweiten Akt:

> Der Fremde legt seine Rechte auf Hanneles Scheitel:
> So nehm ich alle Niedrigkeit von dir ...
> Hannele, am ganzen Körper bebend, versucht sich aufzurichten. Wie unter einer ungeheuren Wonnelast vermag sie es nicht. Von tiefem Schluchzen und Weinen erschüttert, verbirgt sie den Kopf an des Fremden Brust.
> Der Fremde: Mit diesen Tränen wasche ich deine Seele von Staub und Qual der Welt. Ich will deinen Fuß über die Sterne Gottes erhöhen.
> Zu sanfter Musik, mit der Hand über Hanneles Scheitel streichend, spricht nun der Fremde das Folgende. Indem er spricht, tauchen Engelsgestalten in der Tür auf, große, kleine, Knaben, Mädchen, stehen schüchtern, wagen sich herein, schwingen Weihrauchfässer und schmücken das Gemach mit Teppichen und Blumen.
> Der Fremde:
> Die Seligkeit ist eine wunderschöne Stadt,
> Wo Friede und Freude kein Ende mehr hat.
> Harfen, erst leise, zuletzt laut und voll (II, 50).

Christus ist hier nicht mehr er selbst, sondern eine „Rolle", ein Heiland von Theaters Gnaden. Sein Auftreten wirkt wie eine unglaubwürdige Episode, zumal die naturalistische Kraßheit des geschilderten Milieus eigentlich keine metaphysischen Konzessionen erlaubt. Dieselbe theatralische Gefährdung der religiösen Verbindlichkeit zeigt Uhdes „Atelierpause" (1900), auf dem die heiligen Personen als Modelle dargestellt werden. Die Madonna mit dem Kind auf dem Arm studiert die Fortschritte auf der Leinwand, einer der anbetenden Hirten stützt sich erschöpft auf seinen Stab, während sich die Engel mit ihren angeschnallten Flügeln auf dem Sofa herumlümmeln.

Am überzeugendsten wirken diejenigen Bilder und Szenen, auf denen Christus nicht in der Pose eines Heilands der Armen erscheint, sondern selbst als Armer, als Mensch, wie in der Gestalt des Lehrers Gottwald im „Hannele" oder auf dem Bilde „Lasset die Kindlein zu mir kommen" (1884) von Uhde. Wie „gefährdet" sogar diese Haltung ist, zeigt sich daran, daß man sie nur vor Kindern einnehmen kann, sei es nun dem kleinen Hannele gegenüber, den „Kindlein" bei Uhde oder den Berliner Arbeiterkindern bei Kretzer, dessen „Gesicht Christi" mit den Worten beginnt: „Die Kinder erkannten ihn zuerst ..." Sobald

Christus unter die Erwachsenen tritt, nimmt er sofort die Gestalt eines Wander-
predigers oder Naturapostels an und erscheint dann trotz der guten Absicht
ebenso „entwürdigt" wie auf den pseudo-idealistischen Bildern Adalbert von
Kellers oder den bewußt antiidealen Darstellungen von Liebermann und
Corinth.

FAMILIE UND EHE

Wie umfassend diese Entidealisierung, diese Auflehnung gegen alles „Höhere" war, bekam selbst das eben erst zu Rang und Würde emporgestiegene Bürgertum zu spüren. Die mit dem wirtschaftlichen Aufschwung der Gründerzeit verbundene Gleichberechtigung erwies sich schon in den achtziger Jahren als ein Pyrrhussieg, da die soziologischen Verschiebungen, vor allem das Anwachsen des Proletariats, das Bürgertum in die Rolle einer defensiven, wenn auch machtvollen Minderheit drängten. Um sich gegen diese Bedrohung von unten zu wehren, verband sich die großstädtische Bourgeoisie mit der eben noch mißgünstig betrachteten adligen Gesellschaft und errichtete eine von Rang und Kapital diktierte Ideologie, die sich im wesentlichen auf die im Prinzip der Macht liegenden personalen Herrschaftsformen stützt. Weite Kreise des ehemaligen Mittelstandes legten ihre biedermeierliche Ehrfurcht und realistische Tüchtigkeit ab und nahmen einen Lebensstil an, der sich nur mit den Mitteln des kapitalistischen Konkurrenzkampfes und der waghalsigen Spekulation befriedigen ließ. Besonders die Großbourgeoisie benutzte die finanzielle Hochkonjunktur dazu, sich den Anstrich des „Feudalen" zu geben, selbst wenn sie ihr Renommé nur mit Geld und nicht mit einem Wappenschild aufwiegen konnte. Was einem an genealogischer Ehrwürdigkeit fehlte, versuchte man auf dem Wege des „guten Rufes" wettzumachen, wodurch man geistig und moralisch in eine Doppellage geriet, die etwas Verlogenes und zugleich Ressentimentgeladenes hat. Vor allem in erotischen Dingen erwiesen sich die von vatersher ererbten Komplexe, der Geist von „Soll und Haben", stärker als der gesellschaftliche Geltungsdrang. Trotz der gehobenen Genußsucht und heimlichen Maitressenwirtschaft, in der man den Adel langsam eingeholt hatte, hielt man sich äußerlich an seine „weiße Weste", auf der man keinen unmoralischen Fleck duldete, um nicht in den Verdacht des Ehrlosen zu geraten.

Das Ergebnis dieser gesellschaftlichen „Anständigkeit" ist jene „doppelte Moral", die die Beziehungen zwischen den Geschlechtern bis zum ersten Weltkrieg vergiftet hat, wie es in besonders eindringlicher Form Stefan Zweig in seinem Buch „Die Welt von Gestern" (1946) dargestellt hat. Man setzte sich als einzelner der gesellschaftlichen Ächtung, ja gerichtlichen Verfolgung aus, wenn man es gewagt hätte, diese konventionelle Heuchelei zu kritisieren. Man braucht nur an Hermann Conradi und Konrad Alberti zu denken, die wegen der „staatsgefährdenden" Moral ihrer Romane vor ein öffentliches Gericht gezerrt wurden. Die gesellschaftliche Prüderie, die Verheimlichung aller natürlichen Vorgänge ging so weit, daß man frühreife oder erotisch gefährdete Kinder von der Schule verwies, um sie nicht zu einem Ansteckungsherd für die noch „kindlichen" Mitschüler werden zu lassen, dargestellt in Wedekinds „Frühlings Erwachen" (1891), wo man dem jungen Melchior seine Relegation erteilt, weil seine Offenheit in erotischen Fragen „das Anstandsgefühl für das dem Menschen eingewurzelte Empfinden für die Diskretion der Verschämtheit einer sittlichen Weltordnung" verletze, wie es in der amtlichen Begründung heißt (5. Aufl. S. 98). Noch sorgsamer als die Knaben wurden die „höheren Töchter" erzogen, die man oft bis zu ihrer Hochzeit in allen erotischen Fragen in völliger Unwissenheit ließ. In diesen Mädchen entstand dadurch eine übertriebene und völlig irreale Vorstellung von der „romantischen" Liebe eines ritterlichen Minnesklaven zu seiner huldvoll gewährenden Herrin, die in der meist unter gesellschaftlichen Gesichtspunkten geschlossenen Ehe bitter enttäuscht wurde und später mit einer zärtlichen Hundeliebhaberei oder eitlen Putzsucht kompensiert werden mußte. Es wäre falsch, hier von einer „männlichen Fehlleistung" zu sprechen, denn die Ehemänner, die in Rücksicht auf ihre Karriere selten vor dem 35. Lebensjahr heiraten konnten, hatten inzwischen ihre „Leidenschaft" in den zahlreichen Bordellen oder mit einigen Maitressen befriedigt und betrachteten die Ehe nur als ein gesellschaftliches Aushängeschild, ohne von ihren durch Gewohnheit vergröberten Junggesellenmanieren abzustehen. Sie blieben in einem ominösen Sinne „Lebenskünstler", wie es Gabriele Reuter in ihren gleichnamigen Novellen beschreibt (1896). Daß sie damit die meist viel jüngere Frau um ihre schönsten Hoffnungen betrogen, sie in ihrem von Illusionen umfangenen Gemüt grausam ernüchterten, wurde ihnen selten bewußt, da sie über den Zustand der echten Liebesfähigkeit längst erhaben waren und auch von ihrer Gattin eine sachliche Einsicht in die Praxis des gesellschaftlichen Lebens verlangten. Statt der erhofften Liebe war die Frau so in die Sklaverei einer lebenslangen Prostitution geraten, mußte sich zum Opfer eines Mitgiftjägers erniedrigen, der über das eingebrachte Vermögen nach eigenem Belieben verfügen konnte. „Was das Kapital zusammengefügt, das soll die Moral nicht scheiden", lautet eine zynische Redensart jener Jahre. Gegen das Beschämende einer solchen Lage war man von seiten der Frau nicht nur de facto, sondern auch de jure machtlos, da das Gesetz auf einer rein patriarchalischen Auffassung der Ehe beharrte und selbst in diesem scheinbar intimen Bereich die Vorstellung von der verliehenen Macht aufrechterhielt. Der Hausherr und Vater hatte die Verfügungsgewalt eines „pater familias", bestimmte den Tageslauf seiner Frau, lancierte die Karriere seiner Söhne und verheiratete die Töchter. So zerbricht Hauptmanns „Michael Kramer" (1900) das Leben seines genialisch veranlagten Sohnes und erniedrigt durch seine starre Größe seine ihm geistig nicht gewachsene Frau zu einem beschränkten Hausmütterchen. Ähnliche Verhältnisse herrschen im „Friedensfest" (1890), wo der selbstbewußte Dr. Scholz wie ein männlicher Dämon über seiner Familie thront. Die Leidtragende, weil am meisten Gebundene, ist in allen Fällen die Frau. Sie hat weder die Freiheit des Mannes, noch die zukunftsweisenden Möglichkeiten ihrer Kinder, sondern muß sich bescheiden, zumal ein Mann mit Karriere nicht genötigt war, sich auf die „Capricen" seiner Frau einzulassen. Er konnte selbst in einer zweiten Ehe noch auf eine angemessene Mitgift rechnen und seine Auswahl unter den im Salon dargebotenen Töchtern treffen, ohne sich mit dem Problem der „unverstandenen" Frau herumzuschlagen, während man als geschiedene Frau zu den gesellschaftlich Geächteten gehörte.

Nur so ist es zu verstehen, daß ein Stück wie Ibsens „Nora" (1879), in dem diese „Ehelüge" zum ersten Mal in aller Deutlichkeit dargestellt wurde, auf einen solchen Sturm der Entrüstung stieß. Die Schärfe dieses Stückes lag vor allem darin, daß es sich hier nicht um eine Ausnahmesituation, sondern um den Normalfall drehte. Es wandte sich an alle Frauen, die sich bisher als „Märtyrerinnen der Ehe" gefühlt hatten, und ermunterte sie, den marionettenhaft erstarrten Rahmen der bürgerlichen Gesellschaft durch ein freies und entschiedenes Auftreten auseinanderzusprengen. Hier war die Frau plötzlich nicht mehr das willfährige Instrument ihres Mannes, die Puppe, das Hausmütterchen, sondern ein selbständig handelndes Weib, das verlangte, in allen Fragen des Lebens ein gleiches Mitspracherecht zu haben. Die Vertreter der bürgerlichbesitzfreudigen Ideologie sahen daher in diesem Stück ein Sturmzeichen der Gefahr. Selbst Fontane, der trotz seines hohen Alters Ibsen und den Naturalisten wohlwollend gegenüberstand, verwahrte sich gegen eine Auffassung der Ehe, die aus der Selbstbestimmung des einzelnen lebt, und vertrat auch weiterhin das gesellschaftsstiftende Prinzip einer sakramentalen Ordnung. Aber Ibsen ließ sich nicht entmutigen. Allen Kritikern zum Trotz schrieb er als nächstes Stück seine „Gespenster" (1881), in dem gerade die „Heiligkeit" der bürgerlichen Ehe ad absurdum geführt wird. Er zeigt, wie eine Frau auf Anraten ihres Pfarrers an der Sakrosanktitas der eingegangenen Bindung festhält und sich dadurch zum Werkzeug eines durch seine Verkommenheit krankhaften Mannes erniedrigt. Da jedoch Tausende von Frauen in dieser Frau Alving oder in Nora ein Spiegelbild ihrer eigenen Existenz erblickten, wurden beide Stücke trotz der männlichen Proteste zu Welterfolgen. Vor allem in England sprach man zeitweilig nicht von Naturalismus, sondern von „Ibsenism", da man Sozialismus und Frauenemanzipation als auswechselbare Begriffe empfand. Die Frau wurde durch diese Vorgänge plötzlich zu einem Hauptglied in der Kette der Armen und Entrechteten. Sie betrachtete ihre Ehe als eine Form der männlich-kapitalistischen Ausbeutung und schloß sich den überall entstehenden Frauenbewegungen an. In England traten die Suffragetten hervor, in Deutschland bildeten sich die Vereine der „Frauenrechtlerinnen". Alle diese Bünde tragen ein ausgesprochen „bürgerliches" Gepräge und bewegen sich vorwiegend im Rahmen einer engbegrenzten Ehe- und Berufsreform, ohne sich mit den politischen Konsequenzen dieser Forderungen auseinanderzusetzen, was vor allem für die deutschen Frauenrechtlerinnen gilt, die sich zeitweilig sogar unter die Schirmherrschaft der Kaiserin stellten. Das Ziel ihrer Bestrebungen war weniger die ökonomische als die geistige Selbständigkeit der Frau. Man wollte sich ein Leben erkämpfen, in dem man nicht mehr unter der männlichen Überheblichkeit zu leiden hatte, die man als eine angemaßte und gesellschaftlich bedingte empfand. An die Stelle von Nietzsches Herrenstandpunkt, nach dem das Weib nur den Rang einer Sklavin beanspruchen darf, tritt daher ein Emanzipationsverlangen, das auch der Frau eine gleichberechtigte Stellung innerhalb der bürgerlichen Gesellschaft einräumen will. Die theoretischen Kronzeugen dieser Bewegung waren Barthélemy Prosper Enfantin, John Stuart Mill (The subjection of women, 1869) und die Jungdeutschen, von denen man vor allem den Glauben an die befreiende Macht des Geistes und der Bildung übernahm. Die wichtigste Vertreterin dieser Erziehungsemanzipation war Helene Lange, die ihr ganzes Leben der Verbesserung der weiblichen Lehranstalten gewidmet hat. Sie wurde bekannt durch die Broschüre „Die höhere Mädchenschule und ihre Bestimmung", die sie 1887 dem preußischen Unterrichtsministerium überreichte. In dieser Schrift wird gefordert, die Frau nicht im Hinblick auf die Ehe und die geistigen Ansprüche ihres zukünftigen Mannes zu erziehen, sondern um ihrer selbst willen zu bilden, damit auch aus dem bisher verachteten Weibe eine vollgültige „Repräsentantin der Menschheit" werde, wie es etwa Schiller als Idealzustand vorgeschwebt hat. Die von ihr vertretene Frauenemanzipation ist vor allem eine ethische Bewegung, die den Müßiggang der bürgerlichen Gesellschaftsdamen abschaffen will, um die Frauen durch die Beschäftigung mit geistigen Dingen zum Bewußtsein ihres eigenen Wertes zu bringen. Im Mittelpunkt ihrer Bestrebungen steht daher die Erziehung zur „freien" Persönlichkeit, zu einer „fertigen, in sich geschlossenen Individualität, die mit Verständnis der Welt und den Ihren gegenübersteht", wie es in ihrer 1889 vor dem „Alldeutschen Frauenverein" gehaltenen Rede heißt (Kampfzeiten, Berlin 1928, I, 77). In bürgerlicher Einseitigkeit verlagert Helene Lange das Streben nach Emanzipation rein auf das Gebiet des Sittlichen, wenn sie sagt: „Wer wäre unter uns, die nicht weit lieber zum sittlichen als zum industriellen oder politischen Fortschritt der Menschheit beitrüge" (S. 79). Damit gibt sie zu, daß das Ziel ihrer Bildungsbestrebungen nicht die alle Lebensgebiete umfassende Entfaltung der vollen Persönlichkeit ist, sondern die Erziehung der höheren Tochter zu geistiger Partnerschaft, wodurch das Problem der Frauenemanzipation in den niederen Ständen einfach ausgeschaltet wird. Greifbare Ergebnisse hatten ihre Bestrebungen nur in der Gründung des „Allgemeinen deutschen Lehrerinnenverbandes" (1890), im Zusammenschluß aller bürgerlichen Frauenrechtlerinnen im „Bund deutscher Frauenvereine" (1894) und in der Zulassung der Frauen zum Studium, erstmals in Heidelberg im Rahmen der naturwissenschaftlich-medizinischen Fakultät 1891.

Auch die „Freie Bühne" widmete schon in ihrem ersten Jahrgang (1890) diesen Problemen eine Unzahl von Artikeln. Wohl die wichtigsten sind die von Paul Ernst und Laura Marholm, die sich mit Fragen des Frauenstudiums und den gesellschaftlichen Konsequenzen der weiblichen „Befreiung" auseinandersetzen. 1893 veröffentlichten Frau Wettstein-Adelt und Irma von Troll-Borostyáni ähnliche Artikel. In diesen Kreis gehört auch Lily Braun, die im sozialistischen Lager begann (Die Bürgerpflicht der Frau, 1895), aber im Zuge des Revisionismus immer stärker auf die Seite der reaktionären Kreise überwechselte. Daß die naturalistische Sachlichkeit, der es weniger um das Seelische als um die ökonomischen Voraussetzungen ging, in Vergessenheit geriet, ist ein Werk des Impressionismus. Man braucht nur an Ellen Key oder Lou Andreas-Salomé zu denken, die in der „Neuen deutschen Rundschau" (ab 1894) an die Stelle ihrer „sozialistischen" Vorgängerinnen traten, um das völlig andere Klima zu spüren, den Seelenton der neunziger Jahre, der das Rigorose vermeidet, indem er die Massenprobleme auf das bürgerliche Individuum reduziert.

Auf die Literatur übertragen, äußert sich das Streben nach Emanzipation vor allem in der Kritik an der „bürgerlichen Ehe", die schon Bebel als eine „staatlich sanktionierte Prostitution" gebrandmarkt hatte. Entscheidende Stationen in diesem Kampf sind die Dramen „Das Friedensfest" (1890) von Gerhart Hauptmann und die „Heilige Ehe" (1892) von Felix Holländer und Hans Land, deren Ehekritik sowohl an Ibsen als auch an Bebel erinnert. Im „Friedensfest" führt diese Kritik zum völligen Zusammenbruch einer nach außen höchst respektablen bürgerlichen Familie, während in der „Heiligen Ehe" die restlos verfahrene Situation durch Gnaden Pekunias wieder eingerenkt wird. Auch im „Simplicissimus" steht die Familiensatire an erster Stelle. Th. Th. Heine glossiert das Zusammengeleimte solcher Zustände in seinem Zyklus „Szenen aus dem Familienleben" (ab 1896), vor allem in der Skizze „Die kleine Optimistin", wo ein hysterisches Elternpaar mitten in der guten Stube aufeinander loszuschlagen beginnt und eine ihrer Töchter mit zynischer Naivität die Frage stellt: „Nicht wahr, Mama, so wie ihr, das nennt man eine wilde Ehe?" (18. April 1896). Ähnlich karikierend in seiner Tendenz ist der Roman „Die Familie v. Barchwitz" (1899) von Hans von Kahlenberg (Helene von Monbart), in dem das gesellschaftliche Leben einer kleinen Garnisonstadt durch die Klatschmühle gehechelt wird.

Den Auftakt zu den sogenannten „Frauenromanen", die plötzlich aus ihrem in der „Gartenlaube" verbrachten Schlummer erwachten und zu einer tendenziös gefärbten Modegattung wurden, bildet das Buch „Wie Frauen werden" (1893) von Hedwig Dohm. Den meisten Erfolg aus der Unzahl dieser Werke hatte der Roman „Aus guter Familie" (1895) von Gabriele Reuter, dessen prägnante Diktion sich deutlich von der lyrischen Verschwommenheit ihrer späteren Erzählungen unterscheidet. Dieser Roman bekämpft nicht nur die bürgerliche Ehekonvention, sondern wendet sich vor allem gegen die geistige Bevormundung der „höheren Töchter", deren Bildung auf das zweifelhafte Junktim von Ästhetik und Kochkunst beschränkt wurde. Gabriele Reuter zeigt, wie ein durchschnittliches Mädchen der „besseren" Kreise ihre Jugend mit Sticken, Malen und Blumenpressen verbringt und solange in Lebensunkenntnis eingelullt wird, bis ihr die Ehechance mit einem skurrilen, ältlichen Landrat als das höchste Glück erscheint. Als diese Möglichkeit scheitert, wird sie gezwungen, noch als Dreißigjährige den Typ des jungen Mädchens zu repräsentieren, kokett zu lächeln und mit dem Fächer zu winken, bis ihr ganzes Wesen einem hysterischen Anfall erliegt. Ihre Biographie wird am Schluß mit folgenden Worten resümiert: „Sie war ‚das junge Mädchen' und mußte es bleiben, bis man sie welk und vertrocknet, mit grauen Haaren und eingeschrumpftem Hirn in den Sarg legte" (S. 297). Noch aggressiver wirkt der Roman „Halbtier" (1899) von Helene Böhlau. Die Hauptfigur dieses Werkes ist ein erniedrigtes Hausmütterchen, dessen eingeschüchterte Art fast etwas Kauziges und Mitternächtliches hat. Ihr Mann, der Parlamentsredner und Kraftmeier Dr. Frey, sieht in ihr nur „die Alte mit dem Hennengehirn", die Kuh, deren Wesen sich im Bereich der tierischen Funktionen erfüllt. Frey posiert mit seiner Männlichkeit wie ein Nietzsche im Kleinformat und weiß alle Schattenseiten seines Herrenstandpunktes geschickt zu bemänteln. Die einzige, die ihm zu begegnen versteht, ist seine Tochter Isolde, eine jener emanzipierten Künstlerinnen, die zum Repertoire aller naturalistischen Tendenzromane gehören. Daß sie den Kampf um die weibliche Ehre nicht nur auf dem Papier vertritt, beweist der „sensationelle" Schluß, wo sie den Mann, der sie erniedrigen will, kurzerhand über den Haufen schießt. Schon Ernst Rosmer (Elsa Bernstein) hatte in seinem Drama „Dämmerung" (1893) einen solchen Typ dargestellt, die junge Medizinerin Sabine Graef, die wie Hauptmanns Anna Mahr in den „Einsamen Menschen" eine bewußt maskuline Note hat. Dieses „Fräulein" Graef fragt zum Beispiel mit unerschrockenem „Naturalismus" den etwas weichlich veranlagten Komponisten Ritter, ob er in seiner Jugend einmal Syphilis gehabt habe, weil sie der Krankheitszustand seiner Tochter an Ibsens „Gespenster" erinnere. Viel impressionistischer wirkt der Roman „Rangierbahnhof" (1895), in dem Helene Böhlau das Problem der Frauenemanzipation in den Bereich des Individuellen und Exzentrischen verlagert. Mittelpunktsfigur ist die Malerin Olly, ein „armes Hascherl mit Kehlkopfkrebs", deren Künstlerleben weniger an ihrer Ehe als an der Zartheit ihrer Konstitution zerbricht. Das Ganze ist ein lyrischer Lebenslauf mit traurigem Ende, aber kein Roman der Frauenemanzipation, da das Problem der Gleichberechtigung hinter den seelischen Momenten zurückstehen muß.

Anstatt die sozialen Fragen zu diskutieren, beschäftigt man sich immer stärker mit individuellen und erotischen Problemen und vergißt darüber die ökonomische Bedingtheit dieser ineinandergreifenden Komplexe. Auf dem Gebiet der Lyrik sind es Klara Müller und Margarete Beutler, die jenseits aller Konvention die freie Mutterschaft als einen begnadeten Zustand preisen. Selbst zynische und sadistische Obertöne finden sich in diesen Gedichten, man denke an Maria Madeleine, deren Verse sich fast mit den Erotica eines Conradi oder Bierbaum vergleichen lassen. Auch Maria Janitschek sieht in der Frauenemanzipation vorwiegend ein erotisches Problem und fordert in ihren Studien „Vom Weibe" (1896) das Recht auf volle Befriedigung ihrer erotischen und mütterlichen Instinkte. Die Frau will nicht mehr das unsinnlich gemachte Objekt einer wohltemperierten Erziehung sein, die es verlernt hat, sich zu ihren Sinnen zu bekennen, sondern sich so „ausleben" können, wie es ihrer Anlage und ihren Wünschen entspricht. Etwas bewußt Werbendes und Genießerisches erhält diese Form der Erotik in dem Drama „Karla Bühring" (1895) von Laura Marholm, dessen Heldin das Objekt ihrer Lust am Schluß ebenso verachtet wie die männlichen Helden ihre „Weiber" in den üblichen Dirnennovellen. Laura Marholm will nicht das Mannweib, wie manche Frauenrechtlerinnen, sondern das „Weib-Ich", wodurch alle weiblichen Eigenarten auf die Lebenswurzel des Geschlechtlichen reduziert werden. Überall spürt man die Absicht, daß man es leid hat, die „Eroberte" zu spielen, die hilflos Genommene, die schon als Jungfrau dazu verdammt ist, ihr Leben in häuslicher Beschränktheit zu verbringen, auf den „Mann" zu warten und ihn als den Erlöser aus der entehrenden Rolle eines sitzengebliebenen Mädchens zu begrüßen. Man will selbst auftreten können, in seiner Persönlichkeit ebenso geachtet sein wie der bisher als Heros vergöttlichte Mann, der als maskuliner Held über das Schlachtfeld der Wehrlosigkeit geschritten war. In diesem Wunsche trifft sich das weibliche Emanzipationsbestreben mit dem Haß der naturalistischen Intellektuellen gegen das herrschende Bürgertum, und so entsteht jene Utopie der „Freien Liebe", in der man für kurze Zeit das Allheilmittel gegen die gesellschaftliche Verkrampfung sah. Julius Hart, der Allerweltsjournalist, begrüßt 1892 in der „Freien Bühne" die Schriften von Bebel und bezeichnet das Postulat der wahlfreien Sinnlichkeit als die einzig mögliche Form, den bürgerlichen Ehehandel zu überwinden. Mit einer solchen These war ein weiter und unbestimmter Horizont gezogen. Es ist daher nicht verwunderlich, daß diese moralinfreien Anschauungen immer wieder in den Strudel der Reaktion gerieten. Am ehrlichsten wirkt die erotische Freiheit dort, wo sie weiter nichts bedeutet als das Recht auf eine von gesellschaftlichen Konventionen unabhängige Liebesentscheidung. Die Frau soll sich weder „nehmen" lassen noch ihre wichtigste, weil lebensnotwendige Aufgabe darin sehen, sich durch Schönheitsmittel, vorgetäuschten Tand oder den Anschein einer reichen Mitgift einen gesellschaftlich angesehenen Bewerber zu angeln, sondern sich zum Mann ihrer Wahl mit derjenigen Offenheit bekennen, die bisher ein Privileg des männlichen Geschlechtes war. So verwirft der junge Loth in Hauptmanns „Vor Sonnenaufgang" gerade das zuchtvoll Abwartende der jungen Mädchen, worin die Gesellschaft den wahren Spiegel der weiblichen Tugend erblickte, und fordert auch von der Frau ein offenes und ehrliches „Werben". Zu seiner eigenen Überraschung nötigt er dadurch die ihn liebende Helene zu einem exaltierten Liebesgestammel, das ihm die Größe ihrer weiblichen Seele offenbaren soll.

> „Helene, mit sich kämpfend. In einer sich schnell bis zur Bewußtlosigkeit steigernden Erregung. Mühsam hervorstammelnd: „Auch noch mehr w-ollte ich Ihnen ... Ihnen sagen, nämlich ... näm-lich, daß — ich Sie sehr hochachte und — verehre —, wie ich bis jetzt ... bis jetzt noch — keinen Mann ..., daß ich Ihnen — vertraue, — daß ich be-reit bin, das ... das zu beweisen — daß ich — etwas für dich, Sie fühle ..."
> Sinkt ohnmächtig in seine Arme.
> Loth: „Helene!" (I, 75).

Aber dieser Loth ist viel zu moralisch, dieses Lenchen viel zu realistisch, um nicht nach den ersten Küssen schon vom Heiraten zu reden. Die wirklich „freie" Liebe bewegt sich meist auf dem Feld des rein Literarischen. Ihre ersten Symptome finden sich in den vielen Bohemienromanen gegen Ende der achtziger Jahre: Man denke an den Prostitutionsapostel Jarmann in Hans Jaegers „Christiania-Bohème", an Gabriel Gram in Arne Garborgs „Müden Seelen" oder jenen Dr. Adam Mensch von Conradi, deren Leben aus einer Folge sexueller Zynismen besteht. An die Stelle einer echten Emanzipation tritt bei diesen Autoren ein männlich gefärbter Anarchismus, der alle materiellen Voraussetzungen bagatellisiert und sich dadurch in den Bereich einer abstrahierenden Ironie verflüchtigt. Man höre, wie sich Konrad Alberti mit dem Problem der „freien Liebe" beschäftigt. Das Sprachrohr seiner Äußerungen ist die Salonlöwin Lucie, die in ihrer ganzen Gestalt wie eine Parodie auf das barock-sinnliche Machtweib wirkt. Schon dadurch bekommt seine Auseinandersetzung mit dieser Frage einen ironischen und zugleich literarischen Oberton:

> „Jede Ehe ist mehr oder minder eine Fessel, und Fesseln sind nur auf der Welt, um gebrochen zu werden. Ich kann nur die Frau achten, welche den Mut ihres Temperaments hat. Die freie Liebe ist die allein richtige Form der Ehe; sie verbürgt die längste Dauer derselben — sie ist die sittlichste, denn die Wahrheit, die volle Offenheit der Gatten gegeneinander ist ihre einzige Grundlage, die volle Liebe ihr einziges Element, und sie fällt von selbst auseinander, so wie dieses sich verflüchtigt — sie ist die billigste, denn sie spart auf jeden Fall die Kosten einer gerichtlichen Scheidung, und zumeist die einer eignen Einrichtung, denn die Paare werden es vorziehen, wie die jungen Eheleute in Amerika, im Boardinghause zu wohnen" (Wer ist der Stärkere?, II, 87).

Was hier als Problem erscheint, sinkt bei Peter Hille bereits in den Bereich der Persiflage herab. Für ihn sind die Sozialisten eine Art moderner Räuberbande, der man nur angehören kann, wenn man in seinem ästhetischen Anarchismus ungeschoren bleibt. Ihn interessiert nicht die Frauenemanzipation, sondern die

Aufhebung der gesellschaftlichen Vorurteile gegen das „Verhältnis" oder die wilde Ehe. Unter welchem Vorzeichen dieser im wesentlichen männliche Kampf geführt wird, ist ihm im letzten gleichgültig. Unter der Devise „Moralisch sind wir alle Sozialisten" will er die Gesellschaftspuppe, die Dame wieder zum „Weibe" machen, zum Allgemeingut aller, ohne über die daraus entstehenden Konsequenzen zu reflektieren. Ähnlich frivol äußert sich Michael Georg Conrad über das Problem der gelockerten Moral. Wie bei Alberti gibt auch hier eine Salonheldin ihre Anschauung über die Ehe zum Besten:

> „Kein Gatte in der Welt muß genügen. Es gibt Gatten, die keinen Schuß Pulver wert sind. Das Weib hat auch dem Gatten gegenüber das unanfechtbare Recht der auf gründliche Erfahrung und tiefe Wissenschaft gestützten Kritik — und wenn sie Kraft dieser Kritik experimentiert, mit einem Hausfreunde vergleichende Studien treibt ... ja um Himmels willen, was geht das unbeteiligte Dritte an? Das ist ja alles so unausdenkbar intimster Natur" (Was die Isar rauscht, 4. Aufl., S. 117).

Wesentlich aristokratischer in seinem Anarchismus ist John Henry Mackay, der in dem Roman „Menschen der Ehe" (1892) die normale Versorgungsehe als ein typisches Spiegelbild des satten Bürgertums entlarvt, als einen Verzicht auf die Entscheidungsfreiheit eines „elementaren" Lebens. Bürgertum ist für ihn gleichbedeutend mit dem Entschluß, das Leben wie einen vorgeschriebenen Automatismus herunterzuleben und dabei den eigenen Willen bis zur völligen Bewußtlosigkeit abzutöten. Der Hauptheld Grach hat wie alle schriftstellernden Journalisten ein „freisinniges" Buch geschrieben, sich über die freie Liebe verbreitet und ist seitdem das Idol der sich in ihrer Ehe langweilenden Gesellschaftsdamen. Man höre folgende läppischen Worte: „Vernünftige Menschen kommen zusammen, wenn sie sich lieben, und gehen auseinander, wenn sie sich nicht mehr lieben" (S. 49). Wie wenig diese Forderung mit dem sozialistischen Ideengut gemeinsam hat, zeigt die aristokratische und snobistische Aufforderung, nicht nur die Ehe über Bord zu werfen, sondern auch das „berufliche Elend", da sich bloß ökonomisch unabhängige Menschen mit der ganzen „Tiefe" ihrer ziellosen Existenz zu lieben verstünden. Hier bahnt sich bereits jene impressionistische Episodenliebe an, die nach Bourget (Physiologie de l'amour moderne, 1890) das Merkmal aller Großstadtkulturen ist und notwendig zu ästhetisierendem Genießen und völliger Haltlosigkeit führt, wie es Schnitzler in seinem „Reigen" (1900) dargestellt hat.

Auf diese Weise wird die „gute Sache" immer wieder auf individuelle Abwege gedrängt und gerät so in das Fahrwasser eines nur der Sensation verpflichteten Feuilletonismus. Für die meisten, besonders für die reaktionären Kritiker, blieb das sich emanzipierende Weib ein rauchender und hosentragender Blaustrumpf, der seine erotischen Komplexe mit einem abnormen Betätigungsdrang kompensiert. Man behandelte die weibliche Gleichberechtigung wie eine Modesache, einen Spleen gewisser literarischer Kreise, ohne in dieser Bewegung den Anfang einer weitreichenden gesellschaftlichen Umwälzung zu sehen. Wedekind schrieb sein Drama „Kinder und Narren" (1891), Wolzogen seinen Roman „Das dritte Geschlecht" (1899), in denen die bürgerliche Frauenemanzipation wie ein unterhaltsames und zugleich pikantes Gesellschaftsspiel behandelt wird. Daß hinter dem Angriff gegen die patriarchalische Gewalt des Mannes eine „proletarische" Revolution stand, merkten die wenigsten. Nur bei den sozialistisch engagierten Geistern blieb der Protest gegen die bürgerliche Familie und die daraus resultierende Proklamation der „freien Liebe" kein literarisch-interessantes, aber im Grunde unverbindliches Spiel, sondern wurde zu einem Affront gegen die herrschende Gesellschaftsform. Man denke an jene Werke, in denen Situationen beschrieben werden, wo der Vater nicht genügend Geld nach Hause bringt und es auf Grund der gereizten Stimmung zu Verbrechen und Prügeleien kommt, ohne daß die Beteiligten eine wirkliche Schuld an diesen Zerwürfnissen haben. An die ökonomische Problematik solcher Verhältnisse knüpfte man eine Reihe anderer Fragen: Ließ sich eine Familie auch dann aufrechterhalten, wenn die Mutter Heimarbeiterin ist und so weder den Haushalt versorgen noch die Kinder erziehen kann? Was sollte man gegen die steigende Jugendkriminalität und die wachsende Zahl der unehelichen Kinder tun? Hier sind die Antworten viel spärlicher als zum Problem der freien Liebe. Die Graphiken von Käthe Kollwitz beschäftigen sich mit den von Krieg und Armut gequälten Mutterinstinkten, Holz und Schlaf schreiben ihre „Familie Selicke" (1889), das Porträt einer Kleinbürgerfamilie, die trotz aller Rettungsversuche innerlich auseinanderfällt, Hauptmann seine „Weber" (1892), wo die Mitglieder einer Familie eigentlich nur noch Teil einer arbeitenden Masse sind. In diesen Werken wird der Finger in die wirkliche Wunde gelegt und gezeigt, wie die kapitalistische „Entfremdung" die urtümlichen Zusammenhänge zerstört und die Menschen zu „Nummern" erniedrigt, die man bindungslos hin und her schieben kann. Dieses Problem war nicht durch eine „Revolution der Literatur" vom Schlage Bleibtreus zu lösen, sondern nur durch eine gesellschaftliche Umschichtung, in der auch das weibliche Proletariat ein freiheitliches und damit menschenwürdiges Dasein erhielt.

Und so entsteht neben der bürgerlichen Frauenbewegung eine von der Sozialdemokratie unterstützte Aktionseinheit der Arbeiterinnen, die den bisher unberücksichtigten Interessen des vierten Standes zum Durchbruch verhelfen will. Die Anfänge dieser Bewegung liegen weitgehend im Dunkeln, da die Sozialdemokraten sich bis 1890 für eine Beschränkung der Frauenarbeit eingesetzt haben, um die Löhne der verdienenden Männer nicht unnötig herabzudrücken. Clara Zetkin gelangt in ihrer Schrift „Zu den Anfängen der proletarischen Frauenbewegung in Deutschland" (1906) bis in die sechziger Jahre und beschreibt die ersten Gruppenbildungen unter den sächsischen Textilarbeiterinnen. Sie verwahrt sich in dieser Abhandlung ausdrücklich gegen eine bürgerlich-frauenrechtlerische Beimengung und sieht das Heil der Frauenbewegung nur im freimachenden Prinzip der Arbeit. Wie Bebel beweist sie, daß die Frauenfrage nur im Zusammenhange mit der Arbeiterfrage gesehen werden könne und daher erst im Rahmen einer sozialisierten Wirtschaft zu lösen sei. So heißt es in ihrer Broschüre „Die Arbeiterinnen- und Frauenfrage der Gegenwart" (1893):

> „Die Sache der Frau und die Sache der Arbeiter gehören untrennbar zusammen und finden ihre letzte Lösung nur in einer sozialistischen, auf Emanzipation der Arbeit vom Kapitalisten begründeten Gesellschaft" (S. 39).

Unter diesem Gesichtspunkt kommen Bebel und Clara Zetkin zu einer ganz anderen Beurteilung der „freien Liebe" als ihre literarischen Epigonen, die darin eine Sensationsmache sahen. Bebel beweist in seinem Buch „Die Frau und der Sozialismus" (1883), daß die bürgerliche Gesellschaft die Frau als Persönlichkeit notwendig zur Geschlechtssklaverei der Ehe oder zur Prostitution zwinge. In Feudalität, Christentum, und Privateigentum: überall herrsche die männliche Komponente und erniedrige die Frau zu einer widernatürlichen Unfreiheit. Erst wenn die Frau auf dem Wege der vollen Sozialisierung ökonomisch unabhängig geworden sei, könne sie der Fessel der Familie entrinnen und den Wert ihrer eigenen Person erkennen. Nur die eigene Arbeit sichere ihr die Freiheit und die damit verbundene Ehrlichkeit in den Fragen der Liebeswahl. Er wie Clara Zetkin wenden sich daher gegen den Mythos vom Muttertier, gegen die Utopie, daß alle Frauen zur Kindererziehung gleich begabt seien, und fordern wie Lily Braun die Einrichtung von Wochenkrippen, Kindergärten und Volksküchen, um der Frau ihre neben der Fabrikarbeit nur mühselig zu erledigenden Familienpflichten abzunehmen und sie dadurch in den gleichen Status der Freiheit zu versetzen wie den Mann. Unter dem Motto „Arbeit emanzipiert" wollen sie auf dem Wege der industriellen Entwicklung die älteren Bindungen durch eine notwendige Evolution auseinandersprengen und die Befreiung der Frau zum ersten Mal auf eine sachliche, das heißt ökonomisch tragbare Basis stellen. Clara Zetkin schreibt:

> „Die in die Fabrik verlegte Tätigkeit der Frau vernichtet das übliche Familienleben, legt aber auch den ersten Grundstein zu der ökonomischen Unabhängigkeit, damit überhaupt zu der Emanzipation des weiblichen Geschlechts" (a. a. O., S. 9).

Damit wurde die proletarische Frauenbewegung der achtziger Jahre endgültig von den Vorstellungen der bürgerlichen Frauenrechtlerinnen befreit und auf die wirtschaftliche Situation der Millionen Arbeiterinnen zugeschnitten. Mit der Forderung „Gleicher Lohn für gleiche Arbeit" wollte man mehr erzwingen als nur eine vom Mann „geachtete" Position im Rahmen der Familie oder der geistigen Bildung, da man sich auf diese Weise einer unechten Freiheit ausgesetzt hätte, die von seiten des Mannes jeden Augenblick wieder rückgängig gemacht werden konnte. Die proletarische Frauenbewegung richtet sich deshalb nicht allein gegen die soziale Herrscherstellung des Mannes, sondern greift aufs Große über und wendet sich gegen die kapitalistische Gesellschaftsform im ganzen. Das konnte sie selbstverständlich nur im Rahmen der Sozialdemokratie, mit der sie die gleichen Ziele verbanden und die daher in einem zunehmenden Maße zum Sprachrohr ihrer Wünsche wurde. Ihren ersten Höhepunkt erlebte die proletarische Frauenbewegung im Jahre 1885, nachdem sie jahrelang einen mühsamen Kleinkrieg gegen die frauenfeindlichen Tendenzen der um ihren Lohn besorgten Arbeiter geführt hatte. Zu diesen innerparteilichen Auseinandersetzungen kamen jetzt die Kämpfe mit der Polizei und dem staatlichen Vereinsrecht, die auf eine Unterbindung der politischen Betätigung bestanden. Ein gutes Spiegelbild dieser Entwicklung gibt die Arbeiterin Adeline Berger in ihrer Schrift „Die zwanzigjährige Arbeiterinnen-Bewegung Berlins" (1889), in der sie über die wechselvollen Schicksale der einzelnen Arbeiterinnenvereine berichtet. Einen ähnlichen Versuch unternimmt Emma Ihrer in ihrer Broschüre „Die Organisationen der Arbeiterinnen Deutschlands" (1893), die sich mit der Haltung der Sozialdemokratie zur proletarischen Frauenbewegung beschäftigt. Auch diese Schrift gipfelt in der zukunftsfreudigen Hoffnung, daß die Frauenbewegung ihre Ziele erst in einem sozialisierten Staate verwirklichen könne und daß man daher das Problem der Emanzipation als eine ungelöste Frage an die Zukunft weitergeben müsse. Es heißt zum Schluß:

> „Auch das weibliche Proletariat will und wird zeigen, daß es keiner Protektion der bürgerlichen Gesellschaft bedarf zu seiner Befreiung, nur der auch ihm zukommenden Menschenrechte. Die deutschen sozialdemokratischen Frauen sind aber überzeugt, daß das weibliche Geschlecht diese nie erreichen wird in einem Klassenstaat, sondern erst in einer freien Gesellschaft, in der die Ziele der Sozialdemokratie zur Verwirklichung gelangt sind" (S. 8).

MASSE UND MILIEU

HISTORIE UND KULTUR ALS SPIEGELBILD
DER ÖKONOMISCHEN VERHÄLTNISSE

Solange man in den Strukturveränderungen des gesellschaftlichen Lebens noch das unergründliche Walten eines Himmel und Erde umspannenden Heilsplanes sah, traten alle politischen, kulturellen oder ökonomischen Faktoren hinter der „moralischen" Wertung der jeweils behandelten Themen zurück. Das Ziel der Geschichtsbetrachtung war nicht die Frage nach Ursache und Wirkung innerhalb der geschichtlichen Wandlungen, sondern die Suche nach sittlichen Maßstäben, Vorbildern und Exempla, nach einem Gesetz des Handelns, mit dem man sein eigenes Tun vor dem Angesicht Gottes rechtfertigen konnte. An dieser rein moralischen Perspektive hat in säkularisierter Form selbst die „Aufklärung" festgehalten. Es bedeutet im systematischen Denken des 18. Jahrhunderts schon einen Fortschritt, wenn Montesquieu in seinem „Esprit des lois" (1748) bei der Beurteilung der verschiedenen Staatsverfassungen die more geometrico-Konstruktionen seiner Vorgänger durchbricht, indem er die klimatischen Verhältnisse der einzelnen Länder heranzieht, um die Differenz der verschiedenen konstitutionellen oder monarchischen Systeme auch auf naturwissenschaftlich-induktivem Wege zu motivieren. Diese Neigung zum Konstruieren und Systematisieren wird erst durch Herders Pandynamismus überwunden, der das starre Sein der Geschichte in ein fluktuierendes Werden verwandelt, das nur noch unter dem Gesetz seiner eigenen Bewegung steht. An ihn schließen sich Möser, Goethe und die Frühromantiker an, die wesentlich zur Entstehung des modernen Historismus beigetragen haben. Eine erneute Wendung ins Spekulative erlebt die historische Betrachtungsweise bei Hegel, der den Verlauf der Geschichte einer vom Weltgeist dirigierten Dialektik unterwirft. Nach seiner Ansicht beruht die gesamte Entwicklung der Menschheit auf einem konsequenten Dreischrittschema, das zu einer allmählichen Bewußtwerdung des absoluten Geistes drängt. Ein spezifisch „materialistisches" Geschichtsverständnis entwickelt sich erst bei den Linkshegelianern und bei Marx, der die Dialektik der ökonomischen Entwicklung der Gesellschaft erforscht und die dialektische Methode auf wissenschaftlicher Grundlage entwickelt, wobei er die Dialektik Hegels von ihren spekulativen Elementen entkleidet:

> „Sie steht bei ihm auf dem Kopf. Man muß sie umstülpen, um den rationellen Kern in der mystischen Hülle zu entdecken." (Kapital, I, 18.)

Nach Marx und Engels wird die Kultur eines Volkes nicht durch den „Weltgeist" bestimmt, sondern richtet sich nach den jeweils herrschenden „Produktionsverhältnissen". Recht, Kultur, Politik und Religion werden so zum Spiegelbild der materiellen Besitzverhältnisse, verhalten sich zum ökonomischen Grundriß wie ein ideologisches Gerüst. Ändert sich dieser „Unterbau", wandeln sich auch die ideologischen Manifestationen, da weder die philosophischen Ideen noch die staatlichen Rechtsbegriffe und religiösen Vorstellungen auf einer „absoluten" Verankerung beruhen, sondern von den ökonomischen und gesellschaftlichen Verhältnissen abhängig sind. Wohl seinen prägnantesten Ausdruck hat dieses Verhältnis von Basis und Überbau in „Der Kritik der politischen Ökonomie" (1859) gefunden, wo Marx die Relation von Wirtschaft und Kultur folgendermaßen formuliert:

> „Die Gesamtheit der Produktionsverhältnisse (die einer bestimmten Entwicklungsstufe der materiellen Produktivkräfte entsprechen) bildet die ökonomische Struktur der Gesellschaft, die reale Basis, worauf sich ein juristischer und politischer Überbau erhebt und welcher bestimmte gesellschaftliche Bewußtseinsformen entsprechen. Die Produktionsweise des materiellen Lebens bedingt den sozialen, politischen und geistigen Lebensprozeß überhaupt. Es ist nicht das Bewußtsein der Menschen, das ihr Sein, sondern umgekehrt ihr gesellschaftliches Sein, das ihr Bewußtsein bestimmt" (S. V).

Ein Vorläufer dieser Soziologisierung ist Gustave Comte, der in seiner „Philosophie positive" (1830—1842) die Lehre von der menschlichen Gesellschaft in eine fast mathematisch anmutende Disziplin verwandelt, deren Ergebnisse von der Gesetzmäßigkeit berechenbarer Ursachen abhängig sind, wodurch die noch bei Saint-Simon herrschende Aufteilung der Geschichte in einen ökonomischen und einen ideologischen Strang endgültig überwunden wird.

Diese Erkenntnisse waren in den fünfziger und sechziger Jahren nicht unbekannt, man denke an Feuerbach, Büchner und Strauß, wurden aber durch die fortwirkenden Kräfte der idealistischen Philosophie immer wieder mit reaktionären Elementen durchsetzt. Erst in den achtziger Jahren tritt in fast allen Wissenschaften an die Stelle der philosophischen Deduktion der spekulationsfeindliche Positivismus, der jeden Gegenstand seiner Betrachtung nach dem Gesetz von Ursache und Wirkung befragt und auch in den Geisteswissenschaften nur das Prinzip der naturwissenschaftlichen Induktion gelten läßt. Die führenden Stellungen in der Arena der Wissenschaften erobern sich die Soziologie und die Volkswirtschaft, weil hier wie in den Naturwissenschaften nicht das Einzelne interessiert, sondern das Allgemeine, das Unpersönliche, die Massenerscheinungen. Grundlage aller politischen und kulturellen Wandlungen ist nicht mehr der große Einzelne, der schöpferische Genius, der den durch die Geschichte wehenden Mantel Gottes ergreift, sondern die Masse, deren Verhaltensweisen sich nach den ökonomischen Gesetzmäßigkeiten richten. Der Italiener Loria schreibt ein Buch über „Die wirtschaftlichen Grundlagen der herrschenden Gesellschaftsordnung" (1886), in dem alle geschichtlichen

Wandlungen frei nach Marx auf klassenkämpferische Ursachen zurückgeführt werden, der Franzose Durkheim erklärt den Gang der Geschichte als einen Prozeß der fortschreitenden Arbeitsteilung (La division du travail social, 1893). Aus dem engen Fachbereich der Soziologie entsteht auf diese Weise eine weitverzweigte Wissenschaft, der sich die Literatur-, Kunst- und Religionsgeschichte wie zweitrangige Hilfswissenschaften unterordnen. Bezeichnend für diese Situation ist das Buch „Die Philosophie der Geschichte als Soziologie" (1897) von Paul Barth, in dem behauptet wird, daß die Geschichte als Wissenschaft nur die „menschlichen Gesellschaften und ihre Veränderungen" zum Gegenstand habe (S. 4). Barth stützt sich dabei auf die biologische Betrachtungsweise von Weismann und Haeckel, nach der der geschichtliche Ablauf unter dem Gesetz einer streng naturwissenschaftlichen Kausalität steht, und verwirft die in den neunziger Jahren aufkommende Spezialisierung auf das Individuelle, wie sie später durch Heinrich Rickert in seinem Buch „Kulturwissenschaft und Naturwissenschaft" (1899) propagiert wurde. Soziologie und Geschichtsphilosophie unterscheiden sich für Barth bloß dem Namen nach, denn das Objekt beider Wissenschaften sind für ihn nicht das Individuum, nicht die menschliche Gattung im allgemeinen, sondern die „Gesellschaften" (S. 3). Bei einer solchen Auffassung ist es nur konsequent, wenn man bestrebt war, auch die Kultur- und Rechtsphilosophie dem Fachgebiet der Soziologie unterzuordnen, um selbst die Wissenschaften zu einem Spiegelbild der realen Machtverhältnisse zu machen. Die marxistische Lehre, daß alle Leistungen des Menschen ihre Bedingung im Ökonomischen haben, erweitert sich dabei über das Gebiet der strengen Soziologie hinaus und verschafft sich in ähnlicher oder verwandelter Form auch Eingang in die aristokratische Domäne der Geisteswissenschaften, die in der Gründerzeit ihre Hauptaufgabe in der denkmalhaften Verehrung der über die Masse der Menschen hinausragenden Künstler und Heroen gesehen hatte.

Am einfachsten liegen die Dinge natürlich auf dem Gebiet der reinen Soziologie. So entwertet Ludwig Gumplowicz in seiner Schrift „Die soziologische Staatsidee" (1892) die „Civitas Dei" Augustins als kirchlichen Autokratismus, die patrimoniale Staatsidee Karl Ludwig von Hallers als den Ausdruck einer unverblümten Grundherrschaft. Die Staatstheorien der Antike werden als heuchlerische Ideologien bezeichnet, da sie Verfassungen verherrlichen, die den herrschenden Klassen auf Grund der Sklavenwirtschaft ein müheloses Leben gestatteten (S. 42). Selbst Rousseaus „Contract social" wird nur unter den Gesichtspunkten des Klassenkampfes betrachtet, und zwar als Ausdruck des unzufriedenen Mittelstandes, der den bisher bevorzugten Ständen seine Privilegien abjagen will (S. 43). In den gesellschaftlichen Verschiebungen und ökonomischen Veränderungen sieht Gumplowicz Vorgänge, die sich mit der Notwendigkeit von „Naturprozessen" vollziehen (S. 45), also ebenfalls kausalbedingten Gesetzmäßigkeiten unterliegen, und nicht dem unerklärlichen

Walten einer transzendental begründeten Idee. Wie stark diese Anschauungen vom dialektischen Materialismus abhängen, braucht kaum erläutert zu werden, obwohl Gumplowicz eine ausgesprochen antisozialistische Haltung vertrat und auf dem Wege über den Darwinismus schließlich bei einer reaktionären Rassentheorie landete. Ähnliches läßt sich von den Kathedersozialisten sagen, die wie Wagner, Brentano und Schmoller den wissenschaftlichen Sozialismus zu einer bürgerlichen Evolutionstheorie verwässerten und darum trotz ihres guten Willens die ideologische Situation der Sozialdemokratie nur verwirrten. Ebenfalls in diesen Zusammenhang gehört der Nationalökonom Werner Sombart, selbst wenn er später seine marxistischen Anfänge verleugnete und zu einem Utopisten der agrarischen Autarkie wurde. Gerade seine Hauptwerke, „Der moderne Kapitalismus" (1902) und „Die deutsche Volkswirtschaft im 19. Jahrhundert" (1903), wären ohne den weltanschaulichen und methodischen Impuls der achtziger Jahre wohl kaum entstanden.

Auch die Betrachtung religiöser Phänomene erfolgt in diesen Jahren weitgehend unter soziologischen oder materialistischen Aspekten. Die entscheidenden Wegbereiter dieser Anschauungsweise sah man in Feuerbach und Engels, die in ihren Werken die religiösen Offenbarungen der Vergangenheit entweder als Hypostasen menschlicher Wunschvorstellungen oder als Spiegelbilder der gesellschaftlichen und ökonomischen Situation bezeichnet hatten. Besonders das Christentum wird jetzt allgemein auf irgendwelche zeitbezogenen Ursachen zurückgeführt, wodurch es sowohl seinen Absolutheitsanspruch als auch seine jenseitige Legitimation verliert. So versucht Karl Kautsky in seinem Buch „Der Ursprung des Christentums" (1908) zu beweisen, daß das Fundament des Christentums auf den antiken Sklavenmassen beruht, die in dieser Religion einen Trost für ihre materielle Benachteiligung suchten, während er die Verbreitung dieser Lehre auf die Tatsache zurückführt, daß das Ostmittelmeer in den ersten nachchristlichen Jahrhunderten zum entscheidenden Handelszentrum der damaligen Ökumene wurde, was die Kommunikation dieser Anschauungen wesentlich erleichtert hätte. Eine ähnliche Einstellung findet sich in den Arbeiten von Max Maurenbrecher und Albert Kalthoff, die ebenfalls spezifisch „marxistische" Züge enthalten, da auch hier das Religiöse rein als Spiegelbild der ökonomischen und gesellschaftlichen Entwicklung gedeutet wird. Vor allem Kalthoff läßt sich in seinem Buch „Das Christusproblem. Grundlinien zu einer Sozialtheologie" (1902) ausschließlich von soziologischen Gesichtspunkten leiten, wenn er schreibt:

> „Vom sozialtheologischen Standpunkte aus ist deshalb das Christusbild der sublimierteste religiöse Ausdruck alles dessen, was in einem Zeitalter an sozialen und ethischen Kräften wirksam gewesen ist, und in den Wandlungen, die dieses Christusbild ständig erfahren hat, in seinen Erweiterungen und Verschränkungen, in dem Verblassen seiner alten Züge und dem Aufleuchten in neuen Farben haben wir den feinsten

Gradmesser für die Wandlungen, welche das zeitgenössische Leben von den Höhen seiner geistigsten Ideale bis zu den Tiefen seiner materiellsten Lebensvorgänge durchmacht. Dieses Christusbild trägt bald die Züge des griechischen Denkers, bald die des römischen Cäsaren, dann wieder die des feudalen Grundherrn, des Zunftmeisters, des gequälten, fronpflichtigen Bauern und des freien Bürgers. Das Christusbild der Gegenwart sieht nun auf den ersten Blick sehr widerspruchsvoll aus. Es trägt zum Teil noch die Züge des alten Heiligen oder des himmlischen Monarchen, daneben aber auch die ganz modernen Züge des Proletarierfreundes, ja des Arbeiterführers. Damit verrät es nur die innersten Widersprüche, die durch unsere Gegenwart hindurchgehen" (S. 80/81).

Mit noch größerer Bestimmtheit hat der alte Engels auf den gesellschaftsbezogenen Charakter der urchristlichen Gemeinden hingewiesen und die Ausbreitung der christlichen Lehre mit dem Kampf der Sozialdemokratie verglichen. So heißt es in einem Aufsatz „Zur Geschichte des Urchristentums" in der „Neuen Zeit":

„Die Geschichte des Urchristentums bietet merkwürdige Berührungspunkte mit der modernen Arbeiterbewegung. Wie diese war das Christentum im Ursprung eine Bewegung Unterdrückter; es trat zuerst auf als Religion der Sklaven und Freigelassenen, der Armen und Rechtlosen, der von Rom unterjochten oder zersprengten Völker. Beide, Christentum wie Sozialismus, predigen eine bevorstehende Erlösung aus Knechtschaft und Elend; das Christentum setzt diese Erlösung in ein jenseitiges Leben nach dem Tode in den Himmel, der Sozialismus in diese Welt, in eine Umgestaltung der Gesellschaft. Beide werden verfolgt und gehetzt, ihre Anhänger geächtet, unter Ausnahmegesetze gestellt, die einen als Feinde des Menschengeschlechts, die anderen als Reichsfeinde, Feinde der Religion, der Familie, der gesellschaftlichen Ordnung. Und trotz aller Verfolgungen, ja sogar siegreich gefördert durch sie, dringen beide siegreich, unaufhaltsam vor" (XIII, 1 S. 4, September 1894).

Wesentlich schwieriger und unentschiedener gestaltet sich die Lage bei den eigentlichen Theologen, die kraft ihres Amtes an eine bestimmte Lehrmeinung gebunden waren. Viele unter ihnen begrüßten zwar die methodischen Errungenschaften der Soziologie, zogen aber aus beruflichen oder persönlichen Gründen nicht die nötigen Konsequenzen aus dieser Erkenntnis und gerieten so in die Situation eines unerfreulichen Kompromißlertums. Man denke an Ernst Troeltsch, der sich zwar entschieden gegen den Absolutheitsanspruch des Christentums wandte und in seinem monumentalen Werk über „Die Soziallehren der christlichen Kirchen und Gruppen" (1911) alle religiösen Erscheinungen aus einem Wechselspiel empirisch verankerter Komponenten erklärt, aber vor den entscheidenden Konsequenzen immer wieder auszuweichen versucht. Er lobt zwar den Marxismus als eine „neuenthüllte" Methodik, geht jedoch nicht so weit, auch die weltanschaulichen Folgerungen daraus zu ziehen (Schriften, Tübingen 1912, I, 976). Bezeichnend für diese Unentschiedenheit ist eine Stelle wie die folgende:

> „Jesus, Paulus, Origines, Augustin, der hl. Thomas, Luther, Calvin können in ihrem Fühlen und Denken nicht aus Klassenkämpfen und ökonomischen Interessen hergeleitet werden. Auf der anderen Seite ist doch klar, daß in diesem Kausalzusammenhang, aus dem heraus ihr eigentümlich religiöses Denken Anstoß, Form, Bewegung und Ziel konkret gewinnt, immer in größerer oder geringerer Stärke soziale und durch diese vermittelt schließlich auch ökonomische Kräfte wirken" (S. 975).

Wie sehr ihn das Wechselverhältnis von ökonomischer Bedingung und religiöser Auswirkung interessierte, läßt sich am besten an Hand seiner Studien über den Kalvinismus verfolgen. Troeltsch weist in seinen Untersuchungen nach, daß der Kalvinismus auf dem soziologischen Grundschema der determinierten Ungleichheit beruht und so den Anstoß zur kapitalistischen Wirtschaftsform gegeben hat. Im Gegensatz zur urchristlichen Gleichheit sei im Rahmen dieser Glaubensgemeinschaft eine Wirtschaftsethik entstanden, die die zinsentragende Kraft des Geldes vom Odium der Sünde befreite und damit dem bürgerlichen Konkurrenzkampf seine erste Chance gab. Erst hier habe sich die Sitte verbreitet, die Bibel neben das Hauptbuch zu legen, wodurch die kapitalistischen Eigentumsverhältnisse eine staatlich geschätzte und religiös anerkannte Sakrosanktitas erhalten hätten. Zu ähnlichen Ergebnissen kommt Max Weber in seinem Werk über „Die protestantische Ethik und der Geist des Kapitalismus" (1904), wo der bürgerliche Wirtschaftsgeist ebenfalls als ein saekularisierter Kalvinismus gedeutet wird. Auch Max Weber wendet sich gegen alle monokausalen Geschichtskonstruktionen und fordert eine Verbindung von geistesgeschichtlicher und naturwissenschaftlicher Betrachtungsweise, da ihn wie alle soziologisch eingestellten Wissenschaftler dieser Zeit nicht das Unberechenbare der Einzelpersönlichkeit, sondern das Gesetzmäßige der Massenerscheinungen interessierte.

Ebenso deutlich liegen die Verhältnisse innerhalb der Literaturwissenschaft und der Kunstgeschichte, nur daß sich hier weniger spezifisch marxistische Einflüsse nachweisen lassen als die Wirkungen der Taineschen Milieutheorie, die in ihrer geistigen Haltung auf dem Comteschen Positivismus beruht. Taine geht wie alle naturwissenschaftlich oder soziologisch eingestellten Forscher von der Voraussetzung aus, daß nicht der große Einzelne den geschichtlichen Ablauf bestimmt, sondern daß die klimatischen, rassischen und ökonomischen Ursachen das Primäre sind. An die Stelle der genialen Außenseiter, denen man früher eine völkerbestimmende Kraft zugeschrieben hatte, tritt deshalb bei ihm das „Milieu". Alles, selbst das künstlerische Schaffen und das scheinbar selbständige Denken, verwandeln sich dadurch in Produkte ihrer Zeit und der sie bestimmenden Umstände, was allgemein als eine weitgehende Entwertung der „idealistischen" Komponente des menschlichen Wollens empfunden wurde. Auch die Tainesche Milieutheorie ist also ein Ausdruck der „Entheroisierung", denn sie stellt wie der dialektische Materialismus das Abgeleitete über das Irrationale, das Allgemeine über das Individuelle, wodurch sich das „selbsttätige" Genie in ein Vollzugsorgan der historischen Entwicklungstendenzen verwandelt. Die Tendenz seiner Werke richtet sich deshalb trotz mancher ästhetisierenden Elemente eindeutig gegen eine Monumentalisierung der wenigen ganz „Großen" und beschäftigt sich stattdessen mit der Gesamtheit aller Schaffenden, auch der Masse der zweitrangigen Künstler, die nach Taine den Gang der Entwicklung ebenso beeinflußt haben wie die hervorstechenden Genies. Aus diesem Grunde findet man in seinen Werken eine Unmenge von kleineren Meistern, die manchmal fast den Verdacht einer wissenschaftlichen Renommiersucht erwecken, in Wirklichkeit aber als Beweisstücke seiner Theorie aufgezählt werden, um die Einflüsse von „race, temps et milieu" an einem möglichst reichen Material zu illustrieren. Die Grundtendenz dieser Richtung umschreibt Taine in seiner „Philosophie de l'art" (1865—1868) in folgendem Satz:

> „Der Ausgangspunkt dieser Methode besteht darin zu erkennen, daß ein Kunstwerk nichts Vereinzeltes ist, und daher die Gesamtheit zu suchen, von der es abhängt und die es erklärt" (Jena 1907, S. 7).

Die Gruppenbildungen innerhalb der Malerei werden daher nicht wie bisher aus den üblichen Schulzusammenhängen erklärt, sondern in ihren Ähnlichkeiten auf die Bedingtheit ihres Milieus zurückgeführt. Selbst ein Maler wie Rubens wird nur als Ausdruck des „Vlämischen" gewürdigt, als Endglied einer Kette von ihn bedingenden Vorläufern, obwohl Taine zugibt, daß „in der Geschichte der Kunst in der Tat kein Name größer und nur drei oder vier ebenso groß sind" (S. 271).

> „Rubens ist durchaus kein vereinzeltes Genie, die Anzahl wie die Ähnlichkeit der Talente zeigen, daß die Blüte, als deren schönster Trieb er gilt, das Ergebnis seines Volkes und seiner Zeit ist" (S. 271).

Das Paradebeispiel seiner Milieutheorie sind natürlich die Holländer des 17. Jahrhunderts, deren Malerei sich am leichtesten als Reflex eines nationalen und zugleich wirtschaftlichen Höhepunktes interpretieren läßt. Nach Taine erlebt hier das wechselseitige Bezogensein von Rasse, Milieu und nationaler Eigenart seine reinste und darum künstlerisch bedeutsamste Eigenart. Im Mittelpunkt seines Interesses stehen daher nicht die Außenseiter wie Rembrandt und Hals, sondern die vielen Kleinmeister und Spezialitätenmaler, auf deren Porträts und Interieurs man einen Widerschein der kulturgeschichtlichen Situation ablesen kann. Aus diesem Grunde bevorzugt er Maler, die etwas Illustratives haben, vor allem solche, die trotz ihrer barocken Grundhaltung nicht auf eine repräsentative Würde bedacht sind, sondern deren vornehme aber schlichte Patrizierhaltung wie der Ausdruck der in langen Kämpfen errungenen nationalen Selbständigkeit wirkt. Daß sich der kulturelle und staatliche Höhepunkt dieses Volkes in einer einmaligen Kongruenz miteinander verbinden, ist für Taine der Beweis, wie stark „die individuelle Eigenart mit dem sozialen Leben verknüpft ist und die Erfindungsgabe eines Künstlers in einem bestimmten Verhältnis zu der Tatkraft seines Volkes steht" (S. 297). Er stößt bei seinen Untersuchungen daher immer wieder auf die Frage nach der Kausalität von Ursache und Wirkung, die oft so zugespitzt wird, daß jede wertende Funktion wegfällt und nur der reine Sachbezug übrigbleibt. Taine erklärt ausdrücklich, daß auch die Kunstgeschichte einen naturwissenschaftlichen Charakter habe. Man solle mit ihrer Hilfe nicht die Qualität der einzelnen Erzeugnisse, sondern die jeweiligen Gattungsunterschiede erforschen. In der Botanik stelle auch niemand die Frage, ob eine Birke oder ein Orangenbaum „besser" sei, während man bei der Betrachtung von Bildern immer den wertenden Gesichtspunkt sprechen lasse. Er fordert deshalb eine verstärkte Sachlichkeit bei der wissenschaftlichen Bildbetrachtung, ein Zurückführen aller künstlerischen Aussagen auf das sie bedingende Milieu, und begründet so als positive Leistung das „historische" Verstehen der bisher vorwiegend unter individuellen Gesichtspunkten beurteilten Kunstwerke.

Noch deutlicher wird diese Milieutheorie in seinem Werk „Les origines de la France contemporaine" (1875). Taine nennt zum Beispiel den Abschnitt über Ludwig XIV. nicht „Das Zeitalter des Sonnenkönigs", sondern das „Ancien régime". Aus dem Leben in Versailles, das weitgehend die Schöpfung eines einzelnen war, wird bei ihm ein mechanisch ablaufendes Hoftheater, in dem sogar der König nur eine marionettenhafte Rolle spielt. Anstatt ihn als Zentralsonne in den Mittelpunkt allen Geschehens zu stellen und ihn damit zum Spiritus rector seiner Zeit zu erheben, wie man ihn bisher eingestuft hatte, gibt Taine eine Beschreibung der maschinell funktionierenden Repräsentation der staatlich-monarchischen Würde, deren Träger zufällig ein Ludwig der Vierzehnte ist, obwohl in Wirklichkeit auch hier nur der monarchische Gedanke auf dem Thron sitzt. Im Mittelpunkt seiner Schilderungen stehen darum nicht die Taten des Herrschers, seine Feldzüge und Bauten, sondern die „Umstände", das tägliche Einerlei der Hofhaltung, das den König und seine Vasallen zu Sklaven ihrer eigenen Würde erniedrigt. Statt heroisch geführter Kriege oder großer Entschlüsse wird das morgendliche Lever, die Maitressenwirtschaft und der Kleinkrieg der Subalternbeamten geschildert, was politisch an sich ohne Bedeutsamkeit ist, aber das Milieu dieses Herrschers in eindeutiger Weise charakterisiert. Durch diese veränderte Perspektive wird die göttliche Allmacht des Sonnenkönigs, dessen Regierung man stets als die höchste Form des ins Übermenschliche gehenden Herrscherwillens gefeiert hatte, auf das Niveau seiner Alltäglichkeit herabgeschraubt und damit auf eine recht deutliche Art profaniert. Mit dieser Konsequenz erreicht die Tainesche Milieutheorie eigentlich ihren Höhepunkt, denn wenn selbst der Absolutismus nur das Produkt einer milieugebundenen Situation ist, wird sich schwerlich etwas finden lassen, das man nicht als das Ergebnis seiner ökonomischen oder gesellschaftlichen Voraussetzungen erklären könnte.

Es soll jedoch nicht verschwiegen werden, daß die Tainesche Milieutheorie auch „reaktionäre" Elemente enthält, da sie mit der romantischen Organismuslehre von Edmund Burke und Adam Müller zusammenhängt und darum an der Unwandelbarkeit des jeweiligen Milieus festzuhalten versucht. Während der historische Materialismus seinem Wesen nach einen dynamischen Charakter hat, bleibt sie stets im Statischen befangen, zumal sie weniger auf den gesellschaftlichen und ökonomischen als den rassischen und klimatischen Voraussetzungen aufgebaut ist. Sie ist daher in unserem Jahrhundert trotz ihrer materialistischen Züge zu einem integrierenden Bestandteil derjenigen Philosopheme und weltanschaulichen Richtungen geworden, die als Gegner des sozialistisch eingestellten Fortschrittsdenkens aufgetreten sind. So hat man in der bürgerlichen Soziologie immer wieder die antirevolutionäre Einstellung seiner „Origines" hervorgehoben und betont, daß die Entwicklung des modernen Frankreich auch ohne die Revolution von 1789 in „demokratische" Bahnen eingemündet wäre. Es ging jedoch in dem hier geschilderten Zusammenhang nur darum, jene Züge der Taineschen Milieutheorie zu beschreiben, die eine unleugbar revolutionäre Spitze enthalten und von den Naturalisten der achtziger und neunziger Jahre auch als solche aufgefaßt wurden, während sich die Wirkung der reaktionären Elemente im großen und ganzen erst nach der Jahrhundertwende nachweisen läßt.

In der Literaturgeschichte kann man den Einfluß der Taineschen Milieutheorie am besten bei Georg Brandes verfolgen, der vor allem die nordische Literatur aus ihrer Milieubedingtheit erklärt hat. Seine Betrachtungsweise war zeitweilig so angesehen, daß sich fast alle Literaturkritiker des „jüngsten" Deutschland in ihren Rezensionen um eine Schilderung der Milieuhintergründe einer bestimmten Dichtung bemühten. So ließ man es sich nicht entgehen, auf das „Österreichische" bei Anzengruber, das „Schlesische" bei Hauptmann oder das „Westpreußische" bei Halbe hinzuweisen. Ein später Nachfahr dieser Gesinnung ist Josef Nadler, bei dem alle literarischen Gruppen auf ihre landschaftliche Gebundenheit zurückgeführt werden. Was bei Brandes, besonders in seinen biographischen Neigungen, noch an die siebziger Jahre erinnert, hat sich hier in seiner Milieueinstellung bereits so verabsolutiert, daß es einen unverhüllt reaktionären Charakter bekommt.

Noch wichtiger ist der Einfluß, den Taine auf die Kunstgeschichte ausgeübt hat. Man braucht nur an die Rembrandt-Biographie von Carl Neumann (1902) zu denken, wo in konsequenter Weiterführung des einmal eingeschlagenen Weges selbst Rembrandt, dieser Frondeur gegen das Allzu-Übliche, in den Rahmen des ihn bedingenden Milieus gestellt wird. Während Justi in seinem „Velazquez" (1888) gerade den Kampf des Helden und seiner Widersacher beschreibt, also eine monumentale Konfrontation im Stile der Gründerzeit entfaltet, wird bei Neumann in langen Kapiteln das wirtschaftliche und kulturelle Leben der Holländer im 17. Jahrhundert ausgebreitet, und zwar in einer solchen Ausführlichkeit, daß man den „Haupthelden" Rembrandt für lange Zeit aus den Augen verliert. Besonders am Anfang wird erst einmal grundlegend über „Amsterdam und das holländische Leben", über „Die soziale Stellung der holländischen Maler" und über „Probleme der holländischen Kultur" gesprochen. Anstatt die persönliche Veranlagung Rembrandts zu charakterisieren, beschäftigt sich Neumann vorwiegend mit dem Milieu: dem Lebensstil der Patrizier, dem Handel und der ständischen Gliederung. Rembrandt ist bei ihm nicht der große Einzelgänger, dessen Kunst in einem zunehmenden Maße zum Spiegel seiner Vereinsamung wurde, sondern der Zeitgenosse und Mitbürger, der die Stalmeesters porträtiert und die Schützengilden dargestellt hat. Selbst dort, wo sich Neumann dem biographischen Strom anvertraut, herrscht das Beiläufige, wodurch das schöpferische Ich zu einem unpersönlichen „Medium" wird. Das Positive an dieser Darstellung ist wie bei Taine die Versachlichung der wissenschaftlichen Atmosphäre, die Scheu vor den großen Worten und denkmalhaften Attitüden, die Bewertung der Leistung und nicht der Persönlichkeit. Statt inhaltsloser Rhetorik liest man Werkanalysen, die in ihrer detaillierten Art die betreffenden Bilder prägnanter charakterisieren als eine subjektive Äußerung über ihren Gehalt.

Ihren vielbändigen Abschluß finden diese neuen Methoden in Karl Lamprechts „Deutscher Geschichte" (ab 1891) und in seinem Buch „Deutsches Wirtschaftsleben im Mittelalter" (1886), in denen die Erkenntnisse der Nationalökonomie, der Religionssoziologie und der Taineschen Milieutheorie zu einer neuen und für den Geist dieser Zeit höchst bezeichnenden Geschichtsbetrachtung verschmolzen werden. Der Verlauf der deutschen Geschichte wird hier nicht mehr als eine Folge von Kriegen und Herrscherdaten dargestellt, sondern vornehmlich an Hand der wirtschaftlichen Veränderungen erläutert. Die Außenpolitik, noch bei Ranke der alleinbestimmende Faktor der geschichtlichen Entwicklungsprozesse, wird dadurch zu einem bloßen Anhängsel der Historie degradiert. Ebenso ergeht es der Heldenverehrung, die für die siebziger Jahre im Mittelpunkt aller Geschichtsschreibung stand. An die Stelle der Helden, Herrscher und Heroen tritt jetzt eine Geschichte von Massenideen, sozialen Zuständen und wechselnden Lebensverfassungen, die eine ausgesprochen „kollektivistische" Einstellung verrät. Treitschke hat einmal höhnisch gesagt, daß Lamprecht es verstehe, eine „Historie ohne Menschen" zu schreiben. Lamprecht antwortete darauf in seiner „Deutschen Geschichte der jüngsten Vergangenheit und Gegenwart" (1912), in der er sich abschätzig über den Heroenkult der gründerzeitlichen Historiker äußert:

> „Denn was bedeutet die Anschauung, daß die Geschichte durch einige
> Helden gemacht werde, alle übrigen aber nur Nullen seien hinter der

Eins dieser Helden — ... Solchen Verirrungen ... muß immer wieder die schlichte Wahrheit entgegengehalten werden ... daß die Tätigkeit keiner einzigen dieser Seelen, mag sie hoch oder niedrig bewertet werden, entbehrt werden kann bei der Schaffung jener Kultur ... deren sich die Menschen als höchster Leistung rühmen" (I, 220).

Besonders deutlich wird diese Forderung in den ersten drei Bänden seiner „Deutschen Geschichte" erfüllt, wo Lamprecht die urgermanische und frühmittelalterliche Geschichte behandelt, weil hier durch den Mangel an schriftlichen Quellen die „Historie" rein methodisch der Sachkultur den Vorrang lassen muß. Man erfährt also nichts über die aus der Sage zu mutmaßenden Herrscher, viel jedoch über die Lebensgemeinschaft innerhalb eines germanischen Dorfes, über das Verfassungswesen, die Rechtsgeschichte und die sozialen Verhältnisse. Selbst in den Kapiteln über die Völkerwanderung findet man keine Charakteristiken von Geiserich, Alarich oder Theoderich, die sich ein Treitschke nicht hätte entgehen lassen, sondern eine lange Darstellung der agrarpolitischen Voraussetzungen, eine Erläuterung des germanischen Genossenschaftsbegriffs und der vor der Wanderung herrschenden Siedlungsverhältnisse. Auch das Hochmittelalter wird nicht in der üblichen Weise nach Ottonen, Saliern und Staufern gegliedert, sondern nach Massenbewegungen, für die die Völkerwanderung ein methodischer Präzedenzfall war. Im Mittelpunkt dieser Bände stehen die Ostexpansion, die Kreuzzugsbewegung, die Entwicklungsgeschichte der Hanse und des Ritterordens, während die Herrscher, selbst so profilierte Gestalten wie Heinrich IV. und Friedrich Barbarossa, mit wenigen Worten abgetan werden. Anstatt sich durch die „Eckensteher" der Geschichte zu biographischen Abwegen verleiten zu lassen, hält sich Lamprecht wie Neumann lieber an das Sachliche: die Schilderung der ritterlichen Gesellschaft, die Darstellung der bäuerlichen Leibeigenschaft oder die Situation des Klerus im weltlichen Leben, um nur einige Hauptpunkte zu nennen. Methodisch besonders aufschlußreich ist seine intensive Beschäftigung mit dem Spätmittelalter, einer Epoche, die von früheren Historikern gerade darum gemieden wurde, weil sie keine Heroen mehr hervorgebracht hat, keine interessanten Konfrontationen zwischen Kaiser und Papst mehr bietet und sich in das unterschiedslose Durcheinander der ersten, wenn auch mit modernen Verhältnissen nicht zu vergleichenden Massenbewegungen verliert. Lamprecht schildert diese Zeit nicht als Übergangsepoche, die man mit ein paar summarischen Bemerkungen übergeht, sondern gibt ihr ein volles Eigengewicht, eine ökonomische Schwere, die das Pendel der Geschichte deutlich nach der wirtschaftlichen Seite ausschlagen läßt. Bezeichnend für diese Geschichtsauffassung sind die Kapitel über das Aufkommen des Städtewesens, über die Entwicklungsgeschichte des Handels, über Gilde und Zunft als die erste sozialistische Periode innerhalb der Geldwirtschaft, wo er bewußt auf jeden darstellerischen Anspruch verzichtet und nur die Dinge selbst zu Worte kommen läßt. In diesen

Abschnitten wird deutlich, daß Lamprecht neben der gründerzeitlichen Heldenverehrung auch die Vorherrschaft der geschichtlichen „Leitideen" abschaffen
will, die seit Hegel zum Rüstzeug aller bürgerlichen Geschichtsspekulanten
gehörten. Das vereinfachende Subsumieren der verschiedensten Fakten unter
den Geltungsanspruch einer einzigen Idee wird bei ihm als Sünde gegen den
historischen Geist angeprangert. Den Anspruch echter Wissenschaftlichkeit
sieht Lamprecht nur dann erfüllt, wenn sich jeder Historiker vom Ballast der
ideellen Betrachtung befreit und sich unter Einbeziehung aller historischen
Hilfswissenschaften um ein milieugetreues Einzelstudium bemüht, selbst wenn
er dadurch der Gefahr des Unliterarischen oder Formlosen unterliegen sollte.
Diese These verteidigt er in seiner Denkschrift „Die kulturhistorische Methode"
(1900), in der er sich gegen alle Gegner seiner Geschichtsauffassung wendet.

> „Die Ideen sind jetzt nicht mehr die eigentlich treibenden Kräfte der
> Geschichte, die im Grunde treibende Kraft ist vielmehr die allgemeine
> seelische Arbeit der menschlichen Gemeinschaft. Die Ideen sind nicht
> mehr transzendente Kräfte, sondern ein einfaches logisches Hilfsmittel,
> ein einfaches Expediens zur Hervorhebung der in einem Kulturzeitalter
> wirkenden Kräfte" (S. 36).

Das Ergebnis ist auch hier eine Überwindung des einseitigen Pragmatismus
und der seit altersher geläufigen Präponderanz der Außenpolitik zugunsten
einer alle Äußerungen des Menschen umfassenden Kulturgeschichte. Im Mittelpunkt der Geschichtsschreibung sollen nicht die Ideen als Emanationen des
Absoluten stehen, sondern die Gesamtheit aller innerhalb eines Zeitabschnittes
wirkenden Kräfte. Daher schlägt Lamprecht vor, das Wort „Idee" durch den
Begriff „Tendenz" zu ersetzen, um die Sachlichkeit der verschiedenen Wechsel-
wirkungen nicht metaphysisch zu verunklären (S. 35). Selbst Ranke wird
abgelehnt, da er seine Beteuerung, jede Epoche mit der gleichen Sorgfalt zu
behandeln, nicht in die Tat umgesetzt habe. Auch bei ihm stehe trotz der Ab-
neigung gegen Hegels Weltgeistspekulationen nicht die Sache selbst im Vordergrund, sondern irgendeine Leitidee. Ranke halte sich immer wieder an das
„Organische" und „Gewachsene", was sich am besten in seiner „Deutschen
Geschichte im Zeitalter der Reformation" (1839—1847) nachweisen lasse, in
der der Höhepunkt der germanisch-protestantischen Idee dargestellt wird.
Die eigentliche Erfüllung der modernen Geschichtsschreibung sieht Lamprecht
daher in einem „universalgeschichtlichen Positivismus", der unter Benutzung
der naturwissenschaftlichen Methodik auch das Feld der Historie dem Gesetz
der absoluten Kausalität unterwirft. Erst durch den „ununterbrochenen Zusammenhang von Ursache und Wirkung" (S. 36) und die Berücksichtigung
aller bisher vernachlässigten Hilfswissenschaften könne man die Geschichte zu
einer wissenschaftlichen Disziplin erheben, die nicht mehr unter dem Prinzip
der subjektiven Willkür steht. Auf diese Weise verfällt Lamprecht trotz aller
materialistischen Einzelzüge einem Determinismus, der sich weder mit den

historischen Analysen der Begründer des Marxismus noch mit den Schriften von Plechanow und Mehring vergleichen läßt, da er in seiner positivistischen Gesinnung schließlich bei einer Perspektivelosigkeit landet, die keinerlei „aufschließende" Elemente mehr enthält. Trotz dieser Einwände, die sich noch um manche Einzelzüge erweitern ließen, hat auch das Werk von Lamprecht dazu beigetragen, der rein idealistisch eingestellten Geschichtsbetrachtung einen argen Stoß zu versetzen, indem es immer wieder auf die Bedeutung der Soziologie und Wirtschaftsgeschichte hingewiesen hat.

DER MENSCH ALS PRODUKT DER UMSTÄNDE

Auf Grund dieser „positivistischen" Einstellung wird der Mensch auch in der Kunst wie ein Produkt seiner Umgebung behandelt, dessen Handlungsweise in einem absolut determinierten Sinne von den soziologischen und ökonomischen Voraussetzungen abhängig ist. Das für die achtziger Jahre Symptomatische dieses geistigen Wandels, der sowohl revolutionäre als auch reformistische Züge enthält, läßt sich am besten an der veränderten Interpretation des Darwinismus beweisen. Während die siebziger Jahre den „Kampf ums Dasein" als Höherpflanzung, als Eugenik des Genialen verstanden hatte, deren Endprodukt jene von Nietzsche erträumte übermenschliche Herrenrasse sein sollte, bekommt die darwinistische Abstammungslehre jetzt einen rein materiellen und milieubedingten Charakter. Sie wird zu einer Theorie, die den Menschen vorwiegend als ein ökonomischhandelndes Wesen betrachtet und daher in allen ideellen Komponenten nur sekundäre Auswirkungen der materiellen Grundstruktur sieht. Man geht auch in diesem Punkt wiederum einen Schritt zu weit und landet so in grober Verallgemeinerung bei einer vulgärmaterialistischen Unterbewertung aller geistigen und schöpferischen Elemente, wodurch in dieser Anschauungsweise derselbe antihumanistische Grundzug zum Durchbruch kommt wie in der Taineschen Milieutheorie. So stehen im Mittelpunkt der Kunst nicht mehr die imperatorischen Helden oder anspruchsvollen Genies, in denen man bisher die höchsten Exemplare der Menschheit gesehen hatte, sondern die leidigen Begleitumstände, selbst wenn diese völlig bedeutungslos sind. Anstatt sich für die höheren Gesetzmäßigkeiten zu interessieren, beschäftigt man sich mit dem charakterlich Nebensächlichen oder mechanisch Bedingten, das früher gar nicht bildwürdig war und deshalb hinter die Kulissen fiel. Gerade der Alltag, die „Prosa des Lebens", gilt plötzlich als das Eigentliche, da sich hier die tatsächlichen Vorgänge des Lebens vollziehen, während man das Ideelle wie eine ideologische Unverbindlichkeit behandelt. Bild und Szene werden daher nicht mehr durch das Übermenschliche und Außergewöhnliche beherrscht, sondern durch die „Macht der Umstände", die den Menschen als Person so weit „erniedrigt", daß er auf das Niveau seines Milieus herabsinkt und damit die Möglichkeit verliert, die ihn umgebende Welt der Dinge mit Hilfe seines Geistes subjektiv zu bewerten.

In der Literatur führte diese Erkenntnis notwendig zu einer Hypertrophie des Milieus, die selbst die biedermeierliche Detailfreudigkeit eines Stifter oder die realistische Genauigkeit eines Keller weit hinter sich läßt. Das „Zuständliche" hat manchmal eine solche Macht, daß die einzelnen Gestalten nur als Figuranten der sie umgebenden Dinge erscheinen. Der Mensch wird nicht mehr wie in der bisherigen Dichtung als Ideenträger aufgefaßt, durch dessen Mund der Dichter seine eigenen Gedanken verkündet, sondern verwandelt sich immer stärker zu einer objektiven Gestalt, die sich nur im Rahmen der dargestellten Situation verstehen läßt. So hat sich Otto Brahm wiederholt gegen diejenigen gewandt, die in den Äußerungen des Volkswirtschaftlers Loth in „Vor Sonnenaufgang" (1889) die weltanschauliche Konzeption des frühen Hauptmann sahen. Loth und Helene seien Charaktere, „die aus Eigenem leben", keine Ideenträger, „für die der Dichter verantwortlich zu machen wäre" (I, 261).

Aus demselben Grunde wandte man sich gegen eine konstruktiv aufgebaute Fabel, sichtbare Knoten und fesselnde Verwicklungen, um sich nicht in den Bereich des Ideellen zu verirren und damit einer gesellschaftlichen Unverbindlichkeit anheimzufallen. Man wollte auch in der Dichtung die materialistische Forderung erfüllen, nach der der Mensch nur die Summe der ihn bedingenden Faktoren ist. Das war nicht nur eine der Hauptforderungen der Taineschen Milieutheorie und der Darwinschen Abstammungslehre, sondern dafür gab es auch in der Literatur schon ein greifbares Vorbild: Zolas monumentalen Romanzyklus „Les Rougon-Macquart" (ab 1871). In dieser Romanfolge wird der Mensch zum ersten Mal nicht als ein vorwiegend geistiges Wesen geschildert, das mit einer moralischen Entscheidungsfreiheit ausgestattet ist, sondern handelt so, wie es seiner gesellschaftlichen und ökonomischen Lage entspricht. Aus seelischen Regungen, die einer individuellen Veranlagung entspringen, werden dadurch milieubedingte Verhaltensweisen, deren Mechanismus etwas Unabdingbares hat. In dem Roman „Germinal" (1885) sind es die Kohlengruben, die das Geschehen diktieren, in „Le ventre de Paris" (1874) die Markthallen, denen der Mensch bis zur Sklaverei ausgeliefert ist. Selbst in einem so stimmungsvollen Roman wie „La faute de l'abbé Mouret" (1875) wird der Gesinnungswandel eines an seiner geistlichen Würde irre gewordenen Priesters mit der Verführungskraft einer romantischen Parkanlage motiviert, deren üppige Vegetation den eben Geweihten gegen seinen Willen in ein Liebesabenteuer verstrickt. Zola wollte mit dieser Milieudeterminiertheit jene literarischen Topoi beseitigen, die sich auf dem Wege über die humanistische Tradition bis ins 19. Jahrhundert erhalten hatten und immer wieder wie fertige Rezepte verwendet wurden, als sei die Menschennatur stets die gleiche geblieben. Er forderte daher, an die Stelle der herkömmlichen Konfliktsituationen einen genau detaillierten Milieubericht zu setzen, um so den einzelnen Figuren eine materielle Basis zu geben, die keinen Ausflug in den Bereich der geistigen Abstraktionen erlaubt.

Diese Forderungen für Deutschland zu aktivieren, war das Hauptanliegen von Michael Georg Conrad. Was bei Zola jedoch in gedrängter Fülle erscheint, verströmt bei ihm ins Uferlose, verliert sich in einem Strudel subjektiver Willkür, ohne daß man die innere und äußere Formlosigkeit als zwingend empfindet. In seiner Stimmungsgebundenheit wirkt Conrad neben Zola wie ein wankelmütiger Journalist neben einem konsequenten Objektivisten, der trotz seines „naturalistischen" Programms stets an einer genau motivierten Fabeltechnik festgehalten hat. Zola war zwar Positivist und Determinist, aber er hat sich von diesen Anschauungen nie soweit hinreißen lassen, seine „realistische" Grundkonzeption aufzugeben, was seinen Romanen trotz aller Zuständlichkeit einen dynamischen Charakter verleiht, der den Comteschen Positivismus und die Tainesche Milieutheorie in einigen Punkten ganz erheblich durchbricht. In Deutschland hielt man sich jedoch mehr an seine literarischen Theorien als an seine Gestaltungsart und landete daher bei einem unerfreulichen Notizlertum, das einen völlig zerfahrenen Eindruck erweckt. Aus diesem Grunde wirft Conrad seinen Romanzyklus „Was die Isar rauscht" (1887), der an sich auf zehn Bände geplant war, schon nach dem dritten Bande hin, weil er das Anstrengende und Aussichtslose eines solchen Unternehmens spürt. Auch Mackay bietet in seinem Roman „Die Anarchisten" (1891) nur einen formlosen Diskussionsbeitrag zu dem Thema Sozialismus und Individualismus, der künstlerisch völlig bedeutungslos ist. Seine Milieuschilderungen aus dem Londoner East End wirken zwar „studiert", sind aber mit der eigentlichen Handlung in keiner Weise integriert. Denselben Eindruck erwecken die Romane „Die Sozialisten" (1887) von Peter Hille und die „Müden Seelen" (1890) von Arne Garborg. Auch hier wird der stilistische Bogen durch die Detailliertheit im einzelnen einfach überdehnt. Alle wirklich „durcherzählten" Romane stützen sich darum auf die Krücken des programmatisch so verachteten Realismus der fünfziger und sechziger Jahre, was sich besonders bei Karl Bleibtreu und Konrad Alberti nachweisen läßt, deren Werke noch in die Keller- oder Freytag-Nachfolge gehören. Die Zola-Begeisterung verebbte daher genauso schnell, wie sie gekommen war, weil man einsah, daß sich der Anspruch einer detaillierten Milieuechtheit in einem sich über Hunderte von Seiten erstreckenden Gebilde gar nicht verwirklichen ließ. Schon Holz verwirft deshalb in seinem Essay „Zola als Theoretiker" die naturalistische Romantheorie als eine literarische Utopie, die weder von ihrem Urheber noch von seinen Epigonen konsequent erfüllt worden sei. Ähnliche Äußerungen finden sich bei Schlaf, der einen Roman wie „Adam Mensch" (1889) von Conradi darum verurteilt, weil es dem Autor trotz seiner naturalistischen Absichten nicht gelungen sei, die Situation des Helden „aus seinem Milieu heraus" verständlich zu machen (Freie Bühne 1890, S. 70). Er und Holz, die beiden einzigen echten Milieu-Talente auf erzählerischem Gebiet, haben daher in Erkenntnis ihrer stilistischen Mittel keinen Roman geschrieben, sondern sich auf kurze

Studien beschränkt. Um ein Höchstmaß an objektivistischer Genauigkeit zu erreichen, wählten sie als Rohstoff ihrer Skizzen immer wieder den Bereich von Berlin-NO, da ihnen nur hier die genügenden Kenntnisse und Erfahrungen zur Verfügung standen. Holz schreibt in seiner „Evolution des Dramas":

> „Ob Berlin für die deutsche Welt heute ‚typisch' ist oder nicht, ist mir gleichgültig. Berlin ist das einzige Milieu, das ich allenfalls einigermaßen kenne ... Menschen ohne Milieu, konstruierte, abstrakte, kann ich für meine Zwecke nicht brauchen" (X, 232).

Die Kernzelle ihres Milieurealismus ist das Interieur, weil die Enge des Raumes hier eine weitgehende Vollständigkeit der darzustellenden Dinge erlaubt. Man denke an ihre Prosaskizzen „Krumme Windgasse 20" und die „Papierne Passion", die beide aus dem Jahre 1890 stammen, in denen sich die Handlung ausschließlich im Rahmen einer genau detaillierten Küche und einer Studentenbude bewegt. Anstatt die behandelten Personen in den Mittelpunkt zu stellen, werden Mensch und Ding hier zu einer homogenen Masse verschmolzen, die alle geistigen Elemente bewußt eliminiert. Die einzelnen Figuren, wie die Mutter Abendroth, der olle Kopelke und der Student Röder, entfalten sich nicht in ihrer Persönlichkeit, sondern wirken wie Bestandteile einer alles durchdringenden Hinterhausatmosphäre, deren Stickigkeit fast etwas Penetrantes hat.

Die Echtheit einer solchen Milieuschilderung bleibt jedoch nicht auf die Erzählung beschränkt, sondern findet sich auch in anderen Gattungen. Selbst im Drama, jener Vergegenwärtigung eines Geschehens durch das gesprochene Wort, überläßt man nicht das geringste Detail der Phantasie des Regisseurs. Alles: die Ausstattung, die Kostüme, die Requisiten, der Tonfall der Akteure wird in ständigen Einschüben auf das genaueste „vorgeschrieben", und zwar mit einer solchen Präzision und der damit verbundenen Umständlichkeit, daß man diese Dramen in ihrem Druckbild für bloße Experimente hielt, die etwas absolut Unaufführbares haben. Zum ersten Mal in der Geschichte des Dramas stehen hier nicht die Menschen im Mittelpunkt der Handlung, sondern die „Dinge", deren bloße Existenz als Voraussetzung und Reflex der dargestellten Personen aufgefaßt werden soll, während sich die Worte nur selten über den Bereich des Gleichgültigen oder Dahergeredeten erheben. So bleibt der Fabrikbesitzer Strähler, in Hauptmanns „Kollege Crampton" (1892), wenn man bloß nach seinen Worten ginge, eine völlig unklare Gestalt. Betrachtet man jedoch die Bühnenanweisungen zum dritten Akt oder sieht ihn inmitten seines dort beschriebenen Milieus, bekommt diese Figur plötzlich Konturen und wird zu einem skurrilen Sammler, der eigentlich nur im Nebenberuf ein angesehener Kaufmann ist. Erst wenn man sich das dort Beschriebene vergegenwärtigt, wird einem klar, warum dieser Mensch, der mitten im bürgerlichen

Konkurrenzkampf steht, sich einem heruntergekommenen Akademieprofessor gegenüber so großzügig verhält.

> „Die Wände sind bis zu Mannshöhe mit Holz getäfelt. Auf dem Gesims, welches diese Vertäfelung abschließt, ist ringsherum eine Sammlung von Raritäten aufgestellt. Man sieht darunter Schädel kleiner Tiere, Kristalle, seltene Steine, Korallen, Muscheln, Nippes aus Holz und Porzellan, geschnitzte Kästchen, merkwürdige Kännchen aus rotem Ton, alte Bierkrüge, Gefäße aus Nilschlamm, überhaupt Reiseerinnerungen … In der Mitte der Decke ist ein ausgestopfter fliegender Kranich befestigt. Links übereck steht ein alter, gebeizter Rokokoschrank. Oben darauf ein ganz gewöhnlicher Weihnachtsmann, wie er in allen Schaufenstern zu finden und um weniges zu haben ist …“ (I, 414).

Hauptmann schreibt bei seinen Regieanweisungen oder Ortsangaben nicht „Feld“ oder „Trüber Tag“, wie es in den klassischen Dramen üblich war, sondern verweilt sogar bei scheinbar nebensächlichen Dingen oft mit einer ermüdenden Genauigkeit, um jede Figur aus ihrem Milieu heraus verständlich zu machen. An die Stelle situationsdeutender Monologe tritt daher ein Milieu-naturalismus, bei dem selbst die Nippsachen einen „enthüllenden“ Charakter haben. So ergeht sich sein Johannes Vockerat in den „Einsamen Menschen“ (1891) über den zu fassenden Entschluß nicht in langen Selbstgesprächen, sondern bewegt sich mit andeutenden und immer wieder abgerissenen Bemerkungen in einem Milieu, das seinen Konflikt besser charakterisiert als ein paar beiseite gesprochene Erläuterungen:

> „Ein saalartiges Zimmer — Wohn- und Speiseraum-, gutbürgerlich eingerichtet. Ein Pianino ist da, ein Bücherschrank; um ihn gruppiert Bildnisse — Photographie und Holzschnitt — moderner Gelehrter (auch Theologen), unter ihnen Darwin und Haeckel. Über dem Pianino Ölbild: ein Pastor im Ornat. Sonst an der Wand mehrere biblische Bilder nach Schnorr von Carolsfeld“ (I, 185).

Mit diesen Angaben ist die dramatische Exposition eigentlich schon vorweggenommen. Durch die Gegenüberstellung von Darwin und Haeckel auf der einen Seite, den biblischen Bildern auf der anderen, spürt man deutlich, welche Konfliktstoffe hier angespeichert sind. Selbst das Ende dieser Konfliktsituation ist schon vorauszusehen, denn die Lauheit des „modern“ gesinnten Protestes deutet auf einen opportunistischen Schwächling, der trotz seiner revolutionären Ansichten den spießbürgerlichen Tendenzen seines Elternhauses erliegt und schließlich so hinfällig wird, daß er glaubt, sich aus der Konfliktsituation nur noch auf dem Wege über den Selbstmord befreien zu können. Sein Untergang vollzieht sich also nicht in weltschmerzlerischer Unverbindlichkeit wie der eines Gabriel Gram in Garborgs „Müden Seelen“ (1890), sondern hängt so innig mit der dargestellten Milieusituation zusammen, daß der agierende „Held" oft wie eine Marionette der ihn umgebenden Umstände wirkt.

Fast noch wichtiger ist der Milieucharakter der naturalistischen Massenszenen, in denen die Lebensverhältnisse einer durch ihre Arbeit zusammengeschmiedeten Gruppe veranschaulicht werden. Wie sehr sich dadurch das Drama dem Epischen nähert, zeigt sich im „Eisgang" (1892) von Halbe, dessen Volksszenen von einer milieugebundenen Breite sind, die Ähnliches bei Grabbe und Büchner weit übertrifft. Halbe beschäftigt sich in diesem Drama mit dem Leben der westpreußischen Tagelöhner, die sich nicht einmal in ihrer Sprache, die nur einem Ortskundigen verständlich ist, über ihre gesellschaftliche und ökonomische Situation erheben. Das Ganze wirkt wie das unübersehbare Durcheinander einer Landarbeiterschicht, deren Milieugebundenheit einen trostlosen und erschütternden Charakter hat. Eine ähnliche Geschlossenheit der Atmosphäre findet sich nur bei Hauptmann, vor allem in seinen „Webern" (1892), die mit ihren Webstühlen so verwachsen sind wie die antiken Galeerensklaven mit ihren Ruderbänken. Sie arbeiten, schlafen, essen und wohnen in demselben Raum, ihrem Milieu, dessen Alltäglichkeit sich wie ein graues Leintuch über alle persönlichen Regungen legt. Besonders die Familie des Webers Baumert ist so weit zum Produkt der sie bestimmenden Umstände herabgesunken, daß ihr Leben wie ein willenloses Dahindämmern in absoluter Milieugebundenheit wirkt:

„In einem engen, von der sehr schadhaften Diele bis zur schwarz verräucherten Balkendecke nicht sechs Fuß hohen Raum sitzen: zwei junge Mädchen, Emma und Berta Baumert, an Webstühlen — Mutter Baumert, eine kontrakte Alte, auf einem Schemel am Bett, vor sich ein Spulrad — ihr Sohn August, zwanzigjährig, idiotisch, mit kleinem Rumpf und Kopf und langen, spinnenartigen Extremitäten, auf einem Fußschemel, ebenfalls spulend. Durch zwei kleine, zum Teil mit Papier verklebte und mit Stroh verstopfte Fensterlöcher der linken Wand dringt schwaches, rosafarbenes Licht des Abends ... Das Getöse der Webstühle, das rhythmische Gewuchte der Lade, davon Erdboden und Wände erschüttert werden, das Schlurren und Schnappen des hin und her geschnellten Schiffchens erfüllen den Raum. Da hinein mischt sich das tiefe, gleichmäßig fortgesetzte Getön der Spulräder, das dem Summen großer Hummeln gleicht" (I, 313).

Obwohl diese Beschreibung nur einen kleinen Ausschnitt aus einer langen Reihe milieugetreuer Gegenstände bietet, spürt man schon in diesem Auszug die Gebundenheit der dargestellten Personen, deren einzige Verwirklichung in ihrer Arbeit besteht. Die Mutter ist durch das langjährige Sitzen am Webstuhl ganz verkrümmt, der Sohn ist schwachsinnig, die Töchter hocken mit mageren Schultern und mit einem durch die ständige Anstrengung gesteiften, wächsernen Nacken an den Webstühlen und verrichten trotz ihrer Minderjährigkeit die Arbeit von Erwachsenen. Alle diese Menschen haben ihre Freiheit, ihren Willen, ihre Individualität an das Gespenst der Sorge verloren, schleppen die Last des Alltäglichen wie eine sinnlose Bürde und drücken sich solange auf ihrer Holzbank herum, bis sie einem armenhäuslerischen und hoffnungslosen Alter verfallen.

Eine ähnlich konsequente Milieuschilderung findet sich nur in der „Familie Selicke" (1890) von Holz und Schlaf, die der alte Fontane sogar über die Dramen des frühen Hauptmann stellte. Der Anteil des Gesprochenen bildet in diesem Drama bloß noch einen Bruchteil des eigentlichen Geschehens, wodurch die Grenze zwischen Drama und Erzählung immer stärker hinfällig wird und man vor lauter Zustandsschilderung den Handlungsfaden fast aus den Augen verliert. Man lese eine Stelle aus dem ersten Akt, wo außer drei kurzen, belanglosen Äußerungen nur „erzählt" wird:

> (Es klingelt)
> (Einen Augenblick lang horchen beide. Frau Selicke ist zusammengefahren. Walter starrt, die Stulle in der Hand, mit offenem Munde über die Lampe weg nach der Tür, die in's Entree führt.)
> Frau Selicke (endlich): „Na? Machste nu auf, oder nich?" (Walter hat die Stulle liegen lassen und läuft auf die Tür zu. Er klinkt diese auf und verschwindet im Entree.) Albert (der eben aus der Kammer getreten ist, in der er das Licht ausgelöscht hat. Zieht sich noch grade seinen Überzieher an. Aus der Brusttasche stecken Glacees, zwischen den Zähnen hält er eine brennende Cigarette, an einem breiten, schwarzen Bande baumelt ihm ein Kneifer herab. Modern gescheitelt. Hut und Stöckchen hat er einstweilen auf dem Stuhl neben dem Sopha plaziert. Zu Frau Selicke, indem er mit dem Fuße die Tür hinter sich zudrückt): „Nanu? Das kann doch unmöglich schon der Vater sein?"
> Frau Selicke (die sich wieder mit dem Kaffeegeschirr zu tun macht, unruhig): „Ach wo!" (Neue Gleise, Berlin 1892, S. 231)

Das bestimmende Milieu ist hier wie in Ibsens „Gespenstern" (1881), Hauptmanns „Familienfest" (1890) oder Georg Hirschfelds Milieutragödie „Zu Hause" (1892) die Familie, die ihre verwandtschaftlichen Rechte wie einen naturgesetzlichen Mechanismus über das Freiheitsstreben des einzelnen triumphieren läßt. So folgt die Tochter Toni nicht der „Stimme ihres Herzens", das heißt erhört die Werbung des Theologiekandidaten Wendt, sondern bleibt als Mädchen für alles bei ihren Eltern, ordnet sich dem häuslichen Milieu unter, selbst wenn sie dadurch ihr eigenes Glück zerstört. Obwohl sie charakterlich nicht zu den Schwächsten gehört, wirkt sie am Schluß wie ein Opfer ihrer Angehörigen, das von den „Umständen" in eine bestimmte Rolle gedrängt wird und sich dadurch wie der arbeitende Mensch in ein Produkt seiner Umgebung verwandelt.

Diese Art der Milieutragik verlangte natürlich von der Bühne einen ganz neuen Darstellungsstil. Der entscheidende Impuls auf diesem Gebiet ging von

Otto Brahm aus, der 1889 maßgeblich an der Gründung der „Freien Bühne" beteiligt war und damit das frühnaturalistische Kompromißlertum eines Bleibtreu und Alberti überwand, die noch an der bürgerlichen Historie oder am Schlachtendrama festzuhalten versuchten. An die Stelle des historisch aufgedonnerten „Meininger Hoftheaters", dessen Bühnenpraxis für die siebziger Jahre bezeichnend ist, tritt jetzt eine Regie, bei der jedes Requisit, jede angedeutete Bemerkung genau in den Rahmen des vorgeschriebenen Milieus eingefügt wird. Wie leid man den idealistischen Bühnenstil hatte, zeigt sich in amüsanter Weise in Hauptmanns „Ratten" (1911), in denen drei junge Schauspieleleven mit Widerwillen einen Chor aus Schillers „Braut von Messina" herunterleiern müssen. Die mit feierlichem Pathos deklamierenden Schauspieler der älteren Schule, die bei heroischen Momenten ihre Stimme wie Opernsänger zu den Logen erhoben, zogen sich darum in die Hoftheater zurück, während die Naturalisten einen Heldentyp bevorzugten, der sich auf der Bühne wie in seinen eigenen vier Wänden benahm. Das aufgebaute Milieu war oft so treffend und geschickt zusammengestellt, daß man das Kulissenhafte manchmal völlig vergaß. Aus der unverbindlichen, weil „illusionären" Szenerie wird damit zum ersten Mal in der Geschichte des Theaters das wahrheitsgetreue Bühnenbild, was viele wie eine Vertreibung des Theaters aus dem Theater empfanden. Anstatt die Bühne mit Makart-Sträußen oder Seidendraperien zu verbrämen oder sich mit einer gemalten Kulisse zu begnügen, hatte das Ganze getreu der naturalistischen Theorie oft etwas Wissenschaftliches, da man auch die Historie und die Soziologie heranzog, um genau das Milieu zu treffen, das dem Autor als handlungsbestimmender Faktor vorgeschwebt hatte.

Noch vollkommener als in der Literatur gelingt diese Verschmelzung von Mensch und Milieu in der Malerei, da die einzelne Figur im Rahmen dieser Kunst mit ihrer Umgebung in einem ganz anderen Sinne „amalgamiert" werden kann als auf der sprachlichen Ebene. Es ist daher kein Zufall, daß in der Malerei der achtziger Jahre ein Milieurealismus entsteht, der sich auf die Niederländer des 17. Jahrhunderts beruft, die in ihrer Genrekunst bereits das wechselseitige Bezogensein von Mensch und Umgebung betonten. Der bei Böcklin, Feuerbach, Marées und Leibl herrschende Figuralstil weicht darum in zunehmendem Maße einem malerisch eingestellten Pleinairismus, bei dem alle personenkultischen Züge in den Hintergrund treten. Fast auf allen Bildern dieser Jahre spürt man einen Fortschritt im Sinne des Landschaftlichen, Stofflichen und Atmosphärischen, der ein ganz neues „Fluidum" in die Malerei bringt, ohne daß mit dieser Verräumlichung zugleich eine seelische oder stimmungshafte Vertiefung verbunden wäre. Dieser Vorgang zeigt sich am deutlichsten auf den Landschaftsbildern dieser Epoche. Anstatt im Nebel verschwimmende Gebirge oder weite Pußtalandschaften zu malen wie Caspar David Friedrich und die Stimmungsrealisten der fünfziger und sechziger Jahre, beschäftigt

man sich vorwiegend mit der ökonomischen Seite der Natur, ihrer landwirt-
schaftlichen Nutzanwendung oder ihrem Charakter als Milieu des arbeitenden
Menschen. An die Stelle leuchtender Wiesen oder dunkel-silhouettierter Wälder
treten daher Kartoffeläcker und Kuhweiden, deren Sachlichkeit jedes ästhetisch-
genießende Gefühl bewußt auszuschalten versucht. Besonders Kohlfelder
waren eine Zeitlang so beliebt, daß man sie in den Sezessionskritiken fast sum-
marisch beschrieb. Wohl am souveränsten hat Max Liebermann diesen Land-
schaftstyp verwirklicht. Seine „Netzeflickerinnen" (1888) zum Beispiel bilden
keine anekdotische Gruppe, sondern werden so gegeben, wie es ihre Beschäftigung sinnvollerweise verlangt: gebückt, mit Stricken hantierend, die ge-
rissenen Stellen neu verknotend, jede ein Produkt ihres landschaftlichen
Milieus und der damit verbundenen Arbeit. Die einzelne Gestalt wird nicht
nahbildlich herausgewölbt wie in der Gründerzeit, sondern durch den hochge-
zogenen Horizont von der langen Wiesenfläche fast verschluckt. Jede Figur, ob
sie steht, sitzt oder hockt, verliert dadurch den Rang ihrer individuellen Einmaligkeit und verwandelt sich notgedrungen zum Mitglied einer milieubedingten Gemeinschaft. Ähnliches findet sich bei Hans von Bartels, wenn auch
nicht mit dieser grau in grau gemalten Konsequenz. Seine Holländermädchen
bestechen weniger durch ihre naturalistische Milieugebundenheit, als durch
ihre leuchtende Farbigkeit, die bereits etwas Impressionistisches hat. Wesentlich modellwahrer sind die Bilder von Franz Skarbina, besonders seine Straßenszenen aus Berlin und Paris, auf denen der Mensch zu einem Produkt des großstädtischen Verkehrs „erniedrigt" wird. Auch auf diesen Bildern findet sich
kaum eine Pose, da die Unrast der Straße kein Verweilen, kein Stehenbleiben
oder Sich-Darbieten erlaubt. Jeder muß auf seine Sicherheit achten und hetzt
daher würdelos über die Fahrbahn oder mischt sich in das Gedränge auf den
Bürgersteigen. Noch verstärkt wird dieser Eindruck des Entwürdigenden auf
den Industriebildern des Naturalismus, auf denen zum ersten Mal die rein tech-
nisierte Landschaft zum Bildobjekt erhoben wird. So malt Kallmorgen eine
„Dampferüberfahrt" (1900), auf der sich eine Gruppe eng zusammengedrängter
Fabrikarbeiter im Morgengrauen zu ihren Betrieben übersetzen läßt. Eine
ähnliche Verdichtung des technischen Milieus findet sich auf dem „Bahnhof"
(1904) von Baluschek, wo der Mensch inmitten einer Welt von Lokomotiven
und komplizierten Gleisanlagen nur noch die Funktion eines Weichenstellers
erfüllt. Fast den gleichen Eindruck erwecken die Hafenszenen von Carlos
Grethe und die Fabrikbilder von Leonhard Sandrock, auf denen die Fülle der
Arbeiter durch die Vormacht des Maschinellen zu einem Heer von Ameisen
verwandelt wird und so mit dem Milieu der Arbeit zu einem unkenntlichen
Ganzen verschmilzt.

Liebermann begnügt sich wiederum mit einem viel bescheideneren Motiv, um
dieses völlige Ineinander von Masse und Milieu zu erreichen. Man denke an
den „Garten eines Altmännerhauses in Amsterdam" (1881) auf dem sich eine

Anzahl ausgedienter Matrosen in schwarzer Anstaltskleidung auf beiden Seiten eines Gartenweges auf Bänken niedergelassen hat und sich von dem vielfältig gebrochenen Licht überrieseln läßt. Die meisten dieser Männer dösen still vor sich hin, genießen wohl oder übel die Ruhe ihres milieuverhafteten Idylls und spüren, wie bedingt ein solches Dasein ist, in dem die eigene Persönlichkeit keine prägende Kraft mehr besitzt. Wohl die beste Charakterisierung dieser naturalistischen Milieugebundenheit findet sich in dem Buch „Der Kampf um die neue Kunst" (1896) von Carl Neumann, das sich an einer Stelle direkt auf dieses Bild zu beziehen scheint:

> „Die Figur also durfte im Raum keinen anderen Anspruch erheben als ein Stuhl oder ein Baum. Sie war der homo sapiens Linné, mußte sich aber hüten, von ihrer Sapienz Gebrauch zu machen oder ein höheres, geistiges Interesse zu verraten, ein anderes als ein Kohlkopf oder ein Schrank. Die Figur mußte stillhalten und sich alles gefallen lassen. Als es aufkam, die Sonnenlichter zu malen, die sich durch ein Laubdach stehlen und auf dem Boden einen so reizend spielenden Tanz aufführen, da setzte man auch Figuren unter die Bäume. Das Licht macht natürlich nicht halt vor ihnen, und wenn ein solcher Lichtklecks auf ein Gesicht traf, so sah es jedesmal aus, als habe das Licht eine Ohrfeige ausgeteilt. Es hängt mit diesem Herabdrücken der Figur unter das landschaftliche Milieu zusammen, daß die Maler vorzogen, den Menschen in seinen gebundeneren Daseinsformen zum Gegenstand zu nehmen" (S. 110).

Wie in der Literatur finden diese Tendenzen ihren deutlichsten Ausdruck bei der Darstellung von Innenräumen, da der Mensch hier nicht in die Weite der Landschaft oder des Himmels ausweichen kann, sondern gezwungen wird, sich einem Milieu unterzuordnen, das ihn in seiner beengenden und zusammendrückenden Art mit den Gegenständen des Raumes zu einer unterschiedslosen Masse verschmilzt. Man berief sich dabei auf die Bilder von Rembrandt, die man in den achtziger Jahren gerade wegen ihrer diffusen Milieumalerei gegen die monumentale Festlichkeit der Gründerzeit ausgespielt hat, die sich mehr an Tizian oder Rubens anzulehnen versuchte. Was die naturalistischen Interieurs jedoch von Rembrandt und den holländischen Genremalern unterscheidet, ist die „Herabsetzung" des Menschen auf das Niveau der stoffgebundenen Dinglichkeit. Die einzelnen Figuren werden nicht in ein stimmungsvolles Hell-Dunkel getaucht, das sie wie ein schützender Mantel umgibt, sondern versinken in der unabänderlichen Freudlosigkeit ihres Milieus. Was im Biedermeier noch so traulich und gemütvoll wirkt, erscheint jetzt als nüchterne Alltäglichkeit. Statt der zartgetönten Interieurs eines Kersting, der idyllischen Bilder Richters oder der ironisch zugespitzten Anekdoten Spitzwegs begegnet man den Alltagsbildern von Uhde, Baisch und Kuehl, auf die sich der altmodische Begriff „Genre" kaum noch anwenden läßt, da hier das Idyllische einer naturalistischen Wahrhaftigkeit Platz gemacht hat, die sich von der einladenden Wohnlichkeit der biedermeierlichen Genrebilder wie ein Geräteschuppen von einem Wohnzimmer unterscheidet.

Fast noch größer ist der Gegensatz zu den gründerzeitlichen Interieurs. Anstatt alles mit historischen oder salonhaften Kulissen zu verbrämen, was besonders in dem zeitweilig beliebten Rokokogenre (Amberg, Hamza, Knoop) zum Ausdruck kommt, werden die Innenräume jetzt in ihrer durch Arbeit und Milieu bedingten Unordentlichkeit geschildert. Der Mensch verwandelt sich dadurch aus einem Genießer seiner mit allen Mitteln des Reichtums ausgestatteten Häuslichkeit zu einem Unbehausten, der selbst in seinen eigenen vier Wänden der Misere des Lebens ausgeliefert ist. Nicht er drückt den Dingen seinen Stempel auf, sondern die Dinge modeln ihn, da sich die Macht der Umstände in jeder Beziehung als die Stärkere erweist. Aus einem Bewohner wird so ein bloßer Benutzer, ein Sklave seines Milieus, der eigentlich gar kein Recht auf die Dinge hat, die ihn täglich umgeben. Darum herrscht in diesen Räumen keine Gemütlichkeit, keine „Stimmung", sondern ein eminent sachlicher Zug, der alle genrehaften Motive schon im Keim erstickt. Auf den meisten Interieurs wird der dargestellte Raum nicht in seiner rechtwinkligen Schönheit entfaltet, sondern übereck gestellt, wodurch alle Möbel in einer bewußt unschönen Verkürzung erscheinen. Noch verstärkt wird diese Nivellierung des Bildlichen durch eine fast zur Manie gesteigerte Verwendung des Gegenlichts, die auch den Innenraum zum Straßenbild erhellt. Das Ergebnis, vielleicht sogar der Sinn dieses malerischen Experiments, womit sich der Pleinairismus selbst in die Interieurmalerei Eingang verschafft, ist wiederum die „Entwertung" des Menschen zugunsten des Milieus, denn das von hinten einfallende Licht bricht sich an allen Ecken und Kanten, zerstäubt im Raum wie eine graue Wolke und verbindet dadurch in seiner diffusen Art Mensch und Ding zu einem malerischen Komplex, der in ein unterschiedsloses Medium eingetaucht ist. Die „holländischen" Interieurbilder eines Liebermann oder Uhde lassen sich daher trotz mancher Ähnlichkeiten, die besonders von der bürgerlichen Presse immer wieder hervorgehoben wurden, doch nicht mit den Genrescenen des 17. Jahrhunderts vergleichen. Während man in der Salonmalerei dieser Zeit die Interieurs eines Metsu oder Terborch zu kitschigen Staffagebildern verniedlicht, malen die Naturalisten ausschließlich Gesindestuben, Schuppen oder dunkle Kammern, in denen alte Frauen Gemüse putzen oder Strümpfe stopfen. Schon Liebermanns „Gänserupferinnen" (1872) sind trotz ihres frühen Entstehungsdatums, das sich nur in dialektischer Beziehung zu den Werken der Gründerzeit verstehen läßt, ein gutes Beispiel dieser Gesinnung. Seine „Alte Frau am Fenster" (1886) beugt sich über einen alten Socken wie die Mutter Baumert über ihr Spinnrad. Der Raum, in dem sie sitzt, hat weder eine Kommode noch einen Tisch, daher liegt der ganze Hausrat auf der Erde, auf der Fensterbank oder auf den Stühlen herum. Alles wirkt sachlich, nackt, grau, nirgends spürt man eine liebevolle Hand, die ein pflegendes Interesse an den Dingen hätte. Das Licht dringt durch ein stark lädiertes Fenster, fängt sich in der ehemals weißen, jetzt verschmutzten Haube der Alten und läßt das darunterliegende Gesicht noch verschrumpelter erscheinen, als es in Wirklichkeit ist. Liebermann begnügt sich nicht mit der „interessanten" und darum unnaturalistischen Fleckigkeit eines Munkácsy, dessen malerische Art oft etwas Oberflächliches hat, sondern bemüht sich um ein pleinairistisch bedingtes Ineinander aller für ein bestimmtes Milieu charakteristischen Gegenstände, wodurch manchmal fast der Eindruck des Studierten entsteht. Einen ähnlichen Charakter haben die Frühwerke von Hugo von Habermann. Man denke an sein „Sorgenkind" (1886), das damals fast wie eine Sensation empfunden wurde. Auch hier ist das Milieu mit einer an die Statistik erinnernden Sachlichkeit erfaßt und hinterläßt in seiner photographischen Präzision den Eindruck einer trostlosen Gebundenheit, zumal es sich thematisch um das schwindsüchtige Kind einer abgezehrten Witwe handelt.

Dieselbe Entwürdigung des Menschen zugunsten des ihn beherrschenden Milieus zeigt sich im Bereich des Bäuerlichen, wenn auch dieses Genre relativ selten vertreten ist, da es durch die gründerzeitliche Bauernmalerei, vor allem durch die anekdotische Verbrämung à la Defregger, etwas in Verruf gekommen war. Der Bauer verliert daher in diesen Jahren seinen vorbildlichen Rang, den er noch in der Restaurationsepoche innehatte, man denke an Immermanns „Oberhof", an die Bilder Waldmüllers oder die Romane Gotthelfs, und wird zu einem ländlichen Proletarier, der im Konkurrenzkampf gegen die wirtschaftlich stärkeren Rittergüter den kürzeren zieht. So wirken die Bauernstuben von Jakob Alberts nicht spezifisch „bäuerlich", sondern sind ebenso armenhäuslerisch eingerichtet wie die Elendsquartiere der in die Stadt abgewanderten Fabrikarbeiter. Selbst die Schlichtheit der Leiblschen Bauern findet keine Nachfolger mehr, denn die stille Würde und fast leblose Ruhe dieser oberbayrischen Gestalten war in ihrer Gesinnung viel zu monumental, als daß sie eine so unpathetische Zeit wie die achtziger Jahre hätte nachvollziehen können.

Ihren Höhepunkt erlebt die naturalistische Interieurmalerei daher nicht im Bereich des Bäuerlichen, der künstlerisch bereits etwas Rückständiges hat, sondern in der Darstellung von Arbeitsräumen. Gotthardt Kuehl zum Beispiel malt leere Werkstätten, rein um das Milieu zu schildern. Friedrich Kallmorgen stellt frühstückende Arbeiter dar, ein Motiv, das in seiner genrehaften Verknüpfung noch etwas altmodisch und umständlich wirkt, aber durch die detaillierte Milieuschilderung doch auf die Höhe der naturalistischen Praxis gehoben wird. Seine reinste Verkörperung erlebt dieser Bildtyp wiederum bei Liebermann, dessen „Schusterwerkstatt" (1881) wohl zu den eindringlichsten Exempeln der naturalistischen Malerei zählt. Die künstlerische Absicht dieses Bildes ist nicht die Charakteristik eines bestimmten Schusters, also ein porträtistisches Interesse, sondern die Darstellung einer Situation, die sich nur aus ihrem Milieu heraus erklären läßt. Anstatt den Meister und seinen Lehrling in Szene zu setzen, ihnen im Sinne Leibls ein monumentales Ansehen zu verleihen oder ihr Verhältnis in einer dramatischen Anekdote auszudrücken, wie es der Art Munkácsys entspräche, begnügt sich Liebermann mit einer bescheidenen Rückenansicht, die dem Ganzen einen sachlichen und arbeitsbetonten Charakter verleiht. Wesentlich schwächer wirkt ein Bild wie „Der Weber" (1882), wo das dargestellte Interieur in einen Wohnraum und einen Arbeitsraum auseinanderfällt. Erst die „Flachsscheuer in Laren" (1887) hat wieder eine stilistische Prägnanz. Der Arbeitsvorgang wird hier aus dem relativ individuellen Bereich des Handwerks zu dem einer kollektivistischen Heimindustrie erweitert. Wiederum dringt, wie auf allen diesen Bildern, das Gegenlicht in tausenderlei Gestalt durch den Raum und verbindet sich mit dem aufgewirbelten Staub, den langen Garnfäden und den Gewebeflocken zu einer milieuschaffenden Atmosphäre, die von seltener Geschlossenheit ist. Ähnlich „dicht" in ihrer malerischen Struktur sind Liebermanns „Holländische Nähstuben", auf denen das Milieuhafte ebenfalls mit einem bestimmten Arbeitsvorgang verbunden ist. Das Wohnliche oder Gemütliche tritt bei diesen Räumen völlig in den Hintergrund. Alles dient nur dem einen Zweck: der Erlernung des Nähens oder des Klöppelns. Die Häubchen, Kleider, Stoffe, Flicken und Reste verbinden sich hier in ihrer ähnlich gearteten Stofflichkeit zu einem rein textilen Milieu und verweben so das ganze Bild zu einer nahtlosen Atmosphäre.

Aus diesen „Nähstuben" hat sich im Verlauf der achtziger Jahre ein weitverzweigtes Nähmädchengenre entwickelt. Am sachlichsten und darin Liebermann am nächsten sind die Bilder von Gotthardt Kuehl, während Walter Firle bei den gleichen Motiven meist ins Salonhafte und Süßliche abgleitet, da bei ihm das Nähen immer wieder mit einem bedeutsamen Augenaufschlag verbunden wird, wodurch aus den dienstfertigen Mädchen bloße „Madeln" werden. Wesentlich naturalistischer wirken die Bilder des frühen Corinth. Vor allem sein „Nähendes Mädchen" von 1888 ist so in ihre Arbeit versunken, daß nicht ihre Person, sondern nur das Dienstbare ihrer Arbeit in Erscheinung tritt, zumal ihre individuellen Züge durch das unruhige Gegenlicht erheblich beeinträchtigt werden. Erwähnung verdient auch die „Holländische Nähstube" (1882) von Uhde, die im Sinne Liebermanns nur das Milieugebundene der dargestellten Situation wiederzugeben versucht. Sein bestes Interieur hat Uhde jedoch nicht im Nähmädchengenre, sondern in seiner „Kinderstube" (1889) geschaffen. Auch hier dient die Vollständigkeit im Detail nicht der seelischen Intimisierung, verrät keine liebevolle Versenkung ins Einzelne und Unscheinbare, sondern hat etwas Statistisches, das sich auf die objektive Summierung der einzelnen Fakten beschränkt. Trotz der sorgfältigen Addition aller für diesen Raum charakteristischen Elemente fehlt diesem Bild das Niedliche oder Stimmungshafte, das den meisten Kinderbildern des 19. Jahrhunderts eine peinlich-sentimentale Note verleiht. Dieselbe Nüchternheit findet sich auf

seinen „Atelierpausen", wo die einzelnen Gestalten durch das voll herein-
flutende Gegenlicht in ihren Konturen regelrecht angeknabbert werden und
sich so in milieugebundene Erscheinungen verwandeln, deren Wesen sich nur
aus ihrer Umgebung erklären läßt, was manchmal fast zu einer substantiellen
Auflösung des Menschen führt. Trotz dieser milieubedingten „Enthumanisierung" wäre es verfrüht, den naturalistischen Pleinairismus mit dem Impressionismus der neunziger Jahre gleichzusetzen. Der Mensch wird durch die Mächte
des Milieus zwar in seiner Persönlichkeit entwertet, bleibt aber doch „Mensch"
und entäußert sich nicht zu einem dinggleichen Geflimmer, einer impressionistischen Beiläufigkeit, da gerade das „Charakteristische" der jeweiligen Situation gezeigt werden soll, nicht das Unverbindliche eines bloßen Farbenspiels.
Die Verselbständigung des Milieus in Farbe und Atmosphäre wird daher in
den achtziger Jahren immer wieder durch die optische Präzision im einzelnen
zurückgedämmt. Mensch und Gegenstand bleiben auf diese Weise Bestandteile
eines in seiner persönlichen und ökonomischen Besonderheit deutlich erkannten Milieus, selbst da, wo die den Menschen bedingenden Umstände
anfangen, allmächtig zu werden.

DAS VERBRECHEN
ALS SOZIAL-PATHOLOGISCHE ERSCHEINUNG

Wenn man alle menschlichen Taten und Leistungen nur als Ausdruck ihrer Milieugebundenheit betrachtet, kann man nicht umhin, auch die Verbrechen und Untaten unter diesem Gesichtspunkt zu sehen. Auf Grund dieser Einsicht entsteht in den achtziger Jahren eine rechtswissenschaftliche Schule, die sogar den juristischen Straffall als ein kausalbedingtes Phänomen behandelt und unter das Gesetz von Ursache und Wirkung stellt. Das Strafmaß eines bestimmten Verbrechens soll nach der Ansicht dieser Richtung nicht mehr das Resultat der jeweils in Frage kommenden Paragraphen sein, sondern sich in seiner Höhe nach den die Tat begleitenden „Umständen" richten. Angeregt durch die wissenschaftlichen Erkenntnisse der Soziologie und Milieutheorie spürt man plötzlich die Notwendigkeit, an die Stelle der rein juristisch-technischen Urteilsfindung, die sich im wesentlichen aus dem Hoheitsrecht des betreffenden Staates herleitet, eine Betrachtungsweise zu setzen, die auf dem naturwissenschaftlichen Prinzip der Kausalität beruht und dieses Gesetz in analoger Weise auf das Strafrecht auszudehnen versucht. Die Justiz als Wissenschaft vollzieht hier methodisch denselben Wandel wie gleichzeitig die von der Soziologie beeinflußten Geisteswissenschaften. Alle fortschrittlichen Juristen der achtziger Jahre kämpfen daher für eine gesetzliche Verankerung „mildernder Umstände" in solchen Fällen, wo die Wirkung eines Verbrechens fast die notwendige Folge seiner Ursachen war. Anstatt Diebe und Mörder paragraphengerecht abzuurteilen, um dem Gesetz Genüge zu tun, will man ihren Fall „verstehen", um so eine Rechtfertigung derjenigen Verbrecher zu finden, deren Untat nur die Folge unglücklich zusammentreffender Umstände war. Man unterscheidet deshalb zwischen Mord und Totschlag, Diebstahl und Mundraub, um das kaltblütig vorbedachte Verbrechen von der durch eine zwingende Ursache bedingten Untat zu trennen. Das volle Strafmaß soll nur noch bei solchen Verbrechern angewandt werden, die sich ganz bewußt gegen die Gesetze der Gesellschaft aufgelehnt haben, aber nicht dann in Anwendung kommen, wenn es sich um die vielen krankhaften, unbedachten oder sozialbedingten Fälle handelt. Franz von Lißt fordert darum in seiner programmatischen Schrift „Das Verbrechen als sozialpathologische Erscheinung" (1899) eine stärkere Berücksichtigung der medizinischen und soziologischen Elemente bei der Urteilsfindung, um die Härte des Gesetzes in denjenigen Fällen zu mildern, wo sich kausalbedingt „mildernde Umstände" nachweisen lassen. Das Verbrechen ist für ihn keine vorbedachte Bosheit, die sich aus irgendwelchen seelischen oder geistigen Elementen herleiten läßt, sondern ein biologischer Grenzfall oder ein sozialbedingtes Problem, für das man nur die Veranlagung oder das Milieu verantwortlich machen kann. Er gibt daher folgende, für die ganze Situation bezeichnende Definition:

> „Ein Verbrecher ist das Produkt aus der Eigenart des Täters einerseits und den den Verbrecher im Augenblick der Tat umgebenden Verhältnissen andererseits" (S. 8).

Die anthropologische Seite dieser Theorie stammt im wesentlichen von Lombroso, der in seinem Buch „L'uomo delinquente" (1876) das Verbrechen zum ersten Mal als das „notwendige" Ergebnis der physiologisch-psychologischen Eigenart eines Täters dargestellt hat. Lombroso interessieren in diesem Werk nicht die milieubedingten Ursachen der meisten Verbrechen, sondern lediglich die medizinische Verwandtschaft von Verbrechen und Irrsinn. Das „Verbrechen" ist für ihn eine reguläre Krankheit, die infektiös oder vererbbar ist, also unter dem medizinischen, nicht dem sozialbedingten Gesetz von Ursache und Wirkung steht. So sieht er zum Beispiel im Diebstahl keinen Frevel wider besseres Wissen und Gewissen, keinen vom Hunger diktierten Mundraub, keine Revolte der Nichtbesitzenden gegen die herrschenden Klassen, sondern ein Überfallensein von krankhaften Anlagen oder vererbten Dispositionen, gegen das nur die pflegende Hand des Arztes, aber nicht die strafende des Richters hilft. Bei ihm ist jeder Unhold zu seinem Verbrechen geboren, ist ein „delinquente nato" und gehört daher von Geburt an zu einer besonderen Spezies Mensch, die ihre verbrecherischen Absichten mit sich herumträgt wie andere ihr Rheuma oder ihre Gicht. Die Untaten dieses atavistischen Typus entspringen nicht seinem Willen, sondern sind physiologisch „disponiert", das heißt äußern sich als Entladungen impulsiver Nervenenergien. Mit Hilfe dieser Theorie kann jeder Mörder als „geborener Verbrecher" die juristische Verurteilung seiner Person ablehnen und mit demselben Recht wie ein Geisteskranker auf der klinischen Behandlung seiner „Krankheit" bestehen. Die reale Konsequenz der Lombrososchen Untersuchungen wäre demnach die Umwandlung der bestehenden Gefängnisse in Krankenhäuser und Irrenanstalten, um so jedem Justizirrtum vorzubeugen. In dieser Form klingen solche Forderungen natürlich überspitzt. Ihr positives Ergebnis ist jedoch die Anerkennung der Gerichtsmedizin als vollgültiger Wissenschaft und die gesetzmäßige Verankerung mildernder Umstände in denjenigen Fällen, wo sich auf medizinischem Wege einwandfrei eine krankhafte Beeinträchtigung der menschlichen Willensfreiheit nachweisen läßt (§ 51).

Wesentlich bezeichnender für den Geist der achtziger Jahre als diese vorwiegend psychiatrische Sicht des Verbrechers ist die Beurteilung des juristischen Straffalls nach soziologischen oder sozialpathologischen Gesichtspunkten. So schreibt Fritz Heine unter dem Titel „Soziale Rechtswissenschaft" folgende Rechtfertigung einer vorwiegend nach den milieubedingten Ursachen fragenden Urteilsfindung:

„Das Verbrechen… ist nicht lediglich eine anthropologische, sondern ebensosehr eine soziologische Erscheinung … Das Verbrechen wird bedingt nicht allein durch die individuelle Eigenart des Täters selbst, sondern in demselben Maße durch den Zustand der Gesellschaft, in welche dieser Einzelne verpflanzt ist … Not und Elend, Hunger und Frost heißen die Mächte, welche den Menschen von dem Pfad der Ehrlichkeit ablenken und ihn ins Verbrechertum hinabstoßen" (Freie Bühne 1890, S. 193).

Auch Franz von Lißt schreibt, daß bei den meisten Verbrechen „die gesellschaftlichen Faktoren eine ungleich größere Bedeutung haben als die individuelle Eigenart des jeweiligen Verbrechers" (S. 9). Er fordert daher, daß „der Kriminalpolitiker seine Aufmerksamkeit in erster Linie den gesellschaftlichen Ursachen zuwenden solle", um zu einer gerechten Beurteilung der vorliegenden Straftaten zu kommen (S. 10). Diese Ursachen ließen sich natürlich nur in einer systematischen Massenbeobachtung klären, deren Ergebnis die seit dem Jahre 1882 datierende „Deutsche Kriminalstatistik" ist. Hier wird das Verbrechen nicht mehr als individuelle Charakterlosigkeit gewertet, sondern als Massenerscheinung, deren wissenschaftliche Verwertung genaue Rückschlüsse auf die soziale Struktur des Verbrechertums erlaubt. Indem sich nachweisen ließ, daß zwischen Hungermonaten und Eigentumsdelikten, Krisenzeiten und Selbstmorden eine deutliche Wechselbeziehung besteht, oder daß gerade die verwahrlosten Kinder von werktätigen Eltern zu verbrecherischen Handlungen tendieren, konnte man mit dem borhierten Vorurteil aufräumen, das Verbrechertum als eine untermenschliche Veranlagung oder gesellschaftliche Disqualifikation zu betrachten. Vor allem Franz von Lißt ist immer wieder dafür eingetreten, in der steigenden Kriminalität der niederen Schichten nicht die verbrecherische Äußerung eines mißgünstigen „Lumpenproletariats" zu sehen, womit man sich auf reaktionärer Seite über diese Zustände hinwegzusetzen versuchte, sondern sie als ein bedrohliches Symptom der zunehmenden Erkrankung des gesellschaftlichen Körpers zu deuten. In seinen Schriften wird daher nicht der einzelne für sein Verbrechen verantwortlich gemacht, sondern das Milieu, die Ungerechtigkeit der gesellschaftlichen Struktur, die dem Angehörigen einer benachteiligten Klasse das Leben in den Bahnen der bürgerlichen „Moralität" verwehrt.

Bei einem solchen Zustand innerhalb der Gesellschaftsordnung konnte die Aufgabe der Justiz keine rein jurisdiktionelle mehr bleiben, sondern mußte sich um eine Reform der geltenden Strafrechtsbestimmungen bemühen. Am 1. Januar 1889 wurde daher die „Internationale Kriminalistische Vereinigung" gegründet, die sich zum Ziel setzte, alle im älteren Sinne personalen Elemente innerhalb der Gesetzgebung auszuschalten, um das Hoheitsrecht der staatlich rächenden Strafe in ein Korrektiv der sozialen Gerechtigkeit zu verwandeln. Die bisher geltenden Strafen waren oft von unnötiger Härte, da man sie als Racheakt der beleidigten Obrigkeit verstand, und bewirkten in ihrer Anwendung zwar eine Bestrafung, aber keine Besserung der betreffenden Verbrecher. Ihr Ergebnis war nicht die Verhütung weiterer Untaten, sondern die Aburteilung der bestehenden, da ein mit dem Stempel der gesellschaftlichen Deklassierung versehener Verbrecher weder eine ehrenwerte Arbeit noch einen neuen Anschluß an die „Gesellschaft" fand und deshalb meist rückfällig wurde, was Fallada später in seinem Roman „Wer einmal aus dem Blechnapf frißt" (1934) dargestellt hat. Franz von Lißt schreibt zu diesem Problem:

> „Unsere Strafen wirken nicht bessernd und nicht abschreckend, sie wirken überhaupt nicht präventiv, sie wirken vielmehr geradezu als eine Verstärkung der Antriebe zum Verbrechen" (S. 16).

Auf Grund dieser statistisch erwiesenen Rückfälligkeit der meisten Verbrecher fordert Franz von Lißt eine völlige „Umgestaltung des bestehenden Strafsystems", die vor allem die milieubedingten Ursachen berücksichtigt (S. 25). Auch Fritz Heine schreibt, daß es nicht mehr darum gehe, „begangene Verbrechen zu bestrafen, sondern künftige zu verhüten" (S. 68). Ähnlich äußert sich Lothar Schmidt in seinem in der „Freien Bühne" erschienenen Aufsatz „Die Willensunfreiheit und das Strafrecht" (1891), in dem auf Grund der anthropologischen und soziologischen Ohnmacht des Menschen eine grundlegende Revision des Strafgesetzbuches verlangt wird, um der zunehmenden Kriminalität durch ein verständnisvolles Nachgeben auf richterlicher Seite zu begegnen. Lißt, Heine und Schmidt fordern daher, das Gefängnis aus einem strafenden Kerker in eine rettende Heilanstalt zu verwandeln. Der Verbrecher soll ein Objekt der Erziehung, der Heilung, der psychischen und sozialen Genesung werden und nicht das Opfer eines auf seine Machtstellung pochenden Staates sein. Um besonders „gefährdete" Typen bei der Entlassung vor der drohenden Rückfälligkeit zu bewahren, empfiehlt man in solchen Fällen eine „Verpflanzung" in ein anderes Milieu.

Wie diese Äußerungen zeigen, glaubt man selbst auf dem Gebiet der Justiz an eine absolute Bestimmtheit des Menschen durch die ihn umgebenden ökonomischen Verhältnisse und fordert daher eine soziale Verbesserung derjenigen Schichten, in denen die verbrecherische Notwehr besonders grassiert. Diese Konsequenz ließ sich natürlich nur durch eine Umgestaltung des gesamten gesellschaftlichen Gefüges verwirklichen, und darum behält die von Lißt vorgeschlagene Form trotz der richtigen Erkenntnisse notwendig etwas Utopisches, da man unter Beibehaltung der monarchischen Ordnung und der kapitalistischen Wirtschaftsform die Arbeiterklasse schlechterdings nicht in ein anderes Milieu verpflanzen konnte. Die Sozialdemokratie der achtziger Jahre forderte deshalb eine grundlegende Revision der bestehenden Gesellschaftsordnung zugunsten der Arbeiterklasse, um die soziologische Erkrankung nicht durch bloße Vorbeugungsmittel zu verschleppen, sondern an ihren Wurzeln zu heilen und so im Zuge einer allgemeinen Umgestaltung auch die sozialpathologischen Elemente zu beseitigen.

DER MENSCH ALS TEIL DER MASSE

Das Phänomen der „Masse" ist in der deutschen Geschichte eine relativ moderne Erscheinung. Seit den Bauernkriegen, die im Vergleich zu heutigen Revolutionen nur eine provinziell beschränkte Revolte waren, sind die unteren Stände nie wieder als geballte Masse aufgetreten, es sei denn als Landsknechtshaufen oder Söldnerheere. Bauern und Handwerker wurden in den Rahmen eines gesellschaftlich genau durchstrukturierten Gebildes eingegliedert und mußten ihr politisches Mitspracherecht an die feudalen Machthaber entäußern. Vor allem der Absolutismus des 17. und frühen 18. Jahrhunderts sorgte dafür, daß die unteren Klassen im Zustand völliger Unmündigkeit blieben. Die Auswirkungen der französischen Revolution ergriffen daher in Deutschland nur eine ganz dünne Schicht von Literaten und geistig interessierten Bürgerlichen, ohne die Gesamtheit des Volkes ernstlich zu tangieren. Aus demselben Grunde verebbten auch die Befreiungskriege wieder im Fahrwasser einer bürgerlichen Loyalität, denn es fehlte selbst im frühen 19. Jahrhundert an einer im politischen Sinne aufgeklärten Schicht, die den fortschrittlichen Kräften hätte zum Siege verhelfen können. Diese Einstellung zur Politik beruht nicht zuletzt darauf, daß Deutschland bis zum Ausgang der Restaurationsepoche noch einen vorwiegend agrarischen Charakter hatte. Die Hauptstädte der 38 verschiedenen „Vaterländer" erhoben sich selten über das Niveau kleinstädtischer Residenzen. Wien war durch die internationale Hofkultur und die dominierende Stellung Metternichs zur Hochburg der Reaktion geworden, Frankfurt hatte seinen Rang als Kaiserstadt verloren, und Berlin zählte eigentlich nur als Garnison mit gewerbetreibendem Bürgertum, ohne großstädtische Ambitionen zu haben. Nur so ist es zu verstehen, daß die von Westen einströmenden liberalen Ideen keinen richtigen Resonanzboden fanden und die Restaurationsepoche fast vierzig Jahre währen konnte. Während in England und Frankreich der Kapitalismus bereits seine ersten Konjunkturperioden erlebte, war man in Deutschland noch damit beschäftigt, die mittelalterlichen Binnenzölle aufzuheben. Selbst die rheinische Industrie konnte sich kaum entwickeln, weil die politischen Schwerpunkte, Berlin und Wien, weit im agrarischen Osten lagen und man dort in Anlehnung an Rußland eine wesentlich junkerliche Politik betrieb. Friedrich Wilhelm IV. und seine Vorliebe für den Hallerschen Patrimonialstaat standen einer Industrialisierung ebenso im Wege wie das „Metternichsche System". Erst nach der Achtundvierziger Revolution, deren Scheitern wiederum ein Symptom für das Fehlen einer politisch aufgeklärten Masse ist, erreicht das Bürgertum wenigstens auf wirtschaftlichem Gebiet den bisher vergeblich angestrebten Spielraum, den man ihm im Bereich des Politischen verweigert hatte. Und so entsteht in den fünfziger Jahren ein ökonomisches Vorspiel zur Gründerzeit: die Errichtung von Fabriken, die damit verbundene Landflucht und die rapide Bevölkerungszunahme in den Städten. Dieser Vorgang verlangsamt sich in den sechziger Jahren, steigert sich aber in der Gründerzeit mit nicht mehr zu hemmender Unaufhaltsamkeit. Man bedenke, daß zwischen 1871 und 1874 ebensoviele Hochöfen, Eisenhütten und Maschinenwerke gegründet wurden wie zwischen 1800 und 1870, um sich die Schärfe dieses Umbruchs zu vergegenwärtigen. Menschen aus allen Teilen Deutschlands lösten sich aus ihren patriarchalischen Bindungen und strömten im Ruhrgebiet, in Oberschlesien, im sächsischen Industriegebiet und in den Fabriken der großstädtischen Vororte zusammen. Städte wie Barmen-Elberfeld, Oberhausen, Krefeld, Ludwigshafen, Chemnitz und Kattowitz, deren Namen man vorher kaum gekannt hatte, überschritten plötzlich die Hunderttausendgrenze und überflügelten damit die alten Residenzen. Sächsische Industrieorte wie Glauchau, Crimmitschau, Werdau und Reichenbach verfünffachten sich in ihrer Einwohnerzahl. Das Ergebnis dieser gesellschaftlichen Umschichtung ist die Aufhebung jener patriarchalischen Bindungen, die im bäuerlichen und handwerklichen Leben bisher eine maßgebliche Rolle gespielt hatten. Der einzelne Arbeiter wird nicht mehr als Glied einer bestimmten sozialen Rangordnung eingeschätzt, sondern als Nummer, als Mensch ohne Namen, den man nur nach seiner physischen Leistungskraft bewertet. Als Proletarier gehörte man zu den „Deklassierten", zu denen, die keinerlei Privilegien hatten und daher unterhalb jeder menschlichen, das heißt für damalige Verhältnisse „bürgerlichen" Gesellschaftsordnung standen. Die sozialen Gegensätze wurden auf diese Weise immer größer, zumal Teile des bisherigen Mittelstandes, wie der ehrsame Meister Timpe bei Kretzer, im Konkurrenzkampf mit der kapitalkräftigeren Industrie den kürzeren zogen und zum Proletariat herabsanken, während andere mit mehr kaufmännischem Geschick sich für den Weg eines Gründers entschieden. Selbst so realistische Kaufleute, wie der von Freytag zu Alberti übergewanderte Anton Wohlfahrt, gerieten in diesen Sog und stürzten sich in gewagte Spekulationen, um sich ihren Weg in die „höhere" Gesellschaft zu erkämpfen. Das Ergebnis dieser Entwicklung war, daß sich Bourgeoisie und Proletariat schließlich wie zwei deutlich ausgeprägte Klassen gegenüberstanden, während die kleinbürgerliche Schicht einem unpolitischen Philisterium verfiel.

Trotz der gesellschaftlichen Geringschätzung des Arbeiters kam man in den achtziger Jahren nicht umhin, wenigstens das Großstadtleben dieser zunehmenden „Proletarisierung" anzupassen. Überall tauchten mit einem Mal sozialhygienische, wohn- und verkehrstechnische Probleme auf, die man bisher als höchst nebensächliche Fragen angesehen hatte. So richtete man Straßen- und

Stadtbahnen ein, um die tägliche Beförderung der gewaltigen Arbeitermassen zu den Fabriken und Werkstätten zu ermöglichen. Außerdem sorgte man für eine vielverästelte Kanalisation und ein ständig kontrolliertes System der Frischwasserversorgung, um den Gesundheitszustand der Bevölkerung zu garantieren. Aus demselben Grunde wurde 1883 in Berlin die erste große Hygieneausstellung eröffnet, die sich neben der Tuberkulosegefahr und der Säuglingspflege vor allem mit den „öffentlichen" Problemen, der Sozialhygiene, beschäftigte, die damals noch sehr im argen lag. Durch solche Ausstellungen kam man zu der Einsicht, eine bestimmte Krankheit nicht mehr als ein individuelles Betroffensein anzusehen, sondern als Massenerscheinungen, als Seuchen und Epidemien. Greifbare Ergebnisse dieser Bemühungen sind die Errichtung öffentlicher Bedürfnisanstalten, die kommunale Müllabfuhr, der Impfzwang, die Einführung von Präservativen und andere sozial-hygienische Vorkehrungen. Vielleicht ist es kein Zufall, daß gerade in diesem Jahrzehnt fast alle Erreger von Massenkrankheiten entdeckt wurden: 1879 die Gonorrhoe, 1880 die Lepra und der Typhus, 1882 die Tuberkulose und die Cholera, 1889 der Tetanus, 1894 die Pest. Vor allem die Cholera, die 1892 in Hamburg wütete, wies auf die Notwendigkeit staatlich gelenkter Hygienemaßnahmen hin. Daher wurde noch im selben Jahr in Venedig die „Internationalen Konventionen zur Seuchenbekämpfung" beschlossen, um dieses Kapitel der mit der modernen Massensituation dringend gewordenen Sozialhygiene einer endgültigen Regelung zuzuführen.

Auf dem Gebiet der Geisteswissenschaft zeigt sich dieser Wandel der gesellschaftlichen Struktur in einer auffälligen Bevorzugung der soziologischen Betrachtungsweise. Der Anstoß hierzu kam auch auf diesem Gebiet aus den bereits stärker kapitalistisch eingestellten Ländern Westeuropas. In Frankreich und England war die Soziologie, die Lehre von den Massenerscheinungen, bereits in den fünfziger und sechziger Jahren zu einer beherrschenden Stellung aufgestiegen. Schon Comte hatte sie in seiner „Philosophie positive" (1830 bis 1842) zur Bekrönung aller Wissenschaften erhoben und versucht, mit ihrer Hilfe die Wandlungen der menschlichen Gesellschaft in ein mathematisches Schema zu bringen. So hat Comte immer wieder betont, daß man die Soziologie nicht mit der Individualpsychologie verquicken dürfe, die für ihn etwas ausgesprochen Unwissenschaftliches hat, da nach seiner Meinung jeder Mensch von anderen Menschen abhängig ist und daher nur in Beziehung zu anderen gesehen werden kann. Zu ähnlichen Ergebnissen kam die englische Soziologie. So lehrten Herbert Spencer und John Stuart Mill, daß der Wert oder Unwert einer Handlung allein von ihrem Nutzen für die Gesamtheit der menschlichen Gesellschaft abhängig ist. In Deutschland erlebt diese soziologische Sicht der staatlichen und wirtschaftlichen Verhältnisse ihre erste Breitenwirkung in der zweiten Hälfte der siebziger Jahre. Trotz der leidenschaftlichen Proteste eines Treitschke, der sich als forcierter Nationalist keine vom Staat abgetrennte

Gesellschaft vorstellen konnte, erschienen in diesen Jahren zum ersten Mal Übersetzungen der Werke von Comte und Spencer und begründeten auch hier die Soziologie als Wissenschaft. Eine der ersten Etappen auf diesem Wege ist die „Theorie der Massenerscheinungen in der menschlichen Gesellschaft" (1877) von Wilhelm Lexis, die bald eine Fülle anderer soziologisch orientierter Untersuchungen nach sich zog. Ihren Höhepunkt erlebt die Soziologie aber konsequenterweise erst in den achtziger Jahren, da in diesem Jahrzehnt auch das politische Leben zum ersten Mal unter den Einfluß von echten Massenbewegungen gerät. So verwandeln sich die einzelnen Parteien zusehends aus Ideenträgern in soziologisch ausgerichtete Gruppen, hinter denen jeweils die Forderungen einer ganz bestimmten Klasse stehen: Die Konservativen vertreten den Adel und die Agrarierkreise, die Nationalliberalen das am Kapitalismus interessierte Bürgertum, die Sozialdemokraten das Proletariat. Ein deutliches Spiegelbild dieser Wandlung sind die Schriften von August Bebel oder Karl Kautsky, in denen der von Marx und Engels begründete dialektische Materialismus auf die gegebene Situation angewandt wird, um so die Arbeiterklasse in ihrem Kampf gegen die bestehende Gesellschaftsordnung zu unterstützen. Aber auch bürgerliche Soziologie blieb von diesen Erkenntnissen nicht unberührt. So schrieb Ludwig Gumplowicz, der schon 1885 einen „Grundriß zur Soziologie" veröffentlicht hatte, 1892 eine Schrift über „Die soziologische Staatsidee", in der er die bisher geltende Theorie der Nation, die im wesentlichen auf romantischen Vorstellungen beruhte, zugunsten einer rein soziologischen Sicht des Staates verwirft. Für ihn ist der Staat kein „Organismus" mehr wie für Edmund Burke oder Adam Müller, sondern ein „gemischtes Massenverhältnis", das sich nur unter Berücksichtigung der verschiedenen Klassen verstehen läßt. Er schreibt an einer Stelle:

> „Als konstitutive Elemente des Staates betrachtet sie (die soziologische Staatsidee) nicht das ‚freie und gleiche' Individuum, sondern jene sozialen Gruppen, deren gegenseitiges Verhältnis die Verfassung eines Staates ausmacht" (S. 41).

Wohin diese Art der Soziologisierung führte, die für damalige Verhältnisse fast einen „revolutionären" Anstrich hatte, obwohl ihr ein reaktionärer Irrationalismus zugrunde lag, zeigt eine Stelle aus seiner Schrift „Soziologie und Politik" (1892), in der das Massenstreben der wiedereingesetzten Nation mit dem „Genius der Geschichte" gleichgesetzt wird und dadurch jede reale Bedeutung verliert:

> „Den Sturz Bismarcks wird aber die Soziologie nicht etwa aus dem Individualismus des Kaisers Wilhelm erklären, sondern aus dem Umstande, daß dieser gewaltige Staatsmann in ein falsches Fahrwasser geriet und, individuellen Sympathien und Antipathien folgend, Deutschland mit Rußland verbinden wollte, während die naturgesetzliche Strömung im deutschen Volke gegen eine Allianz mit Rußland ist, in welchem Deutschland

mit Recht seinen größten Feind wittert. In dem Augenblicke, wo dieser früher gewaltige Heros sich einer natürlichen und naturgesetzlichen sozialen Strömung entgegenstellte, war er auch schon wie ein zerbrochenes Spielzeug des Genius der Geschichte zur Seite geschleudert" (S. 64).

Solche Äußerungen sind eigentlich indiskutabel, zeigen aber, wie schnell man auf dem Wege über eine falsch verstandene Soziologisierung einem „naturgesetzlichen" und darwinistisch-gefärbten Rassismus verfallen kann, wie er später in verstärkter Form in der faschistischen Ideologie zum Durchbruch gekommen ist. Wesentlich ernster zu nehmen ist das Buch „Gemeinschaft und Gesellschaft" (1887) von Ferdinand Tönnies, selbst wenn es in seiner Auseinandersetzung mit dem Marxismus zu einem ähnlichen Kompromißlertum gelangt wie Ernst Troeltsch auf dem Gebiet der Religionssoziologie. So schreibt Tönnies zum Beispiel:

„Ich habe die Ricardo-Rodbertus-Marxsche Wertlehre niemals in der Gestalt, wie sie vorgetragen wird, als richtig anerkannt, um so mehr aber ihren Kern und Grundgedanken" (6. Aufl., S. 80).

Trotz dieser Einsicht führt ihn seine Skepsis an der bürgerlichen Gesellschaft nicht zu einer „dialektischen" Einstellung den historischen oder soziologischen Problemen gegenüber, sondern zu einem romantischen Antikapitalismus, der den aus der historischen Rechtsschule erwachsenen Begriff des „Organischen" gegen das starre Prinzip der kapitalistischen Gesellschaft auszuspielen versucht und damit den Konflikt aus seiner Klassengebundenheit ins Irrationale verschiebt. Ähnlich negativ wird die Heraufkunft der modernen Massengesellschaft in dem Werk „La psychologie des foules" (1895) von Gustav Le Bon beurteilt, wo das Zeitalter der Massen als ein Rückfall in den Archaismus gebrandmarkt wird. Es heißt dort zu Anfang:

„Bisher wurden die Kulturen von einer kleinen intellektuellen Aristokratie geschaffen und geleitet, niemals von den Massen. Die Massen haben nur die Kraft zur Zerstörung. Ihre Herrschaft bedeutet stets eine Stufe der Auflösung.

Ist das Gebäude der Kultur morsch geworden, so führen die Massen seinen Zusammenbruch herbei. Jetzt tritt ihre Hauptaufgabe zutage. Plötzlich wird die blinde Macht der Masse für einen Augenblick zur einzigen Philosophie der Geschichte" (Stuttgart 1938, S. 5).

Während man sich in der Gründerzeit vorwiegend mit der überragenden Einzelpersönlichkeit beschäftigte, deren Handlungen eine herrschaftliche Willensentscheidung zugrunde liegt, wird man jetzt gezwungen, sich in Ablehnung oder Zustimmung zu gesellschaftlichen Strukturverhältnissen zu äußern, in der der einzelne nur noch eine untergeordnete Rolle spielt. Am deutlichsten läßt sich dieser Vermassungsprozeß auf dem Gebiet der Völkerpsychologie beobachten, die durch Wilhelm Wundt aus ihrem feuilletonistischen und halbliterarischen Zustand in den Rang einer vollgültigen Wissenschaft erhoben wurde, indem er sie den Gesetzen der positivistischen Kausalität unterwarf, was sich vor allem in seinen Werken „Völkerpsychologie" (1904) und „Elemente der Völkerpsychologie" (1912) beobachten läßt. Wundt und seine Schüler sahen in der Kultur eines Volkes nicht die schöpferische Leistung einiger genial veranlagter „Heroen", sondern ein scheinbar willkürliches Zusammenspiel soziologischer und ökonomischer Faktoren, deren Gesetzmäßigkeiten sich nur dem Völkerpsychologen erschließen. Selbst die religiösen Offenbarungen verlieren in seinen Werken ihren einmaligen Charakter und werden in eine rassisch oder völkisch bedingte Motivgeschichte eingeordnet. Wie weit diese Verflechtung mit der Sachkultur geht, zeigt die Vorliebe Wundts für den vorgeschichtlichen Totemismus, in dem das Element des Schöpferischen fast völlig in den Hintergrund tritt.

Derselbe Vorgang vollzieht sich auf dem Gebiet der Theologie. So schreibt Ernst Troeltsch keine Monographien über Paulus, Augustin oder Luther, sondern ein Buch wie „Die Soziallehren der christlichen Kirchen und Gruppen" (1911), in dem die Wandlungen innerhalb des Christentums als das Werk sozialgesinnter Sekten betrachtet werden. Noch 1922 heißt es in seiner „Sozialphilosophie des Christentums", daß man selbst in Jesus mehr das „Saatkorn" als den eigentlichen „Stifter des Christentums" sehen müsse, da der Wurzelgrund dieser Religion nicht die Tätigkeit Christi, sondern der „Liebeskommunismus" seiner ersten Gemeinden gewesen sei (S. 6). Ebenfalls soziologisch eingestellt sind die Schriften des Rechtstheoretikers Rudolf von Ihering, der seine theoretischen Überlegungen immer wieder auf einen „ethischen Kollektivismus" zu stützen versuchte. In der Geschichtsschreibung war eine solche positive Bewertung der menschlichen Gruppen und Massenkombinationen bereits in der „Deutschen Geschichte" (ab 1891) von Karl Lamprecht aufgefallen, in der alle Kulturleistungen nicht als die Genietat eines einzelnen, sondern als der Ausdruck einer völkischen Gesamtheit angesehen werden.

Alle diese Erkenntnisse vereinigen sich auf politischer Ebene in den programmatischen Forderungen der Sozialdemokratie. Hier hatte man erkannt, welcher Machtfaktor die Masse sein kann, wenn man sie aus ihrer Unmündigkeit befreit und zu einem Vertreter ihrer eigenen Interessen macht. Das Ziel dieser Partei war daher die organisatorische Erfassung der gesamten Arbeiterklasse, um die bisher brachliegende Kraft des vierten Standes in ein festes und machtvolles System zu bringen. Man wollte in der Masse die Einsicht erwecken, ihr eigenes Schicksal nicht mehr mit resignierendem Fatalismus auf sich zu nehmen, sondern ihre wahre Macht zu erkennen, um so die Herrschaft der privilegierten, aber zahlenmäßig unterlegenen Stände beseitigen zu können. Man propagierte daher mit allen Mitteln die Abschaffung des kapitalistischen Wirtschaftssystems, das sich durch die Aufrechterhaltung der personalen Herrschaftsformen der Heraufkunft einer klassenlosen Gesellschaft in den Weg zu stellen versuchte. Nicht der einzelne soll entscheiden, sondern das Votum aller, die zur alleinigen

Befehlsgewalt aufgestiegene Stimme des Volkes. Selbst die mit leitenden Funktionen betrauten Persönlichkeiten, die Parteiführer und Minister, sollen nicht Führer, sondern Ausführende sein, Funktionäre der Masse, deren Aufgabe darin besteht, das allgemeine Wollen in eine realisierbare Form zu überführen. Das Los der Arbeiter, Masse zu sein, wird so aus einem Negativum, der gründerzeitlichen Verachtung der „Vielzuvielen", zu einem Faktor des Positiven, einem Triumph der Arbeiterklasse über die auf „Rang und Würde" aufgebaute Gesellschaftsform des Bismarckschen Reiches.

In der Literatur spürt man die wachsende Bedeutsamkeit der modernen Massensituation am deutlichsten im Roman. Im bürgerlichen Realismus der fünfziger und sechziger Jahre war die übliche Romanform noch die Biographie eines einzelnen, um dessen Schicksal man zwanglos kleinere Nebenhandlungen gruppierte. Man denke an Kellers „Grünen Heinrich" (1854—1855), der sich an den goethezeitlichen Bildungsroman anzulehnen versucht, oder an die „Chronik der Sperlingsgasse" (1857) von Raabe, in der der biedermeierlich-jean-paulisierende Lebensweg eines Außenseiters dargestellt wird. Das gesellschaftliche Milieu ist in diesen Romanen zwar schon realistisch erfaßt, bleibt aber im Hintergrund, da sich die Handlung meist aus der individuellen Anlage des Haupthelden entwickelt. In der Gründerzeit war der Roman wegen seiner formlosen Breite nicht allzu beliebt. Die wenigen Exempla von Rang, die es neben den versepischen Tiraden eines Hamerling, Schack, Lingg oder Jordan gibt, haben meist einen novellistischen Charakter, da sie wegen der monumentalen Bildwirkung zu einer dramatischen Verknappung neigen. So gestaltet Conrad Ferdinand Meyer in seinem „Jürg Jenatsch" (1874) das Charakterbild eines heroischen Gewaltmenschen, das sich nur in großen Zügen nachzeichnen läßt. Dahns „Kampf um Rom" (1876) konfrontiert den schwanengefiederten Totila mit dem verkrüppelten und in einer Sänfte getragenen Narses, um die historische Situation zu unrealistischer Größe emporzustilisieren. Ähnliches ließe sich bei Spielhagen und Ebers finden, wenn auch nicht mit dieser theatralischen Konsequenz.

Der wichtigste Romantyp der achtziger Jahre, soweit es sich nicht um pseudonaturalistische Gebilde handelt, ist der Gesellschaftsroman, in dem sich jede Figur im Rahmen ihrer Klasse bewegt. Anstatt die Erlebnisse eines charakterlich interessanten Individuums darzustellen, beschäftigt man sich mit dem Schicksal einer Gruppe, eines Standes oder einer bestimmten Gesellschaftsschicht. Der einzelne ist nur noch der Geschobene, der Passive, der von seinen gesellschaftlichen Beziehungen abhängig ist und ins Dunkel der Vergessenheit sinkt, wenn er von seinen Standesgenossen nicht mehr als ebenbürtig anerkannt wird. Wie im Barockroman werden die Menschen sinnlos durcheinandergewürfelt, nur daß am Schluß die Lage ebenso verworren ist wie am Anfang und sich die Menschen nicht auf ein anderes Leben besinnen, sondern weiter vegetieren, bis sie der Tod aus ihrem schicksalslosen Dasein „erlöst". An die

Stelle des romantisch Schweifenden, des realistisch Genügsamen oder des gründerzeitlich Befehlenden tritt daher der namenlose Gesellschaftsmensch, der im Strudel der Ereignisse einmal auftaucht, für kurze Zeit eine gesellschaftliche Achtung genießt, um dann ebenso spurlos wieder zu verschwinden. Das Leben ist ein sinnloses Taumeln zwischen Geld und Sexus, ein Massenstreben nach den gleichen Objekten, ein Krieg aller gegen alle, den jeder nur kurz, aber niemand endgültig gewinnt. So sind in Tolstois „Krieg und Frieden" Napoleon und Alexander keine im Stile Treitschkes konfrontierten Helden, die über Wohl und Wehe ihrer Völker mit eherner Hand gebieten, sondern müssen sich der Elementargewalt des Krieges ebenso unterwerfen wie ihre Grenadiere. Sie beanspruchen darum rein seitenmäßig nicht mehr Platz als die anderen Figuren auch. Neben Tolstoi hielt man sich vor allem an Zola, weil die Welt seiner Romane aus einem Spiegelbild der vom Kapitalismus beherrschten Gesellschaft besteht, in der sich jeder Mensch notwendig zu einer Variation der alles beherrschenden „Bête humaine" entwickelt. Bei Conrad sind es die Kreise der Münchener Gesellschaft, die in einer solchen Perspektive gesehen werden. So stellt sein Romanzyklus „Was die Isar rauscht" (1887), der sich vornehmlich im Bereich der Salons und Ateliers bewegt, selbst die Mitglieder der „höheren" Gesellschaft nicht als deutlich profilierte Einzelpersönlichkeiten dar, sondern als eine Schicht gehobener Besitzbürger, die in sich ebenso zur Masse geworden ist wie das unterdrückte Proletariat. Durch die klassenkämpferische Situation bedingt, haben alle die gleichen Interessen, befriedigen ihre materiellen Gelüste an denselben Quellen und stecken so trotz der wirtschaftlichen Konkurrenz eigentlich unter einer Decke. Dasselbe Bild bietet sich mit geringfügigen Abweichungen bei Bleibtreu und Alberti. Immer handelt es sich um eine Schicht besitzfroher Parvenüs, die sich nach den üblichen Normen uniformiert und deren Gesichtskreis sich selten über den Börsenstand und den eigenen Salon erhebt. Die Stagnation dieser Gesellschaft macht sich darin bemerkbar, daß sie Genie und Wagemut als etwas Unnormales betrachtet und den sicheren Ertrag der Zinsen den kühnen Spekulationen der Gründerzeit vorzieht. In Albertis Roman „Wer ist der Stärkere?" (1888) seufzt daher der auf seinen medizinischen Entdeckungen sitzengebliebene Breitinger:

> „Was ist der einzelne Mensch gegenüber der Masse, der Gesellschaft?
> Eine Null, eine Fliege — und sei er noch so genial, berste er nur so von
> neuen Ideen, von Ehrlichkeit und Gesinnungstreue" (II, 282).

Gerade in diesem Roman schildert Alberti, daß im Kampf gegen die organisierte Macht der Arbeiter auch die bürgerliche Gesellschaft zur Masse wird und durch die Bildung von Kartellen und Arbeitgeberverbänden die Massenaktionen der Streikenden unterdrückt. Alberti geht es in dieser Gegenüberstellung nicht um eine Parteinahme zugunsten der Unterdrückten, sondern um die Darstellung der negativ gesehenen Masse auf beiden Seiten. Mit Zolaschem Pessimismus erscheinen auch die Arbeiter nicht als organisierte Aktionseinheit, sondern als randalierende Menge, die alle zur Vernunft mahnenden Elemente zu Boden stampft. Wie gefährlich die Willenlosigkeit einer solchen Masse ist, wird durch bestochene Demagogen illustriert, die aus der erregten Menge ein Werkzeug ihrer persönlichen Habgier machen. Aber selbst diese Volksverführer sind keine Heroen, die sich dank ihrer geistigen Potenz über das Niveau der Masse erheben, sondern handeln im Auftrage bürgerlicher Geldgeber und sinken dann wieder zur Masse ab. Im Mittelpunkt dieser Romane steht daher nicht die „starke Silhouette", wie sie Heyse für die erzählende Prosa gefordert hat, sondern der Kampf der bürgerlichen Masse gegen die proletarische Masse, in dem der einzelne nur eine untergeordnete Rolle spielt.

Selbst im Drama, wo die Personenzahl einer notwendigen Beschränkung unterliegt, werden zum erstenmal Ausschnitte aus einem bestimmten Massendasein dargestellt. Ausländische Vorbilder gab es auf diesem Gebiet kaum. Ibsen, der sich wie die antiken Tragiker mit wenigen Figuren begnügt, war in formaler Hinsicht gar kein Anreger. Auch Tolstoi bewegte sich als Dramatiker vorwiegend auf den herkömmlichen Bahnen. Deshalb wurde von Bleibtreu und Alberti das dramatische Kuriosum Grabbe ausgegraben und seine shakespearisierenden „Volksszenen" als ein künstlerisches Vorbild angepriesen, wobei man allerdings übersah, wie stark gerade bei Grabbe der Heroenkult ist, der in seiner infantilen Vergötzung Hannibals, Heinrichs des Löwen oder Napoleons zum Ausdruck kommt, mit der er die Volksszenen immer wieder herrscherlich übertrumpft und zu einer dramatischen Einheit verbindet. Die spezifisch naturalistischen Dramen kennen dieses Wechselspiel nicht. In ihnen gibt es keinen „Haupthelden", der alle anderen Mitspieler zu bloßen Chargen degradiert, sondern nur das massenhafte Nebeneinander. So beschreiben Holz und Schlaf in ihrer „Familie Selicke" (1890) das belanglose Schicksal von sechs Familienmitgliedern, die in sich so zur Masse geworden sind, daß sich jeder im Wege steht und doch nicht ohne den anderen auskommen kann. Dieselben Verhältnisse herrschen in Hauptmanns „Friedensfest" (1890) oder in Georg Hirschfelds Einakter „Zu Hause" (1892), wo sich der einzelne ebenfalls der familiären Masse unterordnen muß. Jeder ist ein gleichberechtigtes, aber machtloses Mitglied einer Gemeinschaft, die eine absolute Verfügungsgewalt besitzt, wodurch die persönliche Entscheidungsfreiheit immer wieder unter den Druck des Anonymen gerät. Ihren Höhepunkt erlebt diese Form des naturalistischen Dramas in Hauptmanns „Webern" (1892), in dem der elementare Losbruch einer bis aufs äußerste gereizten Masse gegen die numerisch unterlegene Schicht ihrer wirtschaftlichen Bedrücker geschildert wird. Das Neue an diesem Stück ist, daß diese Aktion nicht wie in Schillers „Tell" auf vorherige Verabredung erfolgt, sondern wie die anonyme Handlung einer in Bewegung geratenen Masse wirkt, die plötzlich alle gesellschaftlichen Schranken durchbricht. Den besten Eindruck davon gibt die Radierung „Weberzug" (1897) von Käthe Kollwitz, auf der eine Schar zum letzten entschlossener Arbeiter dargestellt ist: ein Strom ohne Anfang und ohne Ende, uniformiert durch die gleichen Lumpen, den gleichen Gesichtsausdruck, zusammengehalten durch den gemeinsamen Willen, sich das „unveräußerliche" Recht auf ein menschenwürdiges Dasein zu erkämpfen. Bei Hauptmann wird diese Gemeinsamkeit durch das aus heiseren Kehlen gebrüllte Weberlied hergestellt, das den erbitterten Haufen zu einer kämpferischen Einheit zusammenschweißt. Eine auffällige Parallele dieser revolutionären Massensituation findet sich in dem Roman „Wer ist der Stärkere?" von Alberti, wo ein solcher Zug als Vision eines an seiner Skrupellosigkeit irre gewordenen Spekulanten erscheint:

> „Kein Ende des Zuges! ... Halbwüchsige Knaben stürmen heran, den brennenden, zerkauten Stummel im Munde, Männer mit struppigen Vollbärten und gewaltig schwellenden Muskeln ... Greise im weißen Haar, zitternd, ächzend, aber keiner ohne Waffen, und in aller Augen derselbe finstre, spöttische Trotz, der gleiche verhaltene Ingrimm, der schon im nächsten Augenblick furchtbar ausbrechen kann, schonungslos, zerstörend, bestialisch ..." (II, 297).

Wie sinnlos eine solche Rebellion sein kann, wenn sie ohne vorherige Planung geschieht, stellt Hauptmann in seinem „Florian Geyer" (1896) dar, wo sich die bisher unterdrückten Bauern weigern, ihre in einem revolutionären Akt erworbene Freiheit dem Willen eines einzelnen unterzuordnen und daher in ihrer Gesamtheit zugrunde gehen, da sie als ungeformte Masse dem zielbewußten Rachezug der Gegner unterlegen sind. Obwohl das Persönliche in diesem Drama bereits stärker betont ist als in den „Webern", geht es letztlich wiederum nicht um das Schicksal eines einzelnen, sondern um die Not einer ganzen Klasse.

Noch deutlicher kommt diese fortschreitende „Vermassung" in der Malerei zum Ausdruck, da sich hier das unvermittelte Nebeneinander und Durcheinander viel leichter darstellen läßt als in der an das Prinzip der zeitlichen Folge gebundenen Literatur. Es gibt zwar schon im Biedermeier Darstellungen, auf denen der Mensch als gehäufte Menge erscheint, doch diese Häufung gleicht eher einer Summe deutlich ausgeprägter Einzelpersonen als einer mit sich selbst identischen Masse. So erkennt man auf den Paradebildern von Franz Krüger nicht die „Berliner" schlechthin, sondern den Leutnant Soundso, den Theaterfrisör Warnecke, einen stadtbekannten Schusterjungen, den Leibmohren Achmed des Prinzen Karl von Preußen, die Mitglieder der höheren Gesellschaft, den Künstler nebst Gattin usw. Jeder sieht so aus dem Bild heraus, wie er sich hat porträtieren lassen. Daß sich links eine Parade abspielt, wird von diesen Menschen gar nicht wahrgenommen. Sie haben kein gemeinsames Interesse, das sie zu einer Masse verschmelzen würde, sondern jeder will für sich gesehen werden: lächelt, posiert und genießt dankbar die Anerkennung der Betrachter. Wenn man solche Bilder in ihrer Gesamtheit aufnehmen will, muß man wohl oder übel von Gesicht zu Gesicht wandern, während bei einem echten Massenbild oft ein einziger Blick genügt, um die gemeinsame Aktion aller auf dem Bild erscheinenden Personen mit einem Schlage zu erfassen. Trotz der dargestellten Massensituation liegt dem Ganzen, wie fast allen Bildern dieser Epoche, das bürgerliche Gruppenporträt zugrunde, auf dem sich der einzelne zwar biedermeierlich unterordnet, aber doch in seiner Individualität gesehen werden will. Kaum anders liegen die Verhältnisse im Realismus. So hat Menzel selbst bei seinem „Eisenwalzwerk" (1875), wo die Darstellung einer homogenen Masse eigentlich nahegelegen hätte, am Prinzip einer genau charakterisierten Gruppe festgehalten, was dem Ganzen einen Zug ins Genrehafte verleiht. Für sein „Ballsouper" (1878) fertigte er wie Krüger vorher die Porträtskizzen aller dargestellten Personen an, um jeden einzelnen wahrheitsgetreu zur Geltung zu bringen. Er wollte damit vermeiden, daß die Einzelfigur in einem Durcheinander sich überschneidender oder undeutlicher Gestalten versinkt und so ihren Rang als ein von der Masse unterschiedenes Individuum verliert.

Einen völlig anderen Charakter hat das Problem der Masse in der Gründerzeit. An die Stelle des bürgerlichen Gruppenporträts tritt jetzt der nahbildlich gesehene Heros. Selbst da, wo man mehrere Menschen auf einem Bilde vereinte, handelt es sich nicht um ein gemütliches Beieinander, sondern um ein symbolisch wirkendes Nebeneinander deutlich profilierter Einzelfiguren. Man denke an die „Lebensalter" (1882) von Marées oder an die „Drei Frauen in der Kirche" (1881) von Leibl, auf denen Grundsituationen des menschlichen Lebens ins Heroische oder Urtümliche gesteigert werden. Sogar die „Ruderer" (1873) von Marées sind nicht zu einer Gruppe verschmolzen, sondern haben etwas Prometheisches, etwas Herrisches in ihren Bewegungen, sind wahre Rudererheroen, aber keine dienstbaren Arbeiter. Eine die Einzelfiguren nivellierende Häufung von Menschen wird bloß dann dargestellt, wenn der in den Vordergrund gerückte Heros mit einer menschlichen Folie umgeben werden soll, um seinen monumentalen, athletischen oder triumphalen Charakter zu erhöhen. So soll man auf dem „Einzug Karls V. in Antwerpen" (1878) von Makart nicht die einzelnen Gesichter buchstabieren, sondern die Masse wie eine festliche Dekoration empfinden, die den jugendlichen König wie ein Band flatternder Fahnen umgibt. Eine ähnliche Situation wird auf der „Bergpredigt" (1884) von Gebhardt dargestellt, auf der sich Christus wie ein Heros der Rhetorik gebärdet und der Kranz der auf der Erde lagernden Zuhörer wie ein Resonanzboden dieses stimmgewaltigen Helden wirkt.

Eine Schilderung der durch Industrie und Großstadt bedingten Massensituation ist erst das Werk der achtziger Jahre. Erst jetzt wird jeder der geschilderten Menschen zum Bestandteil einer ihn übergreifenden Menge, ordnet sich ihrem Massenrhythmus unter wie eine einzelne Welle dem Gewoge des Meeres und wird dadurch zum bloßen Bewegungsapparat, zum fluktuierenden Element einer allgemeinen Erregung. So sieht man auf dem Bild „Wahlsieg" von Franz

Skarbina nur die Köpfe und Arme einer durcheinandergewirbelten Masse, die sich auf dem Lustgarten versammelt hat, um Wilhelm II. eine Ovation darzubringen, während der auf dem Schloßbalkon stehende Kaiser durch die Fernsicht bis zur Unkenntlichkeit verkleinert wird und so wie ein unbedeutender Farbtupfen wirkt, der keine Bildwürdigkeit hat und sich hinter der jubelnden Masse verstecken muß. Anstatt einen eigenmächtigen Herrscher, Tyrannen oder Triumphator in den Mittelpunkt des Bildes zu stellen, schildert Skarbina einen Monarchen, der sich bei seinen Wählern bedanken muß, um sich die Gunst seiner bürgerlichen Anhänger zu erhalten. Die barocke Festlichkeit des absoluten Herrschers weicht damit einer nüchternen Praxis, die unter dem Gesetz der Wahlurne steht.

Besonders deutlich zeigt sich diese Massensituation auf den vielen Straßenbildern der achtziger Jahre. An die Stelle der festlichen Umzüge, auf denen sich der gefeierte Heros in Pose setzt, um gesehen und bewundert zu werden, tritt jetzt der gleichgültige Passant, der sich im Strom der Menge verliert. Man vergleiche die Triumphzüge bei Makart oder die siegesfrohen Helden auf dem Bild „Heimkehrender Tiroler Landsturm" (1876) von Franz von Defregger, die mit den Fahnen schwenken und die Säbel schultern, als wollten sie von neuem in den Kampf marschieren, mit dem Alltag auf den „naturalistischen" Straßen, die stets einen Stich ins Graue und Gewöhnliche haben. Während auf den Straßen der Biedermeierzeit eine aufgeräumte Stille herrschte, sieht man jetzt das lebhafte Gewimmel einer gehetzten und durcheinandergewirbelten Menge, die sich an den Straßenecken zu einem entwürdigenden Gedränge staut, um sich erst in den stilleren Alleen wieder zu verlaufen. Man lese eine Stelle aus dem Roman „Die Betrogenen" (1882) von Max Kretzer, wo er versucht, das Treiben auf der Leipziger Straße zu schildern, das für viele der Inbegriff des großstädtischen Lebens war. Das Interessante an diesen Sätzen ist, daß Kretzer schon damals die entmenschende Sachlichkeit eines solchen Daseins betont:

> „Wie lang nebeneinander gezogene bunte Ketten, deren Glieder sich fortwährend loslösen, erscheinen die Passanten auf den Trottoirs. Das bleibt stehen, beäugelt die Schaufenster, aber kauft nichts; sieht sich um, drängt sich dann weiter, eilig, langsam, rastlos, phlegmatisch, ernst, heiter — sich gegenseitig bekannt in dem Gefühle der Zusammengehörigkeit als Bürger einer großen Stadt, und doch fremd jedem Einzelnen" (6. Aufl. S. 24).

In der Malerei finden sich solche Szenen vor allem bei Stahl und Skarbina. Sie stellen häufig Büroangestellte oder Verkäuferinnen auf dem Nachhauseweg dar und „verhäßlichen" diese Bilder durch einen grau in grau gemalten Regenguß, der die Menschen zu einem interesselosen Vorüberhasten zwingt. Jeder krümmt sich unter seinen Schirm, die Damen raffen die Röcke und rennen in einem ungraziösen Getrippel auf eine Droschke los, um der beschmutzenden Nässe dieses Milieus zu entrinnen. Alle befinden sich in derselben Bewegung, keiner posiert oder ergötzt sich an den schönen Auslagen in den Fensterläden. Niemand ist mit der Absicht dargestellt, vom Betrachter bewundert zu werden, da der ruhelose Verkehr der freien Individualität des einzelnen keinen Spielraum gestattet. So malt Lesser Ury 1888 eine Ansicht der „Friedrichstraße", auf der Straßenhändler und Passanten wahllos durcheinanderlaufen, die meisten Figuren überschnitten werden, weil der Verkehr und die Enge der Bürgersteige eine bildwürdige Entfaltung der Einzelfigur unmöglich machen. Denselben Eindruck gewinnt man auf dem Bild „Potsdamer Platz" (1894) von Hans Herrmann, auf dem mit photographischer Treue ein Ausschnitt aus einem völlig beliebigen Straßenmilieu dargestellt wird, das sich weder durch bauliche Interessantheiten noch durch ein bedeutsames Ereignis auszeichnet. Im Vordergrund kaufen zwei Damen einer Straßenhändlerin einen Blumenstrauß ab, weiter hinten fährt eine Droschke und gehen ein paar Fußgänger vorbei, und doch hat nichts den Anschein des Genrehaften oder Anekdotischen. Jeder wirkt wie ein völlig bedeutungsloser Passant, ist Teil einer Masse, die ständig wechselt, obwohl sie stets dieselbe bleibt. Auch „Der Feuerreiter" (1888) von Friedrich Kallmorgen schildert eine solche Massensituation. Man sieht, wie ein reitender Bote durch eine Dorfstraße jagt, Männer aus ihren Häusern stürzen, sich die Jacke überwerfen und zur Brandstelle eilen. Durch die drohende Katastrophe wird jeder zum Glied einer allgemeinen Erregung und erinnert in seiner Verhaltensweise an eine von ihren Instinkten beherrschte Horde. Noch stärker wirkt diese Vermassung, wenn alle die gleiche Uniform tragen, sich in Reih und Glied einordnen und sich vom Rhythmus einer gemeinsamen Bewegung dirigieren lassen. So malt Uhde eine „Kinderprozession" (1887), auf der eine Schar weißgekleideter Mädchen in braven Dreierreihen zur Kommunion marschiert. Trotz seiner Festlichkeit ist das Ganze keine „stimmungsvolle" Genreszene, sondern ein naturalistisches Straßenbild, das durch die willkürlich durcheinanderlaufende Zuschauermenge und den leise niederrinnenden Regen den Gedanken an den feierlichen Charakter einer solchen Handlung gar nicht aufkommen läßt. Noch trister wird diese Stimmung auf den Zeichnungen Zilles, auf denen Arbeiter nach der Schicht müde über das Pflaster stolpern, an einem Bretterzaun entlang in die Laubenkolonien eilen oder in der nächsten Kneipe verschwinden. Auf der Skizze „Liefertag im Konfektionsviertel" (1910) schieben Heimarbeiterinnen ihre Hemdballen auf ausgedienten Kinderwagen durch die Straßen oder hasten mit ihrem Bündel unter dem Arm weiter, um nicht wegen Überfüllung abgewiesen zu werden. Ähnliche Szenen finden sich bei Baluschek. Man denke an sein Bild „Kohlenfuhren" (1901), wo Mütter mit ihren Kindern auf Schlitten und Handwagen vor dem Hintergrund rauchender Schlote ein paar Zentner Braunkohlen nach Hause fahren, oder an sein Aquarell „Mittag" (1894), auf dem Frauen in großen Henkelkörben ihren Männern das Essen in die Fabrik bringen. Das Gesetz dieser Straßen ist das der Razzia und der Prostitution, ihr tägliches Einerlei sind Hunger und Elend. Vor den Läden stehen lange Käuferschlangen, auf den Hinterhöfen balgen sich die Halbwüchsigen, und an der Ecke orgelt ein Leierkastenmann, der als Ärmster der Armen von den Almosen derer lebt, die selber kaum das Nötigste zum Leben haben.

Neben den Straßen sind es die Märkte, auf denen sich die Menschen zu einer unterschiedslosen Masse vereinigen. Es ist für den Naturalismus bezeichnend, daß er sich nicht für das Ladenbild interessiert, das heißt für die einmalige Konfrontation von Händler und Käufer, sondern für das Kaufen als Massenerscheinung. Wohl die besten Beispiele für das naturalistische Marktbild finden sich bei Hans Herrmann, der diesen Bildtyp zu seiner Spezialität ausgebildet hat. So bietet sein „Amsterdamer Milchmarkt" (1890) nicht den Anblick strahlender Händler und wohlgelaunter Käufer, sondern ein unschönes Durcheinander von Menschen und Fässern, einen häßlichen Winkel irgendwo am Hafen, wo nur das Gesetz von Angebot und Nachfrage, aber nicht der persönliche Bezug von Kaufendem und Verkaufendem herrscht. Der „Gemüsemarkt" (1889) von Thoma wirkt neben diesem Bild wie eine nahbildlich gesehene Konfrontation zweier Marktheroinen, die sich wie zwei ausgeprägte Persönlichkeiten gegenübertreten. Hans Herrmann dagegen betrachtet den Markt stets als einen fernbildlichen Massenvorgang. Er interessiert sich nicht für die individuellen Verhaltensweisen der Einzelpersonen, sondern schildert lediglich das Massenhafte der Kaufakte und den damit verbundenen Automatismus der menschlichen Bewegungen, der vor allem in dem unruhigen Hin und Her der einkaufenden Frauen und den anpreisenden Gesten der Händler zum Ausdruck kommt. Auf seinem „Berliner Blumenmarkt" (1889) zum Beispiel versinken die Verkäuferinnen in Schusterpalmen, Schnittblumen und fertigen Bukets, laufen die einkaufenden Damen von einem Stand zum anderen, schützen sich mit Hüten und Schirmen gegen den Regen und hasten dann weiter. Anstatt die heitere Festlichkeit schmückender Blumengewinde darzustellen, gibt er eine alltägliche, ja bewußt unschöne Milieustudie wieder. Denselben Eindruck erweckt sein Bild „Fischmarkt in Venedig" (1890), der sich nicht auf der Riva degli Schiavoni abspielt, sondern auf irgendeinem Fondamento des Nordens, wo die Szenerie durch klapprige Stände, alte Kähne und herumlungernde Menschen bestimmt wird. Einen ähnlichen Charakter haben die „Jahrmarktsbilder" von Skarbina, auf denen sich der einzelne Mensch im Strudel der Buden verliert und so zum unbedeutenden Bestandteil einer schaulustigen Menge wird. Selbst der alte Menzel hat noch ein solches Marktbild gemalt, und zwar die „Piazza d'Erbe in Verona" (1884), wo jedoch die Masse nicht zu einem einheitlichen Komplex zusammengefaßt ist, sondern in eine Fülle einzelner Genreszenen aufgelöst wird, was diesem Bild trotz seiner naturalistischen Verbrämung ein spezifisch „realistisches" Gepräge gibt.

Ihren künstlerischen Höhepunkt erlebt die Darstellung von Massensituationen, wo die Menschen nicht zufällig oder freiwillig zusammenströmen, sondern durch einen bestimmten Arbeitsvorgang zur Aufgabe ihrer Individualität gezwungen werden, was diesen Bildern auch gesellschaftlich eine ganz andere Intensität verleiht. Seine früheste und vielleicht vollendetste Form hat dieser Bildtyp bei Max Liebermann gefunden. Schon auf seinen Bildern der siebziger Jahre wird der Mensch eindeutig als Teil einer arbeitenden Masse dargestellt, angefangen mit den „Gänserupferinnen" (1872) über die „Arbeiter im Rübenfeld" (1876) bis zu den „Konservenmacherinnen" (1880), auf denen Liebermann alle genrehaften Züge abstreift und den Arbeitsvorgang in seiner sachbedingten Gleichförmigkeit wiedergibt. Das beste Beispiel für diesen Bildtyp ist die „Flachsscheuer in Laren" (1888), wo der Arbeitsrhythmus des Abspinnens und Aufspulens die menschlich-gemüthaften Züge völlig unterdrückt. Alle diese Mädchen teilen sich in dem Los, Masse zu sein und von ihrem Arbeitgeber als solche betrachtet zu werden. Das Arbeitsverhältnis wird hier nicht durch das menschliche Zueinander bestimmt, sondern durch die physische Leistungskraft der beschäftigten Personen. Jeder hat seinen Arbeitsplatz, an dem er irgendeine Teilarbeit verrichtet, ohne dabei das Ganze zu überschauen, da ihm der wirtschaftspolitische Mechanismus seiner Tätigkeit sorgfältig verheimlicht wird. Wie der Gewinn nur als Zahl imponiert, ist auch der Mensch hier nur als Nummer interessant. Er hat keinerlei Beziehung zu seinen Mitmenschen und arbeitet daher mit einer Verbissenheit, die etwas Fatalistisches hat. Gerade diese Vereinzelung innerhalb der Masse ist das Neue an der industriellen Produktionsweise, denn solange die Menschen noch in den patriarchalischen Verhältnissen ihrer ländlichen Umgebung wurzelten, waren sie trotz ihrer persönlichen Unfreiheit, die manchmal bis zur Leibeigenschaft ging, in ihrer Sippe verankert. Innerhalb einer Fabrik sanken sie jedoch zu bloßen Nummern herab, die sich bei Krankheit, Alter oder Invalidität einer völligen Aussichtslosigkeit gegenübersahen. Hier entstand durch die menschliche und soziale Vereinsamung erst das, was man als Masse bezeichnen kann, in der alle gemüthaften Bindungen der körperlichen Tauglichkeit und momentanen Nachfrage ausgeliefert sind und sich dem Gesetz des Warenmarktes und des Konkurrenzkampfes unterordnen müssen.

Wie weit diese „Vermassung" gehen kann, zeigen die „Proletarierinnen" (1900) von Baluschek, auf dem sich eine Schar abgearbeiteter Frauen durch ein Fabriktor drängt. Ihre Gesichter sind von einer Hoffnungslosigkeit geprägt, die wie ein Symbol des Immergleichen wirkt. Kopf an Kopf stehen diese Frauen, in ein Massendasein gepfercht, das sie zu absoluter Teilnahmslosigkeit verdammt. Weniger „aufrüttelnd" wirken die Darstellungen von Carlos Grethe, die sich mit dem Leben der Hamburger Schauerleute und Dockarbeiter beschäftigen, oder die Fabrikbilder von Leonhard Sandrock, auf denen die künstlerisch bisher unentdeckten Bezirke der Gasanstalten und Eisenbahnwerkstätten geschildert werden. In die Nähe Liebermanns gehören die Massenszenen von Friedrich Kallmorgen, der neben einer „Schusterwerkstatt" auch eine „Flachsscheuer in Holland" gemalt hat, die jedoch in ihrer Darstellung der vom Menschen geleisteten Arbeit wesentlich altmodischer wirken als die Werke von Sandrock und Grethe und sich in manchem mit dem Genrebild der fünfziger und sechziger Jahre vergleichen lassen. Schon impressionistisch durchsetzt sind seine Hafenbilder, die zwar immer noch unter dem Gesetz der naturalistischen Arbeiterkolonnen stehen, aber durch den atmosphärischen Reiz der Wolken, das pleinairistische Gewoge von Dunst und Rauch bereits einen Stich ins Artistische verraten und daher sogar von den Ästheten der neunziger Jahre beifällig aufgenommen wurden.

Denselben „uniformierenden" Charakter haben die häufig anzutreffenden Schilderungen aus Schulen und Heimen, in denen der Mensch den Mächten der Masse und des Milieus oft bis an die Grenze der Enthumanisierung ausgeliefert ist. Besonders beliebt war die Darstellung von Kindern und Greisen, da diese Lebensstadien von vornherein zum Überindividuellen neigen und daher wesentlich leichter zu einer Masse zusammengefaßt werden können als die Menschen in der Mitte des Lebens, die ihr Dasein viel stärker unter dem Gesichtspunkt der charakterlichen Selbstverwirklichung sehen. So trifft man die Kinder auf den naturalistischen Bildern nicht auf sonnigen Spielplätzen, wo dem Austoben ihrer Instinkte nichts im Wege steht, sondern in Erziehungsanstalten oder Waisenhäusern, in denen sich jedes Kind unter das Gesetz der Masse zu beugen hat. Man denke an die Darstellungen aus den Amsterdamer oder Danziger Waisenhäusern von Liebermann, Gotthardt Kuehl und Walter Firle, die so nüchtern und unwohnlich wirken, daß man nur selten auf gemütsbetonte oder genrehafte Züge stößt. Obwohl sich alle Dargestellten oft zum Verwechseln ähnlich sehen, hat man doch den Eindruck einer durcheinandergewürfelten Menge, die nur durch äußere Gegebenheiten zusammengehalten wird. Keiner darf sich absondern oder von der Masse abschließen, weil dadurch eine Unregelmäßigkeit innerhalb des streng mechanisierten Tagesablaufs entstünde. Aus demselben Grunde tragen alle Waisenhäusler eine bestimmte Anstaltstracht, wodurch sie zu Mitgliedern einer unterschiedslosen Menge erniedrigt werden, die man wie in einer Fabrik nur nach ihrer Zahl, aber nicht nach ihren individuellen Eigenheiten bewertet.

Fast die gleichen Merkmale hebt man bei der Darstellung von Altersheimen hervor. Auch hier herrscht die Uniformierung, das Gesetz der Masse, das den einzelnen zur Aufgabe seiner persönlichen Neigungen und Besonderheiten zwingt. In diesen Heimen winkt den alternden Menschen kein geruhsamer Lebensabend in idyllischer Versponnenheit, ein Sich-Gütlich-Tun innerhalb der eigenen vier Wände, sondern nur das gemeinsame Warten auf den Tod. Jeder sieht, wie der eine oder andere abgeholt wird und dafür ein „Neuer" an seine Stelle tritt, als habe sich im ganzen nichts geändert. Keiner dieser Menschen hat ein Eigentum, an dem er sich in seinem Lebenswillen bestärken könnte, außer den paar Kleinigkeiten, die er in seinem Spind verstaut. Alles gehört der Anstalt, ist Leihgut auf Lebenszeit und muß schonend behandelt werden, da es als

Massenartikel von einem zum anderen wandert. Keiner schläft seinen eigenen Schlaf, ißt sein eigenes Essen, sondern muß sich genau nach seinen Stubengenossen richten, sitzt beim Essen neben ihnen, schläft ein paar Meter weiter in demselben Anstaltsbett und wird so zum Mitglied einer Masse, in der eine Weiterführung der individuellen Besonderheiten nur zu einer Störung der Mitbewohner führen würde. Den besten Ausdruck findet dieses Massenmilieu auf den Bildern aus dem „Altmännerhaus in Amsterdam" (1880—1881) von Liebermann, wo die geschilderte Atmosphäre nicht durch eine peinliche Sentimentalität getrübt wird, sondern in deprimierender Sachlichkeit erscheint. Auch Kuehl hat solche Bilder gemalt, deren Milieubedingtheit etwas Fatalistisches hat. Am bekanntesten ist sein „Altmännerhaus in Lübeck" (1886), auf dem ein paar ausgediente Matrosen vor ihren Schlafzellen sitzen, sich unterhalten oder inhaltslos vor sich hindösen.

Ebenso trostlos und sinnentleert wirken die „Vergnügungen" dieser Masse, die wie Arbeit und Alter ganz im Zeichen des Mechanischen stehen. Man darf nicht vergessen, daß es den proletarischen und kleinbürgerlichen Schichten dieser Jahre aus gesellschaftlichen, bildungsmäßigen und finanziellen Gründen unmöglich war, in ein Konzert zu gehen oder sich ein gutes Theaterstück anzusehen. Die naturalistischen Maler stellen daher keine festlich erleuchteten Säle dar, sondern Weihnachtsmärkte oder Rummelplätze, wo sich die unterdrückten Kunstbedürfnisse an der Musik eines Leierkastens oder einer Bumskapelle befriedigen können. An die Stelle eines Symposions antikisierender Heroen oder eines geigenden Eremiten, in denen das Persönlichkeitsgefühl der siebziger Jahre zum Ausdruck kommt, tritt daher der Biergarten, wo das mechanische Geratter einer Walze oder das Fiedeln einer schlechtgeübten Kapelle ertönt. Anstatt genießerisch zu schwelgen, wie es nur den ästhetisch gebildeten Müßiggängern möglich war, überantwortet man sich dem Rhythmus der Musik bis zu völliger Willenlosigkeit, wippt mit dem Fuße oder wackelt mit dem Kopfe, um wenigstens auf diese Weise seine innere Beteiligung kundzutun. Ein gutes Beispiel dieser gedrückten Amüsierstimmung ist der „Vergnügungspark" (1895) von Baluschek, auf dem ein brüllender Ansager zu den Klängen einer Drehorgel die schaulustige Menge für ein somnambules Medium zu begeistern versucht. Er hat jedoch mit seinem anreißerischen Gebaren wenig Erfolg, denn das dargestellte Publikum ist viel zu abgearbeitet, viel zu müde, um sich noch animieren zu lassen. Es starrt stumpfsinnig vor sich hin, hört sich seine Worte an und geht ebenso lustlos wieder weg, wie es gekommen ist. Auf seinem „Sommerfest in der Laubenkolonie" (1906) wälzt sich eine sonntäglich-aufgeputzte Menge mit Tschingderassa-bum durch ein Schrebergartenmilieu, aber der aufgewirbelte Staub und die von hinten in das Bild hineinragenden Mietskasernen, deren kahle Anschlußflächen mit billigen Reklamen bedeckt sind, lassen auch hier keine rechte „Stimmung" aufkommen. Die Großväter lächeln, die Kinder schreien, aber die Erwachsenen bleiben ernst, da ihnen der Alltag noch zu sehr in den Knochen steckt. Auf dem Bild „Der Leierkastenmann kommt" (1883) von Uhde sieht man einen Vorstadtwinkel, wo kartoffelschälende und strümpfestrickende Mädchen von ihrer Arbeit aufspringen, um dem Gedudel eines Leierkastens zuzuhören und sich so wenigstens einen Augenblick über die trostlose Öde ihres Lebens hinwegzutäuschen. Das mittlere oder niedere Bürgertum sucht seine Tröstung oder Unterhaltung meist bei den Klängen eines zweifelhaften Promenadenorchesters, wie es Liebermann auf seinem „Münchener Biergarten" (1883) dargestellt hat. Im Vordergrund dieses Bildes wird gerade ein Kind gefüttert, ein anderes spielt auf der Erde und verschmiert sich dabei sein frischgestärktes Kleidchen. Kellnerinnen drängen sich durch die zu einem Klumpen geballte Menge, alte Männer sitzen bei ihrer Zigarre: alles in allem ein wirres Durcheinander von alltäglichen Menschen, die sich aus Gewohnheit hier versammeln, nicht weil sie das Gefühl des „Festlichen" haben, sondern weil es ihr Mittwoch- oder Sonnabendnachmittag ist, an dem sie „ausgehen" können. Hält man Feuerbachs „Gastmahl" (1873) daneben, das sich wie ein antiker Fries vor einer Säulenarchitektur entfaltet, spürt man den Protest, der in der scheinbaren Harmlosigkeit der Liebermannschen Darstellung steckt. Ähnliche Massenvergnügungen findet man auf den vielen Kneipenbildern, auf denen die dargestellten Menschen durch ein Zuviel an Alkohol ins Getriebe ihrer untermenschlichen Instinkte versinken und damit den Rang ihrer Persönlichkeit verlieren. Bei Baluschek hocken übernächtigte Animiermädchen und randalierende Säufer in einer rauchgeschwängerten Stampe, in der eine kahle Birne an der Decke hängt und ein Ofenrohr an der Wand baumelt. Auf dem Bild „Die Falschspieler" (1884) von Corinth bedrohen sich ein paar Kampfhähne mit den eben ausgetrunkenen Flaschen. Nicht anders geht es bei Zille zu, nur daß sich die Gemeinheit des „Vergnügens" um einige Akzente verschärft. Bei ihm sitzen Dirnen und Ganoven in ihren Schlummerecken, trinken, beraten ihre Geschäfte oder trösten sich mit einer zynisch aufgefaßten Liebe über die Misere ihres Daseins hinweg. Das Phänomen der Liebe erscheint auf diesen Bildern nicht als ein individueller Rausch oder ein seelenvolles Schwelgen in edlen Gefühlen, sondern wirkt wie eine käufliche Alltäglichkeit, der man an jeder Ecke begegnet. Kneipen und Bordells waren in diesen Jahren nicht nur in der Kunst, sondern auch in der Realität mit Prostituierten geradezu überschwemmt. So wurde in London die Zahl derer, die in den Abendstunden den Bezirk von Drury Lane und das East End wie ein Ausverkauf der Liebe überfluteten, offiziell auf 80 000 geschätzt. In Berlin und Paris lagen die Verhältnisse kaum anders. Hier wie dort herrschte eine Genußkultur, die den gesellschaftlichen Gegensatz in einer für beide Seiten entehrenden Weise mißbrauchte.

Aber selbst die schlichteren Freuden des Daseins sanken in dieser Zeit zu individualitätsfeindlichen Massenvergnügungen herab. Man denke an das Reisen, das durch die steigende Bedeutung der Eisenbahn seinen romantisch-individuellen Reiz verlor und zu einem mechanisierten Allgemeingut wurde. So malt Friedrich Stahl Bahnhofsbilder, auf denen nur das an sich gleichgültige Ein- und Aussteigen der Fahrgäste dargestellt wird, um das Sachliche einer solchen Atmosphäre zu charakterisieren, während Menzel auf seiner „Fahrt durch die schöne Natur" (1892) die rücksichtslose Neugier einer mit Ferngläsern in der Luft herumfuchtelnden Gesellschaft zu einer genrehaften Szene verbindet und damit wiederum seine Zugehörigkeit zum Realismus der fünfziger und sechziger Jahre dokumentiert. Bei Baluschek erscheint das Bahnsteig- und Coupé-milieu vor allem in seinem Zyklus „Zwischen Ost und West" (1896), in dem ein ausgesprochen gesellschaftskritischer Zug zum Durchbruch kommt. Selbst das Baden, das früher meist ein Anlaß zur Darstellung makelloser Akte war, wird in diesen Jahren in den Bereich der ungeschminkten Realität herabgezogen. So malt Liebermann 1878 eine Gruppe „Sich ankleidender Jungen", auf dem sich eine Schar nackter oder halbangezogener Knaben tummelt, die eben aus dem Fluß gestiegen ist. Es geht ihm auf diesem Bild nicht um den Ausdruck der ge-meinsamen Freude, sondern um das Massenhafte, das Zufällige und daher Un-schöne der körperlichen Haltungen, die sich in realistischer Zwanglosigkeit vollziehen. Eine ähnliche Szene entfaltet Friedrich Stahl auf seinem Bild „Badestrand in Ostende" (1891), nur daß es hier die höhere Gesellschaft ist, die sich in den Strudel eines Massenvergnügens hineinreißen läßt. Sie benimmt sich zwar vornehmer, promeniert hinter den ins Wasser geschobenen Badewagen mit standesgemäßer „Würde", verliert aber durch ihr Auftreten als Masse viel von der angemaßten Herrschaftlichkeit. Wohl ihren überzeugendsten Ausdruck findet diese Vermassung der Lebensfreude auf dem Bild „Sonntag auf dem Tempelhofer Feld" (1907) von Hans Baluschek, das zwar zeitlich schon über die hier besprochene Zeit hinausragt, jedoch seine naturalistische Herkunft nicht verleugnen kann. So beschränkt sich Baluschek auf das simple Kompositions-prinzip, eine bis an den Horizont reichende Grasfläche zu malen und verstreut auf diesem endlosen Tablett eine Erholung suchende Menge, die sich nichts anderes leisten kann als das kostenlose Vergnügen, die Sonne und die frische Luft zu genießen, obwohl man auch ein paar versprengte Bürgerliche entdeckt, die hier den Reiz des Improvisierten suchen. Die meisten der dargestellten Personen sitzen auf mitgebrachten Stühlen, lagern auf der Erde oder gehen spa-zieren, und doch hat man nicht den Eindruck individueller Gruppen wie bei Menzel, sondern den einer unübersehbaren Menge, die aus ihren Mietskasernen entflohen ist, um sich wenigstens einmal in der Woche dem Gefühl der Sorg-losigkeit hingeben zu können.

Neben diesen apathisch wirkenden Zustandsschilderungen, auf denen der Mensch als ein absolut determiniertes und milieubedingtes Wesen erscheint, finden sich jedoch in den achtziger und neunziger Jahren zum erstenmal auch Darstellungen, wo sich die numerische Überlegenheit des vierten Standes zu einer politischen Aktion verdichtet. Noch anekdotisch befangen ist das Bild

„Streikende vor dem Unternehmer" (1879) von Theodor Kittelsen. Schon überzeugender wirkt der Zyklus „Eine Mutter" (1881—1883) von Max Klinger, in dem die Anteilnahme der proletarischen Kreise an einem durch Hunger und Elend verursachten Selbstmord dargestellt wird. Es folgen Gerichtsszenen von Ferdinand Brütt, auf denen eigentlich die Kläger auf der Anklagebank sitzen, während die schuldlosen Opfer wie ein Fanal der Rechtlosigkeit wirken. Auch der „Streik in der Tischlerwerkstatt" (1889) von Ludwig Bokelmann verrät eine politische Engagiertheit. Wesentlich intensiver wird die Parteinahme bei Baluschek, man denke an ein Bild wie „Tauwetter" (1907), mit dem er das jahreszeitlich bedingte Sterben der Arbeiterkinder zu symbolisieren versucht, oder an seine Illustrationen im „Narrenschiff", die sich mit dem politischen Tageskampf beschäftigen. Seinen künstlerischen Höhepunkt erlebt das proletarische Massenbild bei Käthe Kollwitz, die in ihren Radierungen zu Hauptmanns „Webern" zum erstenmal den modernen Klassenkampf zum Bildthema erhob (1897). In ihrer Schärfe gehen diese Blätter fast über Hauptmanns Tendenzen hinaus und bemühen sich, das zu Ende zu führen, was dort in Rücksicht auf die Aufführbarkeit nicht gewagt werden konnte: die Darstellung einer kleinen, aber aggressiven Gruppe, die entschlossen zur Waffe greift, um die herrschende Gesellschaftsordnung auseinanderzusprengen. Eine ähnliche Explosivkraft enthält ihre Radierung „Aufruhr" (1899), auf der eine erregte Masse hinter einem Fahnenschwinger herstürmt, angefeuert durch ein in der Luft schwebendes, nacktes Weib, das schon Delacroix zum Symbol der Freiheit erhoben hatte. Ebenso „revolutionär" wirkt ihr graphischer Zyklus „Der Bauernkrieg" (1903—1908). Man denke an das Blatt „Losbruch", auf dem sich eine überstürzende Welle bisher geknechteter Ackersklaven gegen ihre panzergerüsteten Unterdrücker wälzt, aufgestachelt durch die mächtige Diagonale einer das Bild beherrschenden Muttergestalt, die den Willen der Masse wie ein fleischgewordenes Monument verkörpert. Dieselbe Geschlossenheit zeichnet ihre Radierung „Die Gefangenen" aus, auf dem eine Gruppe von Bauern wie eine Hammelherde in einem Viehkral zusammengepfercht ist. Naturalismus und Symbolismus verbinden sich hier zu einer Aussagekraft, die die wirre Phantastik eines Klinger weit hinter sich läßt und sich zu einem sozialen Realismus verdichtet, der sowohl naturalistische als auch geistig-interpretierende Elemente enthält.

Das Ergebnis dieser revolutionären Gesinnung ist eine Nivellierung der Gesellschaft auf die Ebene der Niedrigstehendsten, der Armen und Entrechteten, für die es bisher in den Bereichen der Kunst überhaupt noch kein Heimatrecht gab. Tonangebend wird plötzlich eine Gesellschaftsklasse, die sich durchsetzen will und dies nur kann, indem sie den Blick auf das Gebundene und Antiideale ihrer bisherigen Existenz zu ziehen versucht und zugleich ihren revolutionären Elan dokumentiert. Die Frontstellung dieser Kunst richtet sich daher vor allem gegen den betont „imperatorischen" Persönlichkeitsstil der siebziger

Jahre. Anstatt den höchsten menschlichen Wert in der genialen Schöpferkraft des einzelnen zu sehen, ordnet man sich jetzt dem Glück der Masse unter. Das Ziel der Menschheit ist nicht mehr das im Übermenschen vereinte Ideal von Heros und Genie, das seinem Träger erlaubt, sich über die ökonomischen Voraussetzungen hinwegzusetzen und in einen Bereich der schwerelosen Geistigkeit vorzudringen, sondern die Idee der Gleichheit, das äußere Wohlbefinden der größtmöglichen Zahl, hinter dem die Interessen des einzelnen so lange zurückstehen müssen, bis sich der Zustand der Masse in seiner Gesamtheit verändert hat. Auf eine vergröbernde Formel gebracht, kann man sagen, daß das Endziel der siebziger Jahre die mit hohen Idealen begabte Persönlichkeit war, deren Führerschaft von den Vielzuvielen und Schlechtweggekommenen als etwas Verpflichtendes anerkannt werden sollte, während in den achtziger Jahren gerade die Masse zum Ideal erhoben wird, weil man den subjektiven Idealismus der großen Einzelnen als eine Ideologie der herrschenden Kreise durchschaut und demzufolge als ein das Glück der Masse gefährdendes Streben entlarvt.

DIE EINFÜHRUNG
DER STATISTISCHEN METHODE

Das geistige Pendant der naturalistischen Vorliebe für das Massenhafte und Überindividuelle ist die zunehmende Mechanisierung innerhalb der wissenschaftlichen Methodik, die man gemeinhin mit dem Begriff Positivismus bezeichnet. An die Stelle intuitiv erfaßter Zusammenhänge treten jetzt bloße Einzeltatsachen, deren Addierung nur Summen, aber keine neuen Einheiten ergibt. Die intellektuelle Erkenntnis vollzieht sich nicht mehr im bewertenden „Nacherleben", das notwendig etwas Subjektives hat, sondern beschränkt sich auf den Prozeß der Summierung, der als vollgültige Leistung anerkannt wird, obwohl seine Hauptaufgabe in der scheinbar geistlosen Aneinanderreihung von Fakten besteht. Das Vorbild dieser Art von Intellektarbeit sah man von seiten des Gegenstandes in der Materie der mechanischen Naturwissenschaften, von seiten der Methodik in der von der Soziologie inaugurierten statistischen Methode, deren mathematisch anmutende Präzision mit voller Bewußtheit gegen die ideologische Unsachlichkeit der Gründerzeit ausgespielt wurde. Wenn sich auf dem Weg über die Interpretation nur noch Meinungen, aber keine kontrollierbaren Resultate mehr ergaben, stützte man sich auf das Motto „Zahlen beweisen!", um so die bisher übliche Autoritätsgläubigkeit zu beseitigen. Wie in der Massenpsychologie muß auf diese Weise der Faktor des Geistigen dem Gewicht der größten Summe weichen, obwohl man dadurch das zu erwartende Resultat von vornherein auf ein paar belanglose Ziffern reduziert. Auch wissenschaftlich entwertet man so den Menschen zu einem Zahlenwert innerhalb einer Statistik, der weder durch individuelle Besonderheiten noch durch spezifische Leistungen ausgezeichnet ist. Der Einzelmensch verliert dadurch seine wesenhaft geistige Struktur und sinkt zu einem Produkt von Ursache und Wirkung herab, das man nicht mehr aus sich selbst heraus erklären kann, sondern das erst durch die Summierung mit anderen Fakten eine wissenschaftliche Bedeutung erlangt. Je umfangreicher das statistische Zahlenmaterial wird, desto extensiver erweist sich die damit verbundene „Entpersönlichung", die schließlich in allen Geisteswissenschaften zu einem seelenlosen Automatismus geführt hat, der erst durch die impressionistische Subjektivität wieder aufgelockert wurde.

Ziel und Sinn dieser Methode ist nicht der einzelpersönliche Wert, sondern die mathematisch zu errechnende Gesetzmäßigkeit, die sich hinter dem scheinbaren Durcheinander aller menschlichen Äußerungen verbirgt. Getreu der positivistischen Lehre will man in sämtlichen Wissenschaftszweigen aus der

Menge der beobachteten Einzeltatsachen auf bestimmte für das Phänomen der Masse geltende Normen, Wiederholungen und Gesetze schließen. Wie im kapitalistischen Konkurrenzkampf der durch die Gründerzeit angekurbelten Wirtschaft entscheidet nur die seelenlose Quantität, die sich auf kommerziellem Sektor in der Vorherrschaft der Aktiengesellschaft geäußert hat, in der der einzelne Aktionär ebenfalls bloß als Nummer gewertet wird und an der ganzen Unternehmung gefühlsmäßig unbeteiligt bleibt. In der Soziologie wurde diese Methode vor allem von Herbert Spencer angewandt, der im Bereich seiner Wissenschaft ein für damalige Verhältnisse ungewöhnliches Tatsachenmaterial zusammentrug, bevor er an die Aufstellung allgemeingültiger Gesetze ging. Innerhalb der Rechtswissenschaft kann man auf Franz von Lißt verweisen, der in seinen Untersuchungen über die sozial-pathologische Struktur des modernen Verbrechertums die Ergebnisse der deutschen Kriminalstatistiken verwertete, um das gesetzmäßige Wechselverhältnis von Hungermonaten und Eigentumsdelikten zu beweisen (S. 6). Auch Karl Lamprecht stützt sich in seinem Buch „Die Geschichte der jüngsten Vergangenheit und Gegenwart" (1912) auf detaillierte Statistiken, gibt eine Aufschlüsselung der einzelnen Berufsgruppen und Steuerklassen, verfolgt die Auswandererziffern und die steigenden Bevölkerungssummen, um so die Beweiskraft seiner wirtschaftspolitischen Thesen zu erhärten. Dieselbe „Methodik" findet sich bei Paul Möbius, der in seiner Goethe-Pathographie (1898) den „Leidensweg" seines Helden mit der in einem Ergänzungsband angehängten Sammlung aller nachweisbaren Krankheitssymptome erläutert. Diese wahllos herausgegriffenen Beispiele, die sich ohne Mühe ins Aschgraue erweitern ließen, zeigen, welche Ehrfurcht man auf wissenschaftlichem Gebiet der positivistischen Determiniertheit entgegenbrachte. Der Wahrheitsgehalt der einzelnen Thesen wird daher wie in der mechanischen Physik stets durch ein genau zu kontrollierendes Zahlenmaterial erhärtet. Leider blieb man meist auf dieser Stufe stehen, anstatt das zusammengetragene Tatsachenmaterial in eine bestimmte Gesetzmäßigkeit zu bringen und so zu einem greifbaren Ergebnis vorzudringen. Aus diesem Grunde haben die Forschungen dieser Jahre oft einen ausgesprochen kleinlichen Charakter, was inhaltlich in einer erschreckenden Geistlosigkeit zum Ausdruck kommt. So schreibt der Archäologe Ernst Curtius schon 1878:

„Es gilt jetzt durchaus für wahre Wissenschaft, Stoff zu sammeln, einzelne Fakta festzustellen, den Blick auf lauter besondere Probleme zu beschränken, unbekümmert um den Zusammenhang der Dinge, welchen man mit heimlicher Freude preisgibt. Das ist ein gewisser materialistischer Zug in der Wissenschaft, dessen demoralisierender Einfluß nicht zu verkennen ist. Er raubt unseren Studien den Charakter der Humanität" (Ein Lebensbild in Briefen, Berlin 1903, S. 649).

Das Ideal dieser Form der „Wissenschaftlichkeit" ist der in Bibliotheken vergrabene Statistiker, der Bausteine für den Turm der Wissenschaften zusammenträgt oder bisherige Lücken mit sorgfältig detaillierten Einzeluntersuchungen stopft, um den vorliegenden „Fall" ein für allemal zu bereinigen. Nicht derjenige Wissenschaftler gilt etwas, der sich in Synthesen versucht, neue Perspektiven eröffnet oder bisher vergessene Fragestellungen entdeckt, sondern der Tatsachensammler, der auf den Anspruch der Genialität verzichtet und sich streng an den langsamen Fortgang der „Forschungen" hält. Man lese eine Stelle aus dem Buch „Entartung" (1892) von Max Nordau:

> „Welche Heiligensage ist so schön wie das Leben eines Forschers, der sein Dasein über ein Mikroskop gebeugt zubringt, ohne einen anderen Ehrgeiz als den, vielleicht eine einzige, kleine neue Tatsache sicherzustellen, die ein glücklicher Nachfolger zu einer Synthese benützen, als Baustein in ein Denkmal der Naturerkenntnis einfügen wird?" (S. 174).

Wie selbstherrlich wirkt dagegen die Gelehrtenauffassung der Gründerzeit. So hat Knaus den Althistoriker Mommsen wie einen Strategen der Studierstube dargestellt, der angesichts einer Cäsar-Büste seine „Werke" entwirft. Das Bild ist so anspruchsvoll, daß man fast vermißt, daß der Dargestellte seine Schriften einem dienernden Sekretär in die Feder diktiert. Ebenso strategisch war Wilhelm Scherer trotz seiner wissenschaftlichen Gründlichkeit mit der deutschen Literaturgeschichte verfahren, indem er sie in einen alla fresco gemalten Zyklus von je 600 Jahren eingeteilt hatte. Gelehrte dieser Art, man denke an die kämpferische oder imperatorische Gesinnung eines Nietzsche, Paul de Lagarde oder Eugen Dühring, werden jetzt durch streng positivistische Grammatiker und Tatsachensammler verdrängt, die genau das erfüllen, was Max Weber später die Forderung der „werturteilsfreien" Methodik genannt hat. So sagt Paul Ernst in einem Artikel der „Freien Bühne", der sich gegen Nietzsches Wertphilosophie richtet:

> „Wir verzichten darauf, Werte zu schaffen. Wir halten ein solches Unterfangen für aussichtslos. Wir wollen nichts als erkennen, rein erkennen" (1890, S. 519).

Für den soziologisch eingestellten Charakter dieser Zeit ist es bezeichnend, daß diese Gesinnung auch da um sich gegriffen hat, wo das Allerindividuellste, das Problem des künstlerischen Schaffens, in Frage stand. So wird das Phänomen des Schöpferischen nicht mehr an Hand einer lebendigen Biographie erläutert wie bei Grimm oder Justi, sondern durch Statistiken erklärt, die sich an den tabellarisch ermittelten Durchschnitt der geäußerten Meinungen und Ideen halten. Durch diese entseelende, ja fast entmenschende Wirkung der statistischen Methode werden die menschlichen Lebensphasen, die Höhepunkte und Pausen, auf durchschnittliche Gleichheiten reduziert, wodurch das Auf und Ab des Lebens in einem immer stärkeren Maße hinfällig wird. Bedeutsam ist nicht mehr das einfühlende „Nacherleben bestimmter Individualitäten", also der unmittelbare Bezug, der für einen Kunsttheoretiker wie Conrad Fiedler die höchste Form der wissenschaftlichen Erkenntnis war, sondern die sachliche Registrierung statistisch kontrollierbarer Merkmale und Besonderheiten, wodurch die konstatierten Fakten den Charakter des Seelenlosen bekommen. Man will nicht bewerten oder aufschließen, das betreffende Kunstwerk um seinen Sinn befragen, sondern konzentriert sich auf die Exaktheit der Methode, um so einem falsch angebrachten Heroenkult zu entgehen. Die Texte der zu „bearbeitenden" Dichtungen werden daher nur auf die Summe der empirischen Sinnesqualitäten hin untersucht, anstatt sich mit ihrem seelischen Gehalt oder ihrer geistigen Differenziertheit zu beschäftigen. So beschränkt man sich immer wieder auf eine Statistik der Geruchsempfindungen, der Farbeindrücke oder akustischen Metaphern und zieht daraus einen verallgemeinernden Mittelwert, der oft so weit gefaßt ist, daß er überhaupt keinen Erkenntniswert hat. Besonders in den Dissertationen dieser Jahre wird lediglich „Material" ausgebreitet. Aus ganzheitlichen Dichterpersönlichkeiten werden auf diese Weise optische, musikalische oder motorische „Typen", ohne daß man etwas über ihre persönliche Bedeutsamkeit oder den Wert ihrer schöpferischen Leistungen erfährt. Die Ergebnisse dieser wissenschaftlichen Akribie sind zwar als Erkenntnisleistungen oft ohne Belang, haben aber auf Grund ihrer statistischen Genauigkeit noch heute einen nicht zu unterschätzenden Wert als verläßliche Nachschlagewerke, zumal sich seit der Jahrhundertwende in den meisten geisteswissenschaftlichen Disziplinen ein antiphilologischer Affekt verbreitet hat, dem die Mehrzahl der statistischen und lexigraphischen Unternehmen zum Opfer gefallen sind.

In der Germanistik zeigt sich die Vorherrschaft des Positivismus vor allem im Bereich der Sprachwissenschaft, die in diesen Jahren den Organismus der gesprochenen Sprache rein kausal bedingt betrachtet und ihn in ein Schema von genau definierten Lautgesetzen zu bringen versucht. Die noch romantisch befangene Theorie von der sprachschöpferischen Kraft der mythischen Urvölker wird jetzt durch das Zweckmäßigkeitsprinzip der darwinistischen Abstammungslehre verdrängt, was viele Forscher dazu bestimmte, eine dem Prinzip der Mutation angenäherte Gesetzmäßigkeit der sprachlichen Entwicklung aufzustellen. Man denke an die „Prinzipien der Sprachgeschichte" (1880) von Hermann Paul, in denen die Lautgesetze der indogermanischen Dialekte in Analogie zum Darwinismus aus einer rein teleologischen Perspektive gedeutet werden. Das Eigenschöpferische innerhalb der sprachlichen Entwicklung tritt hier wie bei Braune und Weinhold immer stärker hinter kollektiven Gesetzmäßigkeiten zurück. Hermann Paul war von diesen Erkenntnissen so durchdrungen, daß er auf Grund seiner nomothetischen Prinzipien eine „Gesetzwissenschaft" aufbauen wollte, weil er glaubte, „daß die Sprachwissenschaft unter allen historischen Wissenschaften die sichersten und exaktesten Resultate zu liefern imstande ist" (S. 19).

Auch der Wandel des Goethe-Bildes, der schon unter dem Gesichtspunkt der „Entheroisierung" eine wichtige Rolle gespielt hat, gehört in diesen Zusammenhang. Aus Goethe dem Olympier wird jetzt Goethe der Sammler, während sich der Goethe-Kult, dem neben Herman Grimm auch Paul Heyse und Victor Hehn gehuldigt haben, in die Goethe-Philologie verwandelt. Das Ergebnis dieses philologischen Akademismus ist die 1885 gegründete Goethe-Gesellschaft. Anstatt eine Akademie mit gesetzgebender Körperschaft zu errichten, wie es dem Stil der siebziger Jahre entsprochen hätte, ruft man mit den Mitteln der Nachlaßverwaltung eine wissenschaftliche Aktiengesellschaft ins Leben, deren Hauptaufgabe darin besteht, den philologischen Wissensbetrieb nach den Gesichtspunkten der Edition zu organisieren. Das von Erich Schmidt herausgegebene „Goethe-Jahrbuch" bringt daher vorwiegend neuentdeckte Materialien, die nicht der Deutung des Goetheschen Wesens, sondern der „Vollständigkeit" der statistischen Ermittlung dienen. Nicht die Goethe-Verehrer kommen zu Wort, sondern die Goethe-Philologen, die irgendwelche Nebensächlichkeiten in Briefen, Rechnungen, Dokumenten oder Aktenstücken untersuchen, also Düntzereien oder Boxbergeriaden liefern, anstatt sich um die dichterisch-bedeutsamen Probleme zu kümmern. So finden sich unter den „aufsehenerregenden" Neuigkeiten häufig Veröffentlichungen, die eigentlich nur autographischen Wert haben, aber für die Literaturgeschichte ohne Belang sind, wie folgender Goethe-Brief:

> „Beykommendes besorgen Sie gefälligst mit meinen schönsten Grüßen. Lassen Sie sich eine Recipisse geben.
> W., d. 13. März 19.   G."

Auf Grund einer solchen Gesinnung entstehen natürlich eher Kommentare als Biographien, da die Beschreibung eines umfassenden Vorganges immer den Mut zur Unvollständigkeit voraussetzt. Man stellt daher lieber Register zusammen, als sich an eine scheinbar „unwissenschaftliche" Verknappung heranzuwagen. Die einzelne Stelle interessiert, nicht das Gesamtwerk, was sich als geistige Beschränkung oder mangelnde Übersicht äußert. Anstatt den Gehalt eines bestimmten Werks zu interpretieren, begnügt man sich mit äußerlichen Vergleichsmomenten, die auch ein ungebildeter Leser nach einigen instruktiven Hinweisen zusammenstellen könnte. Auf diese Weise wird wiederum das Individuelle, das Schöpferische und dichterisch Geniale zu einem nichtssagenden Zahlenwert innerhalb einer Tabelle, in der auch das künstlerische Objekt nicht mehr gilt als ein Anteilschein einer Aktiengesellschaft oder ein mit einer Nummer versehener Arbeiter in einer Fabrik.

Das Ergebnis dieser positivistischen Mechanisierung der historisch orientierten Geisteswissenschaften ist eine Arbeitsweise, die alle individuellen Neigungen aus der wissenschaftlichen Forschung verbannt. Man baut in diesen Jahren einen Wissenschaftsbetrieb auf, der die einzelnen Fachgebiete ohne Ausnahme dem Postulat der naturwissenschaftlichen Kausalität unterwirft, um damit an die Stelle der hospitierenden Liebhaberei, die im frühen 19. Jahrhundert einen nicht unwesentlichen Teil der Wissenschaftlichkeit ausgemacht hatte, eine Forschungsmethode zu setzen, die eine „technische" Legitimation aufweisen kann. Am auffälligsten zeigt sich diese „Organisation" der Wissenschaften in der Gründung der zahlreichen Philosophen- und Dichtergesellschaften, die sich um eine historisch-kritische Gesamtausgabe der bisher nur liebhabermäßig herausgegebenen Werke bemühen. Fast alle diese Gesellschaften werden mit anspruchsvollen Fachorganen ausgestattet, was später auf viele bedeutende Persönlichkeiten übergriff und nach der Jahrhundertwende im Zeichen einer neuen Wertbewegung zu wahren Gemeindebildungen führte. Wesentlich sinnvoller war die Errichtung von Dichterarchiven (Weimar, Marbach), da auf diese Weise bedeutsame Nachlässe vor spekulierenden Autographensammlern gerettet werden konnten. Auch die Gründung „historischer Kommissionen", die sich mit der Herausgabe landesgeschichtlicher Quellen beschäftigen, gehört in diesen Zusammenhang. Als letztes Symptom dieser positivistischen Freude an der Erfassung und Organisierung des wissenschaftlichen Materials sei auf die steigende Bedeutsamkeit des lexikalischen Betriebes hingewiesen, der in diesem Jahrzehnt eine Wissenschaft nach der anderen eroberte, da ihm das Summationsstreben der achtziger Jahre sehr entgegenkam.

Das geistige Pendant zu diesen Gesellschaften ist der Institutsgedanke, der sich in den achtziger Jahren innerhalb der universitätsgebundenen Forschung durchzusetzen begann. Auf Grund der statistischen Methode steigt in allen Disziplinen die Bedeutung des Betriebes und der Apparatur, was oft zu einer maßlosen Überschätzung des wissenschaftlichen Rüstzeuges geführt hat. So glaubte man lange Zeit, eine tiefere Ergründung der behandelten Themen nur auf dem Wege über das Zettelkastensystem erreichen zu können, ohne zu merken, daß man durch diese Objektivierung des Geistes einer Perspektivelosigkeit verfiel, die in ihrer Verbohrtheit manchmal fast etwas Absurdes hat. Wie in der Wirtschaft siegt in diesen Jahren auch in der Wissenschaft der Gedanke der Mechanisierung und Automatisierung, was konsequenterweise zu einer streng geschiedenen Arbeitsteilung führt. Nach positivistischer Ansicht soll die wissenschaftliche Tätigkeit nicht einer Privatneigung entspringen, sondern eine Leistung sein, die sich auf das Spezielle eines einmaligen Falls konzentriert und diesen mit gleichgearteten Fakten in eine Reihe zu bringen versucht, um so eine absolute Objektivität zu erreichen.

Bei einer solchen Negation aller syntheseschaffenden Elemente büßte natürlich die Philosophie, die man bisher als die Bekrönung aller wissenschaftlichen Bemühungen empfunden hatte, einen erheblichen Teil ihrer Geltung ein. Anstatt die anderen Fachgebiete in einem spekulativen Sinne zu überwölben, muß sie sich jetzt damit begnügen, lediglich eine ordnende Funktion zu übernehmen. Man sieht in ihr nur noch ein Organ der wissenschaftlichen Bestandsaufnahme

oder einen formalen Katalog der einzelnen Disziplinen, zumal sie ihre Haupt-
gebiete wie die Metaphysik und die Erkenntnistheorie dem herrschenden
Materialismus „geopfert" hatte und aus vielen ihrer Nebenzweige, wie der
Psychologie, langsam selbständige Wissenschaften geworden waren. An die
Stelle des in mancher Hinsicht „überragenden" Philosophen, der seine persönlichen und wissenschaftlichen Erkenntnisse zu einem umfassenden Denkschema
erweitert, tritt daher das spezial-wissenschaftliche Institut, das keine höheren
Ansprüche hat, als der eigenen Disziplin neues Material heranzutragen. Die
einzelnen Fachrichtungen organisieren sich aus diesem Grunde wie ein Waren-
haus, ein Konsumverein oder eine Aktiengesellschaft, das heißt unter Ausschaltung des geistigen Ranges und eventueller Sonderinteressen, um sich ganz ihrer
aufschließenden und ordnenden Aufgabe hingeben zu können. Das Prinzip
der Arbeitsteilung zeigt sich vor allem auf dem Gebiet der physiologischen
Psychologie, die in diesen Jahren durch das Ansehen Wundts eine beherrschende
Stellung einnehmen konnte. In den Instituten dieser Disziplin wurde der einzelne Assistent weitgehend zu einem Registrator bestimmter, abzulesender Vorgänge erniedrigt, die erst in zweiter Instanz zu einem wissenschaftlichen Ergebnis führten. Gerade an diesem Beispiel läßt sich zeigen, daß der Einbruch der
Psychologie in die Geisteswissenschaften keineswegs zu einem tieferen Verständnis der einzelnen Phänomene geführt hat, sondern die individuellen und
damit einmaligen Merkmale des geistigen Lebens einem unpersönlichen Mechanismus unterwarf. Anstatt das Psychische ins Intellektuelle zu übersetzen oder
seiner komplizierten Verankerung im Unterbewußtsein nachzugehen, wurde es
nach positivistischen Methoden einfach „materialisiert", das heißt in eine meß-
und zählbare Realität verwandelt und somit aus dem Bereich der Einfühlung
in den der bloßen Konstatierung übertragen.

Um diese Zeit der größten Kleinarbeit nicht in dieser negativen Beleuchtung
stehenzulassen, muß man auch die positiv versachlichende Note des allgemeinen
Institutsbetriebes hervorheben. Für den Neuankommenden hat die positivistische Methode allerdings etwas Trostloses, denn er wird wie in einer Werkstatt oder einer Fabrik zum Rad einer sein Fassungsvermögen weit übergreifenden Apparatur, sieht nie die größeren Zusammenhänge und arbeitet so auch
wissenschaftlich eigentlich nach der Fließbandmethode. Er wird zum mechanisierten Teil eines Betriebes, der sich nicht um seine persönlichen Forscher-
launen kümmert, sondern ihn unter das Gesetz der zu bearbeitenden „Sachen"
stellt. Für die Naturwissenschaft ergab sich eine solche Methode von selbst,
da hier die experimentellen Voruntersuchungen zwangsläufig eine auf dem
Prinzip der Arbeitsteilung beruhende Methode erfordern. Aber auch auf dem
Gebiet der Geisteswissenschaften hat die positivistische Strenge zu heilsamen
Ergebnissen geführt, da sie wesentlich zur Überwindung der geschichtsphilo-
sophischen Spekulationen und des dilettantischen Subjektivismus beigetragen
hat. Eine Gefahr für den Geist dieser Wissenschaft erstand erst dann, als die

Statistik über den Bereich der von ihr erfaßbaren Themen hinausgriff und bei einem sinnentleerten Philologismus landete, der die methodische Technik zum Selbstzweck erhob, was zu einer erheblichen Entgeistung geführt hat. Auch auf dem Gebiet der Wissenschaft siegt also in den achtziger Jahren der Gedanke der vom Individuum abgelösten Arbeit, wodurch das persönlich Engagierte hinter der reinen Sachlichkeit zurücktreten muß, die sich auf dem Felde des Geistes wohl stets wie eine nicht aufzulösende Antinomie gegenüberstehen werden.

DER MENSCH
ALS UNPERSÖNLICHES GESCHEHEN

Der bisher nur unter soziologischen oder milieubedingten Ursachen betrachtete Prozeß der „Vermassung" führte immer wieder zu Grenzsituationen, in denen die einzelmenschliche Psyche durch das moderne Großstadtleben, die zunehmende Technisierung und die kapitalistische Arbeitsweise vom Kollektiv überwältigt wird. Dieser Vorgang hat in den achtziger Jahren und im Gefolge des Naturalismus eine recht verschiedenartige Deutung erfahren. Während die vom Marxismus beeinflußte Sozialdemokratie im Anwachsen der Masse einen entscheidenden Ansatzpunkt der proletarischen Revolution erblickte, sah die bürgerliche Massenpsychologie in der Heraufkunft des vierten Standes einen Rückfall ins Archaische. So schreibt Le Bon, wohl der repräsentativste Vertreter dieser Richtung, in seiner „La psychologie des foules" (1895):

> „Allein durch die Tatsache, Glied einer Masse zu sein, steigt der Mensch mehrere Stufen von der Leiter der Kultur herab. Als einzelner war er vielleicht ein gebildetes Individuum, in der Masse ist er ein Triebwesen, also ein Barbar" (Stuttgart 1938, S. 19).

Das bezeichnendste Merkmal der „Masse" ist für Le Bon die Herrschaft des Unbewußten. Nach seiner Theorie verliert der einzelne im Kollektiv seine „intellektuellen Hemmungen" und verfällt wieder der ursprünglichen Spontaneität. Er begibt sich damit seiner persönlichen Verantwortlichkeit und wird zum Teil einer Massenseele, die ihn zur willenlosen Marionette degradiert. Anstatt den Prozeß der Kollektivierung auf seine ökonomischen Ursachen zurückzuführen und damit historisch zu verstehen, weicht Le Bon ins Irrationale aus, das immer dann hinhalten muß, wenn man das Ideologische seiner eigenen Haltung durch eine scheinbare Tiefgründigkeit verbrämen will. Er vergleicht die Masse daher mit der Sphinx der antiken Sage, mit Bacchanten oder Flagellantenzügen, ohne auf ihre soziologische Struktur einzugehen (S. 83). Eine weitere Verunklärung der gegebenen Problematik tritt dadurch ein, daß Le Bon die Herkunft der unbewußten Handlungen wie Gumplowicz immer wieder in eine geheime Rassenseele verlagert. Er schreibt:

> „Hinter den eingestandenen Motiven unserer Handlungen gibt es zweifellos geheime Gründe, die wir nicht eingestehen, hinter diesen liegen aber noch geheimere, die wir nicht einmal kennen" (S. 15).

Durch diese Relativierung der einzelpersönlichen Funktionen kommt Le Bon sinnvollerweise zu dem Ergebnis, die Mächte des Rückenmarks höher einzustufen als die des Gehirns. An die Stelle der bewußten Tätigkeit des

Einzelmenschen tritt so die unbewußte Wirksamkeit der Masse, die alle menschlichen Handlungen zu unkontrollierbaren Reflexen „erniedrigt". Le Bon resümiert diese Konsequenzen in folgender These:

> „Die Hauptmerkmale des in der Masse befindlichen Individuums sind demnach: Schwund der bewußten Persönlichkeit, Vorherrschaft des unbewußten Wesens, Orientierung der Gedanken und Gefühle in derselben Richtung durch Suggestion und Ansteckung, Tendenz zur unverzüglichen Verwirklichung der suggerierten Ideen. Das Individuum ist nicht mehr es selbst, es ist ein willenloser Automat geworden" (S. 18).

Zu wesentlich exakteren Ergebnissen kommt Sigmund Freud in seiner Schrift „Massenpsychologie und Ich-Analyse" (1921), die sich auf Le Bon bezieht, aber dessen Thesen psychologisch und psychoanalytisch differenziert. Freud beschäftigt sich vor allem mit hypnotischen Zuständen, mit Phänomenen wie der Massensuggestion, durch die der Mensch in die Nähe des Primitiven, des Kindes oder des Neurotikers gerät. Er nimmt nicht Partei, versucht nicht, dem Ganzen einen ideologischen Überbau zu geben, sondern beschränkt sich auf die medizinischen oder psychiatrischen Fakten. Auf diese Weise wird der Schwund der bewußten Einzelpersönlichkeit von allen wertenden Komponenten befreit und auf das Gebiet der reinen Wissenschaftlichkeit übertragen. Die Masse ist für Freud ein Reflex der „Urhorde", ihr Streben nach „Annäherung" verrät die mit der Suggestion verbundene Libido, die es dem einzelnen erlaubt, die Verdrängungen seiner unbewußten Triebregungen abzuwerfen und als Handelnder und Fordernder aufzutreten. Ähnliches ließe sich von der Wundtschen „Völkerpsychologie" (1904) sagen, die ihre am Prinzip der Masse orientierten Gesetze gerade am Wesen der Primitivkulturen beweist und daher im Totemismus ihre Bekrönung erlebt, weil hier die menschlichen Reaktionen noch weitgehend von Fetisch und Tabu bestimmt werden.

Diese naturwissenschaftliche Mechanisierung des Seelenlebens, hinter der eine fortschreitende Entpersönlichung steckt, zeigt sich sogar bei den „einzelmenschlichen" Verhaltensweisen. An Hand der zeitgenössischen Psychologie kann man nämlich beobachten, daß sich nicht nur der in der Masse befindliche Mensch als überindividuelles Wesen bewegt, sondern auch der einzelne, der zum Ausleben seiner Persönlichkeit eigentlich genügend Spielraum hätte. Sogar er handelt wie ein Geschobener, der nicht Herr seiner eigenen Entscheidungen ist, sondern immer wieder von irgendwelchen „unerklärlichen" Kräften von seinem Willenszentrum abgedrängt wird und sich dadurch allmählich ins Apparathafte verwandelt.

Die Quelle dieser Erkenntnis ist die in den achtziger Jahren mächtig emporblühende Psychophysik, die alle menschlichen Handlungen aus einem physiologischen Mechanismus erklärt, wonach der einzelne nur ein Spielball aller auf ihn ausgeübten Reize ist, die ihn zum Popanz ihrer Launen machen. Deutlich faßbar ist dieser Vorgang bereits in der Schrift „Das Unbewußte vom Standpunkt der Physiologie und Deszendenztheorie" (1877) von Eduard von Hartmann, in der sich der auf den Bahnen Schopenhauers wandelnde Modephilosoph der sechziger und siebziger Jahre zum Vorläufer der Moderne aufwirft. Hartmann bemüht sich in dieser Untersuchung, den philosophischen Individualitätsbegriff durch den Hinweis auf die Entstehung der Arten in Frage zu ziehen. Er geht dabei als scheinbar konsequenter Darwinist so weit, den spezifischen Unterschied zwischen Mensch und Tier zu leugnen (S. 150), indem er das menschliche Handeln auf die Instinktsicherheit der ererbten Hirn- und Gangliendispositionen zurückführt und damit die „unbewußte" Vernunft zum Bindeglied zwischen Mensch und Tier erklärt. Nach seiner Theorie sind alle Hirnschwingungen nur mechanisch ablaufende Prozesse, wodurch das menschliche Wollen zu einem „Summationsphänomen aus unbewußten Komponenten" erniedrigt wird (S. 97). Das Resultat dieser Überlegungen ist die „Relativierung des Individualbegriffes" durch die Herrschaft des Unbewußten, zumal die persönliche Entscheidungsfreiheit des Menschen auf diese Weise in den Strudel der „vererbten Dispositionen" gerät. Ähnliche, an Spencer und Darwin geschulte Formulierungen finden sich bei Georg Simmel, der an die Stelle der Wahrheit und des Gewissens die „Gattungszweckmäßigkeit" und den „artgegebenen Instinkt" zu setzen versucht.

Ihren Höhepunkt erlebt diese Methode bei Wilhelm Wundt und seiner Schule, die in den achtziger Jahren auf dem Gebiet der physiologischen Psychologie eine Monopolstellung ausgeübt haben. Das Ziel ihrer Untersuchungen war die Entwicklung der Psychologie zur Psychophysik, um „den Methoden der Beobachtung auf dem Gebiet der Psyche die Exaktheit physikalischer Experimente zu geben", wie Wladimir von Bechterew in seinem Buch „Psyche und Leben" (1908) schreibt (S. 11). Wundt und seine Schüler wollten aus der Psychologie, die bisher anhangsweise zur Philosophie gehörte, auf dem Wege über die „Seelenstatistik", die alles Psychische zugunsten der körperlichen Antriebe relativiert, eine Wissenschaft machen, deren Methoden auf einer absoluten Gesetzmäßigkeit beruhen und daher von individuellen oder irrationalen Faktoren völlig unabhängig sind. Den ersten Schritt zu dieser naturwissenschaftlichen Mechanisierung der Psychologie sah Wundt in der systematischen Erfassung des sinnespsychologischen Materials, das in seinen Augen die einzige verläßliche Quelle aller weiteren Urteile über die menschlichen Verhaltensweisen war. Anstatt wie in der Gründerzeit die betreffende Person nach ihren schöpferischen Kräften, geistigen Zielsetzungen oder seelischen Qualitäten zu bewerten, begnügt man sich jetzt mit der Statistik der empirisch erfaßbaren Empfindungen und entwickelt unter Ausschaltung alles Bedeutungsvollen und Sinnvollen eine Methode der unwesentlichen Beobachtungen, die sich auf die Konstatierung der körperlichen Reflexbewegungen beschränkt. Nach einem System der richtigen und der falschen Fälle ermittelt man einen sinnlosen Durchschnittswert, durch den alle individuellen Eigenarten ausgelöscht werden.

Der Mensch gerät auf diese Weise in den Sog einer Wissenschaft, die nur noch seine überpersönlichen Merkmale notiert, ohne ihn als geistbegabtes Wesen oder als charakterlich ausgeprägte Persönlichkeit zu würdigen. Seine Seele verwandelt sich dabei in ein mechanisches Geschehen molekular gedachter Empfindungen. Sie gilt nicht mehr als Ursprung, sondern nur noch als Medium der Reize, als eine Durchgangsstation des Unbewußten, das mit unerbittlicher Konsequenz das psychische Leben zu überwältigen droht, da es von einem biologischen Motor angetrieben wird, der selbst von den intellektuellen Willenskräften nur zeitweilig abgedrosselt werden kann. Es ist daher sinnvoll, von einer psychologischen „Materialisation" zu sprechen, denn bei der zunehmenden physiologischen Vergegenständlichung bleibt für das rein Psychische schließlich gar kein Wirkungsraum mehr.

Die wichtigste Grundlage dieser Forschungen ist der von Wundt proklamierte „psycho-physische Parallelismus", dessen Gesetzmäßigkeiten man echt positivistisch als mathematische Schlüssigkeiten empfand. Alle menschlichen Handlungen werden plötzlich einer anonymen Mechanik unterworfen, wobei es gleichgültig bleibt, ob die jeweilige Person als einzelne agiert oder sich in der Masse befindet. Die Verselbständigung des physiologischen Apparates wird manchmal so weit getrieben, daß die geistig-bewußten Komponenten völlig in den Hintergrund treten. Man lebt nicht mehr, sondern man wird gelebt, da selbst die bisher als frei anerkannte Willensentscheidung unter das Gesetz der nervlichen Voraussetzungen fällt. Anstatt sich mit menschlichen Ganzheitlichkeiten zu beschäftigen, der Identität von Leib und Seele, wie die Gestaltpsychologie der neunziger Jahre, man denke an Christian von Ehrenfels und seine Schule, entwickelt man eine Summationspsychologie, bei der der Begriff der Persönlichkeit schließlich im Getriebe der vasomotorischen Nerven versinkt.

Diese fortschreitende „Entseelung", die alle menschlichen Qualitäten auf die im Unbewußten entspringenden Empfindungen reduziert, läßt sich sogar in der „Geistes"geschichte beobachten. So beschäftigt sich die Philologie der achtziger Jahre vornehmlich mit dichterischen Äußerungen, die nicht das Produkt eines planenden Schöpferwillens sind, sondern in den Bereich des Unwillkürlichen gehören, wie die Wortwahl oder die Verwendung bestimmter Redensarten oder Reimverbindungen. Diese Methode ist an sich nicht wertlos und wächst sich in diesen Jahren nur darum so verhängnisvoll aus, weil sie mit den allgemeinen Zeittendenzen zusammentrifft und daher einseitig übertrieben wird. Auch hier zeigt sich eine Reduzierung des Ideellen zugunsten des Unbeabsichtigten, Willkürlichen oder Unüberlegten, die einer augenblicklichen Laune entspringen oder von ererbten Anlagen abhängig sind. So wird ein Gedicht nicht als Ausdruck einer seelischen Situation, sondern als Reflex einer körperlichen Erregung gewertet, als sei es das Ergebnis bestimmter nervlicher Reize, die man an den unwillkürlichen Begleiterscheinungen, wie

Rhythmus, Reim und Wortwahl, regelrecht ablesen kann, wenn man sich für diese Zwecke ein nach dem System der richtigen und falschen Fälle positivistisch kontrollierbares Gesetz aufgestellt hat.

Selbst der Verlauf des menschlichen Denkens wird einer solchen physiologischen Mechanisierung unterworfen. Man denke an das Buch „Logik auf positivistischer Grundlage" (1921) von Theodor Ziehen, dem schon eine „Physiologische Psychologie" (1891) vorausgegangen war, in denen er zur Erklärung des sinnvollen Denkens die Funktionen der Gehirnbahnen heranzieht und die Logik des Schließens und Urteilens aus der mechanischen Verbindung zweier Gehirnoasen erklärt. Ebenso physiologisch bedingt ist nach Carl Lange das Gefühl der ästhetischen Lust, das er in seinem Werk „Sinnesgenüsse und Kunstgenuß" (1903) auf eine gestaute Blutfülle in den Adern zurückführt und damit als arteriellen oder venösen Druckpunkt „entlarvt".

Wohl am deutlichsten kommt diese „Entpersönlichung" des menschlichen Seelenlebens in der Psychiatrie zum Ausdruck. Am Anfang dieser Entwicklung steht der Italiener Lombroso mit seiner Genie- und Verbrechertheorie, die alles Außergewöhnliche in den Bereich des Pathologischen zerrt. In seinem Gefolge treten in Deutschland Psychiater wie Moll oder Krafft-Ebing auf, die sich vorwiegend mit dem sexuellen Automatismus beschäftigen, oder Pathographen wie Möbius, für die es kaum noch etwas Gesundes oder seelisch Normales gibt. Überall wird das Unpersönliche und Gemeingesetzliche in den Vordergrund gestellt, da man auf die absolute „Bedingtheit" der menschlichen Willensäußerungen hinweisen will. Es scheint, als wolle man den Menschen in ein Gestrüpp von Wahnsinn, Alkoholismus, Verbrechen und Sexualität verstricken, um so alle „übermenschlichen" Restbestände, die noch unter dem Signum des Feudalen und Geniehaften stehen, endgültig ad absurdum zu führen. Man kann daher auch in der Psychiatrie von einer bewußten Entheroisierung sprechen, die in einem pamphletistischen und einem objektivistischen Zweig zum Ausdruck kommt, je nachdem man den Menschen zur ordinären Type oder zum unpersönlichen Geschehen entwertet. Ein gutes Beispiel für die ausgesprochen entwürdigende Richtung dieser Wissenschaft ist das Buch „Über den physiologischen Schwachsinn des Weibes" (1901) von Möbius, in dem die mangelnde intellektuelle Qualifizierung der Frau auf ein gehirnliches Minus zurückgeführt wird. Bei Möbius entwickelt die Frau als Typus nur im Augenblick der Zuchtwahl geistige Ambitionen, um kurz darauf wieder dem naturgebundenen Sexus zu verfallen. Er schreibt von den „Weibern":

> „Der Instinkt macht das Weib tierähnlich, unselbständig, sicher und heiter. Mit dieser Tierähnlichkeit hängen sehr viele weibliche Eigenschaften zusammen. Zunächst der Mangel eigenen Urteils. Was für wahr und gut gilt, das ist den Weibern wahr und gut. Wie die Tiere seit

undenklichen Zeiten immer dasselbe tun, so würde auch das menschliche Geschlecht, wenn es nur Weiber gäbe, in seinem Urzustande geblieben sein" (S. 12).

Diese Entwertung des Menschen zum Triebwesen, die sich nur im Widerspruch zum idealistischen Menschenbild der vorangegangenen Epochen verstehen läßt, greift historisch schon etwas voraus, da hier Probleme angerührt werden, die ihre künstlerische Verwirklichung erst im Expressionismus erlebten. Vielleicht genügt ein Hinweis auf die „Traumlehre" Freuds, um zu erkennen, wohin die in den achtziger Jahren entwickelte Mechanisierung des menschlichen Seelenlebens geführt hat. Das historische Ergebnis der Wundtschen Untersuchungen ist daher trotz der psychologisch verfeinerten Methode keine genauere Erkenntnis der menschlichen Psyche, sondern eine „Enthumanisierung" des menschlichen Wesens zugunsten einer denaturalisierten Wirklichkeit, in der der einzelne nur noch als unpersönliches Geschehen eingebettet ist, wo nicht mehr sein „Ich" agiert, sondern wo „Es" über ihn verfügt und vor jeder Übersteigerung seiner Persönlichkeit einen warnenden Komplex aufbaut. Auf die Dichtung übertragen, äußert sich diese psychologische Materialisation in einer auffälligen Vorliebe für das Phänomen der Masse, und zwar in seiner greifbaren Verkörperung als Proletariat, der Schicht der „physiologisch-ökonomischen Menschen", wie Arthur Eloesser schreibt (Fünfundzwanzig Jahre, Fischer-Jahrbuch 1911, S. 14).

Man glaubte, in den Vertretern dieser Klasse die geeigneten Studienobjekte für die Charakterisierung des „modernen" Menschen gefunden zu haben, und mußte erleben, daß man auf dem Wege über die Differenziertheit immer wieder auf das Unbewußte und Unpersönliche stieß. Obwohl die scharenweise auftretenden Arbeiter recht unterschiedlich beschrieben werden, einen mundartlich gefärbten Jargon sprechen, bei dem man mancherlei Varianten anbringen konnte, anders rauchen und sich in der Derbheit ihrer Ausdrücke unterscheiden, gehen alle diese Merkmale am Kern ihrer „Persönlichkeit" eigentlich vorbei. Das Ergebnis des naturalistischen Stilwollens ist daher nicht die angestrebte Individualisierung der Typen, mit der man das Heroenklischee der Gründerzeit abschaffen wollte, sondern die Herrschaft des Unpersönlichen, die sich im Soziologischen, aber auch in der scheinbar so charakteristischen Detailmalerei zeigt. „Wie er räuspert und wie er spuckt", hierin hat man die Wirklichkeit getreulich kopiert. Was man jedoch im letzten erreicht, ist nicht die individuelle Eigenart, sondern das rein Äußerliche, das in Augenblicken der herabgesetzten Zurechnungsfähigkeit zum Vorschein kommt. Daher die Vorliebe für den Eros, den Suff, den Wahnsinn, die Hysterie und andere neurotische Manifestationen. Man verstrickt sich in charakterliche Details, in seelische Imponderabilien und rückt doch immer weiter vom ursprünglichen Menschenbild ab, das frühere Epochen trotz ihrer unpsychologischen Einstellung oft viel klarer erfaßten, da sie den Menschen wie in Goethes „Wilhelm Meister" noch als eine lebendige

Ganzheit darzustellen versuchten. Mit dieser „Naivität" ist es jetzt vorbei. Hermann Conradi studiert in Leipzig bei Wundt Psychologie, Hauptmann hört in Zürich bei Forel Sozialpsychologie und Psychiatrie, Wilhelm Bölsche schreibt ein Buch über „Die naturwissenschaftlichen Grundlagen der Poesie" (1887): und doch führt diese wissenschaftliche Fundierung der literarischen Tendenzen nicht zu einer genaueren Erfassung des menschlichen Wesens, sondern bleibt in den physiologischen Äußerlichkeiten stecken. Man verlegt sich auch in der Dichtung auf das Räuspern, das Ächzen, das Abgehackte, das Sich-Versprechen, in denen man das Wesentliche zu erfassen glaubt, ohne zu merken, daß man dadurch der dargestellten Person nur ein äußeres Signalement verleiht. Genauso fruchtlos verläuft die Beschäftigung mit den Problemen der Vererbung, der Sexualität und des Alkoholismus, es sei denn, man sehe in all diesen Erscheinungen immer wieder einen Affront gegen das idealistische Menschenbild der Gründerzeit. Anstatt ausgefeilte Charakterstudien zu geben, beschränkt man sich weitgehend auf das Unpersönliche der menschlichen Verhaltensweisen und gelangt so zu einem Mechanismus naturgesetzlich-determinierter Prozesse, bei dem man oft nach der künstlerischen Notwendigkeit fragt. Man denke in diesem Zusammenhang an die „Rougon-Macquart" (ab 1871) von Zola, wo sich aus einer Verwandtenehe ein Degenerationsmechanismus entfaltet, der fast etwas Mathematisches hat. Auch die theoretischen Äußerungen von Zola wurden von den literarischen Programmatikern der achtziger Jahre in diesem Sinne aufgefaßt. Vor allem die Aufsatzsammlung „Le roman expérimental" (1880) galt jahrelang fast als „Lehrbuch" der naturalistischen Generation, da hier die Tainesche Milieutheorie und der aus ihr abgeleitete Determinismus in einem rein objektivistischen Sinne verstanden wurden und so ein Bindeglied zwischen der positivistischen Wissenschaft und der naturalistischen Dichtung entstand. Wie sehr man sich damit dem materiellen Mechanismus verschwor, zeigt eine Stelle aus Bölsches „Naturwissenschaftlichen Grundlagen der Poesie" (1887), in der wie bei Zola die Forderung einer „literarischen Mathematik" aufgestellt wird:

> „Erst wenn wir uns dazu aufschwingen, im menschlichen Denken Gesetze zu ergründen, erst indem wir einsehen, daß eine menschliche Handlung, wie immer sie beschaffen sei, das restlose Ergebnis gewisser Faktoren, einer äußeren Veranlassung und einer inneren Disposition sein müsse und daß auch diese Disposition sich aus gegebenen Größen ableiten lasse, — erst so können wir hoffen, jemals zu einer wahren mathematischen Durchdringung eines Menschen zu gelangen und Gestalten vor unserem Auge aufwachsen zu lassen, die logisch sind wie die Natur ... Ich habe das Wort ‚mathematisch' gebraucht. Ja, eine derartige Dichtung ist in der Tat eine Art von Mathematik" (S. 34/35).

Das literarische Bemühen, die idealisierende Typik der Gründerzeit und die verlogene Süßlichkeit des Salonidealismus zu überwinden, landet daher trotz aller Charakterisierungsversuche nicht beim realistischen Menschenbild der fünfziger und sechziger Jahre, wie es sich noch bei Fontane findet, sondern gerät in den Bereich einer physiologisch orientierten Psychologie, in der es überhaupt keine Charaktere mehr gibt. Wie weit diese Mechanisierung gehen kann, zeigt die Biomathematik von Gustav Fechner, der sogar menschliche Gesichtsausdrücke in Approximativformeln wiederzugeben versuchte. Anstatt übermenschliche Heroen zu schildern, deren Handlungen einer ungewöhnlichen Willenskraft entspringen, stellt man jetzt unpersönliche Automaten dar, die selbst in ihrer „naturalistischen" Verbrämung etwas höchst Fragwürdiges behalten, da die auf diesem Wege erreichte Lebendigkeit oft etwas Ausgeklügeltes hat und daher im Leser oder Betrachter keine unmittelbare Teilnahme erweckt.

An die Stelle vorbildlicher Lebensläufe, die zu einer kongenialen Geistigkeit herausfordern, treten daher in allen literarischen Gattungen psychologische Analysen, die sich lediglich mit dem Nervenleben der geschilderten Personen beschäftigen. Ein gutes Beispiel für diese Entpersönlichung der menschlichen Substanz ist die Novellensammlung „Alltagsfrauen" (1891) von Ola Hansson, die einen „Beitrag zur Liebesphysiologie der Gegenwart" liefern will, wie es im Untertitel heißt. Der Autor beruft sich im Vorwort ausdrücklich auf Krafft-Ebings „Psychopathia sexualis" (1886), die ihm die entscheidenden Anregungen gegeben habe, und verwirft Bourgets „Physiologie de l'amour moderne" (1890), weil ihr Verfasser trotz des irreführenden Titels nicht „den Schritt in die Physis wage, um die Psyche zu erklären" (S. X). Um eine solche Flucht ins Psychologische zu vermeiden, behandelt Hansson seine Figuren wie novellistisch eingerahmte „Fälle", deren Lebensberichte sich wie medizinisch etwas überhitzte Protokolle lesen, die eher in ein Handbuch der Sexualwissenschaft als in einen Novellenband gehören. Hinter der individuellen Maske lauert bei ihm überall die nivellierende Macht der Libido, die jede Lücke der bürgerlichen Konvention mit den ihr zur Verfügung stehenden Mitteln durchbricht. Nicht der Mensch steht im Mittelpunkt, sondern der zur Allmacht erhobene Sexus, das „Es", dem das „Ich" mit einer scheinbar absoluten Hilflosigkeit ausgeliefert ist. Fast alle Frauengestalten des Naturalismus, soweit es sich nicht um die Emanzipierten handelt, wirken daher wie eine moderne Verkörperung jener mythischen Eva, die einen rein triebhaften Charakter hat. Man denke in diesem Zusammenhang an das Annchen in Max Halbes „Jugend" (1893), die sich der Sünde wie einer physiologischen Notwendigkeit unterwirft und damit das ererbte Schicksal ihrer Mutter wiederholt. Nicht anders ist es in Hauptmanns „Rose Bernd" (1903), ja selbst in einem Roman wie der „Magdalena Dornis" (1892) von Felix Holländer, wo den herkömmlichen Trivialmotiven eine physiologische Verbrämung übergestülpt wird, um den Ehebruch eines Pfarrers zu entschuldigen, der trotz seines guten Willens vor den „Zusammenhängen der Natur" einfach kapituliert.

In allen diesen Dramen oder Romanen soll sich der Leser nicht zu den Idealen eines Helden erheben, sich an seinen Zielen berauschen, sondern an der physiologischen Erklärung seiner Launen und Reize teilnehmen. Trumpf ist allein die psychologische Richtigkeit, die zum Rang eines Wertes erhoben wird. Bezeichnend für diese Gattung ist Conradis „Adam Mensch" (1889), vielleicht auch Bierbaums „Stilpe" (1897), der sich im Untertitel ironisch „Ein Roman aus der Froschperspektive" nennt, denn auch hier herrschen nur Zimmerempfindungen und Reaktionen auf temporär-bedingte Reize. Stilpe und Adam Mensch leben kein Leben der großen Entschlüsse oder heroischen Entscheidungen, sondern lassen sich treiben, betrachten ihre Anlage als etwas Unentrinnbares, als ein Fatum, dem man machtlos gegenübersteht. Diese „Hörigkeit" kann sexueller Natur sein wie im „Bahnwärter Thiel" (1887), kann sich milieubedingt äußern wie im Schicksal der Toni Selicke, kann die Erscheinungsform des Alkoholismus annehmen wie im „Crampton" oder als Vererbungsphänomen auftreten wie im „Friedensfest": überall ist nicht das Individuelle entscheidend, sondern das Unbewußte, durch das die scheinbar so charakteristisch geschilderten Vorgänge etwas Beiläufiges bekommen. Wie in der von Fritz Heine und Franz von Lißt vertretenen neuen kriminalistischen Schule wird in diesen Werken das Dogma des freien Willens zugunsten der bedingten Straffälligkeit verworfen. Lothar Schmidt schreibt dazu in seinem 1891 in der „Freien Bühne" erschienenen Aufsatz „Die Willensunfreiheit und das Strafrecht":

> „Der Mensch, den der realistische Dichter schildert, ist ein Mensch mit unfreiem Willen, ein Mensch, dessen geistige Eigenschaften, dessen Fühlen und Empfinden, Denken und Wollen als Funktionen des Körpers genau denselben Gesetzen unterworfen sind wie der Körper selbst... Daß der Wille frei sei, ist eine selbstgefällige, wenn man will, fromme Lüge, mit der wir in uns die Erinnerung unserer tierischen Abstammung tilgen möchten... Der Mensch ist ein Naturprodukt, das, soweit es sich auch noch entwickeln möge, niemals über die Herrschaft der Naturgesetze wird hinauswachsen können" (S. 236/237).

An die Stelle einer transzendental-verankerten Ethik tritt daher das reale Begreifen, durch das sich der Mensch in ein naturwissenschaftlich-determiniertes Objekt verwandelt, das man nur analysieren, aber nicht bewerten kann, da sich das Unbewußte einer moralischen Verantwortlichkeit entzieht. Immer wieder findet man Äußerungen, die sich wie die Ausführungen von Lothar Schmidt gegen das von Kant aufgestellte Postulat des freien Willens richten. So im „Friedensfest", wo die Mitglieder einer Familie trotz gutgemeinter Absichten rein aus ihrer ähnlichen Veranlagung heraus mit unwiderstehlicher Gewalt aneinandergeraten. Selbst Frau Scholz, die sich mit mütterlicher Liebe um einen Ausgleich bemüht, muß vor der Übermacht der unpersönlichen Mächte schließlich resignieren:

„Der Wille, der Wille! Geh mer nur damit! Das kenn ich besser. Da mag man wollen und wollen und hundertmal wollen, und alles bleibt doch beim alten ... Gott ja, der Wille, der Wille! — ja, ja, alles gutter Wille — dein Wille ist sehr gutt, aber ob du damit was erreichen wirst —? Ich glaube, nicht" (I, 120).

Ähnlich pessimistisch äußert sich der Theologiekandidat Wendt in der „Familie Selicke", der an der Verlogenheit des kapitalistischen Christentums irre geworden ist und sich in seiner Ratlosigkeit einer darwinistisch gefärbten Sicht des Daseins zuwendet. Der einzelne hat für ihn keinen christlichen Imagowert mehr, sondern wirkt wie die unpersönliche Fratze einer „Bête humaine", die sich im Kampf ums Dasein nur von ihren Instinkten dirigieren läßt:

„Die Menschen sind nicht mehr das, wofür ich sie hielt! Sie sind selbstsüchtig! Brutal selbstsüchtig! Sie sind nichts weiter als Tiere, raffinierte Bestien, wandelnde Triebe, die gegeneinander kämpfen, sich blindlings zur Geltung bringen bis zur gegenseitigen Vernichtung! Alle die schönen Ideen, die sie sich zurechtgeträumt haben, von Gott, Liebe und ... eh! das ist ja alles Blödsinn! Blödsinn! Man ... man tappt nur so hin. Man ist die reine Maschine!" (Neue Gleise, Berlin 1892, S. 259).

Genauso verzweifelt über sein „Getriebensein" ist der Hauptheld in Hermann Bahrs Roman „Die gute Schule" (1890), der seine sexuelle Hörigkeit schließlich als „Edison-Liebe", als „maschinenmäßige Liebe" empfindet, ohne sich gegen das Gebot der Sinnlichkeit wehren zu können (2. Aufl. S. 242). Dasselbe gilt für den Weltschmerzler Gabriel Gram in Arne Garborgs „Müden Seelen" (1890), der für seinen Untergang nicht die eigene Schwäche verantwortlich macht, sondern das „Versagen" immer wieder auf die ererbten Anlagen schiebt. Die meisten seiner Selbstgespräche oder Tagebuchblätter fangen daher mit folgendem Stoßseufzer an:

„Wenn ich von Uranfang an krankhaft veranlagt bin, so disharmonisch im Grundsystem, — in Hirn, Nerven, Rückenmark, Ganglien, — daß alles für mich Leiden wird ..." (2. Aufl. S. 243).

In der Malerei läßt sich diese Tendenz zur „Entpersönlichung" besonders an der Wiedergabe der menschlichen Gestik beobachten. Überall wird das dargestellt, was an sich ohne Interesse ist, also die Materialisation irgendwelcher Reflexbewegungen, die im Zuge der allgemeinen Entheroisierung den geistigen Rang der dargestellten Person verunklären sollen. So malt Liebermann den „Baron Berger" (1905) in dem Augenblick, wo er auf eine Frage reagiert, also „sprechend ähnlich", aber ohne die Bedeutsamkeit seiner Person. Auch das Porträt von Friedrich Naumann hat diesen Gestus: Ein Redner, der nichts redet, sondern nur redet. Fast satirisch wirkt sein „Hamburger Professorenkonvent" (1906), auf dem der einzelne durch die Flüchtigkeit einer transitorischen

Bewegung, eine bekräftigende Handbewegung oder ein zustimmendes Kopf-
nicken, so „entwertet" wird, daß die ganze Komposition in lauter Momentaufnahmen zerfällt. Wie in der Dichtung interessiert man sich nicht für das
Einmalige und Besondere einer bestimmten Persönlichkeit, sondern für das
Zufällige und Wesenlose, die seelischen Imponderabilien, die bei jedem
Menschen in mehr oder weniger gleicher Weise erscheinen, da vielen seiner
Bewegungen eine anonyme Mechanik zugrunde liegt. Statt der geistigen Bedeutung herrscht auch hier das Gesetz der Psychophysik, denn ein Vorgang
wie das Sprechen bleibt ja in der Malerei notwendig eine nichtssagende Ge-
bärde, ein Bewegungsprozeß der Gesichtsmuskeln, der weder eine geistige
noch eine seelische Aussagekraft hat. Das wird besonders deutlich auf dem
Bild „Der Schauspieler" (1893) von Uhde, auf dem ein Mime im Augenblick
des Memorierens wiedergegeben ist, mit einer Geste, die zwar im naturalistischen Sinne „natürlich" ist, aber im Grunde nichts aussagt. Sie wirkt nicht
wie der Ausdruck einer bestimmten Handlung und kann als solche miterlebt
werden, sondern äußert sich als der motorische Reflex auf eine innere, für den
Betrachter jedoch unbestimmt bleibende Erregung. Noch deutlicher werden
diese Tendenzen, wenn eine solche mechanisierte Motorik in Reih und Glied
exerziert wird wie auf Uhdes „Trommlerübung" (1883), wo das Anteilnehmende
und Zwischenmenschliche weitgehend ausgeschaltet ist. Auf diesem Bild
trommelt jeder für sich und doch bilden alle zusammen eine Masse, in der der
einzelne wie das willenlose Ausführungsorgan eines unpersönlichen Geschehens
wirkt, da seine „Persönlichkeit" nur in der rhythmischen Bewegung seiner
Hände zum Ausdruck kommt. Auch hier herrscht also eine Mechanisierung,
die den Menschen zum Vollzugsorgan seiner motorischen Antriebe degradiert,
wodurch er sowohl seine seelisch-geistigen Qualitäten als auch seine individuellen Eigenarten verliert, wie sie jede wahrhaft „realistische" Kunst zu charakterisieren versucht.

DAS PROBLEM DER ENTMENSCHUNG

Alle in diesem Abschnitt behandelten Fragen liefen immer wieder auf dasselbe Problem hinaus: auf die Entwertung des Menschen zugunsten der Masse und des Milieus, unterstützt durch den naturwissenschaftlichen Positivismus, die Einführung der statistischen Methode und die Psychophysik. Dieser Prozeß läßt sich am besten mit dem Begriff „Entmenschung" bezeichnen, da die naturalistische Objektivierung gerade die spezifisch „humanistischen" Werte eliminiert. Der Mensch wird zu einem Faktum ohne Gemütswert, einem Produkt von Ursache und Wirkung, dessen Wesen sich eher auf dem Wege über die mechanischen Naturwissenschaften als auf dem der „einfühlenden" Interpretation begreifen läßt. Sucht man für diesen Prozeß zeitgenössische Erklärungen, wird man mit Tabellen und Statistiken abgespeist, die sich auf die mechanisch zu erfassenden Gegebenheiten beschränken, ohne sich um die Ursache dieser Entwicklung zu kümmern. Georg Simmel zum Beispiel erkennt in seinem Buch „Die Philosophie des Geldes" (1900) zwar die Probleme, aber er befragt sie nicht. Er zeigt, wie aus dem individuell gearteten Tauschhandel des Handwerks der kapitalistische Warenmarkt entstanden ist, doch er beschäftigt sich nicht mit den Ursprüngen dieser Wandlung, wodurch die allgemeine Versachlichung etwas Unverständliches bleibt. Die Gegenwart erscheint bei ihm als ein Zeitalter der Prozente und Stückzahlen, der Nummern, Majoritäten und Paragraphen, in dem die nackten Quantitätsverhältnisse dominieren, ohne daß sich Simmel um eine Auskunft über das Wesen dieser Objektivierung bemüht.

Die erste umfassende Antwort auf das Problem der Entmenschung, bei der auch die historischen und ökonomischen Hintergründe berücksichtigt werden, wurde von Karl Marx gegeben, und zwar erstmalig in seiner „Deutschen Ideologie" (1845) und dann in aller Breite im ersten Band des „Kapital" (1867). Marx führt die „Entfremdung" oder „Verdinglichung", wie er sie nennt, mit konsequenter Eindringlichkeit auf die Entstehung der modernen Wirtschaftsformen zurück. Der kapitalistische „Sündenfall" hat nach Marx damit begonnen, daß der auf Eigenverdienst ausgehende Handwerker zu Beginn der Neuzeit die Herrschaft über seine Arbeitsmittel verlor und damit auf einen Lohnverdienst angewiesen wurde. Der bisher in feudalen Abhängigkeitsverhältnissen lebende Bauer und Tagelöhner sank auf dem Wege über die „Bauernbefreiung" ebenfalls zum Proletariat herab, was Marx mit dem Prozeß der „ursprünglichen Akkumulation" verknüpft. Auf Grund dieser Vorgänge hat sich in den Händen der Unternehmer, natürlich in langsam anlaufenden Etappen, das erste Kapital gebildet, das über den Mehrwert zu immer größeren Summen angewachsen ist. Diese fortschreitende Akkumulation des Kapitals, in der jedes neue Kapital wieder in Mehrwert umgesetzt wird, bedeutet zugleich eine Zunahme des Proletariats, da Kapital und Arbeit wechselweise aufeinander bezogen sind. Nachdem der erste Schritt, nämlich die ursprüngliche Akkumulation überwunden ist, vollzieht sich die Ausbreitung des Kapitalismus wie ein durch nichts aufzuhaltender mechanischer Prozeß, der alle Phasen seiner Entwicklung mit einer fast mathematischen Präzision durchläuft. Was für die Physik die Gesetze der Mechanik sind, werden auf diese Weise für die menschlichen Verhältnisse die Gesetze des kapitalistischen Warenmarktes. Das Anwachsen des Mehrwerts schafft auf der einen Seite in sich steigernder Konsequenz die Monopolkapitale, auf der anderen die industrielle Reservearmee. Marx schreibt dazu in seinem Abschnitt über die „einfache Reproduktion“:

> „Der kapitalistische Produktionsprozeß, im Zusammenhang betrachtet, oder als Reproduktionsprozeß, produziert also nicht nur Ware, nicht nur Mehrwert, er produziert und reproduziert das Kapitalverhältnis selbst, auf der einen Seite den Kapitalisten, auf der andren den Lohnarbeiter“ (Berlin 1955, I, 607).

Das Ergebnis dieser Entwicklung ist, daß alle zwischenmenschlichen Verhältnisse zu berechenbaren Funktionen werden, da der kapitalistische Konkurrenzkampf und der aus ihm resultierende Warenmarkt sich zu alleinigen Herrschern über das menschliche Dasein machen. Selbst der Staat, der bis in die Restaurationsepoche noch Züge des mittelalterlichen Personenverbandes trägt, wird zu einem reinen Sachverband, der sich dem Gesetz der wirtschaftlichen Expansion unterstellt. Wie früh diese im Ökonomischen liegende Tendenz zur Entmenschung erkannt worden ist, zeigt eine Stelle aus dem „Kommunistischen Manifest“ (1848):

> „Die Bourgeoisie, wo sie zur Herrschaft gekommen, hat alle feudalen, patriarchalischen, idyllischen Verhältnisse zerstört. Sie hat die buntscheckigen Feudalbande, die den Menschen an seinen natürlichen Vorgesetzten knüpften, unbarmherzig zerrissen und kein anderes Band zwischen Mensch und Mensch übriggelassen als das nackte Interesse, als die gefühllose ‚bare Zahlung‘. Sie hat die heiligen Schauer der frommen Schwärmerei, der ritterlichen Begeisterung, der spießbürgerlichen Wehmut in dem eiskalten Wasser egoistischer Berechnung ertränkt.“ (Ausgew. Schriften, Berlin 1955, I, 26)

Durch die Vorherrschaft des kapitalistischen Konkurrenzkampfes wird nach Marx das „nackte Interesse“ zum alleinigen Beweggrund des menschlichen Handelns. Alle „gemüthaften“ Bezüge verschwinden und machen einer Versachlichung Platz, in der der Mensch als Person keinen Wert mehr hat. Selbst die Unternehmerschicht, die sich auf Grund ihres Kapitals einer gewissen

Beweglichkeit erfreut, wird dieser Mechanisierung der Lebensbezüge unterworfen. Im Zeitalter des Hochkapitalismus steht der Masse der Arbeiter kein verantwortungsbewußter Einzelner mehr gegenüber, kein Heros der Wirtschaft, sondern eine Gruppe ihm unbekannter Spekulanten. Der Prototyp der kommerziellen Entwicklung ist daher die Aktiengesellschaft, an der man sich weder mit seinem Namen noch mit seinen Kenntnissen zu beteiligen braucht. Wert hat auch hier nicht die Individualität des einzelnen, sondern die hinter ihm stehende Ziffer seines Vermögens, die als der alleinige Ausweis seiner gesellschaftlichen Qualifizierung gilt. Die Zeiten, in denen man bestrebt war, ein solides Geschäftshaus zu gründen, „Ehre" mit seinem Namen einzulegen, werden in dieser Aera bereits ad acta gelegt. Das einzige Ziel der Unternehmermasse wird die mechanische Geldvermehrung in Form der jährlichen Dividenden. Darum verzichtet man gern auf die persönliche Beteiligung, überläßt die Verwaltung einem Konsortium gerissener Börsianer und zieht sich auf ein leeres und zweckentfremdetes Parasitendasein zurück.

Ungleich folgenschwerer hat sich dieser Prozeß der „Verdinglichung" auf das ständig wachsende Proletariat ausgewirkt. Durch die zunehmende Technisierung der Wirtschaft wird es für den einzelnen Arbeiter unmöglich, sich als eigener Produzent hervorzutun. Er muß seine physischen Kräfte auf dem kapitalistischen Arbeitsmarkt verkaufen und sich damit in die Anhängigkeit eines dem Konkurrenzkampf unterworfenen Unternehmers begeben. Was ihn in den siebziger und achtziger Jahren in den Fabriken erwartet, sind Hungerlöhne und endlose Arbeitszeiten, wodurch er seine Menschlichkeit als handelndes Wesen verliert und sich in eine Ware verwandelt. Er wird zum Sklaven einer mechanisierten Wirtschaft, die ihre einzige Aufgabe darin sieht, immer größere Summen an Mehrwert hervorzubringen. Um diese Kapitalvermehrung zu steigern, entfremdet die kapitalistische Wirtschaft große Schichten der Bevölkerung aus ihrer ländlichen Umgebung, lockt sie in die Stadt und diktiert ihnen die jeweils in Frage kommenden Bedürfnisse. Das Proletariat wird so zum teilnahmslosen Objekt der kapitalistischen Konjunkturen und Krisen, die sich in der Frühzeit des Kapitalismus fast mit mathematischer Genauigkeit vollzogen. Das Ergebnis dieser Entwicklung ist eine verdinglichte Massenkultur, in der das produzierende Subjekt in eine immer größere Abhängigkeit von den hergestellten Produkten gerät, wodurch sich die Wirtschaft schließlich zum Selbstzweck erhebt.

Soweit die Analyse der wirtschaftlichen Entwicklung durch die Kapital- und Mehrwerttheorie von Marx. Von breiteren Schichten wurde diese Lehre erstmalig in den achtziger Jahren rezipiert, als die Propaganda der Sozialdemokraten in das Proletariat einzudringen begann und auch die bürgerlichen Ideologien nicht unbeeinflußt ließ. Selbst auf dem Gebiet der Wissenschaften erkannte man endlich die enge Verflechtung von Wirtschaft und Soziologie, suchte jedoch nach Theorien, die ein wesentlich liberaleres Gepräge haben, um die von Marx aufgestellten ökonomischen Gesetzmäßigkeiten ihres „revolutionären" Charakters zu entkleiden. Die bürgerlichen Äußerungen sind daher nicht als Parteilichkeit, sondern nur als zeittypisches Bezogensein zu werten. Am besten läßt sich dieser Vorgang bei Ferdinand Tönnies verfolgen, der sich zwar den Marxschen Thesen anbequemt, sie aber in einen „romantischen Antikapitalismus" uminterpretiert, wie Georg Lukács in seiner „Zerstörung der Vernunft" (1955) diesen Vorgang bezeichnet (S. 470). So wendet sich Tönnies in seinem Buch „Gemeinschaft und Gesellschaft" (1887) mit aller Entschiedenheit gegen die kapitalistische Gesellschaftsstruktur, begnügt sich jedoch mit einer Wiederbelebung der romantischen Organismusidee, anstatt sich mit den gegenwärtigen Klassengegensätzen auseinanderzusetzen. Seine Gesellschaftskritik richtet sich daher gegen das Prinzip der „Gesellschaft" schlechthin und nicht gegen den Kapitalismus. Sein Ideal ist die „Gemeinschaft", die sich nicht auf Industrie, Großstadt und Wissenschaft stützt, sondern auf Ackerbau, Kunst und Familie beruht. Tönnies übersieht dabei, daß diese Form der Überwindung der modernen Zivilisation stets der Gefahr eines romantisch-reaktionären Irrationalismus ausgesetzt ist, da ihr jede materielle Grundlage fehlt. Anstatt das richtig erkannte Phänomen der „Entmenschung" durch eine dialektische Aneignung der technischen Welt zu überwinden, mobilisiert er wie Le Bon in seiner „Psychologie des foules" (1895) gerade diejenigen Mächte der Vergangenheit, die dem retrospektiv eingestellten Auge wie ein arkadisches Idyll erscheinen, in Wirklichkeit jedoch ein streng feudalistisches Gepräge hatten.

Die Kunst hat auf diese zunehmende „Verdinglichung" der zwischenmenschlichen Beziehungen auf eine recht unterschiedliche Weise reagiert. Während der bürgerliche Salonidealismus der achtziger Jahre, den man um seinen ideologischen Charakter kaum zu befragen braucht, der zunehmenden Entfremdung mit pseudopoetischen Stimmungsmitteln zu begegnen versuchte, was sich vor allem bei Malern wie Gabriel Max oder Friedrich August von Kaulbach beobachten läßt, wenn man nicht bis zu Sichel oder Thumann herabsteigen will, bemühen sich die naturalistisch eingestellten Maler, diese Verlogenheit zu durchbrechen und dem Betrachter die brutalen und ausbeuterischen Züge dieser Gesellschaftsstruktur vor Augen zu führen. Die gesamte naturalistische Malerei hat daher einen frondeurhaften Charakter, der sich nicht selten zu einer wahrhaft „revolutionären" Gesinnung verdichtet. Ihre Opposition gegen die Übermenschenkultur der siebziger Jahre kann man in folgenden Thesen zusammenfassen: erstens die Auflehnung des Proletariats gegen die reichgewordenen Gründer; zweitens die Abschaffung des geheuchelten Schönheitskultes und der übersteigerten Formkultur zugunsten einer absoluten Wahrhaftigkeit in der Kunst; drittens die Berücksichtigung oder Einbeziehung jener Milieubezirke, die durch die fortschreitende Industrialisierung entstanden waren; viertens die Entheroisierung des gründerzeitlichen Personenkultes zugunsten der objektiven Sachbezüge. Wenn solche Proteste auftreten, ist stets der Punkt erreicht, wo eine idealisierende Richtung langsam „formalistisch" wird und daher notwendig in ihr Gegenteil umschlagen muß. Man greift daher zur Parodie und zur Karikatur, um der angemaßten Herrschaftlichkeit die Maske vom Gesicht zu reißen und sie in ihrem antiidealen Charakter bloßzustellen. Diese Form der künstlerischen Revolution ist ein „Naturalismus", dem man in allen Umbruchssituationen begegnet. Man denke an den Naturalismus des frühen 15. Jahrhunderts, wo man mit bäuerlicher Härte die elegante Schönlinigkeit des weichen Stils parodierte, an den frühen Rembrandt und Brouwer, die den flämischen Hochbarock und den akademischen Manierismus persiflierten, oder den Sturm-und-Drang-Naturalismus des 18. Jahrhunderts, der die höfischen Porträts und graziösen Mythologien des Rokoko ins Derbe und physiognomisch Häßliche herunterzuziehen versuchte. In allen diesen Epochen beschränkt man sich auf das Prinzip der negativen Auslese, um der idealistischen Verbrämung der vorangegangenen Epoche mit möglichst schlagkräftigen Mitteln entgegenzutreten. Auch die Naturalisten, Jüngstdeutschen und Gründeutschen berauschen sich daher am Gemeinen und Ordinären, um auf das Antiideale der proletarischen Existenz hinzuweisen, das sich nur durch einen Blick hinter die Kulissen erfassen läßt, was oft zu „pamphletistischen" Übertreibungen führt.

Das eigentlich „Neue" der naturalistischen Revolution zeigt sich deshalb bei einer anderen Gruppe, die sich am besten mit dem Begriff „Objektivismus" charakterisieren läßt. Die Künstler dieser Richtung verschmähen das Renommieren mit dem Anstößigen, mit dem sich Corinth so manches verdirbt, und versuchen, die zunehmende „Verdinglichung" mit ihren eigenen Waffen zu schlagen, indem sie der umsichgreifenden Versachlichung einen positiven Charakter verleihen. Anstatt sich auf das Zynische oder Ordinäre zu verlegen, beschränken sich die strengen Objektivisten auf eine mechanische Materialisation der gegebenen Realität, wodurch auch das geringste Detail scheinbar absichtslos in den Zustand der Bildwürdigkeit erhoben wird und der ideologische Überbau der gründerzeitlichen Kunst wie von selbst zusammenfällt. Die „Natur" wird in den Werken dieser Gruppe nicht als etwas Freiheitliches oder Natürliches dargestellt, in das man sich seelisch einfühlen kann, wie im Biedermeier oder im Stimmungsrealismus der fünfziger und sechziger Jahre, sondern erscheint als ein entseeltes und entpersönlichtes Medium, in dem sich ebenso entnaturalisierte Menschen bewegen. So nannte Zola seine Werke nicht ohne Grund „Experimentalromane", da in ihnen die Erscheinungen des Lebens wie ein Laboratoriumsmaterial behandelt werden, um dem Ganzen den Anschein von Protokollen oder Enqueten zu verleihen. In Deutschland zeigt sich diese Ausschaltung der seelischen Anteilnahme am deutlichsten bei Liebermann, den man immer wieder als Prototyp dieser Jahre heranziehen muß. Daß bei ihm das Menschlich-Persönliche in einem so auffallenden Maße vernachlässigt wird, läßt sich nicht nur auf seine jüdische Abstammung zurückführen, die man auf seiten einer im Taineschen Denken befangenen Kunstauffassung für diese kühle Sachlichkeit verantwortlich gemacht hat. Man könnte eher sagen, weil der Stil des naturalistischen Objektivismus so unpersönlich, geschäftsmäßig und außergesellschaftlich ist, war das rassisch-bedingte Außenseitertum und der damit verbundene skeptische Blick für die bestehende Gesellschaftsordnung für diesen Stil besonders geeignet, ja geradezu prädestiniert. Erst wenn man das Verhältnis in diesem Sinne umkehrt, begreift man, warum der Mensch bei ihm so objektiviert und unpersönlich erscheint, während andere Maler immer wieder ins Stimmungshafte ausgewichen sind: Uhde ins Religiöse, Baisch und Firle ins Genrehafte und Anekdotische.

Das Ergebnis dieser Objektivierung ist, daß der Schaffende seine Aufgabe nicht mehr im Sinne einer interpretierenden Einfühlung versteht, sondern sich scheinbar teilnahmslos von den darzustellenden Objekten dirigieren läßt. Anstatt das schöpferische Ich in den Mittelpunkt zu stellen, beschränkt man sich auf die authentische Widerspiegelung der gesellschaftlichen, ökonomischen oder milieubedingten Situation, um nicht in die ausgefahrenen Gleise des Idealismus zu geraten. Man vermeidet aus diesem Grunde das Biographische, Arrangierte und Komponierte und begnügt sich mit einem willkürlich herausgegriffenen Naturausschnitt, jenem „coin de la nature", den Zola als die Keimzelle der naturalistischen Kunst bezeichnet hat. Manche dieser Bilder, wie die Marktszenen von Hans Herrmann oder die Straßenausschnitte von Lesser Ury, sind daher von den zeitgenössischen Momentaufnahmen, die nicht zufällig in denselben Jahren erfunden wurden, kaum zu unterscheiden. Der Gestaltungswille bezieht sich hier nicht mehr auf den Gegenstand, sondern auf das „Metier", das heißt das, was aller Teilnahme vorausgeht und sich im darstellenden Erkennen erschöpft. Wie in den „Neuen Gleisen" (1892) von Holz und Schlaf interessiert man sich nur noch für die absolute Richtigkeit des mit den Mitteln der Kunst reproduzierten Objekts, anstatt den Gemütswert der behandelten Gegenstände herauszustreichen wie in den Werken von Büchner und Lenz, wo die unerbittliche Schärfe in der Wiedergabe der Realität immer wieder durch humanistische oder idealistische Elemente ausgeglichen wird.

Man hat dieses „mechanische" Prinzip oft einer scharfen Kritik unterzogen, da durch diese Materialisation die äußerliche Parteinahme ausgeschaltet wird. In Wirklichkeit steckt jedoch gerade in dieser Tendenz ein eminent „revolutionärer" Impuls, da sich hier der eigentliche Umbruch vollzieht, der von den pamphletistischen Werken nur gefordert aber nicht verwirklicht wird. Durch die scheinbar nebensächliche Tatsache, daß man die Ateliersphäre verläßt und sich einer pleinairistisch eingestellten Kunst anvertraut, dringt man Schritt für Schritt zu einer „Wahrheit" vor, die keinerlei idealisierende oder reaktionäre Elemente mehr enthält, da sich im Lichte der Wahrheit die gründerzeitliche Pose zu einem vorgespiegelten Überbau verflüchtigt. Gerade das „Sachliche" dieser Kunst ist dasjenige Element, mit dem sich der Objektivismus der achtziger Jahre gegen die gesamte abendländische Kunst aufzulehnen versucht. Beide, die mittelalterliche wie die neuzeitliche Kunst stellen den Menschen dar: die mittelalterliche den Gottmenschen, der verehrt und angebetet sein will, die neuzeitliche den Mitmenschen, den man in seiner Umgebung teilnehmend erlebt. Diese beiden Erlebnisweisen, die einfühlende wie die verehrende, hatten im Genrebild des Biedermeiers und im profanen Kultbild der Gründerzeit ihre letzte Ausprägung erfahren, waren aber durch die im Darwinismus gipfelnde Aufklärung, die Entstehung des Proletariats und die steigende Mechanisierung des täglichen Lebens allmählich illusorisch geworden. Wenn daher der naturalistische Objektivismus diese Formen des Kultischen und des mitfühlenden Beieinander zu überwinden versucht, so ist das nicht seine immer wieder zitierte „trostlose" Seite, der bloße Abklatsch der gegebenen Situation, sondern gerade das Neue und Zukunftsträchtige an ihm, das, wo er einen entscheidenden Hinweis auf eine Neuorientierung der menschlichen Gesellschaft gibt, die nicht mehr auf menschlichen Abhängigkeiten beruht, sondern der das Prinzip der leistungsgebundenen Sachlichkeit zugrunde liegt. Diese Richtung des Naturalismus begnügt sich weder mit dem bloßen Protest noch mit einem romantischen Antikapitalismus, indem sie auf die „Geborgenheit" älterer Epochen verweist, sondern dringt mit künstlerischer Konsequenz zu einer positiv gewerteten Sachlichkeit vor.

„Entmenschung" bedeutet also in der Kunst der achtziger Jahre etwas Positives und Negatives zugleich: negativ, weil die hier dargestellte Mechanisierung der menschlichen Lebensbezüge noch ausbeuterische Elemente enthält, positiv, weil sich durch den Abbau der älteren Kultvorstellungen, deren letzter Höhepunkt in die Gründerzeit fällt, eine geistige Kräftebefreiung vollzieht, die alle in der menschlichen Intellektualität ruhenden Kräfte im Sinne des Dynamischen, des Planenden und Vorwärtsdrängenden aktiviert. An die Stelle des Geniehaften des Feudalen und Übermenschlichen, das zu seiner Legitimierung eigentlich keiner Werke bedarf, tritt deshalb die Forderung nach einer sachlichen „Leistung", die sich von allen kultischen oder einfühlenden Elementen emanzipiert. Anstatt den subjektiven Wert einer bestimmten Arbeit zu betonen, hält man sich an ein überindividuelles Leistungsprinzip, um so zu einer echten Überwindung der kapitalistischen Entfremdung vorzudringen. Diese kann nur darin bestehen, daß das einzelne Individuum nicht mehr nach gesellschaftlichen Rangvorstellungen, sondern nach seinem Können und der von ihm produzierten Werke beurteilt wird.

DIE SOZIALE FRAGE

Die Entstehung der Arbeiterklasse hängt in Deutschland weitgehend mit der zunehmenden Industrialisierung in den fünfziger und siebziger Jahren des 19. Jahrhunderts zusammen. Ehemals selbständige Handwerker und Kleinbauern verloren in diesen Jahrzehnten die Herrschaft über ihre Produktionsmittel und mußten ihre rein physische Arbeitskraft der privatkapitalistischen Industrie zur Verfügung stellen, wodurch sie außer ihrer Freiheit auch ihren menschlichen Rang verloren. Als Arbeiter gehörte man nicht zur bürgerlichen Gesellschaftsordnung, sondern mußte sich mit einem „deklassierten" Leben bescheiden, das vom Makel der Ehrlosigkeit gezeichnet war. Rein äußerlich drückt sich das darin aus, daß man nicht zu den Satisfaktionsfähigen zählte und daher gezwungen war, sich alle Anrempeleien der privilegierten Klassen widerspruchslos gefallen zu lassen. Der Durchschnittsarbeiter lebte in Mietskasernen wie den „Häusern des Herrn Sartorius" (1893) von Shaw oder Gorkis „Nachtasyl" (1903), bekam einen 12- bis 14stündigen Arbeitstag aufgebürdet und stand in Krisenzeiten ohne eine Unterstützung auf der Straße, während man sich als Tagelöhner oder Leibeigener in der vorkapitalistischen Wirtschaft auch in Hungerjahren auf die helfende Hand seines Brotgebers verlassen konnte, da im Bereich des Handwerklichen und Bäuerlichen noch nicht jene Ausbeutungsmethoden gehandhabt wurden wie in der Industrie. Erst durch die fortschreitende Entwicklung der Technik und der mit ihr verbundenen kapitalistischen Arbeitsweise sank der Arbeiter zu einem teilnahmslosen Objekt herab, zumal der Konkurrenzkampf der einzelnen Betriebe oft mit einer solchen Schärfe ausgefochten wurde, daß der Unternehmer sein Interesse nur noch auf den Verkaufswert der hergestellten Waren, aber nicht mehr auf den einzelnen Arbeiter konzentrieren konnte. Da in dieser Situation die Relativlöhne von Jahr zu Jahr niedriger wurden, sah sich fast die ganze Arbeiterschaft gezwungen, auch ihre Frauen und Kinder in die Fabriken zu schicken, was wiederum zu einem Druck auf das Lohngefüge führte. Die Zahl der Verzweifelten war schließlich so groß, daß die Auswandererziffer in den achtziger Jahren wohl einen einmaligen Rekord erlebte. Allein nach Übersee gingen in diesem Jahrzehnt 1,45 Millionen, während sich in den neunziger Jahren diese Zahl wieder auf 0,53 Millionen reduzierte.

Daß diese Verzweiflungssituation solche Formen annehmen konnte, hängt weitgehend mit dem ungewöhnlichen Tempo der gesellschaftlichen Umschichtung zusammen. Die in die Stadt abgewanderten Kleinbauern und Landarbeiter betrachteten sich meist als Heimatlose oder Verworfene, da sie plötzlich in ein Arbeitssystem geraten waren, wo man sie nur noch als Nummer, aber nicht mehr als Individuum behandelte. Derselbe Mensch, der eben noch in einen festen Jahreszyklus eingespannt war und auf eine weitverzweigte Sippe zurückgreifen konnte, sah sich in Großstadt und Fabrik einer Welt der Teilnahmslosigkeit ausgeliefert, in der die gemeinschaftsbildenden Funktionen nur eine untergeordnete Rolle spielten. Man lebte plötzlich in einer Masse, die ein ausgesprochen atomistisches Gepräge hat und verfiel dadurch einem Fatalismus, der weite Kreise des Proletariats bestimmte, in den sozialen und bildungsmäßigen Unterschieden etwas Gottgewolltes und Naturgegebenes zu sehen. Viele griffen daher zur Flasche, weil sie der festen Überzeugung waren, daß es unmöglich sei, den Bildungsvorsprung und die Machtstellung der bürgerlichen Kreise jemals einzuholen.

Mittlerweile hatte sich jedoch eine Partei der Arbeiterklasse formiert, die es sich zur Aufgabe setzte, diesen Fatalismus zu überwinden und das Proletariat zu einer kämpferischen Einstellung zu bewegen, um so seine numerische Überlegenheit zur Geltung zu bringen. Der erste Schritt auf dem Wege zu einer geschlossenen Aktionseinheit der bis dahin weitgehend unorganisierten Arbeiterklasse war die 1875 erfolgte Vereinigung der Lassalleaner und der Eisenacher zur „Sozialdemokratischen Arbeiterpartei", die zu einem festen Bollwerk gegen alle von oben begünstigten Aufsplitterungsversuche wurde. Nachdem man einen regulären Parteiapparat aufgebaut hatte, selbst wenn er sich vorerst auf die Großstädte und Industriegebiete beschränkte und nur in Berlin und Sachsen zu durchschlagenden Erfolgen kam, ging man an die weltanschaulichen Probleme und gründete parteiamtliche Presseorgane wie „Der neue Sozialdemokrat" in Berlin und „Der Volksstaat" in Leipzig, die sich eine Verbreitung der sozialdemokratischen Ideen unter den Arbeitern zur Aufgabe setzten, um die im Kollektiv-Unbewußten der Volksseele verankerten und vom Staate sorgsam gepflegten bürgerlichen „Ideologien" zu beseitigen. Wie schnell man auf seiten des Staates die Gefahr einer solchen Aufklärungsarbeit erkannte, zeigt das 1878 erlassene „Sozialistengesetz", das der Sozialdemokratie jede Form der parteipolitischen Propaganda untersagte. Trotz dieser staatlichen Schikanen und der überall verbreiteten Parole „Fort mit den Sozialdemokraten aus dem Reichstag!" konnten die Sozialdemokraten ihre Mandate in den achtziger Jahren nicht nur behaupten, sondern sogar neue hinzugewinnen. Selbst die parteipolitische Propaganda ließ sich nicht ganz unterdrücken, da sich allenthalben Verleger fanden, die die Ausführungsbestimmungen des Sozialistengesetzes mit ein paar Tarnmanövern zu umgehen versuchten und sogenannte „farblose" Blätter herausgaben. Kautsky redigierte in Stuttgart ab 1883 die „Neue Zeit", in München erschien unter Louis Viereck „Das Recht auf Arbeit", Bernstein leitete den in Zürich gedruckten „Sozialdemokraten" (ab 1880), der auf vielen Wegen illegal nach Deutschland geschmuggelt wurde, wo sich überall hilfsbereite Zwischenträger fanden, die für die weitere Verbreitung sorgten.

Durch diese parteipolitische Aktivität gelang es der Sozialdemokratie, den um sich greifenden Fatalismus innerhalb der Arbeiterklasse aufzufangen und an seine Stelle eine neue Hoffnung zu setzen. Für die Masse des Proletariats wurde daher die „Partei" fast zu einer zweiten Heimat. Hier fanden die Vereinsamten und Entfremdeten endlich „Genossen", mit denen sie das gleiche Klassenschicksal verband. An die Stelle der gemeinsamen Verworfenheit, der Zusammengehörigkeit im Elend, trat so das echte Gefühl einer neuen Gemeinschaft. Vor allem die häufigen Parteiversammlungen vermittelten den bisher vereinzelt dastehenden Arbeitern den Sprung ins Klassenbewußtsein, was für viele eine entscheidende Wende ihres gesamten Lebens bedeutete. Das Schimpfwort „Prolet" wurde daher plötzlich mit wahrem Stolz getragen, während der Begriff „Bürger", zu dem man bis dahin emporgeschaut hatte, immer fadenscheiniger wurde. Nur so kann man verstehen, wie unter den Arbeitern der achtziger Jahre ein Solidaritätsgefühl entstand, dem auch die „Sozialistengesetze" nichts anhaben konnten. Gerade das Gefühl, von der Obrigkeit verlassen zu sein, verstärkte in vielen Arbeitern das proletarische Selbstbewußtsein. So kamen weite Kreise der Arbeiterklasse zu der Einsicht, daß man die Verwirklichung der sozialistischen Ziele nur aus eigener Kraft erreichen könne, und verwarfen darum die Ansichten derer, die sich eine Besserung der Lage durch staatliche Maßnahmen versprachen, ohne zu erkennen, daß der bestehende Staat lediglich ein Schutzherr der kapitalistischen, das heißt ausbeuterischen Gesellschaftsordnung war. In vielen Städten gründete man daher auf parteilicher oder gewerkschaftlicher Basis sogenannte Unterstützungskassen, um allen denen zu helfen, die durch staatliche Schikanen oder wirtschaftliche Krisenzeiten in unverschuldete Not gerieten, was den überzeugten Parteianhängern fast das Gefühl einer „Klassenbrüderlichkeit" gab.

Eine wesentliche Stütze dieser proletarischen Verbundenheit war das allmähliche Bekanntwerden der Gedankengänge von Marx und Engels, die bis in die siebziger Jahre relativ unbekannt waren. Obwohl sich die Sozialdemokratie nicht ganz auf marxistischer Linie bewegte, man denke an die Zugeständnisse, die sie den Lassalleanern machen mußte, um die Parteieinheit zu garantieren, finden sich in ihren politischen Äußerungen immer wieder Hinweise auf Marx, die nicht unwesentlich zur Durchschlagskraft ihrer Thesen beigetragen haben. Für die meisten stand dabei allerdings der „religiöse" Charakter der Marxschen Thesen im Vordergrund. So verlieh die Tatsache, daß sich der von Marx vorausgesagte Prozeß der kapitalistischen Wirtschaft in diesen Jahren mit fast mathematischer Präzision vollzog, der Glaubenskraft seiner Prophezeiungen einen wahrhaft „messianischen" Charakter. Für die, die ihn nicht gelesen hatten, und das waren damals noch weitaus die meisten, war Marx ein

Prophet, dem man sich mehr mit gefühlsmäßiger Inbrunst als mit echter Einsicht verschwor. Die „weltgeschichtliche" Funktion des Proletariats bekam bei diesem Teil der Arbeiterklasse in immer stärkerem Maße eschatologische Züge, was sich manchmal bis zu urchristlichen Paroxysmen steigerte. Nur die Einsichtigen, die den Vorzug einer gewissen Bildung besaßen, hielten sich an den wissenschaftlichen Charakter der Marxschen Gedankengänge und verwandten ihn als ein Mittel im Kampf gegen die bürgerlichen Ideologien. Aber auch diese Kreise rezipierten nicht das Ganze, um sich auf ein festes Lehrgebäude stützen zu können, sondern begnügten sich mit einzelnen Thesen.

Wohl der wichtigste Bestandteil der von Marx übernommenen Theorien ist das Prinzip der Dialektik, das man zwar wesentlich entschärfte, aber doch als weltgeschichtliches Gerüst anerkannte. Die geschulten Sozialdemokraten sahen von nun ab in den gesellschaftlichen Veränderungen keine willkürlichen Wandlungen mehr, sondern glaubten auch innerhalb der Soziologie an eine bisher nur der Naturwissenschaft vorbehaltene Gesetzmäßigkeit. Ebenfalls marxistisch ist die Einsicht, daß sich der Sieg des Sozialismus, das heißt einer Gesellschaftsordnung, in der die Rolle der Ausbeutung verschwindet, nur auf dem Wege über das Proletariat verwirklichen lasse. In diesem Punkt unterscheidet sich Marx von allen anderen sozialistischen Theoretikern seiner Zeit, die sich damit abgaben, den Bereich der bürgerlichen Philanthropie zu erweitern oder sozialistische Zukunftsstaaten zu entwerfen. Marx ließ sich in seinen Überlegungen weder von utopischen Hoffnungen noch vom bürgerlichen Mitleid bestimmen, sondern erklärte, daß sich die Befreiung der Arbeiterklasse ebenso gesetzmäßig vollziehen werde wie die Überwindung der feudalistischen Gesellschaft durch das kapitalistische Bürgertum. Das Proletariat hat bei ihm die Funktion, den Ablauf der Menschheitsgeschichte zu vollenden und an die Stelle der von unheilvollen Klassenkämpfen zerrissenen Staaten eine sozialisierte und damit krisenfest gemachte Gesellschaft zu setzen. Durch diesen Gedankengang gab Marx den Arbeitern die Hoffnung, die kapitalistische Lohnsklaverei, die man bisher als ein unabwendbares Verhängnis auf sich genommen hatte, in absehbarer Zeit abschütteln zu können und zu einer politischen und wirtschaftlichen Machtvollkommenheit vorzudringen.

Daß dieses revolutionäre Bewußtsein in den achtziger Jahren nur auf dem Papier und nicht in der Aktion zum Durchbruch gekommen ist, läßt sich auf verschiedene Ursachen zurückführen. Ein entscheidender Hinderungsgrund war das nationale Hochgefühl der Gründerzeit, mit dem man von bürgerlicher Seite den Klassengegensatz immer wieder zu überbrücken versuchte. Ein weiteres Element dieser unrevolutionären Gesinnung ist der eingewurzelte Untertanengeist, der vor allem bei den zunftgebundenen Handwerksgesellen herrschte, die auf diese Weise einen stark kleinbürgerlichen Zug in das Parteigefüge brachten. Auch die Zugeständnisse an die Lassalleaner, die Marx schon in seiner

„Kritik am Gothaer Programm" (1875) schärfstens verurteilt hatte, haben wesentlich zu einer Schwächung der sozialdemokratischen Kampfkraft beigetragen. Außer der Berliner Wohnungsrevolte von 1872 kam es daher zu keinerlei bewaffneten Auseinandersetzungen. Die Partei paßte sich dem Bismarckschen Staatsgefüge an und verurteilte jeden, der sich von den Lockspitzeln der Regierung provozieren ließ. Das Hauptsorgenkind der Sozialdemokraten war der Herausgeber der ab 1879 in London erscheinenden „Freiheit", der Genosse Most, der sich Anfang der achtziger Jahre wie ein blutgieriger Anarchist gebärdete und spaltenlang die Herstellung von Bomben und anderen Sprengkörpern beschrieb. Most wurde später als „Putschist" aus der Partei entfernt, da die gemäßigte Leipziger Richtung unter der Führung von Bebel den langsamen, aber „unerschütterlichen" Werdegang der Partei nicht durch ein paar Draufgänger aufs Spiel setzen wollte. Die Sozialdemokratie sah ihre Chance nicht im revolutionären Elan der Arbeiterklasse, sondern in einem beharrlichen Festhalten an ihren „Forderungen", da sie überzeugt war, durch eine gemäßigte und konsequente Politik langsam die parlamentarische Mehrheit an sich zu reißen und den Staat somit auf legale Weise in das Stadium des Sozialismus überführen zu können.

In den achtziger Jahren, wo man im Reichstag zeitweise nur über 8 bis 12 Mandate verfügte, begnügte man sich mit kurzen, aber sorgfältig formulierten Proklamationen, um das Interesse der Öffentlichkeit erst einmal auf die theoretischen Fragen des Sozialismus zu lenken. Die Kernpunkte der sozialdemokratischen Kritik waren das kapitalistische Wirtschaftssystem und die vom Staat propagierte Militärpolitik, die von den führenden Rednern der Partei immer wieder als arbeiterfeindliche Auswüchse der bürgerlichen Gesellschaftsordnung angeprangert wurden. Um den ausbeuterischen Druck der privatkapitalistischen Monopole und Einzelindustrien abzuschaffen, forderte man, alle Produktionsmittel in einen vom Volke kontrollierten Gemeinbesitz zu überführen. Auf diese Weise wollte man verhindern, daß von der Arbeit der Werktätigen nur die gewinnsüchtige Bourgeoisie profitiert und sich auf dem Ertrag ihrer Zinsen und Dividenden zur Ruhe setzt, während die Arbeiter durch ihre eigene Arbeit in immer größere Unfreiheit geraten. Trotz der leidenschaftlichen Proteste eines Treitschke, der den Bismarckschen Herr-im-Hause-Standpunkt vertrat, berief man sich auf die von der französischen Revolution proklamierte „Gleichheit" aller Menschen und verwarf die vom „Centralverband deutscher Industrieller" in die Presse lancierte Propaganda von der Naturgegebenheit der gesellschaftlichen Unterschiede. Der Nutznießer der von den Ranglosen geleisteten Arbeit sollte nicht mehr der auf seine standesgemäße Stellung pochende Aktionär sein, sondern eine klassenlose Gesellschaft, die alle feudalen und bürgerlichen Rangvorstellungen beseitigt und die von der Masse des Volkes erarbeiteten Produktionsgüter nur auf Grund der einzelmenschlichen „Leistung" verteilt. Man wollte dadurch jene Paradoxie vermeiden, daß der Arbeiter das

von ihm produzierte Konsumgut auf dem Wege der kapitalistischen Geschäfte-
macherei wieder zurückkaufen muß und so sein mühsam verdientes Geld für
einen Bruchteil der von ihm geleisteten Arbeit an die kapitalistischen Fabrik-
herren zurückerstattet.

Besonders in Fragen der ausbeuterischen Methodik wurde man hellsichtiger
als in den vergangenen Jahrzehnten, wo man das kapitalistische Wirtschaftsgefüge wie ein gottgewolltes Fatum auf sich genommen hatte, ohne die
dahinterstehenden Drahtzieher ins Auge zu fassen. Man erkannte, daß die
industrielle Mechanisierung innerhalb der kapitalistischen Wirtschaft nicht der
Erleichterung der Werktätigen dient, sondern bloß dazu verhilft, die Dividenden in die Höhe zu treiben. Ein besonderes Augenmerk widmete man
den zyklisch wiederkehrenden Wirtschaftskrisen, in denen die bürgerliche
Ideologie bisher ein „unbegreifliches" Fatum gesehen hatte, um sich nicht
in die Karten ihrer eigenen Gewinnsucht blicken zu lassen. Diese fatalistische
Vorspiegelung wird jetzt durch die marxistische Einsicht entlarvt, daß jede
Wirtschaftskrise aus dem Widerspruch von gesellschaftlicher Produktion und
privatkapitalistischer Form der „Aneignung" entsteht, also ein rein gesetz-
mäßiger Vorgang ist, der sich nur durch eine systematische Planung überwinden läßt. Eine solche „Planung" kann natürlich nur innerhalb einer sozialisierten
Wirtschaft erfolgen. Das Endziel der Arbeiterbewegung ist daher nicht der
Kampf um prozentual gestaffelte Lohnerhöhungen, der wie die Streikbewegung
und die Forderung nach Verkürzung der Arbeitszeit etwas Vorläufiges hat und
eigentlich nur die Einheit der Arbeiterklasse stärken soll, sondern die Über-
führung der wichtigsten Produktionsmittel in das Eigentum des Volkes, um an
die Stelle der privatkapitalistisch-anarchischen Wirtschaft eine geplante Volkswirtschaft zu setzen, die in sich krisenfest ist und für den Arbeiter die Aufhebung der Ausbeutung bedeutet.

Das zweite Angriffsobjekt der Sozialdemokratie war der wilhelminische Militarismus, dessen arbeiterfeindliche Tendenzen man mit allen Mitteln zu entlarven suchte, um das unheilvolle Junktim zwischen Kapitalismus und staat-
licher Machtvollkommenheit auseinanderzusprengen. Die Spitze der sozialdemokratischen Forderungen richtete sich daher mit besonderer Schärfe gegen
die am Krieg verdienende Rüstungsindustrie, deren geschickte Propaganda die
kriegerischen Gelüste der imperialistischen Staaten immer neu zu entfachen
wußte. Nirgends waren die Profite so groß wie in der Panzerplatten- und Kano-
nenindustrie, weil sich kein dem täglichen Bedarf dienendes Konsumgut so
schnell verbraucht wie die an einem Kriegstag verschossene Munition, die
durch ihren rapiden Verbrauchswert ein geradezu ideales Wirtschaftsgut ist.
Darum wandten sich Bebel, Liebknecht und Hasenclever, trotz der nationalisti-
schen Hochstimmung der auf einen kriegerischen Imperialismus drängenden
Kreise, schon am 19. Oktober 1878 im Reichstag gegen die auf den Rücken der
Arbeiter abgewälzten Rüstungsausgaben, entlarvten die Lüge vom Heer als

der „Zierde des Reiches" als eine ideologische Phrase des Bürgertums und stimmten auch später gegen alle im Reichstag vorgebrachten Flottenvorlagen, um Firmen wie Krupp keine neuen Machtmittel in Form eines vergrößerten Kapitals in die Hand zu geben. Man durchschaute plötzlich die staatlichen Manöver, mit einer säbelrasselnden Außenpolitik von den innenpolitischen Schwächen abzulenken, und erkannte, daß die Militärbudgets nur der Aufrechterhaltung der Klassenherrschaft dienten, indem sie gewissen Schichten zu einem untätigen, aber angesehenen Parasitendasein verhalfen. So sagte Bebel am 30. Oktober 1889 im Reichstag:

> „Die militärischen Rüstungen … bilden heute ein sehr wesentliches, nicht nur politisches, sondern auch soziales Moment für die herrschenden Klassen, die zum guten Teile ihren Söhnen in den Offiziersstellen der Armee usw. ein angenehmes Unterkommen verschaffen, die es durch die beständigen Kriegs- und Nationalitätenhetzereien dahin zu bringen suchen, daß die Aufmerksamkeit der Völker von den inneren Angelegenheiten abgezogen wird, damit sie übersehen und nicht erkennen, wie im Inneren unterdrückt, benachteiligt und ausgebeutet wird" (Kampf dem Militarismus, Berlin 1955, S. 21).

Man vergleiche in diesem Zusammenhang die Antikriegsbilder des „Simplicissimus" mit den Verlautbarungen des „Alldeutschen Verbandes", um das Ja und Nein zum Imperialismus besonders kraß herauszustellen: hier der Krieg als organisierter Massenmord, als unheroisches Blutvergießen, das von einigen Rüstungsgewinnlern inszeniert wird, dort die von Treitschke übernommene Phrase von der „sittlichen Macht" des Krieges, mit der man versuchte, seine aggressiven Pläne zu verbrämen. Wie empört man auf bürgerlicher Seite über die sozialdemokratischen Friedensforderungen war, kann man in den „Preußischen Jahrbüchern" nachlesen, jenem kämpferischen Organ der Bismarckschen Einheitsidee, in dem sich ein gewisser Rudolf Martin über das Buch „Die Waffen nieder!" (1889) von Bertha von Suttner äußerte:

> „Leider ist die Zahl derjenigen Deutschen, die eine Verstärkung der Kriegsrüstung befürworten, zur Zeit noch viel geringer als die Zahl der Anhänger der sozialen Reform. Zum Glück sind aber die Förderer einer Verbesserung der Wehrmacht gerade ausnehmend einflußreiche Kreise. Besonders sind es die durch Bildung und Besitz Ausgezeichneten" (1896, S. 282).

Um das wirklich „Neue" der sozialistischen Bewegung zu formulieren, was über die negative Einstellung zum Militarismus und zum kapitalistischen Wirtschaftssystem hinausgeht, könnte man sagen, daß an die Stelle der ausgeübten Macht, die sich auf die „naturgegebenen" menschlichen Unterschiede stützt, die einzelmenschliche „Leistung" treten soll, die sich von allen gesellschaftlichen Rücksichten emanzipiert. Um dieses Leistungsprinzip zu verwirklichen, fordert Bebel in seinem Buch „Die Frau und der Sozialismus" (1883), dessen Wirkung in den achtziger Jahren das Marxsche „Kapital" weit übertraf, „die gleiche

Arbeitspflicht aller, ohne Unterschied der Geschlechter", da sich eine echte „Gleichberechtigung" aller Menschen nur auf einer absolut „materiellen" Grundlage herbeiführen lasse.

„Die Frau soll wie der Mann nützliches und gleichberechtigtes Glied der Gesellschaft werden, sie soll wie der Mann alle ihre körperlichen und geistigen Fähigkeiten voll entwickeln können und, indem sie ihre Pflichten erfüllt, auch ihre Rechte beanspruchen können. Dem Manne als Freie und Gleiche gegenüberstehend, ist sie vor unwürdigen Zumutungen gesichert" (1954, S. 298).

Das unter Ausschaltung der auf den eigenen Nutzen bedachten Privatinitiative hergestellte Produkt, das bisher von einer Schicht untätiger Aktionäre „entwürdigt" wurde, hat für Bebel nur dann einen Sinn, wenn es als erarbeitete Leistung einen gemeinschaftsbildenden Charakter bekommt. In einem solchen Staate, der in den Augen der damaligen Sozialdemokratie noch etwas Utopisches und Paradiesisches hatte, arbeitet niemand nur für sich selbst, sondern ist Förderer und Nutznießer zugleich, das heißt leistet den Beitrag zum Leben der alle umfassenden Gemeinschaft, der seinen Kräften am besten entspricht. Bebel war von den segenstiftenden Auswirkungen dieser „Arbeitspflicht" so überzeugt, daß er es für möglich hielt, in einem sozialisierten Staat die tägliche Arbeitszeit auf $2^1/_5$ Stunden zu reduzieren (S. 274). Um einen solchen Zustand zu erreichen, fordert Bebel neben der von ihm proklamierten Arbeitspflicht eine auf „breitester demokratischer Grundlage beruhende Verwaltung" (S. 266), eine konsequent durchgeführte Bodenreform und eine auf dem Prinzip der Gleichberechtigung aufgebaute Volksbildung, die es dem einzelnen gestattet, alle in ihm ruhenden Neigungen und Talente voll zu entfalten und so zu einem echten „Menschsein" zu gelangen, das im Bereich der kapitalistischen Verdinglichung notwendig vergewaltigt werde. Bebel rührt in diesem Punkte an das auch bei Marx im Mittelpunkt stehende Problem der „Entfremdung" des Menschen von seiner Ursprünglichkeit, dessen ökonomische Ursachen nur auf dem Wege über die Sozialisierung wieder rückgängig gemacht werden können.

Solange der Mensch noch in der kapitalistischen Gesellschaft befangen ist, die unter dem Gesetz des Warenmarktes und des Konkurrenzkampfes steht, muß er sich nach Marx seines eigentlichen Wesens, nämlich der Selbstbestimmung, „entäußern" und sich einem unmenschlichen Wirtschaftsgetriebe überantworten. Anstatt sich zu „verwirklichen", wird er durch seine eigene Tätigkeit in ein immer größeres Elend verstrickt. Das Produkt seiner Arbeit, die Leistung, dient nicht seiner Lebenserhaltung, sondern wendet sich gegen ihn selbst, wodurch sich der Prozeß der „Aneignung" in eine ständig zunehmende „Entfremdung" verwandelt. Marx beweist, daß diese Verdinglichung nur durch eine Beseitigung des kapitalistischen Warenmarktes zu erreichen sei, da nur der „Heißhunger nach Mehrarbeit", wie es im „Kapital" heißt (I, 243), zu einer fortschreitenden Entmenschung aller persönlichen Bezüge geführt habe. Die letzte Ursache dieser Entfremdung ist nach Marx der im Frühstadium des Kapitalismus vollzogene „historische Scheidungsprozeß von Produzenten und Produktionsmitteln" (I, 753), durch die es dahin gekommen sei, „daß die ersten Reichtum akkumulierten und die letztren schließlich nichts zu verkaufen hatten als ihre eigne Haut. Und von diesem Sündenfall datiert die Armut der großen Masse, die immer noch, aller Arbeit zum Trotz, nichts zu verkaufen hat als sich selbst, und der Reichtum der wenigen, der fortwährend wächst, obgleich sie längst aufgehört haben zu arbeiten" (I, 752).

Die kapitalistische Exploitation könne daher nur verschwinden, wenn diese Differenz wieder aufgehoben werde. Ein menschenwürdiges Dasein entstehe erst dann, wenn man die ganze Volkswirtschaft dem Prinzip der einzelpersönlichen Leistung unterwerfe, was nur auf dem Wege über die „Enteignung des Enteigners" zu erreichen sei. Das Endziel dieser Bestrebungen wäre demnach eine rationell aufgebaute Großindustrie, die es sich erlauben kann, dem Leben der Werktätigen durch eine vollautomatische Mechanisierung und eine weitgehende Kürzung der Arbeitszeit wieder einen menschlichen Rahmen zu geben. Wieviel humanistische und damit goethezeitliche Anschauungen in diesen Forderungen stecken, hat Heinrich Popitz in seinem Buch „Der entfremdete Mensch" (1953) gezeigt, wo an Hand der Schriften des frühen Marx der Prozeß der Sozialisierung mit dem von Schiller propagierten Übertritt aus der Notwendigkeit in die Freiheit verglichen wird.

DAS TAUBE OHR DER GESELLSCHAFT

Daß die Forderungen des Proletariats von seiten des Staates und der mit ihm verbundenen Bourgeoisie auf einen hartnäckigen Widerstand stießen, hat nicht nur wirtschaftliche oder machtpolitische Gründe, sondern muß auch aus der gesellschaftlichen Situation dieser Kreise verstanden werden. Bis in die vierziger Jahre des 19. Jahrhunderts war Deutschland noch weitgehend ein agrarisch strukturiertes Land, das bevölkerungsmäßig einen ausgesprochenen Streucharakter hatte. Erst durch die zunehmende Industrialisierung seit den fünfziger Jahren bildete sich als gesellschaftliches Novum auf der einen Seite die Schicht der neureichen Besitzbürger, auf der anderen die Masse des großstädtischen Proletariats, wodurch die bisher nicht ernst genommene Frage des Klassenkampfes plötzlich einen akuten Sinn bekam. Die provinzialstädtischen Kaufleute, die ihre Ehre stets darin gesehen hatten, modest und bescheiden zu wirken, verwandelten sich daher erst nach dem Deutsch-Französischen Krieg in eine rücksichtslos aufstrebende Schicht, die sich durch geschickte Spekulationen mit den Milliarden der Siegesbeute einen bedeutenden Rang innerhalb der Gesellschaft erkaufte und jeden, der ihr zu folgen versuchte, unbarmherzig wieder nach unten stieß. Um sich die nötige Achtung zu verschaffen, restaurierten diese „Emporkömmlinge" die eigentlich schon veralteten Rangklassen aus den Zeiten der Feudalität, erwarben Adelspatente oder ließen sich hochtönende Titel verleihen, und verfielen so einem inhaltslosen Protzentum, anstatt eine genuin-großbürgerliche Kultur aufzubauen. Aber eine solche Einstellung war bei der politischen Resignation dieser Kreise, die in ihrer Jugend noch das Scheitern der Achtundvierziger Revolution erlebt hatten, nicht anders zu erwarten, zumal der reaktionäre Grundzug der Bismarckschen Reichsgründung diesen Bestrebungen sehr entgegenkam. Man verwarf daher die patriarchalisch-schlichte, noch alle Stände umfassende Kultur der Restaurationsepoche und die bürgerliche Bescheidenheit der fünfziger und sechziger Jahre und gefiel sich in einer gemieteten Fürstlichkeit, die dem Lebensstil der oberen Klassen einen bewußt feudalen Anstrich verlieh. Man lebte auf seiten der neureichen Bourgeoisie in dem Gefühl, es „geschafft" zu haben, und ergab sich aus diesem Grunde dem Evangelium des Reichtums mit einer naiven Unbekümmertheit. Trotz aller bürgerlichen Komplexe, die sich in einer ressentimentgeladenen Verlogenheit äußern, errichtete man eine Salonstaffage, deren wesentlichstes Element eine parvenühafte Eitelkeit ist. Man fühlte sich wie im „Schlaraffenland" (1900), wie Heinrich Mann diese Situation bezeichnet, und genoß jede Art an Komfort, den die zeitgenössische Luxusindustrie zu bieten hatte. Im Mittelpunkt dieser Kultur stand daher das Fest, wenn auch nicht mehr im Sinne des Rauschhaften, so doch als gesellschaftliche Verpflichtung oder lukullische Intimität. In der Literatur dieser Jahre wirken die Salonlöwen und Kommerzienratsfrauen, die sich auf solchen Festen ein Stelldichein gaben, fast alle wie Simpl-Figuren, da ihnen die angemaßte Würde etwas Borniertes und zugleich Komisches gibt. Die parfümierten Damen haben ein Übermaß an Crème im Gesicht, tragen welkende Blumen an der Korsage und halten sich einen chinesischen Fächer vor ihren verführerischen Busenausschnitt, während die Herren mit pomadisierten Häuptern und einem Tropfen Opapanox auf den Krawatten einherwandeln. Daß sich diese Genußkultur auf einer Welt des Elends und der Arbeit aufbaute, daß man auf den Schultern der Ranglosen stand, war zwar den Teilnehmern solcher Feste bekannt, aber man strengte sich an, das Wissen um die herrschende Not zu vergessen, zeigte allen Mahnungen gegenüber ein taubes Ohr, um sich nicht den Appetit an den immer wieder zitierten Austern verderben zu lassen. Der Simplicissimuszeichner Eduard Thöny parodiert diesen hartherzigen Egoismus in seiner Glosse „Der gute Ton":

> Der Professor: „Wie gesagt, gnädige Frau, ich bin überzeugt, diese volkswirtschaftlichen Fragen werden auch Sie interessieren. Die Lebensweise des Arbeiters z. B. ..." — Die Dame des Hauses: „Bitte, Herr Professor, wir sind beim Essen" (1901, Nr. 31).

Man schloß die Augen, arrondierte sich nach oben und betrachtete jeden als Überläufer, der es gewagt hätte, das Problem der „sozialen Frage" überhaupt zu erwähnen. Für einen Mann von Rang war Handarbeit eine Schande, ein Zeichen von Unbildung. Gesellschaftsfähig war erst der, der es sich leisten konnte, von seinen Kapitaleinkünften zu leben. Der Idealtyp dieser Zeit ist daher der Rentier, der sich nicht mit der Schmutzigkeit des Erwerbslebens abzugeben braucht und getrost eine weiße Weste anziehen kann. Auch die Überfüllung der geistigen Berufe muß unter diesem Gesichtspunkt gesehen werden, da man sich auf diesem Wege, selbst bei geringen Einkünften, noch am ehesten einen Zugang in die höhere Gesellschaft erkämpfen konnte. Im „Simplicissimus" erscheint daher ständig der kurzsichtige und blutarme Kandidat, der seine Stellung nur dem fleißigen Antichambrieren verdankt. Weite Kreise empfanden den Makel der Handarbeit fast wie eine Deklassierung. So hätte man als „standesgemäßer" Familienvater lieber gehungert als zugelassen, daß eine der heranwachsenden Töchter ihre Malkurse oder ihre Klavierstunden aufgegeben hätte, um sich nach einem kleinen Nebenverdienst umzusehen. Selbst bei mäßigen Einkünften war man als ehrenwerter Bürger verpflichtet, eine ganze Etage zu bewohnen, mußte stets eine konventionell-heitere Miene zur Schau tragen und blieb so in allen gesellschaftlichen Fragen dem Ehrenkodex seines eigenen Standes unterworfen. Nur wenn man diese innerliche Erstarrung und Forciertheit der bürgerlichen Lebensbezüge berücksichtigt, versteht man das unerbittliche Nein zu allen

Forderungen, die sich gegen diese Ordnung wenden, da man wie die feudalen Stände die gesellschaftliche Absonderung schon als legitim empfand und dadurch einem Kastengeist unterlag, der keinerlei soziale Freizügigkeiten mehr kennt. Als jedoch im Verlauf der achtziger Jahre die numerische Überlegenheit des Proletariats immer bedrohlicher wurde, kam man schließlich nicht umhin, sich der veränderten Situation wenigstens äußerlich anzubequemen. Liberal gesinnte Kreise „entdeckten" plötzlich ihr Mitleid mit den Armen und Entrechteten, wurden zu humanitären Sozialisten, deren Aktionen die Lage eher verwirrten als daß sie der notleidenden Arbeiterklasse eine echte Hilfe brachten. Die Vorläufer dieser Bewegung sind die sogenannten Kathedersozialisten, die sich schon in den siebziger Jahren unter der Führung von Adolf Wagner zum „Verein für Sozialpolitik" zusammenfanden und später wesentlich zur Durchführung der verschiedenen Sozialversicherungen beigetragen haben. Breitere Kreise erfaßte die Gründung einer christlichen Hilfsorganisation durch Moritz von Egidy, der ab 1890 alljährlich in Berlin einen „Evangelisch-sozialen Kongreß" zusammenrief, um das gehobene Bürgertum für seine philanthropischen Neigungen zu interessieren. Auch die Bestrebungen von Friedrich Naumann gehören in diesen Zusammenhang. Trotz der ernsten Absicht dieser Männer, waren auf diesem Wege keine greifbaren Ergebnisse zu erzielen, zumal der Hofprediger Stöcker und die konservative „Kreuzzeitung" selbst in solchen Versuchen eine gefährliche Sozialisierung erblickten und daher allen christlich-sozialen Bewegungen höchst skeptisch gegenüberstanden. Ein bemerkenswerter Einzelfall im christlichen Lager ist Paul Goehre, der als Theologiekandidat in ein sächsisches Eisenwerk eintrat, um die soziale Lage der Arbeiter an Ort und Stelle studieren zu können, weil man in der bürgerlichen Presse über die hier waltenden Zustände keine Silbe erfuhr. Nur so ist es begreiflich, daß sein Buch „Drei Monate Fabrikarbeiter", das 1891 in Leipzig erschien, ein solches Aufsehen erregte, obwohl hier nur die nächstliegenden Fakten mitgeteilt werden. Allein Goehres Feststellung, daß die Arbeiter auch Menschen seien, hatte für diese Zeit fast den Anstrich des Revolutionären. Dabei ist die Grundtendenz dieses Buches eigentlich konservativ, denn die Not des vierten Standes wird hier nicht als ein ökonomisches Problem, sondern als eine Frage der Bildung und der Religion behandelt (S. 212). Goehre bezeichnet es daher als die Hauptaufgabe aller sozial eingestellten Bürgerlichen für eine „Veredlung" und „Christianisierung" der heute noch „wilden, heidnischen Sozialdemokratie" einzutreten, um die soziale Frage in einem antimaterialistischen Sinne zu lösen (S. 222). Etwas peinlich wirkt das Buch „Dreieinhalb Monate Fabrikarbeiterin" von Frau Dr. Wettstein-Adelt (1893), weil man hier unter dem Eindruck steht, als habe die Autorin den redlichen Goehre um eine Nasenlänge schlagen wollen. Was die Sache betrifft, handelt es sich um Aufschlüsse über das Leben der Textilarbeiterinnen in Chemnitz, deren Lohntarife weit unter dem der herrschaftlichen Dienstmädchen oder Köchinnen lagen.

Wie wenig man von der Not der Armen wußte oder wie wenig man davon wissen wollte, erfuhr jeder junge Student, der zum ersten Mal aus dem Bannkreis der elterlichen Umsorgtheit heraustrat und eine Bude bei „ärmlichen" Leuten hatte. Die meisten empfanden diese Berührung mit einer Welt, die sie kaum vom Hörensagen kannten, fast als Abenteuer und berauschten sich förmlich an den neuen Eindrücken, wurden zu Sozialaristokraten, über die noch des öfteren zu reden sein wird. Wesentlich nüchterner dachten ihre kommerzienrätlichen Väter über diese Angelegenheit. Sie verbanden das Nützliche mit dem Angenehmen und gaben „Wohltätigkeitsbälle", auf denen sich die gelangweilten Damen der höheren Gesellschaft an Humanität und Rührung gegenseitig überbieten konnten. Fabrikbesitzer und Börsenjobber wurden zu A-la-mode-Humanitariern, tranken mit notleidenden Bardamen aus einem Glas und waren da wohltätig, wo zugleich ein kleiner Flirt heraussprang. Das Bindeglied zum Sozialismus waren für sie nicht die Arbeiter, sondern das geschlechtliche Proletariat der Dirnen und Animiermädchen. Nur hier ließ man sich mit der Armut in eine unmittelbare „Berührung" ein, entdeckte Verhältnisse, die auf die finanzielle Unterstützung geradezu angewiesen waren. Es gab zwar auch „edle" Seelen wie einen Grafen in Wilhelm Bölsches Roman „Die Mittagsgöttin" (1891), der von sich behauptet:

„Diese armen Mädchen, die alljährlich in Scharen durch rein soziale Mißstände in die Arena der oberen, zahlenden Lebewelt gehetzt wurden, fingen an, mir aus ‚schönen' und ‚famosen' Mädels ernstlich ‚arme' Mädchen zu werden" (2. Aufl. I, 111).

Doch nicht alle zogen diese Konsequenz und sahen den Ausgleich der sozialen Gerechtigkeit auch weiterhin nur in der Bezahlung für geleistete Dienste. Wenn man besonders großzügig war, trug man sich öffentlich in die Sammelliste für ein zu gründendes Magdalenenstift ein oder bezahlte sein Scherflein für eine Votivkirche, weil man auf diese Weise zugleich die konservativen Kräfte unterstützte. Wohl die treffendste Karikatur auf diese „Geberlaune" findet sich wiederum im „Simplicissimus", wo J. B. Engel schreibt:

Der Geber: „Johann, spritzen Sie mich tüchtig mit Eau-de-Cologne ein, daß ich den Geruch wegbring von de arme Leut."

Das Kind: „Lieber Gott, laß den guten Mann recht lange leben, der mir die schönen Sachen geschenkt hat" (30. Januar 1897).

Man wollte sich mit diesen Beschwichtigungsversuchen nicht nur ein reines Gewissen schaffen, sondern sich zugleich den Anblick einer allzu peinlichen Armut ersparen. Das Ganze ist daher eher ein Akt der seelischen Hygiene als der sozialen Verantwortlichkeit. Daß man selbst einmal zu den „Liberalen" gehört hatte und auf den Barrikaden für Gleichheit und Freiheit eingetreten war, schienen diese Kreise vergessen zu haben. Sie verleugneten ihre früheren Ideale und gerieten so mehr und mehr in das Fahrwasser der reaktionären Parteien, bis sie an ihrem eigenen Kompromißlertum zugrunde gingen. Man denke an das Schicksal der „Freisinnigen" oder der „Fortschrittspartei", deren Einstellung zur Freiheit nie ganz vorbehaltlos war. Wenn es im Reichstag gegen die Sozialdemokraten ging, die jenen „Liberalismus" beim Wort nehmen wollten, offenbarten alle diese Parteien trotz ihrer hochtönenden Proklamationen ihren bürgerlichen Klassencharakter und entwürdigten damit die Idee der Gleichheit zu einem Standesprivileg. Dieser Verrat am Liberalismus kam der Bourgeoisie teuer zu stehen, denn sie geriet auf diese Weise in eine politische Abseitslage und mußte erleben, wie die spezifisch reaktionären Parteien zusehends an Boden gewannen und schließlich sogar im Reichstag die Mehrheit an sich rissen. Dieser Wandel, der sich schon gegen Ende der siebziger Jahre beobachten läßt, erlebt seinen Höhepunkt in der 1881 erfolgten Spaltung der nationalliberalen Partei, deren Ergebnis eine politische Entmündigung des liberalen Bürgertums war. Die Nutznießer dieses Versagens waren Klerus und Adel, die sich in Gestalt der Konservativen und der Zentrumspartei zu einer neuen Reichstagsmehrheit zusammenfanden. Auch Bismarck paßte sich dieser Entwicklung an und vollzog einen Parteiübertritt, der den reaktionären Elementen seines Wesens zutiefst entgegenkam. Die soziale Frage geriet dadurch vor ein Forum, das selbst im bürgerlichen Liberalismus etwas Gefährliches sah, geschweige denn in den Forderungen des von Marx beeinflußten Proletariats. Die in Bismarck kulminierende Beamtenhierarchie, die im wesentlichen aus der Welt der feudalen Agrarier stammte, verlegte sich in dieser Frage auf den Standpunkt einer gönnerhaften Borniertheit. Das soziale Bemühen dieser Kreise läßt sich fast mit der Gesinnung Friedrich Wilhelm IV. vergleichen, der einen „Schwanenorden zur ritterlichen Bekämpfung von Not und Elend" plante, als Marx und Engels schon das „Kommunistische Manifest" entwarfen. Bezeichnend für diese Verständnislosigkeit, die auf einer bewußten Taubheit beruht, ist wiederum eine Glosse aus dem „Simplicissimus", diesmal von Hermann Schlittgen:

> Leibjäger (vom König abgeschickt, sich zu erkundigen, was die Menschenmenge dort bedeute, meldet): „Sozialisten, Majestät!"
>
> König: „Grüßen sie die Leute von mir und sagen sie ihnen: Daraus wird nichts — wird nichts" (4. April 1896).

Daraus wurde aber doch etwas, und zwar mit einer solchen Schnelligkeit, daß Bismarck unter Ausnutzung der allgemeinen Empörung über das Nobiling-Attentat (2. Juni 1878), das selbstverständlich den Sozialdemokraten in die Schuhe geschoben wurde, obwohl sich dafür keinerlei Beweise erbringen ließen, am 19. Oktober 1878 jene „Gesetze zur Bekämpfung der gemeingefährlichen Bestrebungen der Sozialdemokratie" verabschieden konnte, die unter dem Namen „Sozialistengesetze" in die Geschichte eingegangen sind. Die Nationalliberalen und die Fortschrittler versuchten zwar einige Milderungsanträge durchzubringen, mußten sich aber dem „gerechten" Zorn des allgemeinen Willens fügen. In den Ausführungsartikeln dieses Gesetzes wurde der Sozialdemokratie nicht nur das Recht auf Versammlungsfreiheit, sondern auch auf jede Form der parteipolitischen Propaganda untersagt, um nicht jene „bedrohliche Räuberbande" hochkommen zu lassen, „mit der wir gemeinsam unsere großen Städte bewohnen", wie sich Bismarck ausdrückte (Werke, Berlin 1924, 14, II, 894). Überall wurden Ausweisungen und Verhaftungen verfügt. Der ganze klassengebundene Justizapparat funktionierte mit vorausgesehener Präzision: Man organisierte ein System von Lockspitzeln, um anarchistische Umtriebe zu provozieren, ließ die sozialdemokratischen Führer monate- oder jahrelang in Untersuchungshaft sitzen und inszenierte anschließend „Geheimbundprozesse", um selbst die Reste des legalen Parteibetriebes zu unterbinden. Besonders rührig in dieser Hinsicht war der Polizeipräsident von Berlin, von Puttkammer, der sich in der Verfolgung der Sozialdemokratie als ein gelehriger Schüler Bismarcks erwies. Auch Treitschke entwickelte sich in diesen Jahren zum „Sozialistentöter", wie Franz Mehring in seiner „Geschichte der deutschen Sozialdemokratie" (1919) schreibt (IV, 80), und vertrat die These, daß die Entwicklung der Menschheit vom Elend der Massen und vom Blutbad der Schlachtfelder abhängig sei. Trotz dieser ideologischen Angriffe und staatlichen Schikanen, die nach § 28 des „Sozialistengesetzes" bis zur Verhängung des „Kleinen Belagerungszustandes" über Berlin, Hamburg und Leipzig und zur Auflösung von 17 gewerkschaftlichen Zentralverbänden und 120 Berufsorganisationen führten, wuchs die sozialdemokratische Partei zusehends und konnte sich allein in den Jahren 1881—1887 mehr als verdoppeln. Die Ursache dieses Wachstums war nicht zuletzt der von der Regierung ausgeübte Druck, der eine erhebliche Straffung und Festigung des gesamten Parteiapparates bewirkte. Hinzukam, daß der von Bismarck mit Unterstützung der Konservativen inaugurierte Protektionismus der Landwirtschaft, mit dem die Freihandelspolitik der Nationalliberalen abgeschafft wurde, die Kaufkraft des umlaufenden Geldes zusehends verschlechterte, was vielen Arbeitern zur Einsicht in die reaktionären Hintergründe dieses neuen Kurses verhalf. Wie im England der dreißiger und vierziger Jahre spürt man auf beiden Seiten das Zugespitzte der Situation: hier das Anwachsen der großen Monopole, deren Zahl sich durch die mit den Schutzzollgesetzen verbundene Konzentration des binnenländischen Kapitals in den achtziger Jahren fast verzehnfachte, dort die zunehmende Organisierung der Arbeiterschaft, die sich auch mit der brutalsten Polizeipraxis nicht verhindern ließ. Auf seiten des Staates kam man daher zu der Erkenntnis, sich nicht allein auf äußere Druckmittel zu verlegen, sondern den Sozialdemokraten durch ein scheinbares Entgegenkommen den Wind aus den Segeln zu nehmen. So entdeckte Bismarck plötzlich sein „sozialistisches" Herz und eröffnete im Reichstag eine Periode der „Arbeiterfreundlichkeit", um das „Evangelium der Mörder und Mordbrenner", wie er die Satzungen der Pariser Kommune nannte, in einen Ausfluß der herrscherlichen Gnade umzuwandeln. Der Schulzwang, die Armenpflege, der Wegebau, die Verstaatlichung der Eisenbahn und das Tabakmonopol: alle diese Errungenschaften wurden mit einem Male von den Regierungsparteien als ein Zeichen seiner sozialistischen Gesinnung gefeiert. Dieser „Armensozialismus", wie ihn Mehring nennt (IV, 232), erlebt seinen Höhepunkt in den verschiedenen Sozialversicherungen, die ab 1883 den Reichstag passierten. Die Reihe dieser staatlichen Maßnahmen zur Bekämpfung des Arbeiterelends begann mit einer allgemeinen Krankenversicherung, die erst einmal die gröbsten Mißstände beseitigen sollte. Es folgten die Unfallversicherung (1884) und die Invalidenversicherung (1889). Da die Hälfte der Beträge jedoch von den Arbeitern selbst aufgebracht werden mußte, hatte der Endeffekt dieser staatlichen „Leistungen" etwas höchst Relatives. Die einzelnen Versicherungen wurden daher von seiten des Proletariats nur von Kompromißlern begrüßt, während die Einsichtsvollen erkannten, daß dieses Nachgeben nur einer klassenkämpferischen Taktik entsprang. Wer politisch nicht von der Hand in den Mund lebte, kam sehr schnell zu der Überzeugung, daß dieses Almosen, dieses „Zuckerbrot", den Arbeitern nur verabreicht wurde, um die proletarischen Massenorganisationen in ihrer revolutionären Kampfkraft zu schwächen.

Wie groß der Erfolg dieser Praktiken war, zeigt sich 1890. Die Sozialdemokratie zieht in diesem Jahr zwar als eine der stärksten Parteien in den Reichstag ein, ist aber innerlich bereits so von der Gefahr des Revisionismus angekränkelt, daß ihr Auftreten bei weitem nicht mehr so rebellisch wirkt wie zu Beginn der achtziger Jahre. Bernstein riet zu einem Abfinden mit der konstitutionellen Monarchie, von Vollmar prägte den Satz: „Je friedlicher, geordneter, organischer die Entwicklung vor sich geht, desto besser für uns und das Gemeinwohl", während Gerlach sich gegen diejenigen wandte, die sich wie der frühe Kautsky mit philologischer Treue an den „orthodoxen" Marxismus anzuklammern versuchten und bezeichnete die Verelendungstheorie und den konsequenten Materialismus als Ansichten, die durch die historische Entwicklung bereits aufgehoben seien. Die Verwirklichung der sozialistischen Ideen erhoffte diese Generation nicht mehr von einem revolutionären Umbruch, sondern von einer darwinistischen Evolution, die ihr Ziel auf rein organischem Wege erreicht. Durch diese reformistischen oder revisionistischen Bestrebungen innerhalb der Sozialdemokratie entstand eine Arbeiteraristokratie, die sich vom Proletariat immer stärker distanzierte und dadurch einer zunehmenden Verbürgerlichung verfiel. Im Kampf zwischen Staat und Arbeiterklasse haben deshalb nicht die Sozialistengesetze, sondern die vom Revisionismus begünstigten Sozialversicherungen gesiegt, die den revolutionären Elan der sozialdemokratischen Führungsgremien in einen arbeiterfeindlichen Opportunismus verwandelten. Nur so ist es zu verstehen, daß die Aufhebung der „Sozialistengesetze", die Kaiser Wilhelm II. im Februar 1890 verkündete, nicht zu einer Verschärfung der außerparlamentarischen Maßnahmen führte, sondern gerade die legitimistischen Kreise innerhalb der Sozialdemokratie ans Ruder brachte, selbst wenn man sich auf den Parteitagen immer wieder für einen „marxistischen" Kurs entschied. Daß sich dieser Ruck nach rechts später sogar bei den folgenreichsten Entscheidungen der Sozialdemokratie ausgewirkt hat, zeigt die Ablehnung des Generalstreiks als politische Kampfmaßnahme und die Vermeidung des absoluten Klassenkampfes, um nicht gegen die Gesetze der auf freien Wahlen aufgebauten parlamentarischen Ordnung zu verstoßen. In immer größeren Kreisen der Sozialdemokratie verbreitete sich in diesen Jahren die Ansicht, daß sich die Lage der Arbeiter nicht durch eine konsequente Aufhebung des kapitalistischen Systems, sondern nur durch den Abbau seiner ausbeuterischen Methoden verbessern lasse, da das kapitalistische Wirtschaftsgefüge im Rahmen einer technisierten Welt etwas Organisches und Naturgegebenes sei. Gerlach konnte daher 1903 in der „Neuen deutschen Rundschau" triumphierend sagen: „Die Geschichte der Sozialdemokratie (nach 1890) ist eine Geschichte revisionistischer Siege" (S. 1217). Wie sehr man sich damit zur eigenen Schwäche verurteilte, zeigt die weitere Entwicklung der Partei, die trotz ihrer numerischen Stärke die imperialistischen und arbeiterfeindlichen Tendenzen der wilhelminischen Aera nicht aufhalten konnte und sogar ihr „placet" zum ersten Weltkrieg gegeben hat.

SOZIALISMUS UND LITERATUR

Wenn es in den achtziger und frühen neunziger Jahren schon eine klassenbewußte Arbeiterdichtung gegeben hätte, könnte man das Wechselverhältnis
von Sozialismus und Literatur an Hand der marxistischen Forderungen erläutern. Da die Träger des sozialistischen Gedankenguts jedoch weitgehend
Bürgerliche waren, und das ist bei der durch die ökonomische Zwangslage bedingten geistigen Unbildung des Proletariats nicht weiter verwunderlich, darf
man die naturalistische Literatur nicht ohne einen Seitenblick auf die bürgerlichen Ideologien des 19. Jahrhunderts betrachten, um so die vielen Unklar-
heiten und Mißverständnisse dieser Literatur zu verstehen. Was es zu Beginn
der achtziger Jahre an politischen Dichtungen gibt, beschränkt sich weitgehend auf den nationalen Bereich. Man denke an Felix Dahn, Wildenbruch
und Hamerling, deren Leitartikelpoesie der Verherrlichung des neuentstande-
nen Reiches diente. Die jüngstdeutschen Literaten wirken neben diesen Herol-
den der nationalstaatlichen Einheitsidee relativ unpolitisch. Anstatt wie die
Sozialdemokraten gegen den Bismarckschen Militärstaat zu opponieren, begnügen sie sich damit, den Pseudoklassizismus der Gründerzeit und die Salonkultur der achtziger Jahre zu karikieren. Daß aus dieser rein ästhetischen Frontstellung allmählich eine Entscheidung für den Sozialismus wurde, ergab sich
erst gegen Ende der achtziger Jahre, als man endlich den weltanschaulichen
Kern der naturalistischen Bewegung entdeckte. Das literarische Konventikelwesen des Frühnaturalismus verwandelte sich dadurch in eine literarische
Strömung, die eine deutliche Engagiertheit verrät. Eine konsequente „Parteilichkeit" findet sich jedoch nur in den Dichtungen der sozialdemokratischen
Presseorgane, die aus der Feder von warm empfindenden, aber künstlerisch
ungebildeten Autoren stammen, während sich die bürgerlichen Dichter trotz
aller Anteilnahme für den Sozialismus immer wieder um eine extravagante
Sonderstellung bemühten, wodurch die weltanschauliche Verbindlichkeit ihrer
Dichtungen oft in Frage gestellt wird. So schreibt selbst der stark sozialdemo-
kratisch orientierte Bruno Wille in seiner Gedichtsammlung „Einsiedler und
Genosse" (1890):

> „Nennt man mich aber Naturalist, Atheist, Demokrat, Sozialist oder An-
> archist, so lasse ich mir das gefallen, jedoch mit der Bemerkung, daß ich
> es keineswegs dulde, auf ein Prokrustesbett gestreckt und von irgend-
> einem Parteibegriff vergewaltigt zu werden, und daß daher nicht jede
> Folgerung aus jenen Begriffen für mich gelten darf" (S. 103).

Eine ähnliche Einstellung findet sich in dem Roman „Phrasen" (1887) von Hermann Conradi, dessen Hauptheld, der Literat Heinrich Spalding, sich je nach der augenblicklichen Gegebenheit als „Proletarier des Geistes" (S. 21), als „Ausnahme-Natur" (S. 40) im Sinne Nietzsches oder als „rücksichtslosen Schrankenzerbrecher" sozialistischer Prägung bezeichnet (S. 241). Er schreibt von sich und seinen Generationsgenossen:

> „Wir verabscheuen Krupp — den Kapitalismus, der alle Ethik ans Kreuz schlägt — den kapitalistischen Kollektivismus — den Polizeispieß und die beamtliche Bevormundung!" (S. 232/233).

Aber er folgert daraus in subjektivistischer Überspannung, in der das Utopische und Unausgegorene dieser „antikapitalistischen" Gesinnung zum Ausdruck kommt:

> „Ich bin Individualist — also Egoist ärgster Sorte — und darum vielleicht, darum vielleicht — Sozialist. — Das heißt: Sozialist der Zukunft — besser: Der Überzukunft!" (S. 314).

Um diese „Bürgerlichkeit" nicht zu unterschlagen, deren Parteinahme für den Sozialismus aus der Einmaligkeit der historischen Situation erwuchs und in den neunziger Jahren wieder verebbte, muß man im Bereich der naturalistischen Literatur sorgfältig zwischen verantwortungsbewußten Sozialisten und bloßen A-la-mode-Humanitariern unterscheiden, denn wie in jeder revolutionären Epoche wimmelte es auch hier von weltanschaulich unklaren Elementen, von Mitläufern oder persönlich-überspannten Anarchisten, die nur allzu oft mit den wirklich gehaltvollen Dichtern in einem Atem genannt worden sind.

Am deutlichsten zu erkennen sind die „Mitläufer", die ihr Talent in den Dienst der literarischen Mode stellen, ohne sich dabei innerlich zu engagieren. Die Motive ihrer Dichtungen haben oft einen ausgesprochen aktuellen Charakter, da es sich meist um Schriftsteller handelt, die vom Erfolg ihrer Werke finanziell abhängig sind und daher literarisch unter dem Gesetz der sensationslüsternen Masse stehen. Auf den Naturalismus spezialisiert, trifft dies in erster Linie auf Ludwig Fulda zu, der in seinem Schauspiel „Das verlorene Paradies" (1891) das aktuell gewordene Problem eines Streikes dramatisierte, nachdem er die höhere Gesellschaft vorher mit an französischen Vorbildern geschulten Salonkomödien amüsiert hatte. Bezeichnend für seine theatralische Versiertheit ist die Idee, einen echten Dampfzylinder auf die Bühne zu bringen, der im Moment der Arbeitsniederlegung mit einem lauten Pfiff stehenbleibt. Das Publikum hatte den richtigen Instinkt, durchschaute diese „Mache" und freute sich mit dem Autor, wenn am Schluß der Werkführer Arndt, der brave Streikritter, die edle Fabrikbesitzerstochter heimführt, die unter sozialen Gesichtspunkten auf ihre Italienreisen verzichten will. Auch die Nora-Kopie „Die Sklavin" (1892) fand ihre Lacher, da hier das Problem der bürgerlichen Ehe in einer recht amüsanten Form behandelt wird, denn die Klagen der Ehefrau, sie werde nur als „Hausmöbel" benutzt, lassen sich weder mit der Eindringlichkeit Bebels noch mit dem weiblichen Stolz einer Helene Böhlau oder Gabriele Reuter vergleichen. Ähnlich unproblematisch sind die Dramen „Die Haubenlerche" (1890) oder „Meister Balzer" (1892) von Ernst von Wildenbruch, in denen das Hohenzollern-Pathos seiner früheren Stücke auf ein modisches „Milieu" übertragen wird. Selbst Adolf Wilbrandt, dessen Dramen „Arria und Messalina", „Nero" und „Kriemhild" noch ganz den Stempel der siebziger Jahre tragen, „erniedrigt" seine gründerzeitliche Monumentalität zugunsten einer naturalistischen Thematik und schreibt ein Stück wie „Neue Zeiten" (1890), in dem er fordert, daß die wohlhabenden Kreise eine Selbstbesteuerung ihres Luxus einführen sollen, um mit dem so gewonnenen Gelde die Armen zu unterstützen.

Wesentlich schwieriger ist die weltanschauliche Situation bei denjenigen Dichtern, deren geistige Haltung noch dem Realismus der fünfziger und sechziger Jahre entspringt. Man denke an Anzengruber oder Marie von Ebner-Eschenbach, bei denen sich manche dem Sozialismus nahestehenden Einzelzüge finden ließen, da sie einen Liberalismus vertraten, der sich von der bürgerlichen Klassengebundenheit relativ freizumachen verstand. Noch komplizierter wird die Lage bei Fontane, den man nur ungern in diese Reihe einordnet, da sich hinter seinem distanzierten Mitläufertum oft eine echte Parteinahme versteckt. Seine kritische Haltung äußert sich vor allem im „Schach von Wuthenow" (1883), wo er die starren Ehrbegriffe des preußischen Adels unter die literarische Lupe nimmt, nicht ohne Liebenswürdigkeit zwar, aber doch mit der Schärfe eines genau unterrichteten Analytikers. Ebenso deutlich sind die sozialkritischen Tendenzen in seinem Roman „Irrungen, Wirrungen" (1887), in dem der scheinbar so adelsfreundliche Autor die Gestalt einer einfachen Gärtnerstochter gerade in ihren plebejisch-volkhaften Zügen verklärt, was die reaktionären Kreise zum Anlaß nahmen, diesen Roman als eine „gräßliche Hurengeschichte" abzustempeln. Wie sehr sich Fontane vom aufsteigenden Proletariat angesprochen fühlte, kann man einem Brief an seinen englischen Freund James Morris aus dem Jahr 1896 entnehmen:

„Alles Interesse ruht beim vierten Stand. Der Bourgeois ist furchtbar, und Adel und Klerus sind altbacken, immer dasselbe. Die neue, bessere Welt fängt erst beim vierten Stande an ... Das, was die Arbeiter denken, sprechen, schreiben, hat das Denken, Sprechen und Schreiben der altregierenden Klassen tatsächlich überholt. Alles ist viel echter, wahrer, lebensvoller. Sie, die Arbeiter, packen alles neu an, haben nicht bloß neue Ziele, sondern auch neue Wege" (Briefe, Berlin 1910, II, 380).

Bei einer oberflächlichen Kenntnis Fontanes, dem „die Erscheinungsformen des Reichtums im höchsten Maße sympathisch" waren, wie er an seine Tochter schreibt, dessen bürgerlicher Ordnungssinn sich gegen Ibsen empörte und der mit den „novellistischen" Reizen des preußischen Landadels liebäugelte, mögen solche Äußerungen verwunderlich erscheinen. Fontane hat es stets sorgfältig vermieden, sich auf eine bestimmte weltanschauliche Konzeption festzulegen.

In allen tieferen Fragen des Lebens sah er sich bemüßigt, auf das „weite Feld" des bürgerlichen Relativismus auszuweichen. Darum konnte er sich für Holz und Hauptmann einsetzen, obwohl er zugleich Mitarbeiter der reaktionären Kreuz-Zeitung war. Wie groß seine Anteilnahme trotz der angestammten Distinktion an der „sozialdemokratischen Modernität" der naturalistischen Dichter war, beweist die Tatsache, daß er zu Beginn der neunziger Jahre einen historischen Roman unter dem Titel „Die Likedeeler" entwarf, in dem er das Schicksal der unter Klaus Störtebecker kämpfenden „kommunistischen" Gleichteiler darstellen wollte, die 1402 auf Geheiß der hanseatischen Herren auf dem Hamburger Grasbrook hingerichtet wurden. Daß er diesen Plan nicht vollendete, liegt weniger im Stofflichen begründet als in der echt Fontaneschen Zurückhaltung, sich eine solche Aufgabe in seinem Alter nicht mehr zuzumuten und die zeitgeschichtlich aktuellen Themen lieber den Jüngeren zu überlassen.

Leider gab es unter diesen jüngeren Autoren nicht wenige, die man mit dem anrüchigen Titel „Salonsozialisten" bezeichnen muß, da bei ihnen die sozialistischen Themen nur den Charakter einer äußerlichen Verbrämung haben. Ihre Werke zeichnen sich meist durch eine bewußt mitleidige „Rührung" aus, um so eine bestimmte Drüsenfunktion beim Publikum in Tätigkeit zu setzen. Man lese folgende Stelle aus dem Drama „Dämmerung" (1893) der unter dem Pseudonym Ernst Rosmer schreibenden Elsa Bernstein. Es sprechen das arrogante Salonfräulein Isolde und die emanzipierte Ärztin Sabine, die sich aus „ärmlichen" Verhältnissen emporgearbeitet hat.

Isolde: Warum nehmen Sie keinen Zucker?

Sabine: Vor Jahren mußte ich es mir abgewöhnen, und jetzt kann ich mir's nicht mehr angewöhnen.

Isolde: Warum mußten Sie?

Sabine: Ich war — (stutzt vor dem Wort und sucht es zu umschreiben) Es langte mir nicht — (mit plötzlichem Entschluß) Ich war arm.

Isolde: (schlägt die Hände zusammen) So arm kann man sein?

Sabine: (mit sanftem Lächeln) Noch viel ärmer. Ich gehörte noch zu den Bevorzugten. Ich hatte Brot.

Isolde: Was tut man denn da? Man weint?

Sabine: (sicherer als bisher) Nein. Man arbeitet.

Isolde: (blickt Sabine von der Seite an, wie man ein merkwürdiges Tier ansieht, in taktlosem Tone) Ach! (Freie Bühne 1893, S. 744).

Ebenso rührend behandelt Fritz Mauthner in seinem Roman „Quartett" (1886) das Problem der Frauenemanzipation. Man fühlt sich bei der Lektüre dieses Buches fast in die Tage der seligen Gräfin Ida von Hahn-Hahn versetzt, so engelsmild dulden hier die unterjochten Gattinnen und so launenhaft unbeherrscht gebärden sich ihre pseudobarocken Ehetyrannen. Dieselbe Verzuckerung, wenn auch ins impressionistisch Pikante abgewandelt, findet sich bei Heinz Tovote, den die Herausgeber der „Freien Bühne" irrtümlicherweise

lange Zeit als einen der Ihren betrachtet haben. In seiner Novelle „Alte Liebe"
kehrt der Held Johannes nach einer mißvergnügten, aber standesgemäßen Ehe
wieder zu seiner mit Geld abgefundenen Geliebten zurück, weil ihm als ver-
wöhntem Lebemann die Ärmlichkeit ihrer Verhältnisse wie ein trauliches Idyll
erscheint. In der Novelle „Die Leiche" wird das häusliche Elend einer Arbeiterfamilie geschildert, die ihrer Not nicht anders zu steuern weiß, als daß sich der
Familienvater totstellt und die Mutter mit den Kindern das Geld zu seiner
Beerdigung zusammenbettelt. Eine reiche Familie, die das Ganze durchschaut,
ist von dieser Idee so belustigt, daß sie den armen Mann in gutbezahlter Stellung
als Faktotum einstellt und ihn „die Leiche" nennt.

Auch in der Lyrik spukt dieser salonsozialistische Ungeist. Man denke an Otto
Kamp, den Sänger der „filia hospitalis", der mit seinen „Armeleutsliedern"
(1885) zeitweilig große Erfolge einheimste.

> „Wir singen einen alten Sang,
> den Sang der armen Leute;
> der ist nicht fein, nicht kurz, nicht lang,
> von gestern nicht, noch heute;
> er ist so alt wie Menschenleid
> und drin liegt seine Heiligkeit,
> der Sang der armen Leute."

Daß man diesen versifizierten Stumpfsinn, diesen lyrischen Dilettantismus
eines Glacédemokraten noch überbieten kann, zeigen folgende Strophen, die
1892 in der „Gesellschaft" erschienen:

> „Blicke doch den Armen
> nicht verächtlich an,
> freundlich mit dem warmen
> Blicke sei's getan.
>
> Doch der Blick, das bloße
> Ansehn nicht genügt,
> mach, daß sich das große
> Herz dem Drange fügt."

Wesentlich kühler, aber nicht weniger „salonsozialistisch" sind die Werke von
Paul Lindau und Hermann Sudermann, die oft nur soviel aktuellen Zündstoff
enthalten, um die gesellschaftliche Neugier auf einen angenehmen Siedegrad
zu bringen. So wird in Lindaus Roman „Der Zug nach dem Westen" (1886) die
soziale Frage bloß darum angetippt, um das an sich harmlose Geschehen mit
einer pikanten Würze zu versehen, während alle wirklich problematischen Ereignisse mit einer etwas billigen Noblesse behandelt werden. Als Lindau an
einer Stelle auf das Problem der sozialen Gerechtigkeit stößt, begnügt er sich
mit der zynischen Bemerkung, daß der Reichtum stets unter dem Gesetz der

Fortuna gestanden habe, wodurch die soziale Frage in eine literarische Bagatelle aufgelöst wird. Wohl das beste Beispiel einer solchen Gesinnung ist ein Abschnitt wie der folgende:

> „Handwerker und Arbeiter aus dem Innern der Stadt mit ihren Frauen im Sonntagsstaat und ihren Kindern von schlechter Gesichtsfarbe, gebleicht von der verdorbenen Luft der Hof- und Kellerwohnungen, kamen in dichten dunklen Haufen von den Linden her durch das Brandenburger Tor gezogen ... Davor oder dahinter schritten die älteren Geschwister, die die Luxusbauten, die schon freundlich winkenden Vorgärten mit den plätschernden Springbrunnen und den mit mächtigen Blattpflanzen und frisch erblühten Azaleen geschmückten Veranden in diesem ihnen kaum bekannten Viertel des Reichtums und des Wohllebens mit neugierigen Augen anstarrten. Die Eltern der reichen Leute, die hier in den schönen Häusern des Westens wohnten, waren vielleicht auch vor so und so vielen Jahren als arme, bleichsüchtige Kinder an sonnigen Festtagen hier herumgesprungen; und unter diesen östlichen Proletarierkindern befand sich gewiß auch der eine oder der andere zukünftige Besitzer einer Tiergartenvilla" (S. 242).

Mit ebenso billigen, aber nicht minder wirkungsvollen Effekten arbeitet Sudermann in seiner „Ehre" (1889), die in vielen Zügen noch an das volkstümliche Rührstück à la Kotzebue oder Birch-Pfeiffer erinnert. Auch er „weiß sich mit ziemlicher Sicherheit auf der mitunter etwas schmalen Grenzscheide dessen zu bewegen, was sich die Bourgeoisie eben noch, und dessen, was sie sich nicht mehr bieten läßt", wie es bei Mehring heißt (II, 112). Die „revolutionäre" Tendenz wird daher auf die theatralisch geschickte, wenn auch nicht neue Konfrontation von Vorderhaus und Hinterhaus zugespitzt, um die beabsichtigte Wirkung selbst dem einfältigsten Zuschauer plausibel zu machen. Das verbindende und doch trennende Element dieser beiden Milieubereiche ist das Problem der Ehre, das der Graf Trast im Stile der französischen Salonkomödie als brillanter Raisonneur in die Debatte wirft. Der alte Heinecke aus dem Hinterhaus läßt sich die Ehre seiner durch den jungen Mühling verführten Tochter mit einigen Tausend Mark bezahlen, während der alte Kommerzienrat aus der Bel-étage es für unter seiner Ehre hält, „seine" Tochter dem strebsamen und gebildeten Sohn des Hinterhäuslers zur rechtmäßigen Frau zu geben. Daß sich am Schluß alles durch eine vorher nicht einkalkulierte Vermögensverschiebung arrangiert, ist eine Lösung, die eigentlich in den Bereich der unterwertigen Literatur gehört. Auch hinter dem Roman „Frau Sorge" (1887) steht ein trivial-literarisches Klischee: das Märchen von der grauen Frau, der man alles opfern muß, um sich durch Leid und Armut zu seelischer Größe durchzuringen. Wiederum wimmelt es von abgegriffenen Wendungen, dramatischen Zuspitzungen und sentimentalen Einlagen. Sudermann berauscht sich geradezu an Brand, Mord und Verführung, um sich keinen der üblichen Effekte entgehen

zu lassen. Das „sozialistische" Motiv besteht lediglich darin, daß ein Bauern-
tölpel mit guter Seele, der tumbe Paul, am Schluß das Gutstöchterlein Elsbeth
heiratet, die er bisher kaum anzusehen wagte, weil sie in einem vornehmen,
weißen Hause lebte, dort, „wo die Glücklichen wohnen".

Neben dieser salonsozialistischen Gruppe gibt es eine geistige Strömung, der
vor allem die literarische Jugend angehört und die man in Anlehnung an Georg
Lukács „die anarchistisch-messianische Revolte der Jungen" nennen könnte,
wie es in seiner „Skizze einer Geschichte der neueren deutschen Literatur"
(1955) heißt (S. 101). Für die eben erst der Schule Entronnenen war der Sozialismus oft nur ein Mittel der Selbstbefreiung, ein revolutionäres, aber ver-
schwommenes Leitbild, das einen fast religiösen Charakter hatte. Man spürte,
daß sich hier etwas Unerhörtes vollzog, war jedoch innerlich viel zu unruhig,
ästhetisch viel zu überhitzt, um daraus die entscheidenden Konsequenzen zu
ziehen. So ließ man sich zwar anstecken, blieb aber trotz des naturalistischen
Fiebers ein „Bürger", da man im Rahmen einer formal-ästhetischen Kultur
großgeworden war und daher den Weg von der Kunst zur Aktion übersah.
Das Gedankengut der messianisch eingestellten Anarchisten enthält darum
kaum spezifisch sozialistische Züge, sondern hat einen ziemlich allgemeinen
Charakter: Es äußert sich als Kampf gegen Bindung und Form, als Mitleid mit
den bisher Enterbten und Entrechteten oder als Sturmlauf gegen Konvention
und Autorität, ohne daß damit eine pro-proletarische Einstellung verbunden
wäre. Man sah nicht ein, daß das Ziel dieser Umwälzung darin bestand, das
Wohl der Allgemeinheit höherzustellen als das Wohl des einzelnen, um auf
diese Weise eine Knechtschaft durch den Menschen zu vermeiden, und fand
so nicht den rechten Ort, sich in die sozialistische Revolution einzuordnen,
da man durch seine „feinere" Lebensart und die im gebildeten Müßiggang
erworbene Kompliziertheit der Seele den Vertretern des vierten Standes etwas
hilflos gegenüberstand. Man lese die relativ echt wirkende „Lebensskizze"
(1900) des jungen Wilhelm Hegeler, die hier als Beispiel für viele stehen soll:

> „Ich bekam einen genügenden Wechsel, um der Sorge für das tägliche
> Brot enthoben zu sein. Und ich fragte mich immer, mit welchem Recht?
> Mit welchem Recht war ich vor anderen bevorzugt? Mit welchem Recht
> konnte ich in anständigen Restaurants speisen, mich gut anziehen,
> Theater besuchen? ... Das Gefühl des Unrechts wurde so stark in mir,
> daß mir die Bissen im Halse schwollen, und ich mich vor jedem zerlump-
> ten Bettler wegen meines reinen Hemdes schämte ... Ich trug mich wäh-
> rend der Zeit mit dem Plan, ein Handwerk zu ergreifen: Schreinerei. Vor-
> erst zog ich aus dem Studentenviertel fort und mietete mir ein Zimmer im
> äußersten Norden, aß in Proletarierkneipen, trieb mich ruhelos umher,
> bedrückt von der Unsicherheit meiner Zukunft, denn auf meine juristi-
> sche Karriere hatte ich endgültig verzichtet... Abends besuchte ich Volks-
> versammlungen und sozialistische Klubs. Ich lernte hier viele Menschen

kennen, ohne daß mir einer nähertrat. Die meisten waren zielbewußte Sozialdemokraten. Sie imponierten mir, aber ihre gesunde Einseitigkeit war nichts für meine Verworrenheit. Sie waren fertige Menschen, bei mir aber war alles in Fluß" (Die Gesellschaft 1900, II, 230/231).

Das Ergebnis dieser „Verworrenheit" war meist ein Sozialismus rein utopischer Prägung, der aus seiner anarchistischen Außenseiterposition erklärt werden muß. Anstatt sich auf die konkrete Verwirklichung vorgefaßter Tendenzen zu beschränken, gefiel man sich im Unverbindlichen, im Religiösen und Bilderreichen, wobei die sozialistischen Ideen oft eine urchristliche, ja fast messianische Note bekamen, man denke an Kretzers „Gesicht Christi" (1897) oder Hauptmanns „Narr in Christo Emanuel Quint" (1910), Romane, die etwas eigentümlich Erregendes haben, weil das Christentum hier in das seltsame Zwielicht von Aktualität und Blasphemie gedrängt wird.

Dieselbe „messianische" Erregung findet sich bei Leo Berg, einem der wichtigsten Vertreter der 1886 in Berlin gegründeten Literaturgruppe „Durch", dessen Buch „Der Naturalismus" (1892) ebenso überhitzt geschrieben ist wie die Manifeste von Henckell und Conradi in den „Modernen Dichtercharakteren" (1884). Überall wird das „Neue" und „Moderne" als ein Sprung in das Wagnis bezeichnet oder als „Weltpfingsten" gefeiert wie in der gleichnamigen Lyriksammlung des jungen Heinrich Hart. Ein besonders extremer Vertreter dieses frühnaturalistischen Überschwanges war Ludwig Scharf, der in seinen „Liedern eines Menschen" (1892) in geradezu verbrecherischer Wut die kulturellen Errungenschaften der Neuzeit in die weltgeschichtliche Rumpelkammer wirft, um die Welt von seiner atheistischen und anarchistischen Einstellung zu überzeugen. Fast in allen Gedichten posiert er sowohl mit einem abgründigen Pessimismus als auch mit einem rousseauistischen Glücksverlangen. Wichtig ist ihm bloß das Neue, das, was noch nie dagewesen ist, jener Wunschtraum aller Revolutionäre, ohne daß er seinen Zielen irgendeinen konkreten Sinn unterlegen könnte. Das letzte Mittel, sich zu legitimieren, sind jene in bewußter Proletmanier hingeworfenen Verse, die ihm die Bewunderung derer eintrugen, die genauso „kraftgenialisch" waren wie er:

> „Ich bin ein Prolet, vom Menschengetier,
> ich bin von der untersten Klasse —
> ich bin ein Prolet, was kann ich dafür,
> wenn ich keine Zier eurer Rasse — "

Arthur Eloesser hat in seinem Essay „Fünfundzwanzig Jahre" jenen idealistisch-überspannten Sozialismus einmal folgendermaßen charakterisiert:

> „Wir waren damals alle Radikale, unerbittliche Realisten und unvergleichliche Utopisten ... Wir glaubten bei Marx zu sein, und wir hielten in Wirklichkeit bei Rousseau ... Wir trugen Kalabreser und Knotenstock und ließen den Havelock wehen, der nicht gefüttert sein durfte,

so lange Menschen froren. Wenn wir am Morgen auseinandergingen, war die Welt immer ein Stück weiter" (Fischer-Jahrbuch 1911, S. 14/15). Eloesser denkt hier vor allem an die literarischen Mitarbeiter des S. Fischer Verlages, an die Herausgeber der „Freien Bühne", die eine Umwälzung des gesamten kulturellen Gefüges herbeiführen wollten. Die Selbsteinschätzung dieser Kreise war in manchem so eschatologisch, daß man fast an den Expressionismus erinnert wird. So apostrophiert Karl Henckell das „ideale Proletariat" mit folgenden Zeilen:

> „Heil Dir, junger Held der Erde,
> Siegfried Proletariat!" (II, 131).

Man glaubte, mit solchen Phrasen eine revolutionäre Neugestaltung der Welt herbeiführen zu können, und spielte in Wirklichkeit mit den Narkotika des fin de siècle, da man zu viel intellektuell war, um sich zu einer ungebrochenen Entschlußkraft aufzuraffen. Man höre nur, wie Bölsche, der zu einem der eifrigsten Parteigänger des Sozialismus zählte, schon in seinem 1891 erschienenen Roman „Die Mittagsgöttin" von dieser utopistischen Begeisterungsfähigkeit Abschied nimmt:

> „Ich träumte den großen, den größten, herrlichsten Märchentraum unserer nicht realistischen, sondern in Wahrheit hyperidealistischen Zeit mit: den Traum vom umgekehrten Gottesgnadentum. Von der heiligen Mission des Arbeiters, von der Erlösung der Welt durch eine riesenhafte, aber rein soziale Tat" (a. a. O.; I, 114).

Ihren trivialliterarischen Reflex findet dieser Messianismus, dieser „Traum vom umgekehrten Gottesgnadentum", in den Romanen von Hans Land, Leonor Goldschmied und Felix Holländer, in denen mit allen Mitteln des Sensationellen das salonsozialistische Mitleid mit den eschatologischen Erwartungen der sozialdemokratischen Sektierer verquickt wird. Am bezeichnendsten für diese unlautere Vermischung ist wohl der Roman „Der neue Gott" (1890) von Hans Land, der die rührende Geschichte des Grafen Friedrich von der Haiden zum Inhalt hat, der sich vom Ehrenkodex seiner streng konservativen Eltern so angeekelt fühlt, daß er in einem Zustand der religiösen Verzückung seinen Namen unter einen sozialdemokratischen Aufruf setzt. Die sich in dunstigen Kneipen versammelnden Arbeiter werden im Stile der urchristlichen Gemeinden geschildert, gehen durch das Leben wie Märtyrer und klammern sich wie die Jünger des „Narren in Christo" an ihre alleinseligmachende Lehre. Um dem Ganzen einen sensationellen Schluß zu geben, verrät der halb verhungerte Graf den Sozialistenführer Herning, das Haupt dieser Gemeinde, für ein paar Silberlinge an die Polizei. Er selbst erfüllt sein Judas-Schicksal, indem er sich in die Spree stürzt, nicht ohne noch einmal in sentimentaler Einfältigkeit auf „das leidende, heilige Volk" zu schwören. Er geht unter mit der Gewißheit, daß in naher Zukunft das soziale Mitleid doch über die teuflische Macht des Egoismus triumphieren werde:

„Der neue Gott — das große Mitleid — sucht eine neue Welt zu schaffen. Nach neuen Formen sucht er ... Die Besten und Einsichtsvollsten macht er zu Träumern. Sie flüchten mit ihren Gedanken in das Fabelreich des Ideals; der sozialistische Staat ist das zauberische Trugbild, zu dem sie emporstarren wie der verschmachtende Wüstenwanderer zur Fata morgana" (S. 191).

Noch rührender und zugleich messianischer ist der Inhalt des in direkter Abhängigkeit von Land geschriebenen Romans „Jesus und Judas" (1891) von Felix Holländer, nur daß es sich diesmal nicht um einen heruntergekommenen Graf, sondern um einen fanatisierten Studenten handelt, der zum Judas seiner eigenen Ideale wird. Im Mittelpunkt steht wieder die utopische Hoffnung auf den „neuen Menschen", ertönt der an den Expressionismus gemahnende Schrei nach einer neuen Gemeinschaft. Wie in allen diesen Produkten wird der gute Mensch von Nazareth zum Ahnherrn der sozialistischen Hoffnungen gemacht. Er sei „der erste epochemachende Sozialdemokrat" gewesen und sein „Testament" müsse mit dem Marxschen „Kapital" in sinnvoller Weise verflochten werden, heißt es an einer Stelle (4. Aufl. S. 48). Auch in diesem Roman geschehen Zeichen und Wunder, werden die Sozialdemokraten mit den Urchristen verglichen und ihr Märtyrertum mit derselben Gnadenkrone belohnt. Carl Truck, der studentische Haupheld, und seine Lene leben in wilder, aber heiliger Ehe, um ihre Nachkommen nicht mit dem Stempel der bürgerlichen Konvention zu beflecken. Was sie am Leben erhält, ist nur ihr religiöser Fanatismus, denn es wäre ein „Frevel", bei dieser eschatologischen Gereiztheit an eine regelrechte Arbeit zu denken.

„Eine Jammersuppe war ihr tägliches Hauptgericht. Wie das heiße Wasser ihren Magen wärmte, — was wollten sie denn mehr: heißes Wasser und geweichtes Brot!" (S. 338).

Die weibliche Heldin dieses Romans steht selbstverständlich in einem für diese Zeit bezeichnenden Zwielicht von Dirne und Madonna, wird monistisch verklärt und zugleich mit religiösen Tabu-Vorstellungen umgeben. Die ihr von Carl Truck entgegengebrachte Liebe schwankt wie bei allen diesen messianisch Begeisterten echt pubertär zwischen entsagungsvoller Anbetung und ausschweifender Zerfleischung hin und her. Als er sie einmal nackt im Bade sieht, heißt es:

„Andächtig, wie als Knabe in der Kirche, wandelte es ihn an zu beten, zu beten vor der Schönheit; denn die Natur in ihrer Schöne war ihm die strahlende Gottheit ... und er hob sie empor und küßte sie, heißinnig, gläubig; beinahe — wie man Marie, die Jesusmutter küßt in der Kirche, andachts- und weihevoll" (S. 33).

Etwas naturalistischer, das heißt durch die Schule von Holz gegangen, ist die Erzählung „Auferstehung" von Leonor Goldschmied (1891). Es handelt sich hier um einen Arbeiter, der „Unter den Linden" ein Schaufenster einschlagen will, aber begreift, wie sinnlos eine solche Kraftprobe wäre, und darum den Tod in der Spree sucht. Das „Messianische" steckt in dieser Milieustudie vor allem in der Schlußwendung, in der es wie bei Land oder Holländer heißt, daß sein Reich „nicht von dieser Welt" gewesen sei, wodurch das Ganze wiederum einen blasphemischen Oberton erhält, der diese Art von Sozialismus so unerträglich macht (Freie Bühne 1891, S. 752). Auf sozialdemokratischer Seite fand sich daher manche Stimme, die diesen messianischen Überschwang einer scharfen Kritik unterzog. Man höre, wie sich Robert Seidel unter dem Titel „Kein Heiland ist noch je erschienen" in einigen programmatischen Zeilen zu diesem Problem äußerte (Politische Dichtung, Leipzig 1932, VII, 174):

> „O hofft nicht mehr auf Heilands Kommen
> Aus lichter Höh', von Gott gesandt! —
> Das Volk allein muß, ihm zu frommen,
> Sich Heiland sein in jedem Land."

Neben den nach einer neuen Gemeinschaft suchenden Literaten stehen die Einzel-gänger, die „Sozialaristokraten", deren Interesse für den Sozialismus meist einem schlechtverhüllten Drang nach persönlicher Geltung entspricht. Diese verbanden die in den achtziger und neunziger Jahren akut werdenden Ein-flüsse Nietzsches mit den marxistischen Forderungen zu einem weltanschau-lichen Konglomerat, das sich nur mit snobistischer Ungenauigkeit zusammen-halten ließ. Man kämpfte zwar gegen die konventionelle Bürgerlichkeit und den wilhelminischen Obrigkeitsstaat, wollte jedoch damit nicht den Rechten des vierten Standes zum Durchbruch verhelfen, sondern lediglich diejenigen Schranken beseitigen, die dem eigenen Subjektivismus im Wege standen. Der Anarchismus war daher für die meisten nur ein Mittel, um sich „ausleben" zu können oder für seine geistige Unklarheit einen möglichst weiten Spielraum zu haben. So schreibt Carl Truck in Holländers Roman „Jesus und Judas" eine Broschüre unter dem Titel „Sozialismus und Anarchismus. Reflexionen eines Verzweifelten", in der die sozialdemokratischen Forderungen in völlig über-spannter Form mit einem nihilistischen Anarchismus und einer weltschmerz-lerischen Fin-de-siècle-Stimmung durcheinandergeworfen werden. Man wollte auf diese Weise der sozialistischen „Nivellierung" entgehen und glaubte, das nur erreichen zu können, wenn man seine Geistigkeit in den Strudel des Nihilis-mus warf oder sie zu einem gottähnlichen Gebilde emporstilisierte. John Henry Mackay zum Beispiel stellt seinen Roman „Die Anarchisten" (1891) unter das Motto „Erlöst wird nur der, der sich selbst erlöst", um sich so gegen die mit dem Sozialismus heraufziehende „Einzwängung des Individuums in immer engere Grenzen" und die damit verbundene Unselbständigkeit des Menschen zu wehren (S. 653). Die Autoren dieser Gruppe waren wie die Messianisch-Be-geisterten viel zu sehr in sich selbst verfangen, um das wirklich Neue und Be-deutsame am Sozialismus zu begreifen: die Abschaffung der gesellschaftlichen

Rangvorstellung und die daraus resultierende Aufwertung der im Sinne einer Gemeinschaft leistungschaffenden Persönlichkeit, die von den anderen nicht mehr nach ihrer Herkunft, sondern nach ihren Fähigkeiten bewertet wird. Um das hartnäckige Festhalten an der bürgerlich-fundierten Subjektivität zu begründen, schrieb Mackay eine Biographie Stirners und gab dessen Hauptwerk „Der Einzige und sein Eigentum" mit der propagandistischen Absicht heraus, allen Ichgläubigen eine neue Bibel in die Hand zu geben. Mackay lebte in der fast religiösen Hoffnung, die Menschheit durch eine Überwindung des Ökonomischen zu befreien, indem er jedem einzelnen den im Anarchismus liegenden Weg zu geistiger Selbständigkeit wies. Dieses intellektuelle und zugleich prophetische Sektierertum verleugnet nicht seine Verwandtschaft mit den Hyde-Park-Predigern, hat jedoch auch in Deutschland weite Kreise gezogen und kann daher bei einer solchen Summierung der sozialistisch eingestellten Gruppen nicht vernachlässigt werden. Wie Mackay warfen sich in allen größeren Städten die mit der Arbeiterbewegung sympathisierenden Bürgerlichen zu Sozialaristokraten auf, wollten Herren der Unterworfenen sein, weil sie ihren Willen zur Macht an den ihnen finanziell überlegenen Standesgenossen nicht befriedigen konnten. Sie schwankten meist zwischen dem Stolz auf das eigene Ich und dem Bedauern mit den Enterbten und Unterdrückten unschlüssig hin und her und gerieten dadurch in eine Lage, die sich nur durch einen maßlosen „Anspruch" kompensieren ließ. So schreibt Franz Oppenheimer, der sich 1889 für die „Soziale Bedeutung der Genossenschaften" eingesetzt hatte, in der zweiten Hälfte der neunziger Jahre einen hochmutsgetränkten Essay unter dem Titel „Die soziale Frage der oberen Klassen", aus dem man folgende Stelle als besonders symptomatisch hervorheben kann:

> „Dem Heere der politisch organisierten Arbeiter müssen aus den Schichten der durch Bildung und Besitz unabhängigen Männer die Offiziere geschafft werden", weil die Arbeiterfunktionäre, „um mit Friedrich Nietzsche zu reden, einen schwülen Kopf und ein kaltes Herz haben" (Neue deutsche Rundschau 1896, S. 758).

Weniger „militaristisch", aber genauso bestimmt äußert sich Bruno Wille in seinem 1893 in der „Freien Bühne" erschienenen Aufsatz „Die Sozialaristokratie", der sich ebenfalls gegen die „Gefahr" der sozialistischen Gleichmacherei wendet. Wille beruft sich bei seiner Widerlegung der sozialdemokratischen Parteiprogramme vor allem auf die im Darwinismus liegende Möglichkeit der Herausbildung bestimmter Eliten, um so den bürgerlichen Intellektuellen eine bevorzugte Stellung innerhalb der Arbeiterbewegung einzuräumen. Wie in seiner 1892 veröffentlichten „Philosophie der Befreiung durch das reine Mittel" vertritt er einen idyllisch gefärbten Anarchismus, der in der Ungebundenheit freier, aber kleiner Gemeinschaften besteht. Trotz seiner materialistischen und sozialistischen Anfänge landet er dadurch bei einem subjektivistischen Siedlungsgedanken, der sich mit dem heimatkünstlerischen Idealismus der Worpsweder vergleichen läßt. Auch der ihm nahestehende Bölsche nimmt in denselben Jahren Abstand von den sozialdemokratischen „Nivellierungstendenzen" und beruft sich in seinem Roman „Die Mittagsgöttin" (1891) auf die an sich nicht unsozialistische Eigenständigkeit seines Geistes:

> „Ich sah ein, daß wir wohl die bestehende Kapitalsanhäufung und Arbeitsungleichheit beseitigen könnten, aber niemals die angeborene Ungleichheit im Phosphorgehalt des Gehirns" (2. Aufl. I, 125).

Wie aristokratisch die Münchener den Sozialismus verstanden, beweist der 1890 in der „Gesellschaft" erschienene Aufsatz „Das soziale Kaisertum" von Michael Georg Conrad, in dem die Aufhebung der Sozialistengesetze als eine wahrhaft kaiserliche Tat gefeiert wird und Conrad unter völliger Verkennung der gesellschaftlichen und ökonomischen Situation den jungen Kaiser zu einer Revolution von oben auffordert. Es heißt dort:

> „Die friedliche Lösung der Arbeiterfrage erfordert eine Art aristokratischen Radikalismus, ... ein sozial-radikales Königtum" (S. 476).

Solche Äußerungen veranlaßten natürlich die überzeugten Sozialdemokraten, den naturalistischen Dichtern gegenüber eine gewisse Skepsis zu wahren, um sich nicht mit weltanschaulich fragwürdigen Elementen einzulassen. So wandten sich Karl Liebknecht und Robert Schweichel vor allem gegen die unter der Leitung von Bruno Wille stehende „Freie Volksbühne", weil sie spürten, wie selbstherrlich sich die bürgerlichen Literaten der Masse des Volkes gegenüber benahmen und dadurch der anfangs rein sozialistische Plan langsam zu einer literarischen Cliquenwirtschaft entartete. Aus diesem Grunde kam es schon 1892 zu einem temperamentvoll ausgetragenen Vorstandskrach, durch den sich Wille in seinem „volkspädagogischen" Überlegenheitsgefühl beleidigt sah und das Szepter niederlegte. So empörten sich die Sozialdemokraten mit Recht über die pamphletistischen Elemente innerhalb der naturalistischen Dramatik, hinter denen sie nicht ohne Grund eine modische Mache witterten. Auch Franz Mehring warf seinen Bannstrahl auf das „Milljöh" der „sogenannten naturalistischen Dichter", deren Vorliebe nur dem „schmutzigen Lumpenproletariat, den Dieben und Huren" gelte (II, 159). Man wollte das literarisch unverbildete und daher besonders empfängliche Volk nicht der „sozialistischen" Renommiersucht der bürgerlichen Intellektuellen ausliefern und bestand darauf, nicht mit dem Verkommenen zu posieren, sondern konkret dargestellte Situationen mit einem bestimmten gesellschaftskritischen Sinn auf die Bühne zu bringen, um nicht der Gefahr eines snobistischen Anarchismus zu verfallen.

Weltanschaulich weniger irreführend sind Sozialaristokraten wie Peter Hille oder Hermann Conradi, deren Revoluzzertum etwas Bohemienhaftes hat. Conradis „Adam Mensch" (1889) zum Beispiel ist viel zu willenlos, um sich für eine Idee zu begeistern, die über sein eigenes Ich hinausgreift. „Nichts Großes erschütterte ihn, das kleine Gewürm halber, angedeuteter Gefühle verleidete ihm das Leben", heißt es an einer Stelle (S. 124). Peter Hille stellt seinen Roman

„Die Sozialisten" (1887) unter das bewußt alberne Motto: „Der Roman sei gesellschaftliche Therapeutik. Allen Herren, welche keine Dame sind, gewidmet." Der Hauptheld Viktor glaubt zwar anfänglich, ein vollgültiger Vertreter des Sozialismus zu sein, aber er „bewegt sich nur allegorisch als Volk" (S. 85). Bezeichnend für diesen Snobismus ist eine Äußerung wie die folgende:

> „Er sah fast aus wie ein Napoleon. Stimmte. Ein Napoleon wollte er sein, der, hier richtete er sich auf, Napoleon des sozialistischen Gedankens. Ein bedeutender Mann fehlt der Bewegung...
> Aber was soll geschehen? ... Berlin ist zu kritisch. In Paris kommen zu viele hastig vorbei. Stockholm, Kopenhagen, ja, das wäre" (S. 116).

Wohl die beste Parodie auf diesen aristokratischen Ungeist sind die „Sozialaristokraten" (1896) von Holz, in denen ein sarkastisches Fazit derjenigen Literatur gezogen wird, die im Verlauf der neunziger Jahre ihre sozialistischen Ideen dem aufkommenden Nietzschekult geopfert hatten. Besonders die Friedrichshagener müssen bei dieser Abrechnung ihren Kopf hinhalten, aber auch John Henry Mackay, der unter der Maske des Frederick S. Bellermann erscheint. Alle im Stück auftretenden Personen bilden eine Gruppe, die jeden Neuling mit der gleichen Frage begrüßt: „Nitschkn ham Se doch jelesn?" (V, 9). Der geistige Mittelpunkt dieser Gemeinde ist der von Bebel zu Nietzsche übergewanderte Dr. Gehrke, der sich soeben mit den „Liedern eines Übermenschen" literarische Lorbeeren erworben hat. Seine Wahlsprüche lauten: „Die Sozialdemokratie proklamiert das Faustrecht. Ich proklamiere das Kopfrecht" oder „Mein Ziel ist der freie Vernunftmensch" (V, 29/30). Das ganze Stück gipfelt daher in der weltanschaulichen Verstiegenheit, eine „Übermenschheit" zu errichten (S. 71), bei der die Nietzsche und der Sozialismus, das heißt die Ansprüche des selbstbewußten Individuums und das Freiheitsverlangen der Masse in einer grandiosen Synthese vereinigt werden.

Frei von solchen „Verdächtigungen", seien sie nun salonsozialistischer, messianischer oder sozialaristokratischer Natur, sind eigentlich nur wenige, da sich die revolutionären Ideen dieser Literaten immer wieder mit den bildungsmäßig übernommenen Gedanken ihrer bürgerlichen Herkunft vermischten.

In der Lyrik hört man die ersten reinen Töne in der 1884 von Wilhelm Arent herausgegebenen „Anthologie", in der Gedichte stehen wie „Nach dem Streik" von Friedrich Adler, das „Lied vom Arbeiter" von Karl Henckell und „An die oberen Zehntausend" von Oskar Jerschke, die man inhaltlich ohne große Vorbehalte mit der Lyrik der Sozialdemokraten Geib, Frohme, Audorf und Seidel vergleichen kann. Stilistisch sind diese Verse oft von lapidarer Kürze, um auch bei ungebildeten Lesern Anklang zu finden. Man höre den Refrain eines Jerschke-Gedichtes, der zwar banal, aber einprägsam ist:

> „Von einer Mark oft sieben Menschen leben,
> die dem Kaiser noch den Groschen geben!"

Das sind Ansätze, die notgedrungen etwas Unvollkommenes haben, sich aber in ihrer Suche nach einem menschlichen Kontakt weit über die „modische" Mache erheben. Auch das „Buch der Zeit" (1885) von Arno Holz, das Mehring als eine der „klassischen Leistungen des deutschen Naturalismus" bezeichnet hat (II, 285), trifft trotz vieler Formalismen und Geibel-Nachklänge oft den richtigen Ton, da es in forscher Unbekümmertheit die hergebrachte „Poesie" mit der gewöhnlichen Alltagssprache durchtränkt. Das Ganze steht unter dem Motto: „Modern sei der Poet, modern vom Scheitel bis zur Sohle" (I, 128), und wendet sich in recht salopper Form gegen den Kanzler Otto, die Schlotbarone, die Von-Verehrer und Glacédemokraten, um nur einige Akzente hervorzuheben. Ähnliches, wenn auch in peinlicher Überspitzung, findet sich in den „Proletarierliedern" (1885) von Maurice von Stern, die „Dem arbeitendem Volke" gewidmet sind. Als ein zeittypisches, wenn auch literarisch unbedeutendes Beispiel sei das Gedicht „Not" von Ada Christen zitiert:

> „All euer girrendes Herzeleid
> Tut lange nicht so weh
> Wie Winterkälte im dünnen Kleid,
> Die bloßen Füße im Schnee.
>
> All eure romantische Seelennot
> Schafft nicht so herbe Pein,
> Wie ohne Dach und ohne Brot
> Sich betten auf einen Stein"
> (Polit. Dichtung a. a. O., VII, 156).

Ihren Höhepunkt erlebt diese Richtung in der Lyrik des frühen Dehmel, dessen Arbeitergedichte trotz ihrer anempfundenen Manier eine große Popularität erlangten. Vor allem sein „Arbeitsmann" wurde immer wieder abgedruckt:

> „Wir haben ein Bett, wir haben ein Kind,
> mein Weib!
> Wir haben auch Arbeit, und gar zu zweit,
> und haben die Sonne und Regen und Wind,
> und uns fehlt nur eine Kleinigkeit,
> um so frei zu sein, wie die Vögel sind:
> Nur Zeit.
>
> Wenn wir Sonntags durch die Felder gehn,
> mein Kind,
> und über den Ähren weit und breit
> das blaue Schwalbenvolk blitzen sehn,
> oh, dann fehlt uns nicht das bißchen Kleid,
> um so schön zu sein, wie die Vögel sind:
> Nur Zeit.

> Nur Zeit! wir wittern Gewitterwind,
> wir Volk.
> Nur eine kleine Ewigkeit;
> uns fehlt ja nichts, mein Weib, mein Kind,
> als all das, was durch uns gedeiht,
> um so kühn zu sein, wie die Vögel sind.
> Nur Zeit!"
> (Aber die Liebe, 26. Aufl. S. 170).

Ebenso bekannt waren sein Gedicht „Vierter Klasse", wo er das Schicksal einer Auswanderergruppe beschreibt, oder sein „Maifeierlied", in dem die Hoffnung auf eine endgültige Befreiung des vierten Standes besungen wird. Auch sein „Erntelied" ist in viele Anthologien eingegangen. Hier genügen vielleicht drei Strophen, um die dahinter stehende Absicht zu spüren:

> „Es kommt ein dunkles Abendrot,
> viel arme Leute schrein nach Brot.
> Mahle, Mühle, mahle!
> Es hält die Nacht den Sturm im Schooß,
> und morgen geht die Arbeit los.
> Mahle, Mühle, mahle!
> Es fegt der Sturm die Felder rein,
> es wird kein Mensch mehr Hunger schrein.
> Mahle, Mühle, mahle!"
> (S. 174).

Was sich sonst in dieser Zeit an „sozialistischer" Lyrik findet, hat nur tagespolitischen, aber keinen künstlerischen Wert. Das Phänomen des Lyrischen wurde damals noch rein punktuell aufgefaßt, als subjektive Aussage eines auf sich gestellten Individuums, da dieser Bereich der Dichtung noch ganz im Zeichen des bürgerlichen Individualismus stand. Am Ende der naturalistischen Aera steht daher ein Gedicht wie „Mein Ça ira" aus der Sammlung „Zwischenspiel" (1894) von Karl Henckell, in dem sich dieser einst so „fortschrittliche" Dichter zum lyrischen Subjektivismus der neunziger Jahre bekennt:

> „Volksführer? Nein! Die Toga paßt mir nicht,
> Ich bin zu schüchtern, Politik zu treiben.
> Ich bilde mich und mein Gedicht,
> Was meinem Innern fernliegt, laß ich bleiben"
> (I, 63).

Für den Sozialismus wesentlich günstiger liegen die Verhältnisse im Roman, der für die Entfaltung eines weltanschaulichen Systems viel geeigneter ist als das auf ein paar Zeilen zusammengedrängte Gedicht. Als der entscheidende Vertreter dieser Gattung galt im Frühnaturalismus Max Kretzer, der von den literarisch interessierten Kreisen wie ein zweiter Zola gefeiert wurde. Trotz seiner bürgerlichen Herkunft mußte er schon mit dreizehn Jahren in eine Fabrik eintreten, da sein Vater im Zuge des harten Konkurrenzkampfes Bankrott gemacht hatte. Man darf die Romane Kretzers daher nicht mit den Werken der Friedrichshagener vergleichen, sondern muß stets seine spezielle Situation im Auge behalten, da er als einziger das Problem der sozialen Not am eigenen Leibe erlebte. Sein erster Roman „Die beiden Genossen" (1879) ist noch anti-sozialdemokratisch, bringt aber neben kolportagehaften Sensationen schon manchen für diese Zeit ungewöhnlichen Einzelzug. Vor allem die Milieuschilderung enthält bereits spezifisch naturalistische Elemente. Es folgen die Romane „Die Betrogenen" (1882), „Die Verkommenen" (1883), „Im Sturmwind des Sozialismus" (1884) und die „Drei Weiber" (1886), in denen er seine Zola-Lektüre verarbeitet. Auch in diesen Werken wird die Handlung noch von irgendwelchen Trivialmotiven weitergetrieben, ohne daß dem Autor die hinter den Fabriken und Mietskasernen waltende ökonomische Gesetzlichkeit ins Bewußtsein kommt. Zu dieser Einsicht gelangt Kretzer erst im „Meister Timpe" (1888), wo er an Hand einer schlichten Fabel den durch die Gründerzeit hervorgerufenen Konkurrenzkampf von Industrie und Handwerk erläutert. Der Großvater Timpe vertritt das patriarchalische Handwerkertum der Biedermeierzeit, der Vater das durch den Spekulationsgeist der Gründerkönige zu Boden gewirtschaftete Bürgertum der sechziger Jahre, der Sohn die skrupellose Profitgier und das salongewandte Auftreten der Gründerzeit. Einzelne Punkte wie das Problem der Altersversicherung, die ökonomische Zwangsläufigkeit des kapitalistischen Konkurrenzkampfes, die Marxsche Verelendungstheorie werden an lehrhaften Beispielen erklärt oder auf sozialdemokratischen Versammlungen debattiert. Der Stil dieses Buches wirkt schlicht, bieder, papieren, verrät keinen literarischen Ehrgeiz und liegt noch fast auf der Linie von Freytag und Dickens. Und doch ist diese Ehrlichkeit höher zu werten als die anarchistische Pose eines Holländer oder das sozialaristokratische Pathos eines Mackay, die gerade durch ihre überspitzte Intellektualität immer wieder zu einer snobistischen Pose verführt werden. Eng verwandt mit seiner biederen Haltung ist die etwas antiquierte Parteinahme für das bedrängte Handwerkertum, dessen Lebensraum von den mit Haßgefühlen betrachteten Großbetrieben zusehends eingeengt wird. Die Kunsttischlerei des alten Timpe wirkt daher wie ein liebenswertes, aber verlorenes Idyll, das sich inmitten der bösartig in die Höhe geschossenen Fabrikgebäude zu behaupten versucht, bis es von unbarmherzigen Spekulanten einfach aufgekauft wird. Rein bildlich erinnert diese sinnfällige Drastik an den exemplarischen Realismus eines Baluschek. Beide Künstler versuchen, die Schlichtheit des geschilderten Milieus durch eine stilistische Unbeholfenheit wiederzugeben, die trotz ihrer dilettantischen Art von einprägsamer Deutlichkeit ist.

Eine ähnliche Struktur haben die Romane von Wilhelm von Polenz, nur daß hier die sozialistische Problematik auf den Bereich des Bäuerlichen übertragen wird. Wohl sein bester Roman ist „Der Büttnerbauer" (1895), dessen Fabel ebenso sinnbildlich abläuft wie die Handlung des „Meister Timpe". Die Marxsche Verelendungstheorie wird diesmal am Schicksal eines Kleinbauern illustriert, der dem junkerlichen Rittergutsbesitzer ebenso wenig gewachsen ist wie der kleinbürgerliche Handwerksmeister dem Industriellen. In beiden Fällen verschwindet die bisherige Mittelschicht. Was übrigbleibt, sind eine kapitalistisch eingestellte Oberschicht und ein rechtloses Proletariat, die sich wie zwei feindliche Klassen gegenüberstehen. Wie im „Timpe" wird auch in diesem Roman der Trotz und das Unverständnis der altgesinnten Mittelschicht „heroisiert", wodurch sowohl der altfränkische Handwerker als auch der starrköpfige Erbhofbauer in eine gefährliche Abseitslage geraten. Die mit dem kapitalistischen Wirtschaftsgeist verbundene Industrialisierung, die sogar auf die Landwirtschaft übergreift, wirkt daher wie die Machenschaft einer abgefeimten Spekulantenclique und nicht wie eine ökonomische Gesetzmäßigkeit. Aus diesem Grunde ist die Abwehrhaltung nicht rein sozialistisch orientiert, sondern enthält mancherlei kleinbürgerliche Elemente. Was beide Romane über diese psychologische Einseitigkeit hinaushebt, ist die Breite der in ihnen entfalteten Diskussion. Im „Büttnerbauer" übernimmt diese Funktion der Schlosser Häschke, im „Timpe" der Altgeselle Bayer, deren Reflexionen oder Aussprüche den Leser jeweils in eine ganz konkrete Auseinandersetzung mit bestimmten sozialdemokratischen Forderungen verstricken.

Ein geistiges Pendant dieser Romane sind jene Arbeiterbiographien, die Paul Goehre nach der Jahrhundertwende im Diederichs-Verlag veröffentlichte. Hier begegnet man zum ersten Mal rein „proletarischen" Dichtungen, die sich von den literarischen Produkten des Bürgertums nicht nur im Gehalt, sondern auch in der Sprache unterscheiden. Alle diese Biographien stehen noch auf der Stufe des Vorliterarischen, das heißt haben keinen Formanspruch und wirken daher etwas zusammenhangslos. Aber gerade diese Unbeholfenheit, dieser Kampf mit dem Stoff gibt diesen Dokumenten aus dem Arbeiterleben ihre erschütternde Wirkung. Sie sind Zeugnisse für den Ausdruckswillen einer Klasse, die auf keinerlei literarische Traditionen zurückblicken konnte, da man sie von seiten des Staates stets im Zustand geistiger Unmündigkeit gehalten hatte.

Ein beachtlicher Einzelfall innerhalb dieser Biographien sind die „Denkwürdigkeiten und Erinnerungen eines Arbeiters" (1903) von Carl Fischer, in denen sich eine epische Begabung ersten Ranges verrät, die trotz ihrer Einseitigkeit einen nachhaltigen Eindruck hinterläßt. Hier schreibt ein charaktervoller Einzelgänger, der wie ein „tumber" Narr durchs Leben schreitet und sein qualvolles Arbeiterschicksal mit einem unbezwingbaren Lebenswillen auf sich nimmt. Er bleibt völlig objektiv, selbst an Stellen, wo man eigentlich Reflexionen über die Ungerechtigkeit des Schicksals, die Not der Arbeiterklasse und ähnliche Probleme erwarten würde. Aber gerade dieses geduldige Ertragen wirkt so ergreifend, da man immer wieder spürt, wie hier ein zutiefst guter Mensch in seiner charaktervollen Anlage von der kapitalistischen Wirtschaft unbarmherzig ausgebeutet wird. Man erfährt, wie er beim Bau der Eisenbahnen nachts in Erdkuhlen schlafen muß, wie er von jedem Uniformträger „angeschnauzt" wird, wie er um seine wenigen Groschen Arbeitslohn betrogen wird, aber man liest selten ein Murren oder einen verzweifelten Aufschrei. Selbst seinen „Ausbeutern" gegenüber wahrt er eine treue Anhänglichkeit. Ihre Schicksale interessieren ihn oft mehr als sein eigenes Leben, selbst wenn diese seelische Anteilnahme nur in einer ganz kurzen Wendung zum Ausdruck kommt. Als sich einer seiner Meister erhängt und sich diese Nachricht unter den vielen ständig gebückt stehenden Maurern und Kalkarbeitern verbreitet, heißt es nur: „Da war große Bewegung unter den Arbeitsleuten, und jeder Maurer richtete sich auf und machte sich einmal gerade."

Wie anders wirkt daneben ein Buch wie „Unter dem Joch" (1914) von Otto Krille. Hier schildert ein Fabrikarbeiter sein Leben, der das Schicksal des Proletariats wie eine öffentliche Schmach empfindet, bis ihn die sozialdemokratische Klassenbrüderlichkeit aus seiner Vereinsamung befreit und ihm ein neues Selbstbewußtsein gibt. Eine ähnliche Entwicklung schildert Wenzel Holek in seiner Selbstbiographie „Lebensgang eines deutsch-tschechischen Handarbeiters" (1909). Auch ihm wird die Sozialdemokratie zum Lebensschicksal. Er gründet trotz mangelhafter Schulbildung und fehlerhafter Orthographie eine Zeitung, organisiert einen Konsumverein und muß erleben, wie vergeblich seine Bemühungen sind. Überall predigt er tauben Ohren. Die meisten Fabriken verweigern ihm eine Anstellung. Sogar seine Familie meidet ihn wie einen Aussätzigen. Jeder Satz wirkt hier wie ein Aufschrei. In allen Kapiteln lauert dieselbe Not, werden Arbeitsverhältnisse beschrieben, die selbst in einer objektiven Schilderung abstoßend wären. In diesem Buch herrscht nicht jener homerisch-epische Zug, der bei Fischer manchmal durchbricht, sondern stehen sich Ausbeuter und Ausgebeuteter in einer krassen Kämpferstellung gegenüber. Man erlebt, wie ein Arbeiter sehnsüchtig nach Bildung, Kameradschaftlichkeit, Freiheit und Selbstbewußtsein ringt, die bürgerliche Klassengemeinschaft mit Haßgefühlen betrachtet und seine ganze Hoffnung auf einen proletarischen Zukunftsstaat setzt. Die Wirkung dieses Buches ist darum so erschütternd, weil sich keiner dieser Wünsche erfüllt, und er nicht nur an der Macht seiner bürgerlichen Bedrücker, sondern auch am Fatalismus seiner Klassengenossen scheitert. Erst als alter Mann, wo er immer noch unter denselben entwürdigenden Bedingungen arbeiten muß wie in seiner Jugend, erlebt er den Aufschwung der Sozialdemokratie und steht „versteinert" am Wege, als die langen Wahlkolonnen an ihm vorübermarschieren.

Ihren künstlerisch bedeutendsten Ausdruck fanden die sozialistischen Tendenzen im Drama, nicht zuletzt durch den dichterischen Einsatz, den Gerhart

Hauptmann hier in die Waage zu werfen hatte. Schon sein naturalistischer Erstling „Vor Sonnenaufgang" (1889) wirkt nicht wie das Werk eines messianischbegeisterten Neunzehnjährigen, sondern wie das eines Mannes, der seine idealistischen Jugendträume bereits zu Grabe getragen hat und an diesen Enttäuschungen zu einer gewissen Einsicht gereift ist. Die ins Monumentale tendierenden Bestrebungen seiner in Rom verbrachten Bildhauerzeit, die noch ganz unter dem Signum der Gründerzeit standen, sind hier schon ad acta gelegt. Auch die Epenpläne und die Ansätze zu einem historischen Monumentaldrama unter dem Titel „Germanen und Römer" (1882) scheinen vergessen zu sein, da Hauptmann diesen Entwürfen rein generationsmäßig nicht mehr das nötige Pathos verleihen konnte. Durch die Übersiedlung nach Berlin, die Bekanntschaft mit den Friedrichshagenern und die Lektüre des „Papa Hamlet" hatte er sein „Promethidenlos" (1885) überwunden und beschränkte sich nun auf die ihm gemäße Form der Wirklichkeitsschilderung, auf das Erfassen leibhaftiger Gestalten, dem er einen großen Teil seines späteren Ruhmes verdankt. Sein erstes naturalistisches Drama dreht sich daher bezeichnenderweise um eine Figur, die wie ihr Autor die Phase des Himmelstürmenden bereits hinter sich hat und in ihren Ansprüchen auf ein erfüllbares Maß zurückgegangen ist. Der Sozialreformer Loth ist kein „weltpfingstlicher" Idealist mehr, sondern ein mit statistischen Untersuchungen beschäftigter Nationalökonom, den eine lange Gefängnisstrafe aus den Bereichen des jugendlichen Utopismus wieder auf den Boden der nüchternen Tatsächlichkeit gestellt hat. Er ist zu der Einsicht gekommen, daß die Lehren des französischen Sozial-Utopisten Cabet, denen er sich verschworen hatte, etwas Unausführbares haben, da sich in ihnen die sozialen Ideen mit einer puritanischen Reinheit und einem kolonialen Imperialismus vermischen, wodurch eine etwas unlautere Synthese entsteht. Diese Erkenntnisse haben zwar noch einen labilen Charakter, zumal das Weltanschauliche bei Hauptmann immer etwas Changierendes hat, und doch sind sie höher zu werten als die anarchistische „Kühnheit" eines Conradi oder der mitleidstriefende Messianismus eines Land. Man lese folgende Unterredung Loths mit Helene:

> Loth: Mein Kampf ist ein Kampf um das Glück aller; sollte ich glücklich sein, so müßten es erst alle andern Menschen um mich herum sein; ich müßte um mich herum weder Krankheit noch Armut, weder Knechtschaft noch Gemeinheit sehen. Ich könnte mich sozusagen nur als Letzter an die Tafel setzen.
>
> Helene: (mit Überzeugung) Dann sind Sie ja ein sehr, sehr guter Mensch!
>
> Loth: (ein wenig betreten) Verdienst ist weiter nicht dabei, Fräulein, ich bin so veranlagt. Ich muß übrigens sagen, daß mir der Kampf im Interesse des Fortschritts doch große Befriedigung gewährt. Eine Art Glück, die ich weit höher anschlage, als die, mit der sich der gemeine Egoist zufriedengibt...

Helene: Es gibt wohl nur sehr wenige Menschen, die so veranlagt sind. Es muß ein Glück sein, mit solcher Veranlagung geboren zu sein.

Loth: Geboren wird man wohl auch nicht damit. Man kommt dazu durch die Verkehrtheit unserer Verhältnisse, scheint mir; — nur muß man für das Verkehrte einen Sinn haben: das ist es! Hat man den und leidet man so bewußt unter den verkehrten Verhältnissen, dann wird man mit Notwendigkeit zu dem, was ich bin.

Helene: Wenn ich Sie nur besser ... welche Verhältnisse nennen Sie zum Beispiel verkehrt?

Loth: Es ist zum Beispiel verkehrt, wenn der im Schweiße seines Angesichts Arbeitende hungert und der Faule im Überflusse leben darf. — Es ist verkehrt, den Mord im Frieden zu bestrafen und den Mord im Kriege zu belohnen. Es ist verkehrt, den Henker zu verachten und selbst, wie es die Soldaten tun, mit einem Menschenabschlachtungs-Instrument, wie es der Degen oder der Säbel ist, an der Seite stolz herumzulaufen. Den Henker, der das mit dem Beile täte, würde man zweifelsohne steinigen. Verkehrt ist es dann, die Religion Christi, diese Religion der Duldung, Vergebung und Liebe, als Staatsreligion zu haben und dabei ganze Völker zu vollendeten Menschenschlächtern heranzubilden. Dies sind einige unter Millionen, müssen Sie bedenken. Es kostet Mühe, sich durch alle diese Verkehrtheiten hindurchzuringen; man muß früh anfangen" (I, 49/50).

Wenn man diese Unterhaltung mit den sozialdemokratischen Diskussionen in Hermann Bahrs Schauspiel „Die neuen Menschen" (1887) vergleicht, spürt man bei Hauptmann trotz aller papiernen Trockenheit eine weit echtere Auseinandersetzung mit der sozialen Problematik als bei Bahr, der den Sozialismus seines jugendlichen Helden mit zynischer Gelassenheit als eine idealistische Utopie entlarvt, indem er eine Dirne ins Gefecht führt, die ihren sexuellen Mechanismus so lange spielen läßt, bis sich die dargestellten Verhältnisse zu einer innermenschlichen Katastrophe verwirren. Loth erleidet zwar ebenfalls kein rühmliches Schicksal, aber seinen Vererbungskomplex nimmt man noch eher in Kauf als eine solche Bagatellisierung der behandelten Probleme.

Hauptmann schreibt nach dem Drama „Vor Sonnenaufgang" das „Friedensfest" (1890) und die „Einsamen Menschen" (1891), in denen er den sozialistischen Weg verläßt und die durch Ibsen aktuell gewordene Ehe- und Familienproblematik in den Stil des „konsequenten" Naturalismus übersetzt. Erst in den „Webern" (1892) greift er wieder auf die Motive seines dramatischen Erstlings zurück und verleiht ihnen die bisher vergeblich angestrebte literarische Bedeutsamkeit. In diesem Stück wird die Not des Proletariats nicht nur beredet, sondern in ein unmittelbares Geschehen umgesetzt, wodurch sich das Programmatische in einer einmaligen Synthese mit der geschilderten Wirklichkeit verbindet. Was in dem Drama „Gleiches Recht" (1892) von Richard Grelling als Episode erscheint, nämlich eine unter dem Gesetz der Masse stehende Arbeiterversammlung, herrscht hier in Permanenz. Anstatt den Vorgang an einer Einzelfigur zu erläutern wie in Kretzers „Meister Timpe", geht Hauptmann diesmal von einer anonymen Klassenkampfsituation aus, der er mit darstellerischem Geschick eine dramatische Zuspitzung verleiht. Die Handlung hat daher nicht die Zwangsläufigkeit einer charakterlichen oder biographischen Peripetie, sondern entfaltet sich in fünf Massenszenen, die so locker aneinanderhängen, daß man sie auch als Einakter werten könnte. Entscheidend ist nicht die Fabel, wie es innerhalb der verhungerten, körperlich und seelisch geknechteten Arbeiterschicht zur Revolution kommt, die Hauptmann im wesentlichen aus dem „Deutschen Bürgerbuch für 1845" von Wilhelm Wolf entnommen hat, sondern die soziologisch genau charakterisierten Verhaltensweisen der einzelnen Klassen und ihrer Mitglieder, die alle unter dem Gesichtspunkt der sozialen Frage gesehen sind.

Im ersten Akt wird das Zahlbüro des Unternehmers geschildert, wo der zu einer gewissen Bürgerlichkeit arrivierte Expedient, der früher selbst Weber war, seine neue Stellung im Sinne eines skrupellosen Parvenüs mißbraucht, um damit seinem Chef, dem Fabrikanten Dreißiger, zu imponieren. Er drückt die Hungerlöhne durch den Nachweis von Fehlern im Gewebe und überhört mit geflissentlicher Taubheit alle Bitten um Vorschußzahlungen. Als die Stimmung unter den Webern ins Sieden gerät, erscheint Dreißiger selbst und begründet die Niedrigkeit der Löhne mit dem Hinweis auf die Not der Zeiten und der zynischen Bemerkung, daß eine Quarkstulle immerhin besser sei als eine hohle Hand. Im übrigen sehe er sich gezwungen, 200 weitere Weber einzustellen, was zu einer neuen Kürzung der Löhne führen könne. Die Ärmsten der Armen, die sich auf Geheiß des Expedienten an ihn selbst wenden, werden wieder an den Expedienten verwiesen, da er keine Zeit für solche Lappalien habe. Im zweiten Akt wird eine der vielen Weberstuben geschildert, über der das Gespenst des Hungers liegt. Als man sich endlich dem Glück hingeben kann, einen geschlachteten Hund zu essen, kommt der seine Miete verlangende Hausbesitzer, der sich vor lauter Steuern selbst nicht mehr zu helfen weiß. Ein von seinem Dienstjahr zurückkehrender Soldat renommiert mit seinem guten Verhalten beim Militär, wird aber durch das häusliche Elend so verbittert, daß er das revolutionäre Weberlied anstimmt und die anderen zum Mitsingen auffordert. Im dritten Akt wird die soziale Not der Weber mit dem Geschäftsgeist der bürgerlichen Mittelschicht konfrontiert. Ein Reisender tritt auf, der am Zwischenhandel verdient; ein Tischler erscheint, der es durch die vielen Särge zu einem achtbaren Wohlstand gebracht hat. In derselben Wirtsstube versammeln sich die aufrührerisch gesonnenen Weber. Das Weberlied ertönt zum zweiten Male, der auf Ordnung dringende Gendarm wird rausgeworfen, und ein paar alte Männer fangen an, in Zungen zu reden. Der vierte Akt spielt im Hause des Fabrikanten. Dreißigers haben gerade den Pastor und den Polizeiverwalter zu Besuch, um sich ihrer ideologischen Verbundenheit zu vergewissern. Vor dem Haus versammeln sich plötzlich die erregten Weber und machen Miene, zur Revolution überzugehen. Der von seiner Autorität überzeugte Polizeimeister geht hinaus und muß sich einige Handgreiflichkeiten gefallen lassen. Sogar der Pfarrer, der glaubt, den Leuten mit seiner geistlichen Würde imponieren zu können, wird von der zu allem entschlossenen Menge mißhandelt. Der Fabrikant entflieht daher mit seiner Familie durch die Hintertür, während die Weber das Haupttor erbrechen und das leere Haus demolieren, um auch der äußerlichen Herrlichkeit ein Ende zu machen. Im fünften Akt ist die Erhebung bereits in einen bewaffneten Aufstand übergegangen. Im Vordergrund steht diesmal eine bigotte Weberfamilie, die sich gegen die aktive Selbsthilfe wendet und sich wie der alte Timpe auch in der äußersten Not auf ihr unwandelbares Gottvertrauen stützt. Vor allem der Großvater Hilse läßt sich durch die Revolte nicht anstecken und bleibt getrost an seinem Webstuhl sitzen, während draußen die Salven krachen und die Hurras ertönen.

> „Hie hat mich mei' himmlischer Vater hergesetzt. Gell, Mutter? Hie bleiben mer sitzen und tun, was mer schuldig sein, und wenn d'r ganze Schnee verbrennt" (I, 384).

Er hat dieses „Gebet" kaum ausgesprochen, als ihn mitten beim Verknüpfen eines neuen Fadens eine verirrte Kugel trifft. Mit dieser problematischen Warnung, mit der sowohl das schrankenlose Gottvertrauen als auch die bewaffnete Selbsthilfe in Frage gestellt werden, schließt das Ganze: reich an Einsichten und ungelösten Problemen, da Recht und Gewalt wohl stets ein zweifelhaftes Junktim bleiben.

Eine ähnliche Problematik findet sich nur im „Eisgang" (1892) von Max Halbe, das die soziale Spannung auf den westpreußischen Rittergütern darzustellen versucht. Halbe will zeigen, daß die Masse der Arbeiter, obwohl „unreif und unverständig, bald kindisch drohend, bald mutlos verzagend, aber in all ihrer Unreife und all ihrem Unverstande doch die Träger des für eine wahrhaft menschliche Kultur entscheidenden Emanzipationskampfes" sind, wie es in einer 1893 in der „Neuen Zeit" erschienenen Rezension von Franz Mehring heißt (XI, 2 S. 153). Man erlebt, wie das Knechtsbewußtsein der auftretenden Landarbeiter durch die sozialistische Propaganda langsam aufgelockert wird, wie sie in eine Freiheitspsychose geraten, selbst wenn sich diese anfänglich nur in recht unzusammenhängenden Aktionen äußert. Um die schwelende Situation noch zu komplizieren, trifft in diesem Augenblick der junge Gutsbesitzer Hugo Tetzlaff ein, der in Berlin ebenfalls mit dem Sozialismus in Berührung gekommen ist und ihn auf seinem Gut in exemplarischer Form verwirklichen will. Als er jedoch mit seinen aufsässigen Arbeitern zusammentrifft, wird er unsicher und verschleppt seine Pläne von einem Tag zum anderen. Er fühlt sich auch weiterhin als „Ausbeuter", ist aber trotz der ihm gegebenen Machtvollkommenheit unfähig, die sozialen Verhältnisse konstruktiv zu verändern. Er opfert sich daher in dem Augenblick, wo die Arbeiter zur offenen Rebellion übergehen, dem Gemeinwohl, indem er bei Dammarbeiten an der Weichsel den gesuchten Tod erleidet. Es wirkt zwar etwas literarisch, daß Halbe den Ausbruch der sozialistischen Revolution mit dem Ansteigen der Weichsel verbindet, dennoch ist der Aufbruch der Masse, die durch ihren Dialekt fast unverständlich bleibt, so konsequent gestaltet und in eine so überzeugende Parallele zu dem unsicher gewordenen Bürgertum gesetzt, daß man auch dieses Stück zu den wenigen gehaltvollen Beispielen der sozialistischen Literatur dieser Jahre zählen kann.

Was auf die „Weber" und den „Eisgang" folgt, wird in seinen sozialistischen Tendenzen immer schwächer und harmloser. Auch im Drama spürt man den zunehmenden Subjektivismus der neunziger Jahre, durch den alle über das dichterische Ich hinausgreifenden Ideen weitgehend ausgeschaltet werden. Schon im „Biberpelz" (1893) läßt sich beobachten, wie der soziale Rigorismus langsam nachzulassen beginnt. Die Guerilla der Unteren gegen die Obrigkeit ist zwar in ihrer politischen und sozialen Akzentsetzung noch deutlich erfaßt, hat aber doch einige komödiantische Züge, die nicht mehr so sachbezogen sind wie die revolutionären Erhebungen der Weber. Auch der „Florian Geyer" (1896), in dem das für die soziale Bewegung so bedeutsame Motiv der Bauernkriege gestaltet wird, hat nicht die soziologische Eindeutigkeit seiner früheren Dramen und wirkt daher innerlich etwas zerfahren, zumal es ihm auch weltanschaulich an einer klaren Zielsetzung fehlt. Erwähnenswert ist trotz künstlerischer Mängel das Drama „Der Nächste" (1893) von Friedrich Lange, in dem sich ein Pfarrer auf die Seite der Arbeiter stellt und sie in ihrem Streik gegen den hartherzigen Fabrikbesitzer Wehhagen unterstützt. Als sein Superintendent, der ideologisch und faktisch auf seiten des Kapitals steht, ihn versetzen will, legt er sein geistliches Amt nieder und wird selbst Arbeiter, um der borniertern Kurzsichtigkeit seiner eigenen Kaste ein Beispiel zu geben.

Geistesgeschichtlich besonders interessant, wenn auch künstlerisch völlig unbedeutend ist das Drama „Weltrevolution" (1889) von Friedrich Lienhard, das sich im Untertitel „Eine soziale Tragödie" nennt. In diesem Stück werden fast lehrbuchhaft die ausbeuterischen Industriellen mit den sozialdemokratischen Agitatoren konfrontiert. Auf der einen Seite stehen rücksichtslose Gründernaturen wie die Herren v. Türck und v. Dallwitz, die von sich behaupten: „Finanz- und Feudaladel, wir, die Säulen des Staatswesens, müssen uns zu gemeinsamem Vorgehen einigen!" (S. 5). Auf der anderen Seite steht der klassenkämpferisch geschulte Dubois, ein Vertreter der sozialistischen Internationale, der zusammen mit seiner Frau, der Revolutionärin Betty, die Arbeiter eines sächsischen Industrieortes zum Streik aufzuputschen versucht. Zwischen diesen klar gezeichneten Fronten stehen die widerwillig mitmachenden Arbeiter, die als echte Lassalleaner ständig zu Kompromissen bereit sind, und die jungen Intellektuellen, wie der messianisch-begeisterte Student Sturmegg, der den sozialistischen Befreiungskampf mit seiner persönlichen Selbstbefreiung verwechselt. Er sagt an einer Stelle:

> „Denn sieh, die sociale Frage ist nicht blos eine plumpe Arbeiter- und Magenfrage. Wir Alle leiden darunter! Wir alle ersticken in den engenden Schranken und Schablonen der kleinlichen Gesellschaft, der Mode, der Ceremonie, der Parteien und Confessionen, der tötenden Alltäglichkeit unserer Berufspflicht! Wir seufzen nach größerer, freierer Erfassung der Dinge! Und Keiner hat den Mut, den Anfang zu machen, unbekümmert um Partei und Dogma und Gesellschaft, in freien Worten und großen Thaten sich nur nach den Gesetzen der Ewigkeit zu richten!"
> (S. 22/23).

Sturmegg wendet sich daher scharf gegen jede „Parteischablone" (S. 19) und will den „gordischen Knoten der sozialen Frage" lediglich mit dem „Flammenschwert des Idealismus" durchhauen (S. 23). Sein Motto lautet: „Der Dichter wird der Befreier dieser Zeit sein!" (S. 23). Er wird jedoch nach einigem Zögern trotzdem zum „leidenschaftlichsten Agitator der Umsturzpartei" (S. 32) und es gelingt ihm sogar, die widerstrebenden Arbeiter idealistisch anzufeuern, sie messianisch zu begeistern, wodurch er selbst in die Rolle eines Christus der Revolution gerät. Betty läßt sich in dieser Stimmung zu dem Ausspruch hinreißen: „Eine Religion über die Erde hin: Brüderlichkeit aller Enterbten!" (S. 73), während er in den allgemeinen Tumult hineinruft:

> ‚Vorwärts, Brüder! Deutsche, Russen, Franzosen — alle reicht euch die Hand zum großen Bunde! Einheit sei die Parole, die wir in dies kleinliche Partei- und Schablonenvölkchen schleudern! ... Vorwärts, Genossen! Morgen sind wir Herren der Welt!' (Beifallstoben. Alle ziehen, Arm in Arm, ab unter dem Gesang der Arbeiter-Marseillaise)" (S. 74).

Man steckt zwar Fabriken in Brand und besetzt das Rathaus, aber das Ganze bricht schließlich doch wie ein Traum sektiererischer Utopisten zusammen, denen jeder Sinn für die realen Machtverhältnisse fehlt.

Was sich in den folgenden Jahren auf der Bühne vollzieht, wirkt wie eine bewußte Verharmlosung des für kurze Zeit auch von der Literatur richtig erkannten Klassenkampfes. Die Aufhebung der Sozialistengesetze führt sogar hier zu durchgreifenden Wandlungen. Das Phänomen des „Proletarischen" hat plötzlich nicht mehr den bürgerschreckenden Reiz des Verbotenen und wird daher für die Opportunisten thematisch uninteressant. Man hält es für unter seiner Würde, sich noch mit einer künstlerischen Mode zu beschäftigen, die bereits etwas Vorgestriges hat, und verfällt so einem inhaltslosen Impressionismus, der keinerlei weltanschauliche Rückhalte mehr anerkennt. Durch die staatlich anerkannte Legitimität der sozialistischen Bestrebungen läßt sich daher auch in der Literatur ein deutlicher Ruck nach rechts beobachten, wodurch aus

Revolutionären langsam Aristokraten oder Kompromißler werden. So schreibt Gerhart Hauptmann die „Versunkene Glocke" (1896) und schließt damit seinen offiziellen Burgfrieden mit dem pseudoidealistischen Geschmack des wilhelminisch-eingestellten Großbürgertums. Eine ähnliche Entwicklung läßt sich bei Hartleben, Sudermann und Schnitzler verfolgen, deren salonsozialistische Haltung sich fast bruchlos mit der spielerischen Inhaltslosigkeit der neunziger Jahre verbindet. Im Mittelpunkt ihrer Dramen steht meist die für den Impressionismus bezeichnende „Liebelei", die auf eine mehr oder weniger charmante Weise liquidiert wird, woraus sich wohl traurige, aber keine sozialtragischen Konflikte ergeben. Man denke an Sudermanns „Johannisfeuer" (1900), Hartlebens „Rosenmontag" (1900) oder Schnitzlers „Liebelei" (1895), in denen das Mädel aus der Vorstadt jeweils ins Gras beißen muß, weil sich der Held zu einer Konventionsehe entschließt. Das zentrale Anliegen dieser Stücke ist nicht mehr die soziale Gerechtigkeit, sondern das subjektive Genußverlangen, das sich über alle moralischen Skrupel erhaben fühlt. Das naturalistische Programm verflacht auf diese Weise zu einer ironischen Geistreichelei, die etwas Kapriziöses und Flatterhaftes hat. Man wird gewissenlos und schiebt die Schuld dieser indifferenten Haltung auf die zunehmende Reizsamkeit, die immer dann herhalten muß, wenn man für das eigene Handeln keine moralischen Beweggründe mehr findet. Ein typisches Beispiel für diese moralische Unentschiedenheit und weltanschauliche Mogelei ist ein Drama wie „Das grobe Hemd" (1897) von Karl Weiß, in dem der Sozialismus wie eine Wiener „Bagatellerl" behandelt wird. Der Hauptheld dieser bewußt unverbindlichen Komödie ist der junge und zugleich reiche Schöllhofer, der die teuersten Krawatten auf das raffinierteste zu binden versteht, ein „süßes Mädel" aushält, bei keiner Premiere fehlt und doch eine tiefe Melancholie für die Ungerechtigkeit der sozialen Ordnung hegt. „Es imponiert den Wienern sehr, daß ein Hausherrnsohn so viel Gefühl für die armen Leut' hat", wie Hermann Bahr in seinen „Rezensionen" (1913) schreibt (S. 206). Schöllhofer macht zwar alle Sitten und Gewohnheiten der „Ausbeuter" mit, aber er fühlt sich dazu berechtigt, weil er den Luxus verachtet und darum in einem ganz anderen Sinne genießt als die naiven Kapitalisten. Wenn einer von der Partei einmal „Genosse" zu ihm sagt, empfindet er das stets als seinen schönsten Augenblick. Das spezifisch „Impressionistische" dieser Dramen zeigt sich vor allem in der Ablehnung programmatisch-tendenziöser Partien. Die Bühne wird in diesen Jahren wieder zum Schauplatz eines komödiantischen Spieltriebes, was sowohl in der Gründung des „Überbrettls" als auch in den Shakespeare-Inszenierungen von Max Reinhardt zum Ausdruck kommt, wo der Inhalt des Gesagten oft hinter einem raffinierten Ausstattungskult verschwindet. Man hatte es leid, sich sogar im Theater mit Manifesten traktieren zu lassen und unterstützte damit bewußt oder unbewußt die ästhetische Verbrämung dieser auf einen aggressiven Imperialismus zudrängenden Epoche. Eine dem Sozialismus günstige Stunde zog erst wieder mit dem Expressionismus herauf, der die zu einer neuen Gemeinschaft drängenden Kräfte, die sich im Naturalismus nicht recht entwickeln konnten, in einen revolutionären Plakatstil hineinzupressen versuchte.

NATURALISMUS ALS STILPRINZIP

DIE BEIDEN ZENTREN

Wohl selten hat sich die künstlerische Entwicklung Deutschlands so stark auf zwei Städte konzentriert wie in den siebziger und achtziger Jahren des 19. Jahrhunderts. Berlin und München, die bis dahin mit vielen anderen Residenzen und geistigen Mittelpunkten kulturell auf einem Niveau gestanden hatten, man denke an Wien, Weimar, Dresden oder Düsseldorf, übernahmen nach 1870 die unbeschränkte Führungsrolle, um sie für zwei Jahrzehnte nicht wieder aus den Händen zu lassen. Während man in den fünfziger und sechziger Jahren in den meisten Malern und Dichtern noch die Repräsentanten ihrer „poetischen" Provinzen sah, treten jetzt Künstlernaturen auf, die ihre provinzielle Herkunft und landschaftliche Gebundenheit bewußt negieren, um auch in Deutschland eine Großstadtkultur zu verwirklichen, die sich mit den geistigen Zentren Westeuropas vergleichen kann. Diese Entwicklung ist nicht zuletzt ein Spiegelbild der politischen Verschiebungen, vor allem der von Bismarck geschaffenen staatlichen Einheit, durch die Berlin zur Metropole einer der führenden europäischen Großmächte wurde. Daß sich München an diesem Aufstieg beteiligen konnte, obwohl es bis zur letzten Minute gegen diese „preußische" Form der Einheit die schärfsten Proteste eingelegt hatte, verdankt es vor allem seiner kulturellen Tradition und dem weithin anerkannten Ruhm seiner Malakademien, den die Münchener Künstlergilde mit allen Kräften zu behaupten versuchte. Überall spürt man das angestrengte Bemühen, die politische Niederlage durch einen künstlerischen Sieg wieder gutzumachen, man denke an den Bau des Bayreuther Festspielhauses, um wenigstens das innenpolitische Prestige zu wahren, das durch die preußische Bevormundung in Versailles erheblich angekratzt war. Nur so ist das Paradoxon zu erklären, daß aus München ein Zentrum der Gründerkunst wurde, obwohl es diese „Gründung" anfänglich wie ein nationales Verhängnis auf sich genommen hatte. Es erreichte diese Geltung, indem es die schon in den sechziger Jahren im Platenidentum des Geibel-Heyse-Kreises und die in Wagner und Piloty angelegten Tendenzen im Sinne des Rauschhaften und Festlichen übersteigerte und so für kurze Zeit zur Hauptstadt eines prunkvollen Klassizismus emporstieg, der selbst im Imitierten eine gewisse Größe hat. Heyse, Lenbach und Grützner bezogen ihre Paläste, Semieradsky, Hamerling und Jordan wurden zu gefeierten Modekünstlern, während Feuerbach, Böcklin und Marées München als Durchgangsstation nach Italien benutzten. Damit war ein künstlerischer Sieg errungen, der München, als einem Hort der „klassischen" Überlieferung, ein weithin gesichertes Ansehen gab.

Was sich in denselben Jahren in Berlin ereignet, kann mit dieser ausladenden Monumentalität, diesem ins Gigantische gesteigerten Pathos kaum konkurrieren. Man versuchte sich zwar ebenfalls auf dem Gebiet des Heroischen, aber alles blieb trockener, steifer und nüchterner. Man hatte nicht den dekorativen Schwung der Münchener, daher wirkt das meiste trotz der festlichen Überhöhung genauso karg und sparsam wie Krügers wohlaufgeräumte Paradebilder oder die sachlichen Interieurs von Menzel. Um sich einen rechten Begriff von dieser preußischen Nüchternheit zu machen, denke man an die „Kaiserproklamation" (1877) von Anton von Werner, wohl das charakteristischste Werk dieser Berliner Gründermalerei, auf dem man vor lauter Detailliertheit fast den „festlichen" Anlaß vergißt, zumal der Glanz der Stiefelwichse mehr ins Auge fällt als das zu erwartende Leuchten auf den Gesichtern dieser fürstlichen Versammlung. Es fehlt der Sinn für das Pathos, für das Großartige und Rauschhafte einer solchen Situation. Das Ganze wirkt so kleinlich und anekdotisch, daß man glauben könnte, man hätte es mit einem Kriegergesangverein zu tun, der sich noch einmal in seinen alten Uniformen zeigen will. Man kann auf künstlerischem Gebiet den politischen Weitsprung einfach nicht einholen. Die beiden einzigen Potenzen, die Berlin um diese Zeit aufbieten kann, Fontane und Menzel, vertreten den Stil der fünfziger und sechziger Jahre und sind obendrein viel zu nüchtern, viel zu sachlich, um diesen Wandel ins Mythische und Übermenschliche mitvollziehen zu können. In beiden steckt noch der Geist von Alexis und Krüger, jene echt preußische Ordnungsliebe, die sich auf das Erreichbare und Gegebene beschränkt. Das Berlin der Gründerzeit hat weder ein Schwabing noch eine Boheme. Die preußischen Musen sind karg und schenken ihre Gunst nur dem, der sich mit anhaltendem Fleiß um sie bewirbt. Man erfindet keine Mythen, berauscht sich nicht an seiner eigenen Phantasie, sondern bleibt selbst im Moment der schöpferischen Aktivität ein Realist, ein Beobachter des Tatsächlichen, der sich nicht von einer dekorativen Renommiersucht ablenken läßt. Daher kommt die monumentale Gesinnung dieser Epoche nur in der staatlich gelenkten Architektur und Plastik zum Ausdruck, man denke an die Tätigkeit von Begas, der in diesen Jahren zum bildhauerischen Hoflieferanten erhoben wurde und in dieser Funktion wenigstens der Berliner Innenstadt ein gründerzeitliches Gepräge gab.

Wesentlich anders ist die kulturelle Situation in den achtziger Jahren. Plötzlich hat nicht mehr der klassizistische Formalismus die Oberhand, sondern die mit dem Sozialismus wachgewordene naturalistische Bewegung. Überall werden Stimmen laut, die sich gegen den von der nationalen Hochstimmung getragenen Pomp der siebziger Jahre wenden und statt dessen eine der Realität verpflichtete Widerspiegelung der sozialen Zustände fordern. Die jüngstdeutschen Kreise haben es leid, sich von einer Kultur blenden zu lassen, die nur der Repräsentation der gründerzeitlichen Gesellschaft dient, und richten daher den Blickpunkt ihrer Kunst hinter die Kulissen dieser dekorativen Fassade, um auch die Situation der sozial niedriger gestellten Schichten zu beleuchten. Daß sich München, als die Hauptstadt der künstlerischen Tradition, gegen die Aggressivität solcher Tendenzen verbissen wehrte, ist nach dem bisher Gesagten nicht verwunderlich. Man war zu stolz auf die eben erst errungene Würde eines „Isar-Athen", um sich mit einer dem genius loci so widersprechenden Bewegung einzulassen. Zudem bot München auch soziologisch kaum Voraussetzungen für einen solchen Wandel, da es hier nur ein unbedeutendes Industrieproletariat gab und man sich daher berechtigt glaubte, die sozialistischen Forderungen als etwas Überspanntes, Hypermodernes und darum typisch Preußisches anzusehen. Berlin dagegen war durch die Gründerzeit zu einer der vorherrschenden Industriestädte geworden. Von allen Seiten strömten landflüchtige Arbeiter, unternehmungslustige Kaufleute und brotlose Intellektuelle nach Berlin, um am gesellschaftlichen und geistigen Aufstieg teilzuhaben. Durch diesen Zuwachs entstand in Berlin neben den altregierenden Klassen eine gesellschaftliche Schicht, die wesentlich voraussetzungsloser war als der in der Tradition verhaftete Münchener Kunstbetrieb und die mit ihm verbundenen Kreise. Was sich in Berlin in diesen Jahren an künstlerischen Ideen entwickelt, stammt weniger von den Alteingesessenen, die entweder ihren bürgerlichen Realismus weiterpflegen oder in einen verflachten Salonidealismus abgleiten, als von den „Zugereisten", die sich in einer bewußten Abseitslage befinden und sich in Form literarischer Cliquen gegen jede konventionelle Bevormundung zur Wehr setzen. Die Gebrüder Hart kommen aus Westfalen, Hauptmann aus Schlesien, Holz und Corinth aus Ostpreußen. Alle sind von dem Willen beseelt, die „Moderne" zu verkörpern, und verbinden sich daher mit jedem, der dieselbe voraussetzungslose Gesinnung mitbringt. Vor allem das literarische Judentum der achtziger Jahre tritt auf die Seite dieser Moderne, da es die im Sozialismus liegenden Möglichkeiten einer Befreiung von rassischen Vorurteilen erkennt. In allen Dachkammern wird in diesen Jahren „geplant", werden utopische Projekte entworfen, um die Welt von den mitgebrachten Ideen zu überzeugen. Und doch unterliegt auch dieser Utopismus dem Berliner Lokalkolorit, indem er sich nach der intellektuellen Seite verabsolutiert und das heraufbeschwört, was man den „konsequenten" Naturalismus genannt hat, jene artistische Überspitzung der naturalistischen Tendenzen, wie sie vor allem Holz kultivierte. Diese Konsequenz ist nur zu verstehen, wenn man sich vergegenwärtigt, wie impulsiv sich das Wachstum Berlins in diesen Jahren vollzog, wie ganze Stadtteile von gewinnsüchtigen Baubanken aus der Erde gestampft wurden und damit ein großstädtisches „Neuland" entstand, das für Deutschland etwas Unerhörtes war. Die Literaten dieser Stadt lebten nicht in der Geborgenheit ihrer Ateliers wie in München, sondern wohnten in Mietskasernen, kamen täglich mit Arbeitern in Berührung, beteiligten sich an den öffentlichen Krawallen und gefielen sich darin, stadtbekannte Frondeurs zu sein. Auch der Plan einer „Freien Volksbühne", wie er am 28. Juli 1890 im Böhmischen Brauhause verwirklicht wurde, war bloß in Berlin auszuführen. Literaten und Arbeiter vereinigten sich an diesem Tage in der Absicht, zum ersten Mal in der Geschichte des deutschen Theaters eine Bühne mit ausgesprochen klassenkämpferischem Charakter zu gründen. Nicht nur der Spielplan, sondern auch das Publikum sollte ein anderes sein als in den königlichen Schauspielhäusern. Um alle gesellschaftlichen Rangvorstellungen zu beseitigen, wurden die Eintrittskarten zu einem Preise von 50 Pfennig verlost. Obwohl niemand an die Lebensfähigkeit eines solchen Unternehmens glaubte, bewies Berlin die Modernität seiner Gesinnung, indem es durch eine steigende Zuschauerzahl den Fortbestand dieser Bühne garantierte.

Seine deutlichste Ausprägung erfährt der Geist der achtziger Jahre jedoch auf dem Feld der literarischen Zeitschriften, die wie so oft der eigentliche Kampfplatz der revolutionären Ideen waren. Die Münchener „Gesellschaft", gegründet 1885, ist das Werk von Michael Georg Conrad, also die Schöpfung eines einzelnen Mannes, was für den künstlerischen Autokratismus dieser Stadt bezeichnend ist. Sie bemüht sich, eine „Realistische Wochenschrift für Literatur, Kunst und öffentliches Leben" zu sein, verrät jedoch schon in ihrem Programm, daß nicht die soziale Frage und die sich daraus ergebenden Konsequenzen im Vordergrund stehen, sondern eine recht massive Eitelkeit von seiten ihres Gründers. Man liest zwar die hochtrabenden Phrasen, daß man die Literatur von „der Tyrannei der höheren Töchter", die bürgerliche Gesellschaft von „der Moralitäts-Notlüge" und dem „Verlegenheits-Idealismus des Philistertums" befreien wolle (I, 1), aber hinter diesen Worten steht keine weltanschauliche Überzeugungskraft, da ihr gemimter Radikalismus einen rein feuilletonistischen Charakter hat. Die Polemik dieser Zeitschrift richtet sich vor allem gegen den inzwischen zu literaturpäpstlichen Ehren emporgestiegenen Heyse, den man in den Kreisen der Münchener Salons wie einen Halbgott beweihräucherte. Peinlich ist bloß, daß Conrad diesen Götzen nicht um der literarischen Sache willen entthronen will, sondern um sich selbst an seine Stelle zu setzen, sein eigenes Machtverlangen zu befriedigen, was als schlechtverhülltes Ressentiment erscheint. Trotz aller „naturalistischen" Ideen steckt daher hinter dieser „Gründung" immer noch der Geist der siebziger Jahre, die Selbstherrlichkeit eines literarischen Diktators, der seine Nebenbuhler durch eine ätzende Kritik aus dem Wege räumen will. Aus demselben Grunde läßt sich Conrad von seinen beiden Mitarbeitern, von Bleibtreu und Alberti, in schamloser Weise als Heros der Moderne feiern, als urdeutschen Bierbankathlet, der aus teutonischen Wäldern kommt, um mit dem literarischen Säbel zu rasseln. Die aktuellen Probleme, vor allem die sozialen Momente, wirken daher oft recht unvermittelt. Man posaunt sie heraus, um sie später mit derselben Charakterlosigkeit wieder zurückzunehmen. Das Prinzip dieser Zeitschrift ist nicht die im Naturalismus liegende Sachlichkeit, die an die Naturwissenschaften erinnernde Objektivität, sondern der Genieanspruch im Sinne der siebziger Jahre. So preist Conrad bezeichnenderweise Lenz und Grabbe, weil er in der anmaßenden Genialität dieser beiden Literaturheroen etwas Verwandtes spürt, eine Renommiersucht, die sich in ihrer eigenen Unerfülltheit verkrampft. Auch die Begeisterung für Zola steht nicht unter einem naturalistischen Vorzeichen. Conrad verehrt in ihm den „Tacitus des zweiten Kaiserreiches", feiert ihn als „Helden" und betrachtet seinen zwanzigbändigen Romanzyklus als die Leistung eines Übermenschen. Selbst Bismarck und Nietzsche werden im Stile dieser gründerzeitlichen Heldenverehrung gesehen und neben Wagner gestellt, der in geradezu erschreckender Verkennung der künstlerischen Situation zum „ersten Naturalisten" erhoben wird. Er, der „urgewaltige Reformator", der „geniale Begründer des Musikdramas" (1890, S. 321), sei die mächtigste Verkörperung der deutschen Genialität gewesen, wobei Deutschtümelei, Heldenverehrung und Naturalismus in einer weltanschaulich völlig verschwommenen Weise durcheinandergehen. Bei dieser mangelnden Klarheit über das wirklich „Neue" ist es unmöglich, bei Conrad und seinen Jüngern noch von Naturalismus zu reden, denn es fehlt sowohl an einem Eintreten für die Masse als auch an der unerläßlichen Objektivität, im eigenen Werk eine Materialisation der gegebenen Tatsächlichkeit zu erblicken. Es wäre daher besser, diese Richtung als einen halb pamphletistischen, halb national-pathetischen Realismus zu bezeichnen, um die weltanschaulichen Unterschiede auch begrifflich zu formulieren.

Die 1889 gegründete „Freie Bühne" in Berlin steht von Anfang an unter einem anderen Stern. Sie ist nicht das Werk eines einzelnen, sondern das einer Gruppe, deren Initiator sich heute kaum noch feststellen läßt. Harden, Brahm, Wolff und Bölsche wollten mit dieser „Wochenschrift für modernes Leben" den verschiedenen Literaturcliquen in Berlin ein gemeinsames Sprachrohr verschaffen, um so dem Naturalismus eine ins Leben greifende Aktualität zu geben. Die „Freie Bühne" ist darum das Sammelbecken recht widerspruchsvoller Artikel, weil in ihr niemand unter ein feststehendes Programm gezwungen wird. Jeder ist aufgerufen, den Entwicklungsgang der Zeit in einer nur der Sache dienenden Weise zu fördern. Aus diesem Grunde braucht sich die „Bühne" nicht ständig zu widerrufen wie die Münchener „Gesellschaft" oder sich eines „genialen" und daher verzeihlichen Irrtums zu bezichtigen. Sie läßt alle persönliche Kritik aus dem Spiel und beschränkt sich bei der Besprechung eben erschienener Werke meist auf einen sachlich referierenden Ton, der nicht die Eitelkeit des Autors, sondern das Werk als solches in den Vordergrund stellt. Das Hauptbestreben ihrer ständig wechselnden Herausgeber ist, die deutsche Literatur aus ihrem traditionsgebundenen Schlummer zu erwecken und gleichsam à jour zu bringen, was in einer auffallenden Bevorzugung der russischen, französischen und skandinavischen Literatur aus Ausdruck kommt. Der altbayrische Conrad sieht sich durch diese Modernität in eine zweitrangige Position gedrängt und erläßt ein Pamphlet nach dem anderen gegen das „vaterlandslose Gebaren der Herren Brahm und Genossen", die einer „schmachvollen Auslandsbevorzugung" huldigen und darüber die nationalen Klassiker vernachlässigen (Gesellschaft 1890, S. 404). Hinter diesen Angriffen steckt die Wut der Urmünchener gegen die preußische Nüchternheit, gegen das Intellektuelle und Sachgegebene, in denen Conrad einen Abbau des „Poetischen" wittert, den er mit allen Mitteln verhindern möchte, um der traditionsgebundenen Kunst der Münchener nicht ihre klassischen Vorbilder zu rauben. Sein besonderer Zorn richtet sich gegen die dichterischen Potenzen der „Freien Bühne", gegen Hauptmann und Holz, weil er den Ruhm dieser ihn übertrumpfenden Generation als eine Kränkung der deutschen Nationalseele empfindet. Er schreibt, daß aus „dem spezifisch berlinerischen Freien-Bühnen-Realismus" alles das verbannt sei, „was dem deutschen Volk scither als Gemüt, Humor und Freudigkeit zu Herzen sprach".

„Der Realismus der Herren Hauptmann und Arno Holz hat für die heutige künstlerische Bewegung nur den Wert eines Kuriosums, ... er ist und bleibt eine seltsam traurige Asphaltpflanze der Großstadtgasse, ... ein erstaunliches Wunder der — Technik" (S. 404).

Conrad spürt also genau das „Entmenschende" dieses konsequenten Naturalismus, das, was er in einem abschätzigen Sinn die „Technik" dieser Dichter nennt, jene „nüchterne, gemütlose und geistig armselige Form" der Literatur, der es an großen Ideen und geistigen Zielsetzungen fehlt. Obwohl er in seiner eigenen Romanpraxis ähnliche Ziele verfolgte, fordert er eine Nationalpoesie, die sich wie die Kunst der siebziger Jahre den Idealen des Erhabenen und des Heroischen unterwirft. Um diese Absichten durchzusetzen, verbündet er sich sogar mit Gründerpoeten wie Jordan, dem Schöpfer der stabreimenden „Nibelunge" (1868–1874), der in öffentlichen Zeitungsgedichten den harmlosen Fulda aufforderte, nicht der „Berliner" Manier zu verfallen, als er dessen „sozialistische" Dramen „Das verlorene Paradies" (1891) und „Die Sklavin" (1892) zu Gesicht bekam.

In geographischer Hinsicht kann man daher in den achtziger Jahren zwischen einem konsequenten Naturalismus à la Berlin und einem national-pathetischen Realismus Münchener Prägung unterscheiden. Auf der einen Seite steht eine geschäftige Objektivität, deren artistische Überspitzung bereits in den Impressionismus tendiert, auf der anderen eine Deutschtümelei, die trotz der naturalistischen Verbrämung immer stärker in den Sog der Tradition gerät, weil sie die „Moderne" zwar mitmacht, aber in opportunistischer Weise mit den Idealen der Gründerzeit verbindet. Diese Gegensätzlichkeit lockert sich erst in den neunziger Jahren, in denen sowohl München als auch Berlin ihre literarische Vormachtstellung verlieren. München rettet sich in die Malerei, Berlin muß sich trotz der zentralen Bedeutung des S. Fischer Verlages auf die Funktion eines literarischen Umschlageplatzes beschränken, da in diesem Jahrzehnt auf dem Weg über die Heimatkunst die bisher unterdrückten Provinzen wieder zur Geltung kommen und auch Wien sich zu neuen Ehren erhebt, weil der ästhetisierende Impressionismus dem Endzeitcharakter dieser Stadt sehr entgegenkam.

DAS POSTULAT DER WAHRHEIT

Ob nun Münchener Frühnaturalismus oder Berliner Objektivismus, beide Richtungen dieser neuen Wirklichkeitskunst waren sich darin einig, die Forderung der unumschränkten Wahrheit zum obersten Prinzip ihrer literarischen Bestrebungen zu erheben. Man wollte das gegenwärtige Leben, die „Moderne", aus seiner idealistischen Umklammerung befreien und endlich einmal so darstellen, wie es sich einem vorurteilsfreien, das heißt von „gesellschaftlichen" oder „konventionellen" Rücksichten unbehinderten Auge darbietet. Otto Brahm begann daher das erste Heft der „Freien Bühne" (29. Januar 1890) mit folgendem Motto:

> „Im Mittelpunkt unserer Bestrebungen soll die Kunst stehen, die neue Kunst, die die Wirklichkeit anschaut und das gegenwärtige Leben. Der Bannerspruch der neuen Kunst, mit goldenen Lettern von den führenden Geistern aufgezeichnet, ist das eine Wort Wahrheit; und Wahrheit, Wahrheit auf jedem Lebenspfade ist es, die auch wir erstreben und fordern" (S. 1).

Trotz dieser für Berliner Verhältnisse relativ hochtönenden Worte hat die Wahrheit der „Freien Bühne" nichts Pathetisches, sondern verleugnet selten ihre Nähe zur objektiven Naturwissenschaft und wirkt daher trotz ihrer revolutionären Elemente etwas lehrhaft und trocken, vor allem unter der Aegide des jungen Wilhelm Bölsche, der die „Bühne" von 1891 bis 1892 redigierte. Man proklamiert in diesen Jahrgängen eine „poésie sans phrases", eine dichterische Wiedergabe der Natur, die sich nur an das Prinzip der naturgesetzlichen Wahrheit hält und dabei jene Metaphern eliminiert, die früher zum unumgänglichen Rüstzeug eines landläufigen „Poeten" gehörten. Überall stößt man auf das intensive Bemühen, die Sprache aus der Begrifflichkeit der idealistischen Philosophie herauszulösen, um so den Wortschatz von allen metaphysischen Obertönen zu bereinigen. So schreibt Arthur Eloesser in seinem Essay „Fünfundzwanzig Jahre": „Es wurde uns verboten, Worte wie Schönheit, Form, Herz, Geist, Geschmack zu gebrauchen" (Fischer-Jahrbuch 1911, S. 13). Man erstrebte nicht mehr das Zeitlose, Heroische oder Allgemein-Menschliche, was bei Goethe als das „Alte Wahre" oder bei Nietzsche als die „Fernstenliebe" erscheint, sondern die von der gründerzeitlichen Dekorationssucht ertränkte „Realität". Die junge Generation eröffnete daher einen regelrechten Feldzug gegen den Idealismus, Monumentalismus und Renaissancismus der siebziger Jahre und die süßlich-genrehaften Elemente innerhalb der salonidealistischen

Kunst, wie sie sich in den frühen achtziger Jahren ausgebreitet hatte, weil man hinter beiden Richtungen eine ideologische Verbrämung witterte, durch die die Kunst zu einer „bürgerlichen" Staffage herabgewürdigt wurde. Man sah die Aufgabe der Kunst plötzlich nicht mehr darin, heroische, mythologische oder übermenschliche Vorgänge zu schildern, sondern „sich nicht geniert zu fühlen" und die ökonomischen und gesellschaftlichen Voraussetzungen des Lebens bloßzulegen, um endlich zu den „wahren" Antriebskräften der menschlichen Existenz vorzudringen. Die entscheidende Anregung zu dieser „Demaskierung" ging von Ausländern wie Zola oder den Skandinaviern aus. So faßte man die Dramen Ibsens vor allem als Produkte eines „Wahrheitsfanatikers" auf, der sich mit der Verlogenheit der bürgerlichen Moral auseinandersetzt. Auch Tolstois „Die Macht der Finsternis" (1887) wurde viel diskutiert, da hier ein einzelner Mensch die als unübersteigbar geltenden Gesellschaftsschranken durchbricht und in einer groß angelegten Beichte seine persönlichen Fehler und Verbrechen bekennt, Dinge, die um der gesellschaftlichen „Anständigkeit" willen sonst hinter den Kulissen blieben. Um diese rückhaltlose Offenheit auch in der deutschen Literatur einzuführen und damit das Drama und den Roman aus den Niederungen der beschönigenden Salonliteratur zu befreien, übersetzte man neben Ibsen und Tolstoi vor allem Dostojewski, Zola, die Gebrüder Goncourt und Strindberg, um den literarischen Geschmack an eine bittere, aber „wahre" Speise zu gewöhnen. Ein Dichter wie Heyse, dem man in den siebziger Jahren den höchsten Lorbeer zuerkannt hatte, geriet durch diesen Wandel innerhalb der ästhetischen Anschauungen unter die Backfischpoeten, da man seine Kunstmoral, besonders seine Liebesauffassung als eine bürgerliche Ideologie empfand, die sich den physiologischen Konsequenzen mit derselben Folgerichtigkeit zu entziehen versucht wie dem Problem der sozialen Frage.

Da sich alles „Neue" nur polemisch durchsetzen kann, hat die Wahrheit in der naturalistischen Literatur oft einen demonstrativen Beigeschmack. Sie wird meist übersteigert und artet daher ins Pamphletistische aus. So beschäftigen sich die jüngstdeutschen Autoren mit Vorliebe mit dem Alkoholismus, dem Wahnsinn oder der Sexualität, um erst einmal die Gebiete zu analysieren, auf denen bisher ein gesellschaftliches Tabu lastete. Man denke noch einmal an die programmatischen Schriften von Conradi zurück, die sich aus einer ununterbrochenen Kette von Ausfällen gegen die bürgerliche Prüderie zusammensetzen. Ähnliches findet sich bei Conrad, Bleibtreu und Alberti. Der Wert oder Unwert dieser Dinge steht für die Literaten der achtziger und frühen neunziger Jahre außerhalb jeder Diskussion, da sie alle geschilderten Fakten nur unter dem Prinzip der Wahrheit und nicht dem der „ästhetischen" Verwertbarkeit betrachten. Auf wissenschaftlichem Gebiet begegnet man diesen Forderungen vor allem in den Schriften von Konrad Lange, der in seinem Buch „Das Wesen der Kunst" (1901) die aristotelische Mimesistheorie den Gesetzen des modernen

Naturalismus anzupassen versucht. Lange sagt, daß die Darstellung des „Häßlichen" innerhalb der künstlerischen Charakterisierung sehr wohl den Rang des Vollendeten haben könne, vor allem in einer extrem realistischen Kunst, die der Wiedergabe des Alltäglichen und Gemeinen notgedrungen einen größeren Spielraum einräumen müsse als alle formalistischen oder idealisierenden Richtungen. Die bisher so beliebte Stiltrennung in einen heroisch-fürstlichen und einen komisch-plebejischen Strang wird damit endgültig hinfällig. So schreibt Konrad Alberti in seinem Aufsatz „Der moderne Realismus in der deutschen Literatur und die Grenzen seiner Berechtigung" (1890), der sich ebenfalls gegen die künstlerische Disqualifizierung der „niederen" Thematik richtet:

> „Es gibt keine künstlerischen Stoffe zweiten und dritten Ranges, sondern als Stoff steht der Tod des größten Helden nicht höher als die Geburtswehen einer Kuh" (S. 18).

Die programmatische Schärfe solcher Formulierungen, die sich in der Dichtung als eine bewußte Bevorzugung des Untermenschlichen, Obszönen und Verkommenen äußerte, empörte natürlich diejenigen Kreise, die bisher nur den billigen Unterhaltungston der Salonpoeten L'Arronge, Mauthner und Blumenthal gewohnt waren. Alle Literaturgeschichten berichten daher von einem ominösen Dr. Kastan, der bei der Premiere von Hauptmanns „Vor Sonnenaufgang" (1889) eine Geburtszange in die Höhe hielt, als die Schreie der in den Wehen liegenden ältesten Bauerntochter immer lauter wurden. Dasselbe Furore verursachte der Aphorismus: „In der naturalistischen Kunst scheint die Wahrheit erst da anzufangen, wo die Seife aufhört", mit dem sich der Salonpoet Paul Lindau in seinem Drama „Die Sonne" (1892) über die jüngstdeutschen Wahrheitsfanatiker lustig zu machen versuchte. Es kam daher zu regelrechten „Realisten-Prozessen", in die sowohl Conradi als auch Alberti verwickelt wurden. Ähnliche Angriffe erfuhren die naturalistischen Maler, deren unbarmherziger Wahrheitsfanatismus auf die Genremaler und Salonidealisten der achtziger Jahre wie ein Fehdehandschuh wirkte. So schreibt Arthur Fitger, ein von den bürgerlichen Reaktionären sehr geschätzter Maler und Poet:

> „Solange von der modernen Malerei die Misere und Häßlichkeit unzertrennlich sind, ist die Bezeichnung Naturalismus eine sehr wenig charakteristische" (Freie Bühne 1891, S. 395).

Daß sich diese Kritik nicht gegen die bewußt ordinären Pamphletisten, sondern gegen die „Häßlichkeit" der Liebermannschen Bilder richtet, zeigt das „Ideologische" solcher Äußerungen. So ist es bezeichnend, daß man auf bürgerlicher Seite den Begriff „Naturalismus", falls man sich überhaupt mit ihm einließ, auf eine unverbindliche Naturschilderung zu übertragen versuchte, um so den positiv-versachlichenden und sozialistischen Konsequenzen dieser Stilrichtung zu entgehen. Wie in allen wirklich ernsthaften Auseinandersetzungen, wie dem Investiturstreit oder dem Kampf um den Freiheitsbegriff, wurde das Ganze daher zu einem Streit um Worte. Auf naturalistischer Seite wehrte man sich gegen diese Tendenz, die man wie alle Revolutionäre mit heftigen Ausfällen beantwortete, indem man die Natur von ihren „natürlichen", das heißt seelisch-einfühlbaren Elementen entkleidete und in einen positivistischen Mechanismus verwandelte, der jenseits aller moralischen Kriterien steht. So schreibt Alberti in seinem Aufsatz über den „Modernen Realismus und die Grenzen seiner Berechtigung":

> „Die Natur kann nicht unsittlich und kein Teil der Natur kann schmutzig sein, wenn man ihn als das notwendige Produkt einer natürlichen Entwicklung betrachtet" (S. 23).

Mit einem solchen Motto ließ sich natürlich alles rechtfertigen, da eine „naturwissenschaftlich" approbierte Wahrheit über jeden künstlerischen Zweifel erhaben ist. Die natürlichen Vorgänge erhielten durch diese Verwandlung ins Mechanische und Gemeingesetzliche den Stempel einer darwinistisch-biologischen Legitimation und waren damit nicht nur trichinenfrei, sondern geradezu prädestiniert, als literarische Versuchsobjekte verwendet zu werden, da man unter diesem Gesichtspunkt auch die bisher tabuierten Dinge ins rechte Licht rücken konnte. So wurde der Begriff Liebe durch das Wort „Zuchtwahl" ersetzt, während man die Schönheit in eine „Übereinstimmung zweckgebundener Formen" verwandelte. Statt Geschmack sagte man „Tendenz", statt Dichtung „Literatur", statt Seele „unbewußte Triebkräfte", um so die metaphorische Überhöhung der Poesie und die idealistische Verbrämung der Malerei wieder auf den Boden der mit der „Natur" gegebenen Tatsächlichkeit zu stellen. Der wichtigste Vertreter dieses objektiven Wahrheitsbegriffs war Arno Holz, der in seinem Aufsatz „Zola als Theoretiker" eine rein materielle Dichtungsweise proklamierte. Er verwandelt dort den Zolaschen Satz „L'œuvre d'art est un coin de la nature, vu à travers un tempérament" in die echt naturalistische Formulierung:

> „Die Kunst hat die Tendenz, wieder Natur zu sein. Sie wird sie nach Maßgabe ihrer jeweiligen Reproduktionsbedingungen und deren Handhabung" (X, 83).

Das Resultat dieser Tendenzen, die in Dichtung und Malerei gleichermaßen zum Ausdruck gekommen sind, ist ein Wahrheitsbegriff, den man wie alle naturalistischen Äußerungen nach drei Seiten auslegen kann: erstens als „Objektivismus", der sich mit der Wiedergabe der bloßen Realität begnügt, zweitens als „Pamphletismus", der sich auf das Prinzip der negativen Auslese beschränkt, drittens als einen an Tolstoi gemahnenden „Aktivismus", der die Kunst nur als ein Movens zu einer weltanschaulichen Aktion betrachtet.

Wie stark dieser Wahrheitsfanatismus war, dessen letzte Konsequenz die Negierung aller subjektivistischen Neigungen ist, zeigt sich daran, daß ihm nicht nur die „poetische" Metaphorik zum Opfer fiel, die man wie die mythologische Verbrämung der gründerzeitlichen Malerei als einen höchstverdächtigen Überbau entlarvte, sondern auch der in den siebziger Jahren mächtig emporgeblühte Musikbetrieb, den man auf naturalistischer Seite als ein Spiegelbild der bourgeoisen Genußkultur empfand. Man verdammte die Musik, weil sie nur in einem geringen Maße gesellschaftskritische Funktionen übernehmen kann und daher der „aktuellen" Wahrheit ferner steht als Dichtung und Malerei. Trotz aller Bemühungen um eine kulturgeschichtliche Integration ist es deshalb besser, die Musik aus dem Bereich des Naturalismus auszuschalten, zumal sie tatsächlich mehr und mehr zu einem Fluchtraum des vor der entmenschenden Sachlichkeit der strengen Objektivisten zurückschreckenden Bürgertums wurde und so zu einer gefälligen Salonstaffage verflachte. Nur hier bewahrte sich die inzwischen verpönte Schwelgerei in pseudopoetischen Stimmungen, was wesentlich zum Siegeslauf der „Ungarischen Rhapsodien", der „Nußknacker-Suite" und des Bruchschen Violinkonzertes beigetragen hat. Die Spitze der naturalistischen Kritik richtete sich jedoch weniger gegen die nachromantische Salonmusik, die von vornherein als etwas Unterwertiges angesehen wurde, als gegen die Werke der Wagner-Epigonen Goldmark, Weingartner, Kienzl und d'Albert, in denen die Erlösungssehnsucht des „Tristan" und des „Parsifal" ins Geschmacklose verharmlost wird und dadurch einen „kulinarischen" Charakter bekommt. Nur so ist es zu verstehen, daß man den italienischen Verismus wie eine wahre Befreiung begrüßte. Aber selbst bei Opern wie Mascagnis „Cavalleria rusticana" (1890) spürte man nach einiger Zeit, daß die naturalistische Thematik auf der Opernbühne notwendig dem herkömmlichen Pathos verfiel. Heinrich Hart schreibt deshalb in seinem in der „Freien Bühne" erschienenen Aufsatz über den „Kulturwert der Musik" (1891), daß man um der Wahrheit willen auf die Musik verzichten müsse. Sie sei ein Genußmittel wie Weib und Wein, errege durch ihre Klangsinnlichkeit nur „das Tierische in uns" und schwelge in „Gemütsekstasen", deren jedes brünstige Tier fähig sei (S. 186). Der ganze Aufsatz gipfelt in dem Leitsatz:

„Wer aber erkannt hat, was Menschsein bedeutet, der fange getrost an, sich in ‚Musikunverständnis' zu üben" (S. 211).

Auch Christian von Ehrenfels lehnt im selben Jahrgang der „Freien Bühne" die Einbeziehung der Musik in die naturalistischen Kunstbestrebungen ab. Wie Hart stellt er die Malerei und die Dichtung an die Spitze der Künste, weil in ihnen das Stoffliche auf eine ganz andere Weise in einen wahrheitsbezogenen Aktivismus verwandelt werden kann als in der gemütvollen und zugleich formalen Kunst der Musik.

Für eine kurze Zeit hoffte man, die symphonischen Dichtungen dem Naturalismus dienstbar zu machen, und verfolgte deshalb mit Interesse die Anfänge des jungen Richard Strauss, den weite Kreise als einen sensationellen Neutöner empfanden. Sein „Don Juan" (1889) und sein „Till Eulenspiegel" (1894) wurden sogar in der „Freien Bühne" besprochen. Doch auch hier stieß man trotz aller Realistik der klangmalerischen Wiedergabe auf eine Unmenge theatralischer

Effekte, die unmittelbar mit der Wagner-Tradition zusammenhingen. Man erkannte, daß das literarische Programm dieser Tonpoeme nicht zur Ernüchterung der Aufnehmenden beitrug, indem es sie auf einen bestimmten Gehalt verpflichtete und damit ihrer Phantasie eine gewisse Begrenzung auferlegte, sondern die „poetische" Verbrämung noch überhöhte. So verwirft ein junger Komponist in Conrads Roman „Was die Isar rauscht" (1887) gerade die „modern" wirkende Programmusik, weil sich hinter ihrer naturalistischen Fassade eine billige Gefühlsromantik verberge. Das musikalische Ideal dieser Figur ist eine phonographisch geschickte Wiedergabe der elementaren Naturgeräusche, um auch die Musik unter das Prinzip der Wahrheit zu stellen und damit alle formalistischen Tendenzen zu beseitigen. Art und Wirkung dieser „musique concrète" erläutert Conrad in folgender Gesprächspartie:

> „Wenn ich aber durch musikalisches Geräusch mich erheben und entzücken lassen will auf dem Wege sinnlich-sinnloser Klangeinwirkungen, so bedarf ich dazu gar keines Kunstapparates, keines kostspieligen Orchesters; dazu reicht das musikalische Geräusch der Natur aus. Ja, ich finde, die einfache Natur wirkt noch viel kräftiger und mächtiger. Oder welche Instrumentalmusik reicht denn an die rührenden, beseligenden, erschreckenden Wirkungen heran, welche auf unser Gemüt das Rauschen des Waldes, das Brausen des Sturmes, das Heulen des Windes, das Pfeifen des Hagelschlages, das Rollen des Donners, das Säuseln und Schauern der Luft, der Gesang der Vögel, das Plätschern des Baches, das Murmeln des Quells und so weiter hervorrufen?" (4. Aufl. S. 162).

Selbst in dieser halbwegs „poetischen" Paraphrasierung spürt man die naturalistische Tendenz, alle schöpferisch-fiktiven Elemente auszuschalten und dem Prinzip der Wahrheit einen konstitutiven Charakter zu verleihen, wodurch sich die Kunst in einem übertragenen Sinne vom Menschen distanziert und zu einer je „nach Maßgabe ihrer jeweiligen Reproduktionsbedingungen" mechanisierten Spiegelung wird. Für das Bildliche wäre dann der Kinematograph das geeignete Wiedergabegerät, während sich die Literatur auf der phonographischen Methode aufbauen müßte.

DIE PHONOGRAPHISCHE WIEDERGABE

Arno Holz hat sich in seiner polemischen Schrift „Dr. Richard M. Meyer, ein literarischer Ehrabschneider" (1900) einmal ausdrücklich gegen diejenigen Kritiker gewandt, die im Naturalismus nur die stoffliche Bevorzugung des Niedrigen und Verkommenen sahen — Meyer hatte die „Familie Selicke" rein thematisch mit den Lokalpossen von Voß und Niebergall verglichen —, und das Postulat aufgestellt, nur diejenigen Dichtungen „naturalistisch" zu nennen, in denen man eine vom Realismus unterschiedene Darstellungsart, das heißt eine von Masse und Milieu diktierte „Methode", erkennen könne (X, 271). Nach seiner Ansicht kann man den konsequenten Objektivismus nur dann erreichen, wenn man jedes in der Dichtung wiedergegebene Gespräch einer akustisch-technischen Registrierung des natürlichen Sprechvorganges unterwirft, um so jenes altfränkische und behäbige Papierdeutsch zu überwinden, das sich auf die Übermittlung von Gedanken und Gefühlen beschränkt, ohne dabei die phonographischen Elemente eines bestimmten Sprechvorganges in Rechnung zu ziehen. Die einzelnen Gesprächspartner sollen nicht mehr Sprachrohre ihres literarischen Schöpfers sein, sondern sich so ausdrücken, wie sie sich gemäß ihrer Veranlagung auch in der Realität unterhalten würden. Edgar Steiger spricht daher in seinem Buch „Von Hauptmann bis Maeterlinck" (1898) von der „Kunst zu stottern" (S. 25), während Otto Brahm von der Scheu vor dem „vollendeten Wort" gesprochen hat, dem man durch ein „Suchen und Tasten, ein Stocken und Stammeln" auszuweichen versuche (I, 265). Selbst Fontane, der sich wenigstens im äußeren Habitus der naturalistischen Stiltheorie anzupassen versuchte, bezichtigte plötzlich den „Grünen Heinrich" eines „Kellertons", „der mal paßt und mal nicht paßt, je nachdem", da sich der Autor nicht den Gesetzen des „suum cuique" unterworfen habe. Die naturalistischen Dichter wollten auf diese Weise vermeiden, auf dem Weg über das Gespräch wieder in die Klischees der Vergangenheit abzugleiten, die sie in ihrer Milieuschilderung bereits überwunden hatten. Man bemüht sich daher, den Menschen wie in der physiologischen Psychologie von seiner motorischen Seite her zu erschließen, um selbst der Rhythmik seiner Worte eine dokumentarische Echtheit zu verleihen. Wie stark sich dieser Impuls auf die Literatur ausgewirkt hat, zeigt sich daran, daß man sogar die strophisch-gebundenen Ausdrucksformen diesem Wahrheitsverlangen unterworfen hat. So fordert Holz in seiner „Revolution der Lyrik" (1899), den geheimen Leierkasten der Geibel-Nachfolge durch eine auf dem Prinzip der Mittelachse aufgebaute freirhythmische Gliederung zu ersetzen, um so alle antiquierten Formalismen, wie Reim und Takt, endgültig in die literarische Rumpelkammer zu werfen. Das Vorbild dieser freirhythmischen Ausdruckskunst, die auf einer Phonographie der Seele beruht, war Walt Whitman, dessen innerlineare Großzügigkeit man wie eine „Befreiung" aus dem kleinlichen Taktgezähle und krampfhaften Gereime empfand. Eine ähnliche Revolution erstrebte Leos Janáček auf dem Gebiet der Oper, indem er den Melodien seiner Arien und Rezitative den Tonfall bestimmter Dialekte unterlegte. Seine „Jenufa" (1904) zum Beispiel basiert auf der Sprechmelodie der lachischen Mundart, die in der Gegend von Brünn gesprochen wird. Janáček hat diese Forderungen auch programmatisch niedergelegt, und zwar in seiner Schrift „Die Sprechmelodiemotive unserer Sprache, die durch eine besondere Dramatik ausgezeichnet sind" (1903). Sein musikalisches Ausdrucksverlangen tendiert daher in letzter Konsequenz zu einem phonographischen Opernstil, bei dem das scheinbar alleinseligmachende Prinzip des Melos durch eine naturalistische Wahrhaftigkeit beseitigt würde.

Wie man sich diese „Mimik der Rede", deren technischer Reflex die 1887 von Emil Berliner erfundene Schallplatte ist, im Bereich der dramatischen oder prosaischen Dichtungstypen vorgestellt hat, läßt sich am besten in der Schrift „Die Evolution des Dramas" von Holz verfolgen. Dort heißt es:

> „Jene kleinen Freiheiten und Verschämtheiten jenseits aller Syntax, Logik und Grammatik, in denen sich das Werden und Sichformen eines Gedankens, das unbewußte Reagieren auf Meinungen und Gebärden des Mitunterredners, Vorwegnahme von Einwänden, Captatio benevolentiae und all jene leisen Regungen der Seele ausdrücken (sind das stilistisch Entscheidende), über die die Widerspiegler des Lebens sonst als ‚unwichtig' hinwegzugleiten strebten, die aber gerade meist das ‚Eigentliche' enthalten und verraten" (X, 254).

Jene „Widerspiegler des Lebens" sind für Holz nicht nur die Realisten älterer Prägung, sondern auch die Münchener Frühnaturalisten, denen er eine einseitige Bevorzugung des Stofflichen vorwirft, die in seinen Augen nicht mehr wert ist als ein Kolportage-Realismus, weil auf diese Weise das Geschäft des Dichtens nicht auf die Höhe der naturwissenschaftlich fundierten Milieutheorie gehoben wird, sondern wieder in die Trivialklischees älterer Zeiten abgleitet. Was Holz sich unter einem wissenschaftlich akkreditierten, das heißt phonographischen Wiedergabestil vorgestellt hat, mag ein Beispiel aus der „Papiernen Passion" (1890) erläutern:

> „Wat?? Liese?? — Jawoll, du Aas! Hab — ick — Dir — nich jesagt, Du sosst um Vieren widder da sind?! Wat?! Un jetz is 't Sechsen!!! Na wachte Du! Ick weer Dir! Fruenzimmer! Mensch, infamichtet!! Det's nu schon det dritte Mal!! Mit die verfluchtichten Bengels haste Dir wieder rumjetrieben! Uff'n Weihnachtsmarcht! Aassticke!!!" (Neue Gleise, Berlin 1892, S. 8)

Der Dichter soll nur das registrieren, was sich unter den vorgegebenen Bedingungen auch wirklich vollzogen haben kann, daher wird der Hauptnachdruck auf den im Alltag verwendeten Jargon gelegt, auf die Redensartlichkeiten, auf das häufige Sichversprechen und Sichwiederholen, die von einem fluktuierenden Auf und Ab von Interjektionen begleitet werden. Holz versteht unter „Mimik der Rede" nicht das, was Kleist die „allmähliche Verfertigung der Gedanken beim Reden" nennt, sondern den rein mechanischen Sprechvorgang, der die Geistigkeit eines Menschen zum Korrelat seiner im Unbewußten verankerten Motorik entwertet. Durch diese Form der künstlerischen Wahrheit, die oft genug in den Bereich des Kollektiv-Unbewußten abgleitet, wird von seiten des Künstlers und des Betrachters der Wille nach dem Vorbildlichen und Seinsollenden bewußt ausgeschaltet. Die entscheidenden Prinzipien der Kunst sind nicht mehr Aufbau, Erhaltung oder Schöpfung, sondern das simple und doch unglaublich komplizierte Faktum, mit welcher Präzision der schriftstellernde Naturalist das gesprochene Wort im Druckbild wiederzugeben vermag. Durch diese Methode werden aus Ideenträgern, aus Menschen mit ausgeprägten Zielen und entschlußfähiger Willenskraft, bloße Sprechapparate, an denen weniger das Ideelle als das Rülpsen, Ächzen und Stöhnen interessiert. So wird in Hauptmanns „Vor Sonnenaufgang" Frau Spiller, die von den reichen Krauses gemietete Anstandsdame, nur dadurch charakterisiert, daß bei ihr jedes Ausatmen mit einem asthmatischen Geräusch verbunden ist, das im Druckbild als ein in alle Sätze eingeschaltetes „-m-" erscheint. In den „Einsamen Menschen" werden die salbungsvollen Reden des Pastors Kollin ständig durch ein gepustetes „-pf, pf-" unterbrochen, mit dem Hauptmann das genießerische Ziehen an einer Zigarre wiederzugeben versucht. Daß durch diese physiologische Materialisierung die einzelnen Gestalten wohl wahrer, aber nicht individueller werden, ist schon in dem Kapitel „Der Mensch als unpersönliches Geschehen" erläutert worden. Man will „charakterisieren", fängt aber nur das Unpersönliche ein, was sich als mechanischer Reflex manifestiert, anstatt die geistige oder seelische Besonderheit der dargestellten Person zu beschreiben.

Stilistisch zeigt sich diese Tendenz in einer bewußten Schwächung des Syntaktischen. An die Stelle des Klassischen, des Ausgefeilten und Glatten, wie es noch Heyse kultivierte, tritt jetzt eine objektivistische Echtheit, die den wohlgelungenen Periodenbau älterer Prägung zugunsten einer die moderne Situation spiegelnden Nervosität zerfasert. In den naturalistischen Romanen unterhält man sich nicht mehr in vorher stilisierten Gesprächen, sondern sucht wie im Leben nach Worten, verspricht sich oder führt angefangene Sätze nicht zu Ende, um der phonographischen Wahrheit die Ehre zu geben. Konrad Alberti schreibt zu diesem Problem, wenn auch mit einer für den Geist der Münchener „Gesellschaft" bezeichnenden Beschränkung auf den Realismus:

> „Eine Maria Stuart ist leichter zu zeichnen als ein Veitel Itzig — und leichter, sie eine unbestimmte, glatt stilisierte Sprache reden zu lassen, als eine individuell, rassen- und zeitmäßig abgetönte" (S. 29).

Bei Leonor Goldschmied geht die Befolgung dieser Maximen manchmal so weit, daß die Grenzen zwischen erzählenden Partien, direkter Rede und einem an den „monologue interieur" erinnernden Vor-sich-Hingerede allmählich verschwimmen. Man lese einen Absatz aus seiner Erzählung „Die Auferstehung" (1891), in dem ein Arbeiter eine Volksküche verläßt, um sich zu einer Parteiversammlung zu begeben:

> „Man braucht nischt zu verzehr'n ... un' ... mit'n Teller ... wird ooch nich ... jesammelt, setzte er ihr auseinander. T'jing'n also gewiß ... viel arme Schluckers hin ... die heisere Lene nickte. Am Ende ... konnt'n se't ooch mal vasuch'n ... un' ooch mal ... in sone Versammlung jehn ... Da sahen se vielleicht ... nich so ... uff ihre oll'n, scheebijen Recke ... mit de Fetzen daran ..." (Freie Bühne 1891, S. 703).

Hier bahnt sich bereits das an, was später auf dem Wege über die impressionistische Subjektivierung zu Schnitzlers Novellen „Leutnant Gustl" (1901) und „Fräulein Else" (1924) geführt hat, in denen sich die Welterfassung nur noch in phonographischen Reflexen vollzieht.

Ähnliches läßt sich vom Drama sagen. Auch hier tritt an die Stelle der klassischen Deklamation, wie sie in der Gründerzeit wieder zu Ehren gekommen war, eine ungepflegte, ja rüde Alltagssprache. Der Monolog und das altertümliche Beiseitesprechen, die in den Komödien von Schönthan, L'Arronge und Blumenthal noch eine bedeutsame Rolle spielen, werden von der Bühne verbannt oder durch epische Überleitungen und „vielsagende" Gedankenstriche ersetzt. So erzog August Förster, der 1883 das „Deutsche Theater" in Berlin übernahm, seine Schauspieler zu einer bewußt alltäglichen Ausdrucksweise, indem er das Sprachtempo der einzelnen Rollen erheblich beschleunigte und dadurch die bedächtige Würde der älteren Deklamation in einen nervösen Staccato-Rhythmus auflöste, den Joseph Kainz später zu äußerster Brillanz ausgebildet hat. Die Sprache soll keine Ideen mehr entwickeln, keine Konflikte oder Katastrophen heraufbeschwören, sondern sich auf den Bereich des Zuständlichen und Dahergeredeten beschränken, zu einem Begleitinstrument des Mimus werden, den man in der Gründerzeit um der idealischen Pose willen bewußt vernachlässigt hatte. Man wählt daher in den achtziger Jahren mit Vorliebe solche Situationen, in denen der Mensch nur noch als Reflektor ihm unbewußter Vorgänge agiert. Man lese den Schluß des ersten Aktes von Elsa Bernsteins „Dämmerung" (1893), wo der verwitwete Komponist Ritter das Zubettgehen seiner Tochter Isolde überwacht, während sich sein Unterbewußtsein noch mit der eben fortgegangenen Sabine beschäftigt.

> Isolde: „Ich will schlafen."
> Vater: (steht auf, küßt ihr nochmals die Hände) „Gute Nacht." (Schleicht auf den Zehen in das Wohnzimmer, zu Anna, welche eben mit dem Abdecken des Tisches fertig geworden ist) „Schlafengehen. Pst."

(Schenkt sich ein Glas Wein ein und trinkt es hastig aus. Geht an die Verandatür und schiebt den Riegel vor.)

Anna: (mit ihrem Brette abgehend) „Küß die Hand, gnä-"

Vater: (winkt ihr hastig und zornig) „Pst!!!"

(Setzt sich auf den Stuhl, zieht seine Stiefel aus und stellt sie vor die Tür. Geht in sein Schlafzimmer und kommt nach ein paar Sekunden in Hemdärmeln mit Kissen und Bettdecke zurück und macht sich ungeschickt ein Lager auf dem Sofa zurecht. Die Hosenträger abknöpfend späht er nochmals vorsichtig nach Isolde. Nach vorne gehend bleibt er vor dem Stuhl, auf dem Sabine gesessen, stehen. Setzt sich auf das Sofa, den Kopf in die Hände gestemmt, leise vor sich hin, immer die Augen auf Sabinens Stuhl gerichtet)

„Ja ..."

(Vorhang)

(Freie Bühne 1893, S. 629).

Was in dieser Szene „passiert", wird eigentlich nur in den mimischen Hinweisen gesagt, die zwar nicht die sinndeutende Präzision eines Holz oderHauptmann haben, aber stilistisch auf derselben Ebene liegen. Durch diese Verschiebung der künstlerischen Akzente verwandelt sich das gesprochene Wort wiederum zu einem Symbol des vom Es überfluteten Ich, anstatt wie in der älteren Dichtung als Organ des vermittelnden Geistes zu fungieren.

Eine besondere Rolle innerhalb dieser Entwicklung spielt der Dialekt, der in den achtziger Jahren seine provinzielle Gemütlichkeit verliert und zu einem aktuellen und schnoddrigen Großstadtjargon arriviert. An die Stelle der Bräsig- und Uli-Typen treten jetzt randalierende und schimpfende Tagelöhner, deren Sprache etwas denkbar Unhumoristisches hat, da sie sich ständig im Grenzbereich der polemischen Aktion bewegt. Das Entscheidende an diesem Wandel ist neben der soziologischen Verschiebung das Problem der Unübertragbarkeit. Die Sprache eines Reuter oder eines Gotthelf wird von einer Dialektform geprägt, die dem syntaktischen Gefüge der gültigen Grammatik ähnelt und sich daher, wenn auch unter Einbuße ihrer literarischen Qualität, ins Hochdeutsche übersetzen läßt. Der Jargon der achtziger Jahre dagegen ist unübersetzbar, da sich für seine Redensartlichkeit, seinen Sloganstil, seine syntaktische Aufgelöstheit in der Hochsprache kein entsprechendes Äquivalent finden läßt, wollte man nicht seinen künstlerischen Grundcharakter zerstören, und zwar die auf dem Prinzip der Phonographie beruhende Authentizität. Der naturalistische Dialekt stammt nicht aus der Feder eines in seiner Mundart verwurzelten Heimatdichters, sondern wirkt wie ein literarisch-ausgedachtes und zugleich technisches Gebilde, das aus der Tendenz zur Entheroisierung und Versachlichung entstanden ist. Der Initiator dieser objektivistischen Bestrebungen war Holz, dessen Werke wohl den „konsequentesten" Naturalismus vertreten. Er, der Ostpreuße, war es, der den Berliner Jargon zur naturalistischen Literatursprache erhob, während Hauptmann den objektivierten Klang dieser Epoche immer wieder mit schlesisch-gemütvollen Tönen vermischte. Die Aufführung von „Vor Sonnenaufgang" erregte daher weniger Skandale als die Premiere der „Familie Selicke", die von der reaktionären Presse als „Tierlautkomödie" angeprangert wurde (X, 110). Von diesen Angriffen hat sich Holz trotz seiner Zähigkeit nie wieder recht erholen können. Er trug sie zeitlebens wie ein Trauma mit sich herum, zumal er auch materiell in unverdiente Not geriet, und betrachtete voll Mißgunst den reichverheirateten Hauptmann, den man von allen Seiten in den dramatischen Ehrensessel hob, während ihm, dem abgestempelten Sündenbock des Naturalismus, durch seine anstrengende Büroarbeit kaum noch Zeit zum Schreiben blieb. Nur ein so sachlicher Beobachter wie Fontane ließ sich nicht beirren und schrieb am 8. April 1890 in der „Vossischen Zeitung", daß das „wahre Neuland" bei Holz und Schlaf zu finden sei, während sich Hauptmann in seinen stilistischen Mitteln kaum über Tolstoi und Anzengruber erhebe, wobei das Problem der literarischen Qualität natürlich außer acht gelassen wird.

Um die verschiedenen Anwendungsmöglichkeiten der phonographischen Methode zu untersuchen, zieht man am besten einige Beispiele heran. Eine recht bezeichnende Stelle findet sich in der „Jugend" (1893). Halbe deutet hier den Augenblick, wo der Pfarrer Hoppe die „Sünde" seiner Nichte erkennt und dabei innerlich zusammenbricht, nur durch ein paar gestammelte Worte an, die jedoch in ihrer phonographischen Genauigkeit die seelische Erschütterung viel stärker zum Ausdruck bringen als eine lange, deklamatorische Tirade:

> Kurze Pause
> Hoppe: (brütet vor sich hin, trommelt leise auf den Tisch)
> Kaplan: (erscheint wieder in der Tür)
> Annchen: (hinter ihm, noch draußen) Was soll ich, Herr Kaplan?
> Kaplan: (ernst) Der Herr Pfarrer ruft die Panna (geht langsam ins Zimmer hinein)
> Annchen: (kommt hinein, mit Ahnung) Mich? Der On ...?
> Hoppe: (erhebt den Kopf, sieht Annchen mit einem langen Blick an, traurig) Das wird wohl wahr sein, Anna?
> Annchen: (hat einen scheuen Blick auf den Kaplan, dann auf den Onkel geworfen, in einem Augenblick übergossen rot und totbleich, stürzt mit einem Schrei vor Hoppe zusammen) Onkelchen! On — kel — chen!
> Schweigen
> (Freie Bühne 1893, S. 503).

Stilistisch noch konsequenter wirken die „Papierne Passion" und der „Papa Hamlet" von Holz. Die phonographische Auflösung der Sprache, für die man den Begriff „Sekundenstil" geprägt hat, geht hier schon so weit, daß schließlich nur noch das impressionistische Geflimmer von Wortfetzen und angedeuteten Bemerkungen übrigbleibt. Am vollendetsten zeigt sich dieser Stil in seiner Studie „Ein Tod" (1889), in der das Sterben eines im Duell verwundeten Studenten geschildert wird. Trotz der krassen Thematik ist der „Inhalt" dieser Geschichte nicht das beklemmende Heranwachsen des Todes, sondern die akustische Wiedergabe verschiedener „Sprachsorten", die auf die jeweilige Situation abgestimmt sind. Gleich zu Anfang torkelt ein Betrunkener in das Sterbezimmer.

> „Sie sind fehlgegangen!"
> „Wa ... hbf. ... wa ... waas? Hbf! ..."
> „Sie sind fehlgegangen!"
> „Ah! ... En ... en ... Hbf! ... schul ... jen ... i ... hbf! ... ich ..."
> „Bitte!"
> „Hb! Hbf! ..."
> (Neue Gleise, Berlin 1892, S. 204)

Kurz darauf fangen die Delirien des Sterbenden an, der von einer Jugendliebe phantasiert, was literarisch nicht ohne eine Parodie auf Shakespeares „Romeo und Julia" abgeht.

> „Ach, schon Morgen ... Bloß ein Frosch! ... Nicht doch ... bloß ein Frosch ... Hier! Hier! ... Das Gras ist so schön ... O, nicht wahr? Wir werden uns nie vergessen? ... Nie ... nie ... O, nicht wahr? ... Noch ein Kuß? ... Hm?" (S. 208)

Als letztes Beispiel sei die sprachlose Ergriffenheit der ihn bewachenden Studenten wiedergegeben, die sich im Augenblick des Todes zu einem sinnlosen Gestammel steigert.

> „Man ... man spürt — den Puls gar nicht — mehr ..."
> „Was??"
> „Ach ... Er ... er ist ja — tot??!"
> „W ...??"
> „Tot!!"
> (S. 216)

Die Gefahren einer solchen Methode brauchen kaum erläutert zu werden. Wer diese artistische Raffinesse nicht mit derselben Konsequenz zu behandeln verstand, verfiel einer literarischen Manier, die trotz ihres naturalistischen Wahrheitscharakters etwas Unerträgliches hat. Man lese folgendes Selbstgespräch des sich auf nächtlichen Abenteuern befindenden Leutnants von Führinghausen in Albertis Roman „Wer ist der Stärkere?" (1888), wo sich ein unechter Naturalismus mit „objektivistischen" Floskeln zu tarnen versucht:

> „Wo ist die Klinke? Da! ... Vorsicht! ... Ah, das Zimmer ist offen ... Wie, dunkel? ... Hinein! ... ‚Lucie!' ... Leise! ... Noch einmal ... ‚Lucie!' ... Keine Antwort? ... Also nicht die rechte Tür — zurück! ... Ja ... wo ist jetzt die Tür? ... Da! ... nein, das scheint der Ofen! ... wenn man nur

einen Schimmer sähe! ... nichts, Alles Nacht ringsum! ... Gott, Gott ...
wo ist die Tür? ... sie muß doch hier sein, sie muß! ... Halt! ... nein! ...
Himmel, der Kopf droht zu springen, blaue Flammen tanzen und hüpfen
in der Luft ... die Tür ... die Tür! ... Was ist das? ... Stimmen ... Lichtschein ... und welche Stimme! ... ‚Was bedeutet das. Die Tür zu meinem
Zimmer offen?‘ ... Allmächtiger ... wohin? ... wohin? ... Immer näher ...
‚Ist jemand da? ... Wie? ... Antwort, wer ist da? ... Herr Baron — Sie?
Ah.‘ ... Entsetzen! ———“ (II, 258).

Erklären läßt sich diese Breitschweifigkeit nur aus dem literarischen Heißhunger auf das bisher Unterdrückte und Vernachlässigte. Die Kehrseite dieser
Entdeckerfreude ist jedoch ein „Naturalismus des Unwichtigen“, bei dem das
spezifisch Dichterische völlig unberücksichtigt bleibt. Die Forderung, nur die
„Dinge“ reden zu lassen, führte notwendig zu einer Verabsolutierung des
Nebensächlichen, da an die Stelle geistvoller Dialoge oder seelischer Zwiegespräche jetzt eine banale Alltäglichkeit tritt, die keinerlei sinndeutende Funktionen besitzt. Ein gutes Beispiel dafür bietet der Anfang von Conradis Roman
„Adam Mensch“ (1889), der gerade wegen seiner Trivialität in literarischen
Kreisen als „avantgardistisch“ empfunden wurde, weil er sich auf die mechanische Reproduktion eines ebenso gleichgültigen, wie wiederholbaren Vorganges
beschränkt:

„Kellner.“ „Herr Doktor!“ „Bitte zahlen!“ „Jawohl!“ Der Kellner kam
herangelaufen. „Ein Kaffee — schwarz — und einen Cognac —“ „Vierzig
Pfennige!“ Adam gab einen Fünfziger hin: „Bitte!“ „Danke sehr!“ (S. 1).

Im Realismus der fünfziger und sechziger Jahre wäre man über einen solchen
Vorgang mit der Bemerkung „Er zahlte und ging“ hinweggegangen, — wenn
man ihn überhaupt erwähnt hätte. Daß man das scheinbar Nebensächliche jetzt
nicht mehr so nonchalant übergeht, hat wohl zu einer positiven Versachlichung
geführt, aber auch die Gefahr einer inhaltslosen Beschreibungswut heraufbe
schworen, da sich das schöpferische Ich bei einem solchen Schaffensvorgang
auf die Funktion des reproduzierenden Widerspiegelns beschränkt. Selbst
Dichter wie Holz sind in ihren späteren Jahren zu der Einsicht gekommen, daß
der „konsequente“ Naturalismus ein stilistischer Irrweg war, der notwendig zu
einer Reaktion des Ideellen und Sinndeutenden führen mußte. Ihre deutlichste
Ausprägung erfuhr diese resignierende Wandlung in seinem 1908 erschienenen
Drama „Sonnenfinsternis“, dessen Hauptfigur, der Maler Hollrieder, an seinem
verzweifelten Bemühen, die Kunst wieder Natur werden zu lassen, zusammenbricht, weil er erkennt, daß der simpelste Grasfleck oder das einfachste Gespräch seine naturalistische Genauigkeit weit übertrifft. Er sagt daher von sich
selbst, daß er der Besitzer einer der „allerkompliziertesten Präzisionsmaschinerien“ sei (V, 175), aber ausgespielt habe, weil sich die Genauigkeit der Natur
nur dann darstellen lasse, wenn man von vornherein auf das spezifisch „Künstlerische“ verzichte.

DIE OPTISCHE PRÄZISION

Um auch im Bereich des Optischen eine naturwissenschaftliche Präzision zu erzielen, orientiert sich die „objektivistische" Richtung der naturalistischen Malerei weitgehend an der mechanischen Genauigkeit der in diesen Jahren siegreich vordringenden Photographie. So findet man zum Beispiel in der Zeitschrift „Die Kunst für Alle", einem an sich recht reaktionären Blatt, im Jahrgang 1888 wiederholt „künstlerische" Momentaufnahmen oder Augenblicksphotographien, wie man sie damals nannte, die in manchem wie Vorlagen zu den zeitgenössischen Straßenbildern und Marktszenen wirken. Vor allem Hans Herrmann, dessen photographischer Objektivismus oft ans Unglaubwürdige grenzt, scheint sich ausgiebig solcher Mittel bedient zu haben. An die Stelle der rousseauistisch gefärbten Naturschwärmerei der Romantik, der novellistischen Genrekunst des Biedermeiers und der landschaftsbezogenen Stimmungsmalerei der fünfziger und sechziger Jahre tritt bei den Malern dieser Kategorie eine naturwissenschaftliche Objektivität, die in ihrer Mechanik etwas ausgesprochen Teilnahmsloses hat. Anstatt sich für die „Geheimnisse" der Natur zu interessieren, für den dämonischen Charakter ihrer elementaren Struktur, konzentrieren sich die konsequenten Naturalisten auf das „reine Sehen", das am Objekt seiner Darstellung ebenso uninteressiert ist wie der Zeiger eines physikalischen Meßgeräts an der jeweiligen Zusammensetzung einer bestimmten Substanz. Der Blick der einzelnen Maler wird daher starr wie eine Photolinse und registriert nur noch diejenigen Dinge, die in seinen momentanen Blickwinkel fallen. Man will nicht mehr gestalten oder interpretieren, sondern das Gesehene so wiedergeben, wie man es im Zustand der inneren Teilnahmslosigkeit in sich aufgenommen hat. Was dabei entsteht, ist eine „photographie banale de la vie", wie es Maupassant nannte, die allein um ihrer optischen Treue geschätzt werden soll. Konrad Alberti schreibt dazu in seiner Schrift über den „Modernen Realismus" (1890):

> „Auf das strengste verboten aber ist dem Künstler, die Natur zu idealisieren, nach seinen eigenen Herzensbedürfnissen zu verschönern, zu schminken, zu verbessern, derselben aus dem eigenen Gemüte etwas hinzuzufügen oder wegzulassen. Der Künstler soll die Stimmung der Natur erforschen und wiedergeben, niemals aber seine eigene in dieselbe hineintragen. Er darf nichts schaffen oder bilden wollen, was die Natur nicht schüfe oder bilde. Daher sind z. B. alle mythologischen oder allegorischen Gestalten streng verboten. Denn alles dies sind nur Fratzen.

Die Natur erschöpft selbst alle Kombinationen, welche sie im Rahmen der Gesetze bilden kann ... Jede derartige Schöpfung ist also ein Frevel an dem Höchsten, am Geiste der Natur, eine Verfälschung der Wahrheit" (S. 19).

Die eigentliche „Leistung" dieser Kunst besteht nicht in der schöpferischen Übermittlung von bestimmten Erkenntnissen oder Ideen, deren bildhafte Intensität im Betrachter eine seelische oder geistige Betroffenheit auszulösen vermag, sondern in dem schlichten Faktum, daß die dargestellte Wirklichkeit auf einem „authentischen", das heißt nachzukontrollierenden Vorbild beruht. Man will nichts erdichten, nichts hinzutun, was nicht bereits gegeben ist, um so die Gefahr einer hochstaplerischen Fiktion zu vermeiden. Die meisten Maler werden daher auf Grund ihrer eigenen Prinzipien gezwungen, sich auf die mechanische Widerspiegelung der unmittelbaren Tatsächlichkeit zu beschränken, weil sie sonst gegen den „Geist der Objekte" verstoßen würden. Das dargestellte Objekt bekommt auf diese Weise einen solchen Eigenwert, daß es sich sowohl der Einfühlung des gestaltenden Künstlers als auch der Genußfähigkeit des betrachtenden Zuschauers entzieht. Wie mächtig diese Tendenzen waren, läßt sich daran erkennen, daß man die Forderung der absoluten Wahrheit und der mit ihr verbundenen optischen Präzision sogar auf den Holzschnitt übertrug, der an sich auf das Prinzip der abstrahierenden Linie angewiesen ist, wodurch man selbst auf diesem Gebiet eine photographische Treue erzielte, die einen spezifisch „technischen" Charakter hat.

Diese bewußte Ausschaltung der subjektiven Schöpferkraft wandte sich vor allem gegen die überspannten und ichbezogenen Proklamationen der gründerzeitlichen Kunst, die in ihrer Forcierung der ideellen Momente zu einer inhaltslosen Formkultur geführt hatten. So begegnet man immer wieder Kritiken, die sich gegen die zeichnerische „Unbeholfenheit" Böcklins oder Thomas richten und stattdessen die Genauigkeit eines Liebermann zum künstlerischen Leitbild erheben. Anstatt die schöpferische Erhabenheit oder den ideellen Schwung zu preisen, verlangt man eine milieugerechte Präzision, die sich von allen formalistischen Tendenzen strengstens distanziert. „Der objektive Realismus besteht darin, die Natur so wiederzugeben, wie sie ist, ... ohne etwas an derselben zu arrangieren", heißt es in dem schon mehrfach zitierten Essay über den „Modernen Realismus" von Alberti (S. 17). Noch schärfer hat sich Holz in seinem Drama „Sonnenfinsternis" gegen die Verwendung ideeller Kompositionselemente ausgesprochen: „Man soll nicht komponieren! Komponieren heißt fälschen" (V, 207). Diese Kritik richtet sich sowohl gegen die mythologische Überformung und pseudoklassische Verbrämung als auch gegen die monumentalen Tendenzen der siebziger Jahre. Die Böcklinschen Faune und Kentauren, die sich sogar in die Novellen von Heyse eingeschlichen haben, werden daher ebenso verworfen wie der historisch theatralische Aufputz bei Makart, die literarischen Allegorien Feuerbachs und die ins Gestalthaft-Personale übertragenen Lebensstadien bei Marées. Anstatt weiträumige Fresken zu malen wie Böcklin in Basel, Feuerbach in Wien, Gebhardt in Lokkum oder Marées in Neapel, begnügt man sich mit einem geringen Naturausschnitt, der sich auch auf einer relativ kleinen Leinwand darstellen läßt. An die Stelle mythologischer Naturpersonifikationen, die zwischen Mensch und Natur ein beseeltes Zwischenreich schaffen, treten daher Ausschnitte aus der völlig materialisierten Welt des Ökonomischen: Werkstätten, auf denen die fortschreitende Technik und ihre unbarmherzigen Arbeitsmethoden dargestellt werden, oder Kohlfelder, die selbst der Natur etwas Nüchternes und Milieubedingtes geben. Durch diese steigende Objektivierung, deren Wesen in einer mechanischen „Realisation" der gegebenen Tatsächlichkeit besteht, treten die kultischen oder imperatorischen Elemente der gründerzeitlichen Menschenauffassung so stark in den Hintergrund, daß die dargestellte Szenerie plötzlich ihre ideologische Überhöhung verliert und einen eminent sachbezogenen Charakter bekommt, der trotz seiner rein mechanischen Einstellung eine geistige Bezogenheit zu den positivistischen und sozialistischen Tendenzen dieser Zeit verrät.

Ein äußeres Merkmal dieser inneren Wahrhaftigkeit ist die zunehmende Verbreitung des aus Frankreich importierten Pleinairismus. Überall wird die bisher im Atelier komponierte Farbharmonie vom hellen Klang der Naturfarben abgelöst, der die salonidealistisch eingestellten Käufer, die an einen ausgeglichenen Galerieton gewöhnt waren, für Jahre hinaus zum passiven Widerstand reizte. Man ging jedoch über die Ablehnung dieser Kreise hinweg und bemühte sich auch weiterhin, die Natur endlich im „rechten" Lichte darzustellen, anstatt sie durch die üppige Farbigkeit der Gründerzeit zu einer theatralischen Kulisse zu entwerten. So macht Gustav Schönleber zwar die traditionelle Italientour, die bis in die siebziger Jahre zum integrierenden Bestandteil eines jeden Malerlebens gehörte, aber er malt in Rom keine den historischen Sinn des Betrachters erweckenden Ruinenstimmungen, sondern die lehmgelben Fluten des Tibers. Ludwig Dill erlebt Venedig nicht als ein aus Wasser und Himmel zusammengesetztes Schauspiel einer auf den Grundakkord Blau abgestimmten Palette, sondern stellt nur die dreckigen Kanäle des Nordviertels dar, die bei ihm ebenso grau wirken wie ein holländisches Hafenbild. Man kann es heute gar nicht mehr nachempfinden, welchen Sturm der Entrüstung die photographische „Häßlichkeit" solcher Bilder hervorrief, deren Farbigkeit im Vergleich zur Gründerzeit etwas Ausgelaugtes und Verblaßtes hat. Am besten wird dieser Wandel in dem Buch „Der Kampf um die neue Kunst" (1896) von Carl Neumann beschrieben, der hier als Besucher der zeitgenössischen Ausstellungen spricht:

> „Auf den Purpur und die orientalischen Stoffe, auf die Makartbouquets und das blühende Fleisch, auf das Gleißen der Edelsteine folgte die graue Periode. Die Farben verblichen. Eine gleichmäßige und gleichgültige Helligkeit überzog die Gegenstände; wenn die Sonne schien, tötete sie

die Lokalfarben; wenn es regnete, lösten sich die Umrisse in ein Gewoge von leicht abgestuften Tönen auf. Ging man durch eine Gemäldeausstellung, so sahen die Wände aus, als müsse man mit einem Staubtuch oder Besen darüberfahren; in den Rahmen drinnen staken die Bilder halb unsicher und verwischt wie in einem mit Dampf beschlagenen Spiegel. Aus einem Pariser Modebericht konnte ich damals als neueste Farben anmerken: fumée, nuée, soleil, nacre, poussière, also Rauch, Wolken, Sonnenschein, Perlmutter, Staub. Es waren die nämlichen farbenschwachen Töne, welche die meisten Bilder der Maler zeigten" (S. 19).

Dieser Pleinairismus verwandelte aber nicht nur die gründerzeitliche Farbskala, sondern führte auch zu thematischen Veränderungen. Was bisher im Atelier konzipiert wurde und daher der Phantasie des Künstlers einen weiten Spielraum ließ, wird jetzt als fertiges Sujet aus dem Alltag übernommen. Durch diese Freiluftatmosphäre, diesen Mangel an Arrangement, wirkt zwar der auf das Bild übertragene Ausschnitt unleugbar dokumentarisch, aber so stimmungslos und grau, daß er trotz der scheinbaren Teilnahmslosigkeit oft einen demonstrativen Beigeschmack bekommt. Die „Wahrheit" der naturalistischen Bilder hat daher nichts Zwingendes, Vollkommenes oder Formvollendetes, sondern beschränkt sich auf die bloße Faktizität. Man wird, ob man es will oder nicht, in einen Bildraum gestoßen, in dem alle Dinge den Anschein des Momentanen und Zufälligen haben. Wenn man eine solche Darstellungsweise, die sich in der französischen Malerei vor allem bei Degas beobachten läßt, mit einem anekdotisch abgerundeten Bild der Biedermeierzeit vergleicht, hat man den Eindruck, als sei das ins Auge genommene Sujet gar nicht richtig erfaßt, sondern in einen Blickwinkel geraten, der ebenso schief, ebenso unwahr wirkt wie der Ausschnitt aus einer beliebigen Momentphotographie. Das Ergebnis dieser Methode ist, daß im „Lichte der Wahrheit" nur der Alltag und seine Gleichgültigkeit übrigbleiben, während sich die Idealität des Daseins zu einem vorgespiegelten Überbau verflüchtigt.

Zu welchen stilistischen Konsequenzen diese optische Versachlichung geführt hat, läßt sich am besten an Hand einiger Interieurs der achtziger Jahre verfolgen. Die dargestellten Räume werden meist übereck gestellt, wodurch Mensch und Mobiliar je nach Perspektive in die Situation des Willkürlichen geraten. Die Zufälligkeit der gewählten Ausschnitte wird noch dadurch erhöht, daß die Figuren oft von hinten oder im verlorenen Profil wiedergegeben werden, sich bücken oder mit einer Arbeit beschäftigt sind, was zwar den Eindruck des Wahren, aber zugleich den des Gleichgültigen und Beliebigen unterstützt. In solchen Räumen würden die gründerzeitlichen Anekdoten à la Knaus und Vautier fast etwas Gespenstisches bekommen. Man braucht nur Munkàcsys „Die letzten Augenblicke eines zu Tode Verurteilten", „Milton, das verlorene Paradies diktierend" oder „Die letzten Augenblicke Mozarts" mit der Liebermannschen „Schusterwerkstatt" oder der „Flachsscheuer in

Laren" zu vergleichen, um zu spüren, daß sich hier ein endgültiger Wandel vom Illustrativen zum Künstlerischen vollzogen hat. Anstatt aus jedem „Nichts" eine Novelle zu machen — der Salonidealismus der achtziger Jahre brachte es sogar zu anekdotischen Katzennovellen — hält man sich nun an die nackte Realität. So malt Lesser Ury eine „Flämische Schenke" (1882), auf der zwei Kinder und eine bierzapfende Magd abgebildet sind, ohne daß das Ganze durch ein bestimmtes Raumgefühl oder eine anekdotische Verknüpfung verbunden wäre, zumal die Magd durch den Bildrand unbarmherzig überschnitten wird. Einen ähnlichen Eindruck gewinnt man auf dem „Kirchgang" (1889) oder den Bildern aus dem „Lübecker Waisenhaus" von Gotthardt Kuehl. Auch die Atelierszenen Uhdes, vor allem sein „Mann den Rock anziehend" (1885), begnügen sich mit einem Raumausschnitt, der eine bewußte Willkür verrät. Selbst der alte Menzel hat sich noch in dieser Art des naturalistischen „Genre" versucht. Man denke an sein Bild „Die Fahrt durch die schöne Natur" (1892), auf dem ein Eisenbahncoupé dargestellt wird, dessen Raumnot die Reisenden zu einem unschönen Durcheinander zwingt. Um im Betrachter den Eindruck einer Momentaufnahme zu erwecken, ragen auch hier die wichtigsten Personen oft nur mit einem Teil ihres Körpers ins Bild, als seien sie von der Linse nicht mehr richtig erfaßt worden und daher ohne eigene Schuld in diese optische Zwangslage geraten. Auf allen diesen Bildern sind die dargestellten Personen keine „Stimmungsträger" wie in der holländischen Malerei des 17. Jahrhunderts, sondern wirken wie photographische Reflexe in einem licht- und lufterfüllten Medium, das sich in seiner Sachlichkeit vom genußsuchenden Betrachter bewußt distanziert. Anstatt die Personen in eine dem Auge wohltuende Dämmerung zu tauchen, die ihnen etwas Anheimelndes und Geborgenes gibt, verwandelt man die geschilderten Interieurs durch das häufig verwendete Gegenlicht in lieblose Straßenszenen, was den dargestellten Menschen den Charakter von unbehausten Passanten verleiht. Wie grell und unbarmherzig man diese hereinströmenden Lichtmassen empfand, zeigt eine kurze Stelle aus dem Buch „Der Kampf um die neue Kunst" (1896) von Carl Neumann, wo er die ausgesprochen „trostlose" Seite dieser pleinairistischen Manier an Hand eines Kinderbildes von Jakobides erläutert:

> „Nur hat der Maler leider die Szene in ein Eckzimmer verlegt, Fenster hinten, Fenster links; das Licht dringt in hellen Massen herein, viel zu stark, und legt sich wie ein Mehltau über die fröhliche Lustbarkeit der Jugend" (S. 23).

Ihren deutlichsten Ausdruck findet diese gleichgültige Helligkeit auf den vielen Straßenbildern jener Jahre. Man denke an den „Potsdamer Platz" (1894) von Hans Herrmann, dessen helle Fläche den Maler mehr zu interessieren schien als das eigentliche Sujet, das wiederum durch eine scheinbar planlose oder zufällige Rückenansicht entwertet wird. Auch auf den Bildern „Bauernwagen in den Dünen" (1889) oder „Frau mit Ziegen" (1890) von Liebermann wird die thematische Gleichgültigkeit durch die Güte der optischen Präzision wettgemacht, wobei es offenbleibt, ob sich diese beiden Phänomene nicht wechselseitig entsprechen. Sowohl der „Bauernwagen" als auch die „Frau mit Ziegen" geben einen Ausschnitt aus der Natur, den man beliebig ergänzen könnte, weil ihm kein bestimmtes Kompositionsschema zugrunde liegt, sondern das Ganze so wirkt, als hätte man irgendein Detail aus einem größeren Zusammenhang herausgeschnitten und zu einem selbständigen Bild erhoben.

Dieselbe Tendenz zur unmittelbaren Reproduktion der als Wahrheit aufgefaßten Außenwelt zeigt sich in der Literatur. Auch hier interessiert nur das „Wie" im einzelnen, nicht das „Warum" im ganzen. Überall regiert der Zolasche „coin de la nature", der die gesamte Dichtung dem Gesetz der mechanischen Materialisation unterwirft. So werden Naturausschnitte widergespiegelt, die sich weder auf eine dahinterstehende Idee beziehen, noch in ihrem Verhältnis zur Wirklichkeit aus sich heraus eine objektive Form entwickeln. Georg Lukàcs bezeichnet diese Methode in seinen „Problemen des Realismus" (1955) als die „mechanische Reproduktion eines zufällig herausgebrochenen Stückes", das sich von der L'art-pour-l'art-Theorie der neunziger Jahre nur in Fragen der Thematik unterscheide (S. 12). Anstatt sich in einer genialen Verknappung zu versuchen, die auch in der realistischen Kunst eine unumgängliche Notwendigkeit ist, verfällt man in diesen Jahren einer milieugebundenen Breite, die sich ohne vorherige Planung von einem Objekt zum anderen treiben läßt. Nicht die Notwendigkeit regiert, sondern der Zufall, wodurch der Zusammenhang der Menschen und Dinge etwas Planloses bekommt, was im Sinne des Optischen zwar „wahr" erscheint, aber jeden Augenblick wieder aufgehoben werden kann. Das beste Beispiel dafür ist die „Papierne Passion" (1890) von Holz und Schlaf, in der ein nichtssagender Ausschnitt aus einem Hinterhofmilieu dargestellt wird. Im Mittelpunkt dieser Studie steht die Mutter Abendroth, die auf ihre Tochter Wally schimpft, weil sie sich „uff'n Weihnachtsmarcht rumjetrieben" hat, dann den verlegenen Studenten Haase mit Kartoffelpuffern über seine finanziellen Schwierigkeiten hinwegtröstet, ihm 'ne Tasse Kaffee „jibt", „wenns man auch nur sonne Lorke is'", über den „versoffenen Hund" von Schlosser palavert, der „uff'm Hof" seine Frau verprügelt und sich schließlich am Tische niederläßt, um dem ollen Kopelke beim Ausschneiden seiner papiernen Passion zuzusehen. Ähnlich „getroffen" wirkt die Skizze „Krumme Windgasse 20" (1890), in der ein aufgeblasener Fuchsmajor seine Erfahrungen über die Liebe zum besten gibt, während die epische Umrahmung den Eindruck planloser Schnappschüsse erweckt. Die Gefahr solcher Studien liegt in ihrer formlosen Breite, da man der Wirklichkeit nicht zumuten kann, bereits ein Strukturprinzip zu enthalten, das den geschilderten Details die Notwendigkeit einer künstlerischen Folge gibt. Die formschaffenden Elemente werden durch diesen photographischen Rigorismus, der sich auf das Prinzip der absoluten Wahrheit stützt, so weit in den Hintergrund gedrängt, daß oft gar kein Erzählfluß entsteht, sondern sich das Ganze in einer hoffnungslosen Zuständlichkeit verstrickt. Es ist daher sehr verständlich, daß gerade dieser „konsequente" Naturalismus von sozialdemokratischer Seite schärfstens angegriffen wurde. Man sah in ihm eine „photographie banale de la vie", einen trostlosen Abklatsch der Wirklichkeit, der keinerlei sinndeutende Funktionen enthält. Man betonte immer wieder, daß eine Zustandsschilderung nur dann gerechtfertigt sei, wenn sich aus dem dargestellten Milieu eine gesellschaftskritische Tendenz ergibt. So hebt Franz Mehring aus dem Sumpf der übrigen Naturalisten nur das „Buch der Zeit" und die „Weber" heraus und schreibt:

> „Sie stehen in schärfstem Gegensatz zu jener ‚genialen' Kleckserei, die irgendein beliebiges Stück banaler und brutaler Wirklichkeit mit photographischer Treue abkonterfeit und damit wunder was erreicht zu haben glaubt" (II, 151).

Man vermißte bei den Werken der strengen „Objektivisten" die „epische Totalität", die in den Romanen von Balzac, Dickens oder Tolstoi zum Ausdruck kommt. Die sozialdemokratischen Kritiker sahen daher im konsequenten Naturalismus nur eine artistische Verengung der bisherigen Wirklichkeitsschilderung, ohne zu ahnen, daß gerade in dieser mechanischen Präzision, „irgendein Stück banaler und brutaler Wirklichkeit" abzukonterfeien, eine dem Sozialismus dienende Versachlichung steckte, durch die sich die feudalen und kultischen Elemente viel leichter beseitigen ließen als durch einen auf dem Prinzip der Einfühlung beruhenden Protest, der immer von der Gefahr umlauert ist, ins Plakathafte abzugleiten oder sich mit spezifisch bürgerlichen Reminiszenzen anzureichern, da er nicht auf der Sachlichkeit einer klassenlosen Gesellschaft, sondern auf personenkultischen Elementen beruht.

DIE GEFAHR DER FORMLOSIGKEIT

Das Problem der Formlosigkeit muß als ein notwendiges Korrelat zu den drei vorangegangenen Kapiteln betrachtet werden, da die Befolgung der „Wahrheit" im Sinne einer an der Naturwissenschaft geschulten optischen und akustischen Präzision zwangsläufig zu einer weitgehenden Schwächung aller formal-ästhetischen Elemente führt, denen stets ein antinaturalistischer Stilisierungstrieb zugrunde liegt. Historisch gesehen, ist diese Vernachlässigung der äußeren Abrundung zugunsten der mechanischen Reproduktion ein Rückschlag auf die übertriebene Formkultur der siebziger Jahre, in der die künstlerische Vollendung häufig nur den Charakter einer klassizistischen Verbrämung hatte. Der Rückschlag ist daher gerade auf diesem Gebiet von besonderer Schärfe. Man braucht nur an „Die Revolution der Literatur" (1886) von Bleibtreu oder die kritischen Essays in der „Gesellschaft" oder der „Freien Bühne" zu denken: überall begegnet man Ausfällen gegen die inhaltslose Verskunst der Münchener Plateniden, gegen „Salonlyriker" wie Geibel und Heyse oder die „wortgewaltigen" Epiker Hamerling, Jordan und Schack. Um den „formalistischen" Historismus dieser Epigonen zu überwinden, erneuert man die jungdeutsche Prosaforderung, beruft sich auf Heine, Wienbarg und Laube und dringt zu einer Schreibweise vor, die einen konsequenten Abbau aller versgebundenen Gattungen im Gefolge hatte. So heißt es bei Bleibtreu: „Wer heute nicht in Prosa schreibt, zeigt schon an sich, daß er kein großer Dichter ist" (S. 31), während Conradi mit programmatischer Emphase ausruft: „Wir brechen mit den alten, überlieferten Motiven. Wir werfen die abgenutzten Schablonen von uns" (II, 4). Zu diesen „Forderungen" gesellen sich die Stimmen von Conrad und Alberti, deren literarische Leitartikel sich vor allem gegen die formkünstlerischen Bestrebungen Heyses wenden, der mit seiner Falken-Theorie sogar der Prosanovelle ein formal-ästhetisches Gepräge verleihen wollte. Der Formalismus dieser Kreise wird von den naturalistischen Kritikern als eine bewußte Verklärung und Abrundung der bürgerlichen Machtposition hingestellt, und daher nicht nur ästhetisch, sondern auch ideologisch bekämpft. Besonders die zur Plastik drängenden Tendenzen der siebziger Jahre, das Sich-Berauschen an der schönen Form und der gemeißelten Glätte werden als eine gefällige Idealisierung angeprangert, hinter der sich ein bewußt „herrscherliches" Stilwollen verbirgt. Die Kraftausdrücke Liebermanns, die sich gegen den gründerzeitlichen Antikenkult richten, waren für Jahre hinaus ebenso berüchtigt wie berühmt. Der Naturalismus drängt daher von Anfang an auf eine

„unplastische" Gestaltungsweise. Er will nicht den Einzelmenschen und seine körperliche Vollendung oder imperatorische Gestik darstellen, sondern das ungeformte Nebeneinander von Massenwesen, die sich in einem ebenso wahllos durcheinandergewürfelten Milieu befinden. An die Stelle der gründerzeitlichen Monumentalkunst, die sowohl in dem ins Mythische tendierenden Figuralstil eines Feuerbach, Böcklin oder Marées als auch in den Plastiken von Hildebrand zum Ausdruck kommt, tritt jetzt ein Pleinairismus, der sich direkt auf die gegebenen Objekte bezieht. Man hatte es leid, sich dem herrischen Gestus von Übermenschen zu fügen, und zertrümmerte deshalb die Ideale der siebziger Jahre mit geradezu verbissener Formfeindlichkeit, die in dialektischer Konsequenz bis in den Bereich des Mechanischen und Unkünstlerischen umgeschlagen ist. Nietzsche hätte einen solchen Vorgang als „Sklavenaufstand" bezeichnet. Seine Gegner sahen darin einen Triumph der Wahrheit über die erstarrte Form. In den wissenschaftlichen Werken der achtziger Jahre spürt man die Rebellion gegen die Gültigkeit formaler Prinzipien in der steigenden Bedeutsamkeit aller spezifisch statistischen Elemente, die sich oft bis ins Uferlose verbreiten. Der literarisch vollendete Stil eines Justi oder Treitschke tritt daher hinter der formlosen Breite der positivistischen Tatsachensammler zurück, die nur die „Sachen" selbst darstellen wollen. Anstatt sich durch eine stilistische Eleganz hervorzutun, läßt man Tabellen sprechen. Man denke an die literarische Geschliffenheit eines Nietzsche, seine Neigung zur aphoristischen Prägnanz und vergleiche damit das stilistische Niveau eines Wundt, Stumpf oder Bode. Eine wissenschaftliche Bedeutsamkeit traut man in diesen Jahren nur noch den „unliterarischen" Autoren zu. Ein schlecht geschriebenes Buch wird daher fast unbesehen gelobt, während ein im literarischen Sinne vollendetes Buch stets auf die Nörgelsucht der wissenschaftlichen Pedanten stieß, die hinter der stilistischen Eleganz eine weltanschauliche Unzuverlässigkeit witterten. Die gründerzeitliche Synthese von wissenschaftlicher Genauigkeit und literarischem Ausdruckswollen, die vor allem in den Werken von Scherer, Justi, Treitschke und Herman Grimm zum Ausdruck kommt, fällt darum auseinander und hinterläßt eine schriftstellerische Gesinnung, deren stilistisches Ideal das Lexikon oder die Realenzyklopädie ist. So propagiert Karl Lamprecht in seiner Schrift „Die kulturhistorische Methode" (1900) ein wissenschaftliches Bemühen, das sich ganz bewußt auf das Prinzip der Formlosigkeit stützt, und überläßt das „Literarische" den feuilletonistischen Schreiberlingen. Die Wissenschaft der achtziger Jahre interessiert daher nicht das Biographische, das Nachzeichnen eines formvollendeten Lebens, sondern die Relativierung des Menschen durch diejenigen Methoden, die ihn in seiner Umwelt verankern und von dort her zu erklären versuchen. Wie in der Psychologie wird der Mensch auf diese Weise auch in den Geisteswissenschaften zu einem unpersönlichen Geschehen entwertet. Sein Leben verschwimmt durch die Berücksichtigung der soziologischen, wirtschaftlichen und statistischen Methode in eine unliterarische Breite, an der selbst die gestalterische Kraft eines Ranke scheitern würde. An die Stelle einer Wissenschaft alla fresco, der es nur um die großen Linien und effektvollen Konfrontierungen zu tun war, tritt jetzt eine positivistische Genauigkeit, die auch das geringste Detail in den Gang der Untersuchung einzubeziehen versucht, ohne sich um die Formstrebigkeit einer leitenden Idee zu bekümmern. Anstatt den Werdegang eines „Helden" ins Gestalthaft-Personale oder Übermenschliche zu heben, beschränkt man sich auf die präzise Wiedergabe sorgfältig belegter oder zitierter Einzeltatsachen. Das Prinzip der Formlosigkeit bedeutet daher zugleich eine Entheroisierung, da das Bild der großen Persönlichkeit durch die umständliche Schilderung aller Begleitumstände immer stärker in den Hintergrund tritt. Diese Unübersichtlichkeit zeigt sich besonders in den Dissertationen der achtziger Jahre, die in ihrer Unlesbarkeit eigentlich nur den Wert von Nachschlagewerken haben. Überall fehlt es an Planung, an Übersicht, an Komposition, wodurch sich die ermittelten Fakten in tabellarische Nichtigkeiten verwandeln. Diese absolute Objektivierung der Wissenschaft verliert sich erst in der impressionistischen Aera, in der Kritiker auftreten wie Alfred Kerr, Maximilian Harden oder Oscar Bie, deren stilistische Verfeinerung sogar für die Wissenschaftler vorbildlich wurde, was sich vor allem in den Werken von Richard Muther, Wilhelm Bölsche, Karl Joël und Georg Simmel beobachten läßt.

Daß man die Formlosigkeit des Naturalismus auch als ein bewußtes Stilprinzip anwenden kann, zeigt sich in der Malerei jener Jahre. Für die Einsichtsvollen ist sie keine Gefahr, sondern ein wirksames Mittel, um den Massencharakter dieser Zeit zum Ausdruck zu bringen. Man will den Bildaufbau nicht mehr dem gesellschaftlichen Reglement der höheren Schichten unterwerfen, da man hierin etwas Verlogenes und Geheucheltes sieht, und wirft seinen Blick daher auf das scheinbar planlos dahinlebende Proletariat, in der Hoffnung hier auf ein wahres Menschentum zu stoßen, das noch nicht von dieser Etikettierung angekränkelt ist. Das äußere Merkmal dieser Tendenz ist die Vorherrschaft des Querformats, da man von seiten des Künstlers so viel wie möglich von der bisher unbekannten „Masse" ins Blickfeld hereinzubringen versucht. Auf diese Weise verschwindet das in der Gründerzeit beliebte Hochformat, das ganz bewußt auf die steilragende Silhouette eines Einzelhelden zugeschnitten war. Auch thematisch hält man sich mit Vorliebe an Dinge, die etwas Kulturloses und daher Ungeformtes haben: das Leben auf den Hinterhöfen, in den Kneipen oder auf den Rummelplätzen. So beschränkt sich Zille in seinem „Milljöh" auf den Bereich von Berlin-NO. Baluschek malt ein „Sommerfest in der Laubenkolonie" (1906) und einen „Sonntag auf dem Tempelhofer Feld" (1907), auf denen nur die Masse regiert und in ihrer Formlosigkeit zum bildbestimmenden Prinzip erhoben wird. Ähnliche Verhältnisse herrschen auf den Straßenbildern von Lesser Ury, Kallmorgen und Hans Herrmann oder in den Waisenhausszenen von Liebermann und Kuehl. Dem Verhalten der dargestellten Menschen liegt kein gesellschaftlicher Komment zugrunde, sondern jeder zeigt sich so, wie es seiner augenblicklichen Situation entspricht. Alle diese Maler schildern die Welt nach dem Motto: So ist das Leben, so ist die Wahrheit! An die Stelle der mythischen Größe, die meist mit dem Anspruch einer bestimmten Befehlsgewalt verbunden ist, tritt daher das Massenbild, um so die Ungeformtheit der proletarischen Existenz zu einem bildwürdigen Gegenstand zu erheben. Thematisches und Stilistisches lassen sich auch hier kaum voneinander trennen, da Masse und Milieu, Wahrheit und Wirklichkeit so eng zusammengehören, daß man noch einmal alle soziologischen Voraussetzungen repetieren müßte, um die stilistische Eigenart dieser naturalistischen Ausdrucksform zu umschreiben.

Völlig anders liegt das Problem der Formlosigkeit in der Literatur. Was sich in der Malerei als Vorzug äußert, führt hier zu einer unkünstlerischen Breite, da sich auf dem Felde der Dichtung die Fülle der Objekte rein seitenmäßig bis ins Unendliche ausdehnen läßt, während der Maler immer an das einheitsstiftende Prinzip der Fläche gebunden ist. In der Lyrik offenbart sich das Ungeformte in einer freirhythmischen Manier, die von der hymnischen Getragenheit eines Hölderlin ebensoweit entfernt ist wie von der pretentiösen Verschlungenheit der „Duineser Elegien". Die Ungebundenheit der naturalistischen Rhythmen wirkt nicht wie ein feierndes Preisen, sondern hat etwas Saloppes, Hingeschmiertes, Formloses, das sich vom Alltagsdeutsch der gleichzeitigen Prosa oft nur im Druckbild unterscheidet. Um dem Ganzen ein wahrheitsgetreues und zugleich formloses Aussehen zu geben, vermischt man die einzelnen Verse mit Gesprächen und Milieustudien oder lockert den Wortschatz durch Provinzialismen, Fremdworte und Jargonausdrücke auf. Bei Holz findet sich diese Dichtmanier besonders im „Buch der Zeit" (1885), bei Henckell in den Sammlungen „Skizzenbuch" (1885) und „Unter Anderem" (1887), die schon im Titel auf das Lockere und Ungeformte ihres Inhalts verweisen. Die meisten dieser Verse erinnern an die Leitartikelpoesie des „Jungen Deutschlands" und sind auch bewußt von dorther übernommen. Wo diese Formlosigkeit nicht mit literarischer Akkuratesse gehandhabt wird, entartet sie zu einem Dilettantismus, einem Trivialismus, der sich selbst unter dem Banner der Wahrheit nicht verteidigen läßt. Man höre folgendes Bruchstück aus einem Renngespräch von Henckell, in dem das arrogante „Näseln" der Offizierskreise parodiert werden soll:

> „Tadellos schlug Fix den Pott,
> Schwanzeslänge" — „Was Sie sagen!"
> „Kellner, Münchnerr! Aber flott!
> Tadellos ist Pitt geschlagen.
> Schneidig kühler Herbsttag das!
> Ä, ä, ä … Herr Hauptmann meinen?
> Ja, die Rennbahn war zu naß —
> Tadellos kein Sonnenscheinen" (II, 194).

Erträglich wirkt diese „Lyrik" nur dann, wenn sie sich um ein echtes Lokalkolorit bemüht wie bei Bleibtreu und dem frühen Liliencron oder sich in strenger Objektivität auf eine Wiedergabe von lyrischen Momentaufnahmen beschränkt, was zum impressionistischen Sekundenstil überleitet. Aber selbst diese Gedichte haben keinen Klang, da die gleichgültige Helligkeit, die auf ihnen liegt, jeden atmosphärischen Zauber zerstört. Es fehlt die innere Melodie, das Subjektiv-Punktuelle, die einer vollendeten Strophe ihre Unwiederholbarkeit geben. Man lese den Anfang des „Phantasus" aus dem „Buch der Zeit":

> „Ihr Dach stieß fast bis an die Sterne,
> vom Hof her stampfte die Fabrik,
> es war die richtige Mietskaserne
> mit Flur- und Leiermannsmusik!
> Im Keller nistete die Ratte,
> paterre gabs Branntwein, Grog und Bier,
> und bis in das fünfte Stockwerk hatte
> das Vorstadtelend sein Quartier" (I, 74).

Außer drei daktylischen Unebenheiten ist diese Strophe völlig normal. Und doch entsteht kein lyrischer Fluß, sondern eine epische Breitschweifigkeit, die sich von Bild zu Bild weitertreiben läßt und daher ins Formlose führt. Daß Holz dieser Gefahr erlegen ist, zeigen seine späteren Phantasus-Bearbeitungen (ab 1898), in denen sich die Motive der achtziger Jahre bis ins Uferlose entgrenzen. Auch bei Schlaf ließe sich nachweisen, wie leicht die naturalistische Technik der Aneinanderreihung in eine impressionistische Bilderfolge zerfließt, man denke an die Gedichte in seiner Prosaidylle „Frühling" (1894). Unbegabtere Lyriker, wie die Gebrüder Hart oder Wilhelm Arent, konzentrierten sich darum meist auf kleine Begebenheiten, um ihren lyrischen Gelegenheitsarbeiten einen epischen Faden zu geben. Arent schreibt Gedichte wie „A la Makart" oder „A la Gabriel Max" (1884), in denen er spezifisch lyrische Situationen ins Optische überträgt, wodurch sie viel zu deutlich, zu lang und zu kraß werden und ihre „poetische" Qualität verlieren. Um diesen Vorgang auf eine begriffliche und zugleich historische Formel zu bringen, könnte man sagen, daß sich der Naturalismus wie alle realistisch-epischen Epochen dem Phänomen des Lyrischen gegenüber abhold verhält. Es fehlt diesen Perioden die konturlose Musikalität der romantisch-irrationalistischen Zeiten. Sie überantworten sich nicht dem Morgengrauen oder der Dämmerung, jenen dem Lyrischen so geheimnisvoll verwandten Stunden, sondern stellen sich unter das Zeichen des „frechen Tages", wie Mörike einmal sagt, dessen gleichgültige Helligkeit alle Dinge zu einem streng geschiedenen Nebeneinander zwingt. Im Drama äußert sich diese Formlosigkeit in einer zunehmenden Vernachlässigung aller spezifisch „handlungstragenden" Elemente. Die einzelnen Szenen und Akte fügen sich nicht in die unerbittliche Logik einer Gesamtarchitektur, sondern wachsen sich zu epischen Milieustudien aus. Es fehlt das Zielstrebige einer sich in bestimmten Etappen aufbauenden Steigerung, die mit dramatischer Notwendigkeit auf die vorher geplante Katastrophe zusteuert, wie Hebbel und Freytag das Wesen der dramatischen Technik beschrieben. Anstatt eine strenge Funktionalität der Teile zum Ganzen zu erstreben, durch die jedes Motiv wie eine Fortführung des Vergangenen und zugleich ein Hinweis auf Kommendes wirkt, begnügt man sich mit einer Kausalität, die sich auf den jeweils gegebenen Ort spezialisiert und diesen im Sinne einer gesellschaftskritischen Analyse zu durchleuchten versucht. Es ist für den Naturalismus bezeichnend, daß er nicht die dramatische Rationalität eines Schiller, Kleist oder Hebbel zum literarischen Leitbild erhebt, sondern Büchner und Lenz bevorzugt, deren leidenschaftlich-nervöse Fetzentechnik in eine epische Zuständlichkeit uminterpretiert wird. Mit demselben Überschwang begeisterte man sich für den Sturm und Drang oder ahmte den jungen Goethe nach, der in diesen Jahren auf Grund der Neuausgaben von Morris den klassischen Goethe der Gründerzeit langsam in den Hintergrund drängt. Wie im Sturm und Drang bekämpfte man vor allem den ästhetischen Regelzwang, da man jedes Formstreben als einen Verstoß gegen die Wahrheit empfand. Alle ernsthaften Dramatiker wandten sich deshalb gegen die „Sensationsmache" der älteren Handlungsführung, die auf einer unrealistischen Spannungstechnik beruht, und setzten an ihre Stelle die konstituierende Kraft des Milieus. Das Ideelle und Konstruktive, das immer wieder der Gefahr des Schablonenmäßigen unterliegt, wird daher je nach weltanschaulicher Durchdringung durch das beiläufige Drum und Dran oder die gesellschaftlichen Ursachen verdrängt. Besonders Otto Brahm hat sich wiederholt gegen die gründerzeitlichen Regel-Ästheten à la Spielhagen gewandt, die in Ibsen nur einen „Undramatiker" oder „Novellisten" sahen, da seine Dramen nicht dem klassischen Kanon entsprachen (I, 353). Nach Brahm ist das entscheidende Element eines Dramas nicht die „Handlung", sondern der Milieuhintergrund, aus dem sich alle anderen Tendenzen folgerichtig ableiten lassen. Auch Holz sagt in seiner „Evolution des Dramas" mit provozierender Schärfe: „Nicht Handlung ist das Gesetz des Theaters, sondern die Darstellung von Charakteren" (X, 225), ein Satz, der alle früheren Spekulationen über das Drama geradezu auf den Kopf stellt. Paul Schlenther hat daher recht, wenn er in seiner Besprechung der Holz-Schlafschen „Familie Selicke" sagt:

> „Nicht eine wohlgebaute Handlung zu erfinden, legten sie sich auf, sondern einen Zustand zu schildern. Nicht ein Werden war Gegenstand ihrer Dichtung, sondern ein Sein" (Freie Bühne 1890, S. 302).

Selbst einem Dramatiker wie Wolzogen, dessen spätere Werke einen deutlichen Stilisierungswillen verraten, gelingt in diesen Jahren keine zielbewußte Strebigkeit. Die Handlungen seiner Stücke sind so unergiebig, daß sich kein rechter Fluß, keine Konflikte, keine Dramatik ergeben. Seine Komödie „Lumpengesindel" (1891) zum Beispiel, in der er das Literatenduo Heinrich und Julius Hart zu parodieren versucht, bleibt trotz einiger guten Ansätze in sich selber stecken. Man hat den Eindruck von gelungenen Momentaufnahmen, aber erlebt keine Handlung, da um der „Wahrheit" willen zu viel Nebensächliches auf der Bühne erscheint. Es fehlt die rationalistische Überlegenheit, das berechnende Komponieren eines wohlüberlegten Konfliktes, die einst zu den simpelsten Voraussetzungen eines Dramas gehörten. Darum sind die verschiedenen Szenen zwar episch abgerundet, aber nicht aufeinander bezogen. Ähnliche Beispiele finden sich bei Max Halbe, Georg Hirschfeld oder Elsa Bernstein, wo der Gesamtzusammenhang oft so weit in den Hintergrund tritt, daß die dramatische Substanz dadurch eine erhebliche Schwächung erfährt. Nur Gerhart Hauptmann ist es gelungen, dieser Formlosigkeit einen stilbestimmenden Charakter abzugewinnen. Seine Dramen sind daher kein „Bündel packender Genrebilder", wie Edgar Steiger in seinem Buch „Von Hauptmann bis Maeterlinck" (1898) schreibt (S. 10), sondern versuchen in legitimer Weise den Existenzkampf einer ganzen Klasse auf die Bühne zu bringen, was ihm vor allem in seinen „Webern" gelang.

Am deutlichsten zeigt sich die Gefahr der Formlosigkeit auf epischem Gebiet, da hier zwei verwandte Elemente aufeinanderstoßen, wodurch die Gefahr einer gattungsmäßigen Hypertrophie entsteht. Der gründerzeitliche Roman, der sich weitgehend am Drama oder an der Novelle orientierte, löst sich jetzt in ein Erzählgefüge auf, das bewußt willkürlich ist, um nicht gegen das Postulat der naturalistischen Wahrheit zu verstoßen. An die Stelle der dramatischen Peripathie eines Einzelhelden wie in Spielhagens Roman „Noblesse oblige" (1888) tritt jetzt ein Nebeneinander von Zufälligkeiten, das oft einen rein feuilletonistischen Charakter hat. Die Zolasche These „Je banaler eine Handlung, desto besser" führt bei den meisten zu einem „Naturalismus des Unwichtigen", der immer wieder ins Beiläufige und Nebensächliche tendiert. Selbst die manchmal auftauchenden ideellen Elemente gehen in diesen Jahren in einem Trivialismus unter, der Ähnliches bei den Jungdeutschen weit übertrifft. Einer der fahrlässigsten Skribenten auf diesem Gebiet war Conrad, der die Zolasche Forderung „Nulla dies, sine linea" im Sinne einer journalistischen Vielschreiberei mißbrauchte. Sein Romanzyklus „Was die Isar rauscht" (1887) hat daher nicht die Formstrebigkeit des „Le ventre de Paris" (1874) oder der „Nana" (1879), in denen trotz aller Detailliertheit eine epische Konsequenz durchgehalten wird, sondern verströmt sich in eine stoffliche Fülle, die dem Autor schließlich unter den Fingern zerrinnt. Der Hauptheld ist ein „Preßbandit", der alle Klatschereien und Indiskretionen der Münchener Gesellschaft in seiner Zeitschrift „Die Kloake" veröffentlicht. Auf diese Weise entsteht ein novellistisches Durcheinander, das solange verschachtelt wird, bis sämtliche Handlungsfäden in eine hoffnungslose Verwirrung geraten. Salons, Kneipen und Ateliers wirbeln vorbei, ohne daß man die auftretenden Personen näher erfaßt. Selbst die im

Vordergrund stehenden Figuren verstricken sich in irgendwelche fragwürdigen Abenteuer, um die allgemeine Verwirrung auch in sexueller Hinsicht zu komplettieren. Das Ganze wirkt wie ein Kaleidoskop von Naturausschnitten und feuilletonistischen Einlagen, dem auch die eingestreuten Sensationsmotive keine Gliederung geben. Daß dieser Feuilletonismus schon von den „konsequenten" Naturalisten abgelehnt wurde, zeigt die Kritik, die Johannes Schlaf den „Klugen Jungfrauen" (1889) widmete:

> „Band für Band — es sind ihrer drei — habe ich die ‚Klugen Jungfrauen'
> gelesen. Ich bin so gescheit wie zuvor. Ein Stück Münchener Leben hatte
> ich zu erwarten ... Nun, und? — Ich bin unruhig, unlustig, mißmutig ver-
> wirrt. Verwirrt durch eine Anzahl halbfertig-skizzenhafter Personen,
> eine Menge Personennamen, von allerlei bunt durcheinandergewürfelten
> Situationen ... Der Feuilletonist hat dem Künstler die Sache gründlichst
> verdorben und wieder der Künstler dem Feuilletonisten" (Realistische
> Romane?, Freie Bühne 1890, S. 69).

Derselbe Feuilletonismus findet sich bei Peter Hille. Seine „Sozialisten" (1886) zum Beispiel sind von einer stilistischen Schnoddrigkeit, die selbst für diese Jahre etwas Einmaliges hat. Das Ganze — man wagt es kaum Roman zu nennen — wirkt in seinem Telegrammstil, seiner Schludrigkeit und Proletmanier wie eine Sammlung von hingeschmierten Reportereindrücken. Die Entwicklungsgeschichte der beiden Hauptpersonen, Viktor und Bertha, hat einen rein parodistischen Charakter. Die „Liebenden" werden so oft durch Milieustudien und Städtebilder getrennt, daß man sie beinahe vergißt, bis sie von irgendwoher wieder auftauchen und sich über die inzwischen passierten Dinge mokieren. Auch stilistisch schwankt dieser Roman zwischen Jux und Leitartikel und landet so bei einer Inhaltslosigkeit, die bereits impressionistische Züge trägt. Das Ganze wirkt wie in Hemdsärmeln gedichtet. Anstatt sich um eine prägnante Anschaulichkeit zu bemühen, verlegt sich Hille auf einen Snobismus, der sich in den neunziger Jahren bei Hartleben oder Bierbaum findet. Man lese dazu folgendes Beispiel:

> „Bei echt weiblichen Naturen spürst Du Warmgeschmeidiges, Lindholdes
> zur Oberfläche wallen.
> Meines Viktors Bertha ist so.
> Es gibt Bücher, welche eine edle Natur einige Male zerlesen haben muß.
> Weißt Du, weshalb ein Cello Dich so anspricht? Es ist nicht schön, es ist
> angenehm ... Hygienisch ist das Cello, die Fasern des Herzens regen sich
> wohlgefällig darauf ... Also auf physiologische, vielleicht medizinale
> Wirkungen muß das Cello gerichtet sein.
> Die Grazie ist in erster Linie eine Gabe der Sonne ... Eine tadelndernste
> Fliege mißbilligte den Schreiber hier" (S. 213).

Ernster, aber ebenso formlos wirken die „Anarchisten" (1891) von Mackay, in denen das spezifisch Romanhafte fast völlig in den Hintergrund tritt. Im Mittelpunkt steht auch hier keine durchgehende Handlung, sondern ein endloses Gerede, mit dem Mackay den aristokratischen Anarchismus, das heißt eine Synthese zwischen Stirner und Proudhon, gegen den proletarischen Kommunismus auszuspielen versucht. Die Milieustudien aus den slums des Londoner East End sind mit den Gesprächspartien kaum verbunden und haben daher den Charakter von Einlagen, deren epische Integrierung dem Autor in eklatanter Weise mißlungen ist. Um aus dieser Not eine Tugend zu machen, gibt Mackay seinem Kurzroman „Die letzte Pflicht" (1893) den programmatischen Untertitel „Eine Geschichte ohne Handlung". Es handelt sich in dieser Erzählung um die belanglose Geschichte eines pommerschen Provinzlehrers, der nach Berlin kommt, um einen alten Freund zu beerdigen. Nach einem trostlosen Hin und Her und vielen Formalitäten findet er die Leiche schließlich in der Morgue, läßt sie auf einen Armenfriedhof überführen und fährt wieder nach Hause. Wie in der „Papiernen Passion" von Holz wird lediglich ein nichtssagender Naturausschnitt dargestellt, der sich zu seiner künstlerischen Legitimation auf die Formlosigkeit des Alltags beruft.

Bei einer solchen Auslegung der „Wahrheit" verfiel man schließlich darauf, auf das Konzipieren, Planen und Erfinden überhaupt zu verzichten und sich mit der Summierung sorgfältig studierter Einzelfakten zu begnügen. Anstatt sich der Inspiration anzuvertrauen, verließ man sich auf das Notizbuch, um im gegebenen Augenblick nicht ins Fiktive abzuleiten, sondern sich auf eine authentische Beobachtung stützen zu können. Aus dem Dichter wird auf diese Weise ein Reporter, dessen künstlerische Leistung sich in der Summierung der gesammelten Fakten erschöpft. So lief Bölsche gegen Ende der achtziger Jahre stets à la Zola mit dem Notizbuch herum, um sich die „naturalistischen" Details zu seinem einzigen Roman „Die Mittagsgöttin" (1891) zu sammeln. Man war fest davon überzeugt, durch die Aneinanderreihung authentischer Details ein wahrheitsgetreues Spiegelbild der Natur zu erreichen, und glaubte mit Zola, daß aus der Fülle der Notizen schließlich eine Idee hervorspringen würde, mit der sich die gesammelten Beobachtungen künstlerisch durchdringen ließen. Da sich aber ohne schöpferische Planung kein Roman von selber schreibt, landete man häufig bei einem „Stil der Stillosigkeit", der wie eine geistlose Summierung von Nebensächlichkeiten wirkt. Trotz der phonographischen und photographischen Genauigkeit trifft man oft auf darstellerische Schiefheiten, die auch durch die vielberufene Authentizität im einzelnen nicht wettgemacht werden können. Man will der Wahrheit dienen und merkt nicht, daß man der Willkür verfällt. Georg Lukács sagt daher in seinen „Problemen des Realismus" (1955) mit Recht:

> „Es ist also durchaus möglich, daß ein Werk aus lauter photographisch wahren Widerspiegelungen der Außenwelt ‚zusammenmontiert' wird und das Ganze trotzdem eine unrichtige, eine subjektiv willkürliche Widerspiegelung der Wirklichkeit ist. Denn das Nebeneinanderstellen von tausend Zufällen kann niemals aus sich heraus eine Notwendigkeit ergeben" (S. 21).

Durch den Mangel an Form wirkt das meiste, als hätte man es sinnlos aus einem Zusammenhang in den anderen verpflanzt, nur um nicht gegen das Prinzip der mechanischen Materialisation zu verstoßen. Handlungen fangen an und hören auf, ohne daß man dahinter eine künstlerische Konsequenz verspürt. So wirkt die „Familie Selicke" wie ein Drama ohne Schluß, das den Zuschauer mit dem Gefühl der Gleichgültigkeit entläßt. Auch die „Papierne Passion" hört auf, ohne zu enden. Durch diesen Ausschnittcharakter erfährt man selten etwas über die Gesamtproblematik der behandelten Personen und muß sich mit dem begnügen, was sie in der kurzen Spanne ihres Auftretens erleben. Das Formlose der naturalistischen Kunst entpuppt sich hier noch einmal in seiner ganzen Zwielichtigkeit. Auf der einen Seite führt sie ins Unkünstlerische und Ungeistige, vor allem dort, wo die gesellschaftskritische Tendenz in einen bloßen Feuilletonismus entartet, auf der anderen Seite dient sie einer positiven Versachlichung, die in ihrer gegen den gründerzeitlichen Personenkult gerichteten Tendenz ausgesprochen „sozialistische" Züge enthält. Es ist daher nicht verwunderlich, daß gerade in diesem Punkt die Anschauungen der Sozialdemokraten und der Naturalisten hart aufeinander stießen. Man denke an die theoretischen Auseinandersetzungen zwischen Franz Mehring und Arno Holz, die in der „Neuen Zeit" und in der „Zukunft" ausgefochten wurden. Mehring hat die auf dem Prinzip der konsequenten Nachahmung der Natur beruhende Formlosigkeit immer wieder als eine rein negative Tendenz hingestellt, da ihr eine „mechanistische" Einstellung zur Natur zugrunde liege. Es fehle ihr das „Realistische", das heißt die Fähigkeit, das Zufällige und Willkürliche in der Flucht der Erscheinungen zu klaren Bildern zusammenzufassen und damit die „fatalistische" Zuständlichkeit zu überwinden. Die Kunst solle nicht nur die gegenwärtige Misere widerspiegeln, sondern zugleich die Hoffnung auf eine bessere Zukunft erwecken. Eine solche Einstellung findet sich jedoch nur bei den wenigsten. Man befand sich noch zu sehr in der Kampfsituation, um bereits zu einer neuen Humanität vordringen zu können. Daher überwiegt das Mechanische, das in seiner entheroisierenden Art zwar keine vollgültige, aber doch notwendige Durchgangsphase war. Eine Interpretation der dargestellten Verhältnisse gelang nur Käthe Kollwitz oder Dichtern wie dem frühen Gerhart Hauptmann, Max Kretzer oder Wilhelm von Polenz, bei denen das naturalistische Spiegelbild zu einer sinndeutenden Realität umgeschmolzen wird. Daß die künstlerische und gesellschaftskritische Durchdringung des Stoffes sich im Bereich des Ausnahmehaften erschöpft, hatte zur Folge, daß der Naturalismus im Verlauf kurzer Zeit den künstlerischen Tendenzen der neunziger Jahre zum Opfer fiel, deren schrankenloser Individualismus nicht zuletzt als eine Reaktion auf die „Ungeistigkeit" der naturalistischen Dichter zu bewerten ist.

DIE NATURALISTISCHEN GRUPPEN
UND IHRE NACHFOLGER

Die einfache Tatsache, daß die Phalanx der naturalistischen Bewegung zu Beginn der neunziger Jahre langsam zersplittert und an ihre Stelle eine Unzahl von impressionistischen Subjektivisten tritt, weist mit aller Deutlichkeit auf das Problem der zeitlichen Begrenzung hin, das bisher bewußt vernachlässigt wurde, da in diesem Buch nicht die historische Folge im Vordergrund stand, sondern eine Integrationsmethode, die auf der geistigen Bezogenheit aller stilbestimmenden Elemente beruht. Anstatt dieses chronikalische Versäumnis mit einer nichtssagenden Zeittabelle wieder gutzumachen, soll das historische Nacheinander der verschiedenen Anschauungen und Richtungen in einer kurzen Überschau derjenigen Geister nachgeholt werden, deren Werke in einem besonderen Maße das auszeichnende und zugleich ominöse Prädikat „zeittypisch" verdienen. Trotz der ständigen Bezogenheit auf das Phänomen der Masse hat die künstlerische Einheit dieser Zeit nichts Kollektivistisches, sondern muß in einem kombinatorischen Akt aus den Nachfolgewerken der Gründerzeit und des Salonidealismus der achtziger Jahre herausgeschält werden, da eine bloße Statistik der vorhandenen Äußerungen zu einem heillosen Durcheinander führen würde. Stilbestimmend ist auch im Naturalismus trotz aller positivistischen Elemente nicht die zählbare Quantität, sondern die innere Übereinstimmung derjenigen Künstler, die sich bei der Gestaltung ihrer Ziele nicht durch den Schutt der historischen Tradition beirren ließen, sondern sich bemühten, das spezifisch „Neue" ihrer Zeit zum Ausdruck zu bringen. In den siebziger Jahren lag diese Gemeinsamkeit in der scheinbaren Diskrepanz der großen Einzelpersönlichkeiten, die gerade in ihrer Einmaligkeit eine künstlerische Einheit bilden. In den achtziger Jahren ist die Schicht der zeittypischen Künstler wesentlich größer, aber selbst in diesem Jahrzehnt, in dem das Individuelle so stark in den Hintergrund tritt, wirkt die Kunst nicht wie der Ausdruck einer Kollektivseele, die sich zu bestimmten Regressionen gedrängt fühlt, sondern läßt sich nicht ohne den bewußten Schöpferwillen derjenigen Künstler erklären, die den geistigen und gesellschaftlichen Tendenzen ihrer Zeit eine objektive Prägung verleihen.

Auf dem Gebiet der Malerei waren die künstlerischen Inauguratoren Max Liebermann (1847—1935) und Fritz von Uhde (1848—1911), die einen milieugebundenen Darstellungsstil schufen, der von der jungen Generation als eine wahre Pionierleistung anerkannt wurde. Liebermann erarbeitete sich diese naturalistische Konsequenz bereits gegen Ende der siebziger Jahre, indem er die gründerzeitliche Genremalerei à la Munkácsy aus ihrer „anekdotischen" Umklammerung befreite und an ihre Stelle das sachliche Arbeitsbild setzte. Zu Anfang der achtziger Jahre steht er bereits wie ein innerlich Vollendeter da und beginnt, auf den Ausstellungen Furore zu machen, da man diese Art der „Objektivierung" als etwas völlig Neues und Unerhörtes empfand. Die ersten, die diese Wandlung nachvollzogen, waren Hermann Baisch (1846—1894) und Ferdinand Brütt (1849—1936), die jedoch trotz aller Bemühungen in einer unerfreulichen Zwischenstellung steckenblieben. Wesentlich konsequenter wirken die Bilder von Gotthardt Kuehl (1850—1915), deren malerische Qualität manchmal fast die Höhe der Liebermannschen Hauptwerke erreicht. Vor allem seine Altmännerheime, Waisenhäuser und Städtebilder sind von seltener Geschlossenheit. Neben Kuehl stehen diejenigen Maler, die sich ausschließlich auf die „holländischen" Motive beschränkten und dadurch das Nähmädchengenre und die Fischerszenen zu wahren Modeartikeln erhoben. Die bekanntesten unter ihnen sind Paul Hoecker (1854—1910), Hans von Bartels (1856 bis 1913), Claus Meyer (1856—1919) und Walter Firle (1859—1929). Auch Hans Peter Feddersen (1848—1941) und Jakob Alberts (1860—1941) gehören in diesen Zusammenhang, da ihre Bauernbilder aus Friesland trotz aller naturalistischen Züge stets einen Stich ins Genrehafte behalten. Ein relativ selbständiger Außenseiter ist Hans Herrmann (1858—1942), dessen Markt- und Straßenbilder sich manchmal beträchtlich über das Durchschnittsniveau dieser Gruppe erheben, da sie einen Photographismus vertreten, der sich von allen illustrativen Elementen weitgehend freizumachen versteht. Was die hier aufgezählten Maler geistig und künstlerisch verbindet, ist nicht nur die Übereinstimmung ihrer Geburtsdaten, obwohl auch diese nicht zufällig ist, sondern eine an Liebermann geschulte „Objektivität", die auf einer mechanischen Wiedergabe der alltäglichen Realität beruht. Sie sind Objektivisten, deren sozialistische Tendenz nicht im Stofflichen und Thematischen liegt, sondern in der Sachlichkeit ihres malerischen Pleinairismus, für den jeder Gegenstand die gleiche Bildwürdigkeit hat.

Neue Wege beschreiten erst die Jüngeren, die auf der Wende von den achtziger zu den neunziger Jahren den Bereich des „Holländischen" verlassen und sich in ihren Motiven dem Großstadtleben zuwenden, das Liebermann bewußt ausgeklammert hatte, um sich die Sachlichkeit seiner Absichten nicht durch einen „modischen" Beigeschmack zu zerstören. Ausgesprochene Großstadtmaler sind Franz Skarbina (1849—1910) und Lesser Ury (1861—1931), deren malerischer Stil schon auf der Schwelle zum Impressionismus steht. Die Atmosphäre ihrer Bilder hat nicht mehr die gleichgültige Helle der naturalistischen Pleinairisten, sondern beginnt zu verschwimmen und taucht schließlich in einer Farbigkeit unter, die beim frühen Liebermann noch undenkbar wäre. Auch die Industriemaler jener Jahre sind trotz ihrer naturalistischen Gesinnung malerisch schon Impressionisten. Sie bringen das auf die Leinwand, was man in den achtziger Jahren noch vernachlässigt hatte: Die Welt der Fabriken, der Häfen und Gleisanlagen, die im Holland Liebermanns etwas anachronistisch gewirkt hätten. So malt Hermann Pleuer (1863—1911) Eisenbahn- und Bahnhofsbilder, Friedrich Kallmorgen (1856—1934) und Carlos Grethe (1864—1913) stellen den Hamburger Hafen dar, Leonhard Sandrock (1867 —?) und Robert Sterl (1867—1932) schildern Industrielandschaften, auf denen die salonidealistisch eingestellte Bourgeoisie zum ersten Mal mit der Welt der Hochöfen, Eisenschmieden und Gaswerke konfrontiert wurde. Und doch sind diese Bilder alles andere als revolutionär, da der koloristische Reiz der Atmosphäre die naturalistische Thematik oft zu einer Beiläufigkeit entwertet, die man ebensogut fortlassen könnte. Die Rauchschwaden und sprühenden Funken, denen man hier begegnet, zeugen eher für eine koloristische Raffinesse als für eine sozialistische Tendenz. Die Hafenanlagen mit ihren Werften, Docks und Quais werden nicht als der Schauplatz einer immensen Arbeitsleistung dargestellt, sondern als ein malerisches Durcheinander von Sonne, Wolken und Meer, das von gegen die Brandung kämpfenden Schleppern, einsamen Lotsenbooten und eleganten Segeljachten durchbrochen wird. Auf diese Weise kommt weder das naturalistische Thema noch die impressionistische Wiedergabe zu ihrem Recht. Es bleibt bei einer Diskrepanz von Stil und Motiv, die man nur als ein Zeichen mangelnder Konsequenz beurteilen kann.

Einen völlig anderen Aspekt hat die Situation der Malerei in der zweiten Hälfte der neunziger Jahre, da hier der naturalistische Antrieb langsam erlahmt und die „oppositionellen" Elemente allmählich in den Bannkreis neuer Stilrichtungen geraten. Das Vereinigende dieser „Nachzügler" ist nicht ihre künstlerische Ausdrucksform, sondern die gemeinsame Tendenz, sich nicht mit der impressionistischen Schönfärberei abzufinden. Man denke an Corinth (1858—1925), der als naturalistischer Frondeur begann und später sämtliche Phasen der impressionistischen Entwicklung durchlaufen hat. Obwohl sich bei ihm eine fortschreitende Verselbständigung der spezifisch farbigen Elemente beobachten läßt, spürt man auf seinen Bildern stets die naturalistisch-pamphletistische Tendenz, den gründerzeitlichen Idealismus, der immer wieder zu Übermenschentum und Venuskult drängt, einmal von seiner Kehrseite darzustellen und damit ins Lächerliche zu ziehen. Seine Aktbilder haben daher nicht die genüßliche Abrundung eines Exter oder Hendrich, die einen impressionistisch-erotischen Nacktkultus trieben, sondern sind ein fleischgewordener Protest gegen die „göttlichen" Heroinen bei Feuerbach und Böcklin. Stilistisch ist in diesen Werken eine Zwischenstellung erreicht, deren Problematik auch Corinth nicht völlig überwunden hat, was seinen frühen Bildern trotz aller Vitalität immer wieder einen Stich ins Groteske gibt.

Ähnlich kompliziert liegen die Verhältnisse bei Käthe Kollwitz (1867—1945). Auch sie gehört zeitlich nicht mehr in die achtziger Jahre, sondern steht bereits unter dem Einfluß des Symbolismus, was sich durch viele Parallelen mit den

Werken von Max Klinger belegen läßt. Ihre Gestalten haben weder die photographische Treue der strengen Objektivisten noch die ordinären Züge, die sich bei den Pamphletisten finden, sondern sind zu Symbolen geballt, deren Ausdruckscharakter eine seelische Anteilnahme verrät, die den Betrachter zu einer Aktion aufrütteln will. Jeder Mensch wird unter ihren Händen zu einem Mahnmal des Elends: „Gretchen" verkörpert die Schwangeren, eine „Hungernde" steht für die Legion der unterernährten Heimarbeiterinnen, eine „Zertretene" symbolisiert die politische Entrechtung des vierten Standes. Käthe Kollwitz beschränkt sich nicht auf die mechanische Wiedergabe der alltäglichen Misere, sondern neigt zum Plakathaften und Illustrativen, um ihren Themen die nötige Durchschlagskraft zu geben. Um dieser Wirkung willen greift sie häufig zu Symbolen und Allegorien, die von sinnfälliger Drastik sind. So erscheint der Tod bei ihr als Knochenmann, die Freiheit als ein in den Lüften schwebendes Weib. Nichts auf ihren Graphiken ist willkürlich oder alltäglich. Alles ist in eine Sphäre übersetzt, die sich von den Gesetzen der Linse und des Kinematographen so weit emanzipiert, daß sich die naturalistische Gegebenheit in eine höhere Realität verwandelt.

Was sich neben der Kollwitz an sozialistisch eingestellten Graphiken findet, beschränkt sich weitgehend auf den Bereich des Aktuellen. Die meisten arbeiten nur für den Tagesgebrauch und erreichen daher nicht die Höhe ihres „Weberaufstandes" (1897) oder „Bauernkrieges" (1903—1908), deren stilistische Vollkommenheit etwas Einmaliges hat. Unter den Zeichnern des „Simplicissimus" (ab 1896) verdient höchstens Th. Th. Heine einen Ehrensessel, da man hinter der Aktualität seiner Satiren stets den Ingrimm eines verborgenen Künstlers spürt, der sich trotz seiner Neigung fürs Stilisierte nur selten zu einem inhaltslosen Dekorativismus hinreißen ließ. Auch Thöny und Bruno Paul, deren graphische Gewandtheit sich um die Jahrhundertwende mit dem Jugendstil assimilierte, verdienen eine stärkere Beachtung. Ein Schwesterunternehmen zum „Simplicissimus" ist „Das Narrenschiff" (ab 1898), wo man neben Ury und Skarbina auch den jungen Baluschek (1870—1935) als Graphiker findet. Baluschek ist wie die Kollwitz ein Nachgeborener der naturalistischen Generation und hat nicht ihre künstlerischen Mittel, sondern nur ihre Tendenzen übernommen. Die entscheidenden Werke seiner malerischen Laufbahn wie „Der Bahnhof" (1904) entstanden erst nach der Jahrhundertwende, als man vom Naturalismus schon abgekommen war und Fabrik- und Eisenbahnbilder auf bürgerlicher Seite bereits als etwas Abseitiges empfand. Wie die Kollwitz bekannte er sich offen zur Partei der Arbeiterklasse und veröffentlichte Graphikzyklen, in denen ein deutlicher Appell an das moralische Gewissen seiner Zeit zum Ausdruck kommt. Man denke an den Zyklus „Opfer" (1905), der eine ganze Galerie von entrechteten und ausgepowerten Menschentypen enthält. Stilistisch spürt man bei ihm wie bei Bruno Paul eine allmähliche Verselbständigung der formalen Elemente, die an den kunstgewerblichen Dekorativismus der Jahrhundertwende erinnert. So finden sich im „Narrenschiff" neben Illustrationen zum Maifeiertag auch Märchenidyllen, auf denen sich geflügelte Elfen zu einem stilisierten Reigen verbinden. Auch sein Bild „Pärchen" (1913), wo er zwei Menschen durch einen ausladenden Hut zu einer einzigen Silhouette verschmilzt, läßt an den Jugendstil denken. Wenig berührt wurde Baluschek vom Expressionismus. Seine späteren Werke gehen daher unmittelbar in die „Neue Sachlichkeit" über, obwohl sie das Konstruktivistische dieser Richtung vermeiden und stets einen gesellschaftsbezogenen Charakter bewahren. Ähnliches läßt sich von Heinrich Zille (1858—1929) sagen, der zwar generationsmäßig noch zu den Naturalisten gehört, aber erst nach 1900 zu zeichnen begann und daher wie Baluschek zugleich ein Nachzügler und Vollender dieser Stilrichtung wurde. Auch er ist viel aggressiver als die strengen Objektivisten à la Liebermann, obwohl er weder das Symbolische der Kollwitz noch das Plakathafte Baluscheks hat. Zille hält sich wie alle Naturalisten stets an das ihm vertraute „Milljöh", das heißt, er aktualisiert die Milieuschilderung der achtziger Jahre durch treffsichere Unterschriften zu polemischen Satiren, die man in ihrer Eindeutigkeit kaum zu illustrieren braucht. Um diese Tendenzen auf eine begriffliche Formel zu bringen und damit das Verbindende dieser Künstler zu betonen, könnte man sagen, daß Baluschek, Zille und die Kollwitz einen Naturalismus verkörpern, der sich nicht mehr mit der mechanischen Wiedergabe bestimmter Naturausschnitte zufriedengibt, sondern die Tendenzen der achtziger Jahre in einem gesellschaftskritischen Sinne aktiviert und so zu einem sozialen Realismus erhebt.

Auf literarischem Gebiet ist die chronikalische Situation wesentlich komplizierter. Die entscheidenden Leistungen liegen hier nicht am Anfang, sondern am Ende, weil die vielen Programme und Manifeste, das endlose Theoretisieren, für Jahre hinaus ein wirkliches Gestalten unmöglich machten. Die „revolutionäre" Gesinnung der naturalistischen Literatur kam zu Beginn der achtziger Jahre erst einmal in einer kraftgenialischen Polemik zum Ausdruck, die sich über alle und jedes empört, ohne dabei ein bestimmtes Ziel zu verfolgen. Am Anfang dieser Bewegung stehen daher ausgesprochene „Literaten" wie Michael Georg Conrad (1846—1927), der als ein Verfechter Zolas bekannt wurde, Heinrich Hart (1855—1906) und Julius Hart (1859—1930), die das naturalistische Konventikelwesen begründeten, und Karl Bleibtreu (1859 bis 1928), der die „Revolution der Literatur" (1886) ausrief. Um diese Frühnaturalisten schart sich alsbald eine Gruppe von wesentlich jüngeren Geistern, die mit vorschneller Geschäftigkeit die propagierten Thesen in eine künstlerische Form zu pressen versuchten. Sie hatten jedoch weder die naturalistische Objektivität eines Liebermann noch die künstlerische Größe der von ihnen verachteten Gründerzeit und erschöpften sich daher in einer revolutionären Pose, die deutlich „pubertäre" Züge trägt. Die meisten sind Schwächlinge, die ins Übermenschliche tendieren und sich dabei in Nietzsche-Karikaturen verwandeln, weil sie in ihrem Protest gegen die bürgerliche Gesellschaft immer wieder einer romantischen Schwarmgeisterei verfallen. So bezeichnet Conradi sich und seine Freunde in seinem Roman „Adam Mensch" (1889) als „Mischlinge der Romantik und des modernen Realismus" (S. 266), während er seine Dichtart als einen „psychologisch-romantisch-imperatorischen Notwehr-Realismus" charakterisiert (III, 435). Neben Conradi (1862—1890) gehören zu dieser Gruppe vor allem Konrad Alberti (1862—1918), Wilhelm Arent (1864 bis 1900) und Karl Henckell (1864—1929): Dichter, die in der Öffentlichkeit als das „jüngste Deutschland" aufgetreten sind und wie ihre Vorbilder Gutzkow und Börne nur selten eine wirkliche „Leistung" zustande gebracht haben.

Dichterisch bedeutsame Werke erschienen erst dann, als sich der jugendliche Überschwang dieser naturalistischen „Hyperidealisten" etwas abgekühlt hatte. Jetzt, wo die eigentlichen Dichter zu Worte kommen, wird das entscheidende Wort nicht mehr von den Jungen, sondern von den Gereifteren geführt. An die Stelle der „gründeutschen" Stürmer und Dränger treten daher Autoren, die bisher kaum aufgefallen waren, da sie es unterlassen hatten, ins programmatische Horn zu stoßen. Ein Einzelgänger dieser Art ist Max Kretzer (1854 bis 1941), der mit seinen Darstellungen aus dem Arbeiterleben die Gattung des „Berliner Romans" begründete, der später von Hans Land, Felix Holländer und Georg Hermann weitergepflegt wurde. Auch Arno Holz (1863—1929) ist trotz der gelegentlichen Zusammenarbeit mit Johannes Schlaf (1862—1941), der nur ein Medium seiner Absichten war, stets ein Einzelgänger geblieben. Dasselbe trifft auf Gerhart Hauptmann (1862—1946) zu, der erst die Unausführbarkeit seiner ins Monumentale gehenden Entwürfe einsehen mußte, ehe er zum Naturalismus heranreifte. Mit dem Auftreten dieser drei Dichter gewann die naturalistische Bewegung endlich eine literarische Bedeutsamkeit und konnte sich so aus den immer noch wirksamen Fesseln des gründerzeitlichen Formalismus befreien. Den Höhepunkt des Naturalismus, auf den man ein ganzes Jahrzehnt gehofft und gewartet hatte, bilden daher erst die Jahre 1889 bis 1891. Vor allem die Werke von Hauptmann übten eine solche Faszinationskraft aus, daß sich selbst so konservative Dichter wie Fulda und Wildenbruch den naturalistischen Tendenzen anzupassen versuchten, wodurch eine seltene Geschlossenheit innerhalb der literarischen Produktion entstand. Aber nicht alle begriffen das „Neue" dieser Bewegung, da es ihnen an der weltanschaulichen Einsicht mangelte. Der Naturalismus verebbte daher ebenso schnell, wie er gekommen war. Schon die Aufhebung der „Sozialistengesetze" führte zu einer merklichen Schwächung der revolutionären Tendenzen. Man war plötzlich enttäuscht, nicht mehr mit den Ideen einer verbotenen Untergrundbewegung sympathisieren zu können und gab sich deshalb einem Subjektivismus hin, der etwas Inhaltsloses und Unverbindliches hat. Auf diese Weise wurden aus Parteigängern des Sozialismus langsam impressionistische Aristokraten, deren Lebensstil sich von der gemimten Schludrigkeit der achtziger Jahre bewußt distanziert.

Selbst die „Freie Bühne" (ab 1890), die bisher ein agitatorisches Arbeiterblatt war, das jede Woche erschien, wurde 1894 in eine geschmackvolle Monatsschrift umgewandelt, die Oskar Bie unter dem Titel „Neue deutsche Rundschau" zu einem Organ der großbürgerlichen Literaturkreise erhob. Man schloß die Augen vor den Nöten des vierten Standes und huldigte einer L'art-pour-l'art-Theorie, wie sie sich in den Werken Georges und Hofmannsthals manifestierte.

Wer noch zum Naturalismus hielt, geriet nach und nach in eine hoffnungslose Außenseiterposition, da die am steigenden Wohlstand dieser imperialistischen Epoche teilhabende Bourgeoisie die Beschäftigung mit dem Problem der sozialen Frage als etwas Veraltetes und Abgestandenes empfand. Zwar hatten die Hauptmann-Epigonen Elsa Bernstein (1866—1925) und Georg Hirschfeld (1873—1935) in den Jahren 1892 bis 1893 noch stürmische Erfolge, aber dann flaute die naturalistische Welle zusehends ab. So kam ein Dramatiker wie Max Halbe (1865—1944) nicht über den Erfolg seiner „Jugend" (1893) hinaus. Auch Hermann Sudermann erlebte nach seinem Drama „Heimat" (1893) einen Miß-erfolg nach dem anderen. Die meisten Naturalisten waren der impressionisti-schen Verfeinerung nicht gewachsen und glitten daher trotz ihrer überdurch-schnittlichen Anfänge allmählich in die Trivialliteratur ab. Halbe und Sudermann verdünnten ihre dramatische Substanz bis ins Unendliche. Hirschfeld, Hollän-der, Land, ja selbst Max Kretzer landeten bei Ullsteins Drei-Mark-Romanen. Arno Holz war einer der wenigen, die ihrem Wesen treu zu bleiben versuchten. Er zog sich aus diesem Grunde in die Einsamkeit zurück und schrieb seine „Sozialaristokraten" (1896), in denen er sich über seine früheren Dichter-genossen mokiert, die ihre naturalistischen Ideale im Verlauf der neunziger Jahre einem falsch verstandenen Nietzsche geopfert hatten.

Wesentlich interessanter ist das Problem des weiterwirkenden Naturalismus in den Dramen von Gerhart Hauptmann. Auch er „opferte" seine literarische Be-gabung zeitweilig dem neuen Geschmack, besonders in seiner „Versunkenen Glocke" (1896), in der er trotz besserer Einsicht einem Traumidealismus ver-fiel, der beim illusionsbedürftigen Publikum dieser Jahre einen großen Anklang fand. In allen Salons und „guten Stuben" sah man in den jungen Mädchen plötzlich pikant-naive Rautendeleins, die man mit derselben faustisch-faunischen Inbrunst „umschwärmte" wie der Glockengießer Heinrich seine Geliebte. Es zeugt jedoch für die dichterische Potenz Hauptmanns, daß er sich von diesem märchenhaften Stimmungszauber nicht einfangen ließ, sondern sich in wech-selnden Etappen immer wieder auf seine naturalistischen Grundkräfte besann: seine Fähigkeit, Menschen in der Dumpfheit ihres Seins zu erfassen und leib-haft auf die Bühne zu stellen. Man denke an den „Fuhrmann Henschel" (1898) oder die „Rose Bernd" (1903), in denen die naturalistische Milieutragödie ihre eigentliche Vollendung erfährt, wenn auch die sozialen Elemente hier nicht mehr so scharf erfaßt sind wie in seinen früheren Dramen. Dieselbe Milieu-determiniertheit zeigt sich im „Michael Kramer" (1900) und in „Gabriel

Schillings Flucht" (1907), die sich auf einer ähnlichen Linie bewegen wie die „Einsamen Menschen" und das „Friedensfest". Ein weiterer Nachfahr des Naturalismus sind „Die Ratten" (1910), in dem Hauptmann die verschiedenen Etagen einer großen Mietskaserne zu einem Gesamtbild der imperialistischen Gesellschaft erweitert, daß in sich bereits so brüchig ist, daß man jeden Moment auf den Zusammensturz dieses Gebäudes wartet.

Die anderen naturalistischen Dramatiker haben diese Konsequenz nicht durchhalten können. Ein Dichter wie Georg Hirschfeld zum Beispiel, dessen Naturalismus einen „mendelssohnschen" Beigeschmack hat, wie Kerr einmal schreibt, verfiel schon um die Mitte der neunziger Jahre einer impressionistischen Weichheit. Sein Drama „Mütter" (1895) behandelt zwar das Elend einer schwangeren Heimarbeiterin, läßt aber am Schluß das Ästhetische über das Soziale triumphieren, was diesem Stück zu einem großen Publikumserfolg verhalf, weil das Bürgertum sich wieder einmal in seiner Theorie des Allgemein-Menschlichen bestätigt fühlte. Auch seine Komödie „Pauline" (1899), in der ebenfalls ein Mädchen des vierten Standes im Mittelpunkt steht, hat in seiner beschwingten Inhaltslosigkeit ausgesprochen impressionistische Züge.

Eine andere Welle des naturalistischen Dramas verebbt in der Heimatkunst und bekommt dort einen dumpfen und zugleich balladenhaften Charakter. Schon im „Fuhrmann Henschel" hört man diese Obertöne. Man denke an die schicksalshafte Folge der einzelnen Sterbefälle, für die sich wohl kaum eine positivistische Begründung finden läßt. Ähnliches vollzieht sich in den Dramen von Carl Hauptmann (1858—1921), vor allem in den „Waldleuten" (1896) und in „Ephraims Breite" (1899), in denen sich das schlesische Milieu in einen „poetischen" Hintergrund verwandelt. Auch in den späten Dramen von Max Halbe wird die Schilderung der Heimat nicht mehr als naturalistisches Stilmittel verwendet, sondern bekommt allmählich einen künstlerischen Eigenwert. Man vergleiche den „Eisgang" (1892) mit dem „Strom" (1903), wo sich das westpreußische Lokalkolorit zu einer trivialromantischen Schicksalsstimmung verdichtet, bei der das Milieudeterminierte fast völlig ausgeschaltet ist. Um diese Reihe zu vervollständigen, denke man an die in niederdeutscher Mundart geschriebene „Mudder Mews" (1903) von Fritz Stavenhagen (1876—1906) und das an Hauptmann erinnernde Bergarbeiterdrama „Die im Schatten leben" (1912) und die Komödie „Kater Lampe" (1906) von Emil Rosenow (1871—1904), die ebenfalls auf der Grenze zwischen Naturalismus und Heimatkunst stehen.

Eine Sonderrolle innerhalb dieser Entwicklung spielt Frank Wedekind (1864 bis 1918), der zwar ein Generationsgenosse von Holz und Hauptmann ist, sich aber auf Grund seiner innerlichen Besessenheit nicht unter das Gesetz der naturalistischen Objektivität beugen konnte. Und dennoch: auch er gehört in das Kapitel des fortwirkenden Naturalismus, denn er ist trotz seiner spezifisch impressionistischen Lebensmoral oder Lebensunmoral, die er stets mit extravaganten Floskeln versah, nie ein Dichter in der Art Schnitzlers oder Hofmannsthals geworden, sondern stets wie Corinth ein tendenziöser Frondeur geblieben. Noch am ehesten „naturalistisch" ist sein Drama „Frühlings Erwachen" (1891), vor allem in seinen gesellschaftskritischen Tendenzen, während sich in den Stilmitteln bereits ein Zug zum Symbolistisch-Frühexpressionistischen anzubahnen scheint. Etwas schillernd und daher stärker impressionistisch sind seine Lulu- und Hetman-Dramen. Aber auch hier behält er soviel Krasses, Kantiges und Ungeschliffenes, daß man immer wieder an den naturalistischen Pamphletismus erinnert wird. Wedekind ist daher wie Strindberg ein Bindeglied zwischen Naturalismus und Expressionismus, da in diesen beiden Stilrichtungen jeweils ein stark antibürgerlicher Affekt zum Ausbruch kommt. Man braucht nur an Sternheim zu denken, bei dem diese Linie ihre unmittelbare Fortsetzung erlebt.

Dieselben Wandlungen vollzogen sich auf epischem Gebiet. Auch hier läßt sich eine impressionistische Erweichung beobachten, die sich häufig mit heimatkünstlerischen Tendenzen paart. Man verlangt plötzlich von der erzählenden Prosa mehr als ein pedantisches Protokoll der Realität, will sich nicht mehr mit physiologischen Trivialitäten und pornographischen Vulgarismen abspeisen lassen, sondern verlangt etwas für die Nerven, um sich seiner eigenen Differenziertheit bewußt zu werden. Die literarischen Vorbilder sind daher nicht mehr Zola oder Ibsen, sondern Huysmans und Maeterlinck, zu denen sich etwas später Dostojewski gesellt, dessen expressive Seelenqualenschilderung man lange Zeit fälschlich zum Naturalismus gerechnet hat. Der Wortführer dieses neuen Psychologismus war Hermann Bahr (1863—1934), der sich bemühte, den französischen Impressionismus à la Barrès und Lemaître nach Deutschland zu verpflanzen. Zur gleichen Zeit erschienen die Novellen von Schnitzler und die Romane von Hermann Bang, die wie die Werke von Jens Peter Jacobsen die erzählenden Gattungen mit einem neuen Lyrismus durchtränkten. Einer der ersten aus dem naturalistischen Lager, der sich von dieser stilistischen Auflockerung hinreißen ließ, war Johannes Schlaf, dessen Prosaidyllen „In Dingsda" (1892) und „Frühling" (1894) nichts mehr von der Mitarbeit am „Papa Hamlet" (1889) verraten. Am deutlichsten zeigt sich diese Verfeinerung und zugleich Zersetzung des naturalistischen Stils bei den vielen weiblichen Autoren der neunziger Jahre, deren literarische Tätigkeit aus der sozialistischen Frauenemanzipation erwuchs. In den Romanen „Aus guter Familie" (1895) von Gabriele Reuter (1859—1941) und „Rangierbahnhof" (1895) von Helene Böhlau (1859—1940) sind die Akzente noch klar gesetzt: hier der Aktionsdrang der bisher unterdrückten Frau, dort die konventionelle Bürgerlichkeit, die diese Bestrebungen mit allen Mitteln zu unterdrücken versucht. Bei Maria Janitschek und Helene von Monbart dagegen verflacht das Streben nach Emanzipation bereits ins Pikante und Unterhaltsame, wird der Traum von der Gleichberechtigung der Frau zu einem „Seelenrausch", der genauso flüchtig ist wie eine ästhetische Impression. Eine Mutation ins Heimatkünstlerische läßt sich in den Werken von Clara Viebig beobachten, deren

„Kinder der Eifel" (1897) oder „Das Weiberdorf" (1900) zwar in ihrer erotischen Gebundenheit an den „Fuhrmann Henschel" erinnern, jedoch so viel
landschaftliche Elemente enthalten, daß das zolaistische Getriebensein immer
wieder ausgeglichen wird. Die Milieustudien oder sozialistischen Themen nach
der Jahrhundertwende haben eigentlich nur noch eine stoffliche Beziehung zum
Naturalismus. Man denke an Carl Hauptmanns „Mathilde" (1902), den Roman
einer Fabrikarbeiterin, oder an Heinrich Manns „Professor Unrat" (1905), die
wie die Werke der Kollwitz oder von Baluschek bereits einen „Realismus" vertreten, zu dem die mechanische Materialisation der achtziger Jahre nur die
Triebfeder war.

Lovis Corinth: Othello (1884). Linz, Neue Galerie.

Lovis Corinth: Peter Hille (1902). Bremen, Kunsthalle.

Max Liebermann: Selbstbildnis(1908).

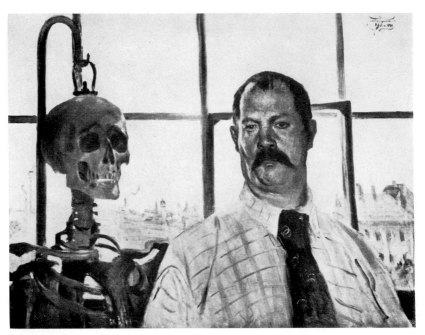

Lovis Corinth: Selbstbildnis (1896). München, Städtische Galerie.

Lovis Corinth: Odysseus im Kampf mit dem Bettler (1903). Prag, Nationalgalerie.

Hermann Pleuer: Badende Mädchen (1888). Stuttgart, Staatsgalerie.

Th. Th. Heine: „Papa, was willst Du eigentlich ’mal werden?“ (1896).

Heinrich Zille: Circusspiele Wedding (um 1910).

Lovis Corinth: Martyrium (1907).

Fritz von Uhde: Lasset die Kindlein zu mir kommen (1884).
Leipzig, Museum der bildenden Künste.

Lovis Corinth: Salome (1899). Leipzig, Museum der bildenden Künste.

Th.Th. Heine: „Bitt' schön, wenn der Herr Hund vielleicht nicht alles aufessen kann..." (1896).

Max Liebermann: Christus unter den Schriftgelehrten (1897).
Hamburg, Kunsthalle.

Th. Th. Heine: Das Plädoyer des Staatsanwalts: „Meine hohen Herren! Durch die Zeugenaussagen ist bewiesen, daß der Angeklagte den Wagen, in dem die allerhöchsten Herrschaften auszufahren geruhten, unter lautem Gebell überfallen und umzustürzen versucht hat. Es ist ferner erwiesen, daß er den ihn verhaftenden Gendarmen durch Aufheben des linken Hinterfußes in roher und gemeiner Weise beschimpft hat ... Ich beantrage daher, wegen eines Verbrechens der Majestätsbeleidigung in idealer Konkurrenz mit einem Verbrechen des Widerstandes gegen die Staatsgewalt den Angeklagten mit 6 Monaten Vivisektion zu bestrafen" (1896).

Th. Th. Heine: Gefängniswärter: „Sie beschweren sich, daß Sie den Abort reinigen müssen? Wenn Sie erst einmal ein paar Monate in Untersuchungshaft sitzen, werden Sie froh sein, daß Sie diese kleine geistige Anregung haben" (1901).

Käthe Kollwitz: Weberzug (1897).

Käthe Kollwitz: Sturm (1897).

Th. Th. Heine: Fabrikbesitzer anläßlich des Streiks in Crimmitschau: „Es müssen noch mehr Schutzleute herauf. Die Luder sind noch nicht weich gedrückt" (1904).

Th. Th. Heine: „Nicht wahr, Mama, so wie ihr, das nennt man eine wilde Ehe?"
(1895).

Heinrich Zille: Berliner Kinder (1911).

Lesser Ury: Friedrichstraße (1888).

Hans Baluschek: Kohlenfuhren (1901). Berlin, Märkisches Museum.

Hans Baluschek: Der Bahnhof (1904).

Friedrich Kallmorgen: Dampferüberfahrt (1900).

Hans Herrmann: Fleischhalle in Middelburg (1889). Berlin, Nationalgalerie (West).

Max Liebermann: Der Weber (um 1890). Frankfurt, Städelsches Kunstinstitut.

Hans Baluschek: Proletarierinnen (1900). Berlin, Märkisches Museum.

Max Liebermann: Flachsscheuer in Laren (1887). Berlin, Nationalgalerie (Ost).

Heinrich Zille: In die Ferienkolonie (um 1900).

Hans Baluschek: Sonntag auf dem Tempelhofer Feld (1907).

Hans Baluschek: Sommerfest in der Laubenkolonie (1906).
Berlin, Märkisches Museum.

Fritz von Uhde: Kinderprozession (1887).

Fritz von Uhde: Trommlerübung (1883). Pillnitz, Gemäldegalerie.

Max Liebermann: Altmännerhaus in Amsterdam (1880).

Max Liebermann: Der Hof des Waisenhauses in Amsterdam (1881).
Frankfurt, Städelsches Kunstinstitut.

Gotthardt Kuehl: Altmännerhaus in Lübeck (1886). Berlin, Nationalgalerie (West).

Fritz von Uhde: Mann, den Rock anziehend (1885). Hannover, Landesgalerie.

Fritz von Uhde: Der Leierkastenmann kommt (1883). Hamburg, Kunsthalle.

Max Liebermann: Die Konservenmacherinnen (1880).
Leipzig, Museum der bildenden Künste.

Max Liebermann: Münchner Biergarten (1883).

Fritz von Uhde: Kinderstube (1882). Hamburg, Kunsthalle.

Hugo von Habermann: Ein Sorgenkind (1886). Berlin, Nationalgalerie (West).

Max Liebermann: Schusterwerkstatt (1881). Berlin, Nationalgalerie (Ost).

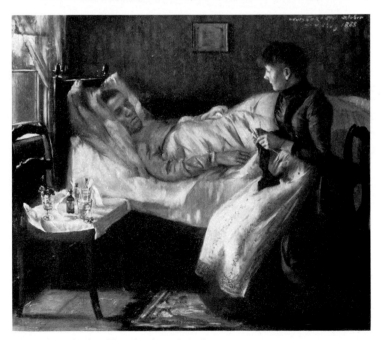

Lovis Corinth: Am Krankenbett (1888).

ANHANG

LITERATURHINWEISE

Folgende Werke und Gesamtausgaben sind im Text nur nach ihrer Bandzahl zitiert: Otto Brahm, Kritische Schriften, Berlin 1913; Hermann Conradi, Werke, München 1911; Gerhart Hauptmann, Gesammelte Werke, Berlin 1921; Karl Henckell, Gesammelte Werke, München 1923; Arno Holz, Das Werk, Berlin 1924; John Henry Mackay, Werke, Berlin 1928; Franz Mehring, Gesammelte Schriften und Aufsätze, Berlin 1929. Alle anderen Werke, soweit nicht anders vermerkt, werden nach ihrer Erstauflage zitiert, deren Jahreszahl jeweils hinter dem Titel vermerkt ist.

QUELLENNACHWEIS DER ABBILDUNGEN

ORIGINALPHOTOGRAPHIEN

Berlin, Deutsche Akademie der Künste, Foto Kraushaar: 291, 297, 301, 303 (oben), 303 (unten), 306 (oben), 307, 308 (oben), 308 (unten)
Berlin, Nationalgalerie (Ost): 288 (unten), 305 (oben), 306 (unten), 309 (oben)
Dresden, Deutsche Fotothek: 309 (unten)
Hamburg, Kunsthalle, Foto Kleinhempel: 313 (oben), 315 (oben)
Hannover, Landesgalerie: 312
Leipzig, Museum der bildenden Künste: 293 (oben), 313 (unten)
Marburg, Bildarchiv Foto Marburg: 286, 287, 292, 295, 298 (oben), 298 (unten), 304, 305 (unten), 310 (oben), 310 (unten), 311, 314, 315 (unten), 316 (oben), 316 (unten)
Stuttgart, Staatsgalerie: 289

AUS BÜCHERN

Simplicissimus: 290, 294, 296, 299, 300
G. Biermann, Lovis Corinth, Bielefeld 1913: 285, 293 (unten)
R. Klein, Lovis Corinth, Berlin o. J.: 288 (oben)
A. Donath, Lesser Ury, Berlin 1921: 302

NAMENREGISTER

Namenregister

Richard Hamann / Jost Hermand

EPOCHEN DEUTSCHER KULTUR
VON 1870 BIS ZUR GEGENWART
6 Bände, sammlung dialog Band 54-59.

Erstmals liegt hier eine gegenwartsbezogene Kulturgeschichte vor,
in der es um die gesellschaftlichen Hintergründe,
um Zusammenhänge, Verflechtungen und wechselseitige Impulse
zwischen politischem Leben, herrschenden Ideologien, kulturellen Bestrebungen
und künstlerischen Phänomenen geht.
In dieser sechsbändigen Kulturgeschichte verbinden sich die profunden Kenntnisse
Richard Hamanns mit dem Elan eines jüngeren Germanisten.
Sie ist, als sie erstmals in der DDR erschien, als
»großangelegte Gemeinschaftsarbeit von ausgesprochen soziologischer Natur«
begrüßt [von G. F. Hartlaub] und wegen ihrer
»Einzigartigkeit im Ausmaß der Gesamtkonzeption wie in der Fülle des
verarbeiteten Stoffs und der neuartigen Einzelbeobachtung«
gelobt worden [von Hans Mayer].

BAND 1 GRÜNDERZEIT
sammlung dialog Band 54. 239 Seiten mit 40 Abbildungen.
Paperback DM 16.–, Bibliotheksausgabe Leinen DM 24.–

BAND 2 NATURALISMUS
sammlung dialog Band 55. 326 Seiten mit 44 Abbildungen.
Paperback DM 20.–, Bibliotheksausgabe DM 24.–

In Vorbereitung:

BAND 3 IMPRESSIONISMUS

BAND 4 JAHRHUNDERTWENDE I
Ideologische Voraussetzungen

BAND 5 JAHRHUNDERTWENDE II
Künstlerische Strömungen

BAND 6 EXPRESSIONISMUS

Stand: Januar 1972